머리말

SK하이닉▮▮▮▮▮▮▮▮내 사업장을 포함하여 중국 우시, 충칭에 4개의 ▮▮▮▮▮▮▮▮▮▮, 홍콩, 인도, 일본, 대만, 중국 등 10개국에 판▮▮▮▮▮▮▮▮국, 대만, 벨라루스 등에서 4개의 연구개발 ▮▮▮▮▮▮▮▮▮▮다. SK하이닉스는 지난 30여 년간 축적된 반도체 생산 ▮▮▮▮▮를 바탕으로 지속적인 연구개발 및 투자를 통해 기술 및 원가 경쟁력을 확보하고, 세계 반도체시장을 선도하기 위해 노력하고 있다.

SK하이닉스의 Operator 및 Maintenance 직무는 SK그룹의 인적성검사인 SKCT와는 다른 별도의 인적성검사를 치르게 된다. 적성검사는 기초지식(영어/수학), 언어/패턴 이해, 상황판단 등의 영역이 출제되며, 문항 수에 비해 제한시간이 짧으므로 평소에 준비하지 않으면 쉽게 통과할 수 없는 시험이다.

이에 SD에듀에서는 SK하이닉스 Operator 및 Maintenance 직무를 희망하는 수험생들에게 좋은 길잡이가 되어주고자 다음과 같은 특징을 가진 본서를 출간하게 되었다.

도서의 특징

❶ 2023년 주요기업 생산직 기출복원문제와 SK하이닉스의 4개년 기출복원문제를 수록하여 최근 출제 경향을 한눈에 파악할 수 있도록 하였다.

❷ SK하이닉스 필기시험의 후기들을 분석 및 반영해 시험 유형과 유사한 구성으로 최적의 유형별 학습이 가능하도록 하였다.

❸ 학습이 끝난 후 실력을 점검하며 마무리할 수 있도록 최종점검 모의고사를 2회 수록하였다.

❹ 인성검사에 대비할 수 있도록 인성검사 예제를 수록하였으며, SK하이닉스의 면접 기출 질문을 수록하여 필기시험과 인성검사는 물론 면접까지 한 권으로 대비할 수 있도록 하였다.

끝으로 본서를 통해 SK하이닉스 Operator 및 Maintenance 채용 시험을 준비하는 모든 수험생 여러분이 합격의 기쁨을 누리기를 진심으로 기원한다.

SDC(Sidae Data Center) 씀

○ 기업 정보

기업명	SK하이닉스
대표이사	박정호, 곽노정
설립일	1983년 2월
업종	반도체 소자 제조 및 판매
본사	경기도 이천시 부발읍 경충대로 2091
제품 및 서비스	▶ 메모리 반도체 DRAM, NAND Flash, MCP(Multi-Chip Package) 등 ▶ 시스템 반도체 CIS(CMOS Image Sensor) 등

○ 직무안내

구분	Operator	Maintenance
직무	반도체장비 Operation을 통한 제조 또는 제조지원 업무, 반도체 제품의 특성 및 Data 입력, 품질 관련 시험 및 불량 요인 검사 업무, 지수 향상을 위한 생산실적 분석 및 개선 업무를 진행한다.	생산장비의 Set-up, 검교정 및 정비, 장비의 최적 가동 상태 유지 업무, Gas/Chemical 설비운영 및 유지 보수업무를 진행한다.
세부 업무	• 반도체장비 Operation을 통한 제조 또는 제조 지원 업무 • 반도체 제품의 특성 및 Data 입력 • 품질 관련 시험 및 불량 요인 검사 업무 • 지수 향상을 위한 생산실적 분석 및 개선	• 생산장비의 Set-up • 검교정 및 정비 • 장비의 최적 가동 상태 유지 업무 • Gas/Chemical 설비운영 및 유지 보수
지원 자격	고졸 또는 전문대졸 학력 소지자로 전공 무관	반도체 · 전자 · 전기 · 기계 관련 전공 고졸 또는 전문대졸 학력 소지자

✿ 인재상

> SK하이닉스는 **구성원의 행복이 기업의 행복이자, 사회적 가치라는 믿음 아래**
> 자신의 행복과 함께 우리 사회를 보다 발전시켜나갈 다음과 같은 인재를 기다린다

첨단 기술을 실현할 수 있는 인재	지속적으로 소통하는 인재	도전하고 노력하는 인재

VWBE	자발적(Voluntarily)이고 의욕적(Willingly)인 두뇌활용(Brain Engagement)하는 인재
SUPEX	인간의 능력으로 도달할 수 있는 최고 높은 수준까지 도전하는 인재
패기	스스로 동기부여를 하고 성장을 위해 노력하는 인재
협업능력	제품의 완성도를 위해 다양한 사람과 끊임없이 소통하고 경계를 넘어 협력하는 인재
기술역량	글로벌 반도체 시장을 선도하는 SK하이닉스의 첨단 기술을 함께 실현할 수 있는 인재
사고력 · 실행력	기술에 대한 집념으로 한 발 앞서 시장을 읽고 움직이는 인재

신입사원 채용 안내 INFORMATION

⟳ 모집시기
수시채용 실시

⟳ 지원방법
SK그룹 채용 홈페이지(www.skcareers.com)를 통한 온라인 지원

⟳ Operator 채용

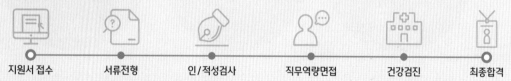

지원서 접수　　서류전형　　인/적성검사　　직무역량면접　　건강검진　　최종합격

❶ 고졸 또는 전문대졸 학력 소지자이며, 전공은 무관하다.
❷ 서류전형은 성적, 출결 등의 내용을 위주로 전형한다.
❸ 적성검사는 기초지식(영어/수학), 언어/패턴 이해, 상황판단 등 총 80문항의 구성으로 소요시간은 55분으로 제한된다.
❹ 인성검사는 SK하이닉스의 인재상에 부합되는 인재 선발을 위한 요인검사로 280문항의 구성으로 소요시간은 40분으로 제한된다.

⟳ Maintenance 채용

지원서 접수　　서류전형　　인/적성검사　　직무역량면접　　건강검진　　최종합격

❶ 고졸 또는 전문대졸 학력 소지자 중 반도체 · 전자 · 전기 · 기계 계열의 전공자에 해당된다.
❷ 서류전형은 성적, 출결 등의 내용을 위주로 전형한다.
❸ 적성검사는 기초지식(영어/수학), 언어/패턴 이해, 상황판단 등 총 80문항의 구성으로 소요시간은 55분으로 제한된다.
❹ 인성검사는 SK하이닉스의 인재상에 부합되는 인재 선발을 위한 요인검사로 280문항의 구성으로 소요시간은 40분으로 제한된다.

❖ 자세한 채용절차는 직무별 채용 방침에 따라 변경될 수 있으니 반드시 채용 공고를 확인하기 바랍니다.

SK하이닉스 필기시험 합격기

"기초가 부족해도 포기하지 마세요!"

SK하이닉스는 상대적으로 출결이나 성적, 자격증 등을 중요하게 생각한다는 이야기를 많이 들었기 때문에 도전하기가 쉽지는 않았지만 그래도 붙고 싶은 마음에 지원했고, 운이 좋았는지 서류에서 합격해 부랴부랴 문제집을 풀게 되었습니다. 졸업한 지 얼마 되지도 않았음에도 문제를 풀어내는 것이 상당히 버거웠지만 포기하지 않고 꾸준히 문제를 풀었고, 그 덕분에 좋은 결과를 본 것 같네요. 다른 분들도 기초가 부족하다고 포기하지 말고 이 책과 함께 열심히 준비해서 시험에 꼭 합격했으면 좋겠습니다.

"연습만이 살 길입니다!"

평소에 인적성검사를 준비한 적이 없어서인지 쉬운 문제라는 이야기에도 두려움이 앞서 책을 구매하게 되었습니다. 처음에 책을 풀면서 너무 쉬운 문제들이 몇몇 보였기에 우습게 생각했었는데, 실제 시험처럼 시간을 맞춰서 풀어보니 시간 내에 모든 문제를 다 풀지 못하거나, 의외의 부분에서 실수하는 경우가 많았습니다. 그 뒤로 자만심은 내려놓고 하루에 정한 만큼 책을 풀고 시간을 정해 문제를 푸는 연습을 했고, 실제 시험에서 큰 문제없이 모든 문제를 풀어낼 수 있었습니다.

❖ 본 독자 후기는 실제 SD에듀의 도서를 통해 공부하여 합격한 독자들께서 보내주신 후기를 재구성한 것입니다.

이 책의 차례 CONTENTS

부록

기출복원문제

CONTENTS

※ 2023년 SK하이닉스 생산직 채용이 진행되지 않아 2022년 하반기 기출복원문제까지 복원되었으므로 참고하기 바랍니다.

2023년
주요기업 생산직 기출복원문제

01 기초지식

※ 다음 제시된 단어와 반대되는 의미를 가진 것을 고르시오. [1~5]

01

| SK그룹

ill

① suffer   ② energy
③ worth   ④ healthy

02

| SK그룹

suspect

① trust   ② doubt
③ suppose   ④ guess

정답 및 해설

01 제시된 단어의 의미는 '아픈'으로, 이와 반대되는 의미를 가진 단어는 'healthy(건강한)'이다.

오답분석
① 시달리다
② 에너지
③ ~할 가치가 있는

02 제시된 단어의 의미는 '불신하다, 의심하다'로, 이와 반대되는 의미를 가진 단어는 'trust(신뢰, 신임)'이다.

오답분석
② 의심하다
③ 가정하다
④ 추측하다

01 ④ 02 ① 정답

03

cold

① suppress   ② warm

③ mitigate   ④ abuse

04

advance

① suppress   ② settle

③ withdraw   ④ adapt

05

fragile

① weak   ② delicate

③ durable   ④ flexible

정답 및 해설

03 제시된 단어의 의미는 '추운, 차가운'으로 이와 반대되는 의미를 가진 단어는 'warm(따뜻한)'이다.

[오답분석]
① 진압하다
③ 완화하다
④ 남용하다

04 제시된 단어의 의미는 '진출하다'로, 이와 반대되는 의미를 가진 단어는 'withdraw(후퇴하다)'이다.

[오답분석]
① 진압하다
② 정착하다
④ 적응하다

05 제시된 단어의 의미는 '허약한'으로, 이와 반대되는 의미를 가진 단어는 'durable(튼튼한)'이다.

[오답분석]
① 약한
② 섬세한
④ 유연한

03 ②   **04** ③   **05** ③   《 정답

※ 일정한 규칙으로 수를 나열할 때, 빈칸에 들어갈 알맞은 수를 고르시오. [6~12]

06

| 6   4   7   3   9   1   ( ) |

① 6   ② 7
③ 8   ④ 9
⑤ 10

07

| -88   66   ( )   78   -22   90   -11 |

① -33   ② -44
③ -55   ④ -66
④ -77

정답 및 해설

06 -2, $+3$, -2^2, $+6$, -2^3, $+9$, …인 수열이다.
따라서 ( )=1+9=100이다.

07   홀수 항은 2씩 나누는 수열이고, 짝수 항은 12씩 더하는 수열이다.
따라서 ( )=$-88 \div 2 = -44$이다.

06 ⑤   07 ②   〈정답

08

$$8 \quad 25 \quad 5 \quad (\quad) \quad \frac{16}{5} \quad \frac{53}{5} \quad \frac{53}{25}$$

① 11

② 16

③ 21

④ $\frac{11}{5}$

⑤ $\frac{13}{5}$

09

$$\underline{2 \quad 11 \quad 16} \quad \underline{5 \quad 10 \quad 11} \quad \underline{7 \quad 12 \quad (\quad)}$$

① 8

② 10

③ 13

④ 15

⑤ 18

정답 및 해설

08 ×3+1, ÷5가 반복되는 수열이다.
따라서 ( )=5×3+1=16이다.

09 나열된 수를 각각 A, B, C라고 하면, 규칙은 다음과 같다.
$$\underline{A\ B\ C} \rightarrow \frac{A+C}{2}+2=B$$
따라서 ( )=2×(12−2)−7=13이다.

08 ② 09 ③ 〈정답

10

| 88 | 132 | 176 | 264 | 352 | 528 | ( ) |

① 649

② 704

③ 715

④ 722

⑤ 743

11

| 225 | 256 | 289 | 324 | ( ) | 400 |

① 148

② 242

③ 263

④ 361

12

| 3 | 6 | 10 | 13 | 21 | ( ) | 36 | 39 | 55 |

① 10

② 15

③ 22

④ 24

정답 및 해설

10 첫 번째 항부터 $\times\frac{3}{2}$, $\times\frac{4}{3}$를 번갈아 적용하는 수열이다.

따라서 ( )$=528\times\frac{4}{3}=704$이다.

11 15^2, 16^2, 17^2, 18^2, …인 수열이다.
따라서 ( )$=19^2=361$이다.

12 첫 번째 항부터 $+3$, $+4$의 배수($4n$)를 번갈아 적용하는 수열이다(n은 1부터 순서대로 커진다).
따라서 ( )$=21+3=24$이다.

10 ②   11 ④   12 ④   《정답》

13 P씨의 집에서 우체국까지 갈 수 있는 경로와 구간별 거리가 아래와 같을 때, P씨가 우체국까지 제일 빠르게 갈 수 있는 방법은?

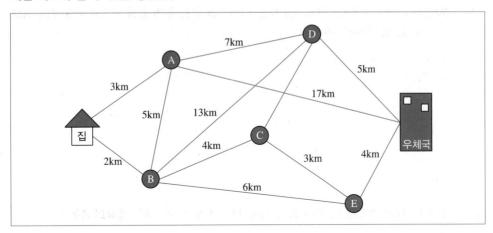

① 집 - A - 우체국, 5km/h
② 집 - A - D - 우체국, 3km/h
③ 집 - B - E - 우체국, 4km/h
④ 집 - B - D - 우체국, 5km/h

정답 및 해설

13 집 - B - E - 우체국의 경로를 시속 4km/h로 갔을 때 걸리는 시간은 총거리가 2+6+4=12km이므로 $\frac{12}{4}$=3시간

이다.

오답분석

① 3+17=20 → $\frac{20}{5}$=4시간

② 3+7+5=15 → $\frac{15}{3}$=5시간

④ 2+13+5=20 → $\frac{20}{5}$=4시간

13 ③ 《정답

14 수학과에 재학 중인 P씨는 자신의 나이로 문제를 만들었다. 자신의 나이에서 4살을 빼고 27을 곱한 다음 1을 더한 값을 2로 나누면 A가 나오고, 자신의 나이 2배에서 1을 빼고 3을 곱한 값과 자신의 나이에서 5배를 하고 2를 더한 다음 2를 곱한 값의 합을 반으로 나눈 값은 A보다 56이 적다고 할 때, P씨의 나이는?

① 20살   ② 25살

③ 30살   ④ 35살

15 20보다 작은 연속된 세 수의 합이 12로 나누어 떨어지는 모든 경우의 수는?

① 3가지   ② 4가지

③ 5가지   ④ 6가지

정답 및 해설

14 P씨의 나이를 x살이라 하자.

$$A = \frac{27(x-4)+1}{2} \quad \cdots \textcircled{\footnotesize ㄱ}$$

$$A - 56 = \frac{(2x-1)3 + (5x+2)2}{2} \quad \cdots \textcircled{\footnotesize ㄴ}$$

㉡에 ㉠을 대입하면

$$\frac{(2x-1)3 + (5x+2)2}{2} + 56 = \frac{27(x-4)+1}{2}$$

$$\rightarrow \frac{6x-3+10x+4}{2} + 56 = \frac{27x-107}{2}$$

$$\rightarrow 16x+1+112 = 27x-107$$

$$\rightarrow 11x = 220$$

$$\therefore x = 20$$

따라서 P씨의 나이는 20살이다.

15 12의 배수를 12로 나눌 때 나누어 떨어진다.
- $12 = 12 \times 1 = 4 \times 3$이므로 $3+4+5 = 12$이다.
- $24 = 12 \times 2 = 8 \times 3$이므로 $7+8+9 = 24$이다.
- $36 = 12 \times 3$이므로 $11+12+13 = 36$이다.
- $48 = 12 \times 4 = 16 \times 3$이므로 $15+16+17 = 48$이다.
- $60 = 12 \times 5 = 20 \times 3$이므로 $19+20+21 = 60$이지만 21은 20보다 크다.

따라서 구하고자 하는 경우의 수는 모두 4가지이다.

14 ①   15 ②   ◁ 정답

16 어느 학생이 두 문제 A, B를 푸는데 문제 A를 맞히지 못할 확률은 60%, 두 문제를 모두 맞힐 확률은 24%일 때, 이 학생이 문제 A는 맞히고, 문제 B는 맞히지 못할 확률은?

① 36%

② 30%

③ 28%

④ 24%

⑤ 16%

17 어머니와 아버지를 포함한 6명의 가족이 원형 식탁에 둘러앉아 식사를 할 때, 어머니와 아버지가 서로 마주 보고 앉는 경우의 수는?

① 21가지

② 22가지

③ 23가지

④ 24가지

⑤ 25가지

정답 및 해설

16 문제 B를 맞힐 확률을 p라 하면 다음과 같다.

$$\left(1-\frac{3}{5}\right)\times p=\frac{24}{100} \;\rightarrow\; \frac{2}{5}\,p=\frac{6}{25}$$

$$\therefore\; p=\frac{3}{5}$$

따라서 문제 A는 맞히고 문제 B는 맞히지 못할 확률은 $\left(1-\frac{3}{5}\right)\times\left(1-\frac{3}{5}\right)=\frac{4}{25}$ 이므로 16%이다.

17 아버지의 자리가 결정되면 그 맞은편은 어머니 자리로 고정된다. 어머니와 아버지의 자리가 고정되므로 아버지의 자리를 고정 후 남은 4자리는 어떻게 앉아도 같아지는 경우가 생기지 않는다.
따라서 자리에 앉는 경우의 수는 4!=24가지이다.

16 ⑤ 17 ④ **정답**

18 어떤 출판사에 분당 100자를 칠 수 있는 A와 분당 150자를 칠 수 있는 B가 있다. 총 15,000자 분량의 원고를 두 사람이 동시에 치면 얼마나 시간이 걸리는가?

① 1시간
② 2시간
③ 3시간
④ 4시간
⑤ 5시간

19 다음은 어느 사탕 가게의 주문이다. 유미가 딸기 맛 1개와 바닐라 맛 1개를 주문했을 때, 지불해야 하는 금액은?

(단위 : 개)

주문번호	딸기 맛	바닐라 맛	초콜릿 맛	합계(원)
1	2		1	7,000
2		2		4,000
3	3		2	11,500

① 4,500원
② 5,000원
③ 5,500원
④ 6,000원
⑤ 6,500원

정답 및 해설

18
- A : 분당 타이핑속도는 100자/분
- B : 분당 타이핑속도는 150자/분

타이핑 글자 수는 타이핑속도와 걸린 시간의 곱이 되고 총글자 수는 15,000=(100자/분)×걸린 시간+(150자/분)× 걸린 시간이다.
따라서 걸린 시간은 60분이다.

19 딸기 맛 1개의 가격을 x원, 바닐라 맛 1개를 y원, 초콜릿 맛 1개를 z원이라 하면 다음과 같은 식을 세울 수 있다.
$2x+z=7,000 \cdots \bigcirc$
$2y=4,000 \cdots \bigcirc$
$3x+2z=11,500 \cdots \bigcirc$
$\bigcirc$, $\bigcirc$, $\bigcirc$을 연립하면 $x=2,500$, $y=2,000$, $z=2,000$이다.
따라서 유미가 지불해야 하는 금액은 2,500+2,000=4,500원이다.

18 ① 19 ① **정답**

20 현재 아버지의 나이는 45세이고, 아들의 나이는 13세이다. 아버지의 나이가 아들의 나이의 3배가 되는 것은 몇 년 후인가?

① 1년 후　　　　　　　　　　　② 2년 후

③ 3년 후　　　　　　　　　　　④ 4년 후

⑤ 5년 후

21 농도가 20%인 묽은 염산 300g이 있다. 농도가 5%인 묽은 염산을 섞어 실험에 쓸 수 있는 묽은 염산으로 희석한다. 농도가 10%보다 진하면 실험용 염산으로 사용할 수 없다고 할 때, 최소로 필요한 5% 묽은 염산의 양은?

① 600g　　　　　　　　　　　② 650g

③ 700g　　　　　　　　　　　④ 750g

⑤ 800g

정답 및 해설

20 x년 후에 아버지의 나이가 아들의 나이의 3배가 된다고 하면, 다음과 같다.

$45+x=3(13+x) \rightarrow 45+x=39+3x \rightarrow 2x=6$

$\therefore x=3$

따라서 3년 후에 아버지의 나이가 아들의 나이의 3배가 된다.

21 5%의 묽은 염산의 양을 xg이라 하면 20%의 묽은 염산과 5%의 묽은 염산을 섞었을 때 농도가 10%보다 작거나 같아야 하므로 식을 세우면 다음과 같다.

$$\frac{20}{100} \times 300 + \frac{5}{100} \times x \le \frac{10}{100}(300+x)$$

$6{,}000+5x \le 10(300+x) \rightarrow 5x \ge 3{,}000$

$\therefore x \ge 600$

따라서 필요한 5% 묽은 염산의 최소량은 600g이다.

| S-OIL

22 은경이는 태국 여행에서 A ~ D 네 종류의 손수건을 총 9장 구매했으며, 그 중 B손수건은 3장, 나머지는 각각 같은 개수를 구매했다. 기념품으로 친구 3명에게 종류가 다른 손수건을 3장씩 나눠 줬을 때, 가능한 경우의 수는?

① 5가지　　　　　　　　　　　② 6가지

③ 7가지　　　　　　　　　　　④ 8가지

⑤ 9가지

| 현대자동차

23 민수가 어떤 일을 하는 데 1시간이 걸리고, 그 일을 아버지가 하는 데는 15분이 걸린다. 민수가 30분간 혼자서 일하는 중에 아버지가 오셔서 함께 그 일을 끝마쳤다면 민수가 아버지와 함께 일한 시간은 몇 분인가?

① 5분　　　　　　　　　　　　② 6분

③ 7분　　　　　　　　　　　　④ 8분

⑤ 9분

정답 및 해설

22　총 9장의 손수건을 구매했으므로 B손수건 3장을 제외한 나머지 A, C, D손수건은 각각 $\dfrac{9-3}{3}=2$장씩 구매하였다.

먼저 3명의 친구들에게 서로 다른 손수건을 3장씩 나눠 줘야 하므로 B손수건을 1장씩 나눠준다. 나머지 A, C, D손수건을 서로 다른 손수건으로 2장씩 나누면 (A, C), (A, D), (C, D)로 묶을 수 있다. 이 세 묶음을 3명에게 나눠주는 방법은 $3!=3\times2\times1=6$가지가 나온다.

따라서 친구 3명에게 종류가 다른 손수건을 3장씩 나눠주는 경우의 수는 6가지이다.

23　전체 일의 양을 1이라 하면 민수와 아버지가 1분 동안 하는 일의 양은 각각 $\dfrac{1}{60}$, $\dfrac{1}{15}$이다.

민수가 아버지와 함께 일한 시간을 x분이라 하면

$$\dfrac{1}{60}\times30+\left\{\left(\dfrac{1}{60}+\dfrac{1}{15}\right)\times x\right\}=1$$

따라서 $x=6$이므로 6분이다.

※ 다음 제시된 단어의 대응 관계로 볼 때, 빈칸에 들어갈 적절한 단어로 짝지어진 것을 고르시오. [1~2]

| S-OIL

01

(A) : 제거하다 = 소란하다 : (B)

	A	B
①	처신하다	예민하다
②	배제하다	혼잡하다
③	반격하다	조용하다
④	봉합하다	산만하다
⑤	삭제하다	한산하다

| S-OIL

02

(A) : 감퇴하다 = 간섭하다 : (B)

	A	B
①	분리하다	참견하다
②	증진하다	방임하다
③	감별하다	독촉하다
④	감사하다	관입하다
⑤	감소하다	방임하다

정답 및 해설

01 제시문은 유의 관계이다. '제거하다'의 유의어는 '배제하다'이고, '소란하다'의 유의어는 '혼잡하다'이다.

오답분석
- 처신하다 : 세상을 살아가는 데 가져야 할 몸가짐이나 행동을 취하다.
- 반격하다 : 어떤 사상, 의견, 물건 따위를 물리치다.

02 제시문은 반의 관계이다. '감퇴하다'의 반의어는 '증진하다'이고, '간섭하다'의 반의어는 '방임하다'이다.

오답분석
- 감별하다 : 보고 식별하다.
- 독촉하다 : 일이나 행동을 빨리하도록 재촉하다.
- 관입하다 : 꿰뚫어 들어가다.

01 ② 02 ② 〈 정답

※ 다음 제시된 단어의 대응 관계로 볼 때, 빈칸에 들어가기에 적절한 단어를 고르시오. [3~5]

| S-OIL

03

> 마뜩하다 : 마땅하다 = 성마르다 : (   )

① 시끄럽다   ② 메마르다
③ 너그럽다   ④ 조급하다
⑤ 완만하다

| S-OIL

04

> 가공 : 실재 = 가결 : (   )

① 의결   ② 부결
③ 통과   ④ 각하
⑤ 완결

| S-OIL

05

> 고매하다 : 고결하다 = 곱다 : (   )

① 추하다   ② 밉다
③ 거칠다   ④ 치밀하다
⑤ 조악하다

정답 및 해설

03 제시문은 유의 관계이다. '마뜩하다'의 유의어는 '마땅하다'이고, '성마르다'의 유의어는 '조급하다'이다.
- 마뜩하다 : 제법 마음에 들 만하다.
- 마땅하다 : 흡족하게 마음에 들다.
- 성마르다 : 참을성이 없고 성질이 조급하다.

04 제시문은 반의 관계이다. '가공'의 반의어는 '실재'이고, '가결'의 반의어는 '부결'이다.

[오답분석]
- 각하 : 행정법에서 국가 기관에 대한 행정상 신청을 배척하는 처분

05 제시문은 유의 관계이다. '고매하다'의 유의어는 '고결하다'이고, '곱다'의 유의어는 '치밀하다'이다.

03 ④   04 ②   05 ④   《정답》

06 현수는 가전제품을 구매하기 위해 P사 판매점을 둘러보게 되었다. 다음 명제로부터 현수가 추론할 수 있는 것은?

> • 냉장고의 A/S 기간은 세탁기의 A/S 기간보다 길다.
> • 에어컨의 A/S 기간은 냉장고의 A/S 기간보다 길다.
> • 컴퓨터의 A/S 기간은 3년으로 세탁기의 A/S 기간보다 짧다.

① 세탁기의 A/S 기간은 3년 이하이다.
② 세탁기의 A/S 기간이 가장 짧다.
③ 컴퓨터의 A/S 기간이 가장 짧다.
④ 냉장고의 A/S 기간이 가장 길다.

07 A ~ E 다섯 명이 100m 달리기를 했다. 기록 측정 결과가 나오기 전에 그들끼리의 대화를 통해 순위를 예측해 보려고 한다. 그들의 대화는 다음과 같고, 이 중 한 사람이 거짓말을 하고 있다. 다음 중 A ~ E의 순위로 알맞은 것은?

> A : 나는 1등이 아니고, 3등도 아니야.
> B : 나는 1등이 아니고, 2등도 아니야.
> C : 나는 3등이 아니고, 4등도 아니야.
> D : 나는 A와 B보다 늦게 들어왔어.
> E : 나는 C보다는 빠르게 들어왔지만, A보다는 늦게 들어왔어.

① E − C − B − A − D
② E − A − B − C − D
③ C − E − B − A − D
④ C − A − D − B − E
⑤ A − C − E − B − D

정답 및 해설

06 가전제품을 A/S 기간이 짧은 순서대로 나열하면 '컴퓨터 − 세탁기 − 냉장고 − 에어컨'이므로 컴퓨터의 A/S 기간이 가장 짧은 것을 알 수 있다.

07 한 명만 거짓말을 하고 있기 때문에 모두의 말을 참이라고 가정하고, 모순이 어디서 발생하는지 생각해 본다.
다섯 명의 말에 따르면, 1등을 할 수 있는 사람은 C밖에 없는데, E의 진술과 모순이 생기는 것을 알 수 있다.
만약 C의 진술이 거짓이라고 가정하면 1등을 할 수 있는 사람이 없게 되므로 모순이다.
따라서 E의 진술이 거짓이므로 나올 수 있는 순위는 C − A − E − B − D, C − A − B − D − E, C − E − B − A − D임을 알 수 있다.

06 ③   07 ③   〈정답〉

08 다음 글의 제목으로 가장 적절한 것은?

딸기에는 비타민 C가 귤의 1.6배, 레몬의 2배, 키위의 2.6배, 사과의 10배 정도 함유되어 있어 딸기 5 ~ 6개를 먹으면 하루에 필요한 비타민 C를 전부 섭취할 수 있다. 비타민 C는 신진대사 활성화에 도움을 줘 원기를 회복하고 체력을 증진시키며, 멜라닌 색소가 축적되는 것을 막아 기미, 주근깨를 예방해준다. 멜라닌 색소가 많을수록 피부색이 검어지므로 미백 효과도 있는 셈이다. 또한 비타민 C는 피부 저항력을 높여줘 알레르기성 피부나 홍조가 짙은 피부에도 좋다. 비타민 C가 내는 신맛은 식욕 증진 효과와 스트레스 해소 효과가 있다.

한편, 딸기에 비타민 C만큼 풍부하게 함유된 성분이 항산화 물질인데, 이는 암세포 증식을 억제하는 동시에 콜레스테롤 수치를 낮춰주는 기능을 한다. 그래서 심혈관계 질환, 동맥경화 등에 좋고 눈의 피로를 덜어주며 시각기능을 개선해주는 효과도 있다.

딸기는 식물성 섬유질 함량도 높은 과일이다. 섬유질 성분은 콜레스테롤을 낮추고, 혈액을 깨끗하게 만들어준다. 뿐만 아니라 소화 기능을 촉진하고 장운동을 활발히 해 변비를 예방한다. 딸기 속 철분은 빈혈 예방 효과가 있어 혈색이 좋아지게 한다. 더불어 모공을 축소시켜 피부 탄력도 증진시킨다. 딸기와 같은 붉은 과일에는 라이코펜이라는 성분이 들어있는데, 이 성분은 면역력을 높이고 혈관을 튼튼하게 해 노화 방지 효과를 낸다. 이처럼 딸기는 건강에 무척 좋지만 당도가 높으므로 하루에 5 ~ 10개 정도만 먹는 것이 적당하다. 물론 달달한 맛에 비해 칼로리는 100g당 27kcal로 높지 않아 다이어트 식품으로 선호도가 높다.

① 딸기 속 비타민 C를 찾아라
② 비타민 C의 신맛의 비밀
③ 제철과일, 딸기 맛있게 먹는 법
④ 다양한 효능을 가진 딸기

08 제시문은 딸기에 들어있는 비타민 C와 항산화 물질, 식물성 섬유질, 철분 등을 언급하며 딸기의 다양한 효능을 설명하고 있다.

08 ④ 정답

09 다음 글의 빈칸에 들어갈 내용으로 가장 적절한 것은?

전통문화는 근대화의 과정에서 해체되는 것인가, 아니면 급격한 사회 변동의 과정에서도 유지될 수 있는 것인가? 전통문화의 연속성과 재창조는 왜 필요하며, 어떻게 이루어지는가? 외래문화의 토착화(土着化), 한국화(韓國化)는 사회 변동과 문화 변화의 과정에서 무엇을 의미하는가? 이상과 같은 의문들은 오늘날 한국 사회에서 논란의 대상이 되고 있으며, 입장에 따라 상당한 견해 차이도 드러내고 있다.

전통의 유지와 변화에 대한 견해 차이는 오늘날 한국 사회에서 단순하게 보수주의와 진보주의의 차이로 이해될 성질의 것이 아니다. 한국 사회의 근대화는 이미 한 세기의 역사를 가지고 있으며, 앞으로도 계속되어야 할 광범하고 심대(深大)한 사회 구조적 변동이다. 그렇기 때문에 성향이 보수주의적인 사람들도 전통문화의 변질을 어느 정도 수긍하지 않을 수 없는가 하면, 사회 변동의 강력한 추진 세력 또한 문화적 전통의 확립을 주장하지 않을 수 없다.

또, 한국 사회에서 전통문화의 변화에 관한 논의는 단순히 외래문화이냐 전통문화이냐의 양자택일적인 문제가 될 수 없다는 것도 명백하다. 근대화는 전통문화의 연속성과 변화를 다 같이 필요로 하며, 외래문화의 수용과 그 토착화 등을 다 같이 요구하는 것이기 때문이다. 그러므로 전통을 계승하고 외래문화를 수용할 때에 무엇을 취하고 무엇을 버릴 것이냐 하는 문제도 단순히 문화의 보편성(普遍性)과 특수성(特殊性)이라고 하는 기준에서만 다룰 수 없다. 근대화라고 하는 사회 구조적 변동이 문화 변화를 결정지을 것이기 때문에, 전통문화의 변화 문제를 ＿＿＿＿＿＿＿＿＿＿＿＿＿에서 다루어 보는 분석이 매우 중요하다고 생각한다.

① 보수주의의 시각
② 진보주의의 시각
③ 사회 변동의 시각
④ 외래와 전통의 시각

정답 및 해설

09 두 번째 문단에서 전통의 유지와 변화에 대한 견해 차이는 보수주의와 진보주의의 차이로 이해될 성질의 것이 아니며, 한국 사회의 근대화는 앞으로도 계속되어야 할 광범하고 심대한 '사회 구조적 변동'이라고 하였다. 또한 마지막 문단에서 '근대화라고 하는 사회 구조적 변동이 문화 변화를 결정지을 것이기 때문'이라고 하였으므로 전통문화의 변화 문제를 사회 변동의 시각에서 다루는 것이 적절하다.

09 ③ 정답

10 다음 글의 내용으로 가장 적절한 것은?

> 예술과 도덕의 관계, 더 구체적으로는 예술작품의 미적 가치와 도덕적 가치의 관계는 동서양을 막론하고 사상사의 중요한 주제들 중 하나이다. 그 관계에 대한 입장들로는 '극단적 도덕주의', '온건한 도덕주의', '자율성주의'가 있다. 이 입장들은 예술작품이 도덕적 가치판단의 대상이 될 수 있느냐는 물음에 각기 다른 대답을 한다.
> 극단적 도덕주의 입장은 모든 예술작품을 도덕적 가치판단의 대상으로 본다. 이 입장은 도덕적 가치를 가장 우선적인 가치이자 가장 포괄적인 가치로 본다. 따라서 모든 예술작품은 도덕적 가치에 의해서 긍정적으로 또는 부정적으로 평가된다. 또한 도덕적 가치는 미적 가치를 비롯한 다른 가치들보다 우선한다. 이러한 입장을 대표하는 사람이 바로 톨스토이이다. 그는 인간의 형제애에 관한 정서를 전달함으로써 인류의 심정적 통합을 이루는 것이 예술의 핵심적 가치라고 보았다.
> 온건한 도덕주의는 오직 일부 예술작품만이 도덕적 판단의 대상이 된다고 보는 입장이다. 따라서 일부의 예술작품들에 대해서만 긍정적인 또는 부정적인 도덕적 가치판단이 가능하다고 본다. 이 입장에 따르면, 도덕적 판단의 대상이 되는 예술작품의 도덕적 가치와 미적 가치는 서로 독립적으로 성립하는 것이 아니다. 그것들은 서로 내적으로 연결되어 있기 때문에 어떤 예술작품이 가지는 도덕적 장점이 그 예술작품의 미적 강점이 된다. 또한 어떤 예술작품의 도덕적 결함은 그 예술작품의 미적 결함이 된다.
> 자율성주의는 어떠한 예술작품도 도덕적 가치판단의 대상이 될 수 없다고 보는 입장이다. 이 입장에 따르면, 도덕적 가치와 미적 가치는 서로 자율성을 유지한다. 즉, 도덕적 가치와 미적 가치는 각각 독립적인 영역에서 구현되고 서로 다른 기준에 의해 평가된다는 것이다. 결국 자율성주의는 예술작품에 대한 도덕적 가치판단을 범주착오에 해당하는 것으로 본다.

① 톨스토이는 극단적 도덕주의를 비판하면서 예술작품은 인류의 심정적 통합 정도에만 기여해야 한다고 주장했다.
② 온건한 도덕주의에서는 미적 가치와 도덕적 가치의 독립적인 지위를 인정해야 한다고 본다.
③ 자율성주의는 도덕적 가치판단은 작품을 감상하는 각자에게 맡겨야 한다고 주장한다.
④ 온건한 도덕주의에서 도덕적 판단의 대상이 되는 예술작품은 극단적 도덕주의에서도 도덕적 판단의 대상이 된다.

정답 및 해설

10 온건한 도덕주의는 일부 예술작품만 도덕적 판단의 대상이 된다고 보고, 극단적 도덕주의는 모든 예술작품이 도덕적 판단의 대상이 된다고 본다. 따라서 온건한 도덕주의에서 도덕적 판단의 대상이 되는 예술작품은 극단적 도덕주의에서도 도덕적 판단의 대상이다.

오답분석

① 두 번째 문단 네 번째 줄에서 톨스토이는 극단적 도덕주의의 입장을 대표한다고 하였다.
② 온건한 도덕주의에서는 예술작품 중 일부에 대해서 긍정적 또는 부정적 도덕적 가치판단이 가능하다고 하였으며, 미적 가치와 도덕적 가치의 독립적인 지위를 인정해야 한다는 언급은 없다.
③ 자율성주의는 모든 예술작품이 도덕적 가치판단의 대상이 될 수 없다고 본다.

10 ④ 〈정답

11 다음 중 스마트미터에 대한 내용으로 적절하지 않은 것은?

> 스마트미터는 소비자가 사용한 전력량을 일방적으로 보고하는 것이 아니라, 발전사로부터 전력 공급 현황을 받을 수 있는 양방향 통신, AMI(AMbient Intelligence)로 나아간다. 때문에 부가적인 설비를 더하지 않고 소프트웨어 설치만으로 집안의 통신이 가능한 각종 전자기기를 제어하는 기능까지 더할 수 있어 에너지를 더욱 효율적으로 관리하게 해주는 전력 시스템이다.
>
> 스마트미터는 신재생에너지가 보급되기 위해 필요한 스마트그리드의 기초가 되는 부분으로 그 시작은 자원 고갈에 대한 걱정과 환경 보호 협약 때문이었다. 하지만 스마트미터가 촉구되었던 더 큰 이유는 안정적으로 전기를 이용할 수 있느냐 하는 두려움 때문이었다. 사회는 끊임없는 발전을 이뤄왔지만 천재지변으로 인한 시설 훼손이나 전력 과부하로 인한 블랙아웃 앞에서는 어쩔 도리가 없었다. 태풍과 홍수, 산사태 등으로 막대한 피해를 보았던 2000년대 초반 미국을 기점으로, 전력 정보의 신뢰도를 위해 스마트미터 산업은 크게 주목받기 시작했다. 대중은 비상시 전력 보급 현황을 알기 원했고, 미 정부는 전력 사용 현황을 파악함은 물론, 소비자가 전력 사용량을 확인할 수 있도록 제공하여 소비자 스스로 전력 사용을 줄이길 바랐다.
>
> 한편, 스마트미터는 기존의 전력 계량기를 교체해야 하는 수고와 비용이 들지만, 실시간으로 에너지 사용량을 알 수 있기 때문에 이용하는 순간부터 공급자인 발전사와 소비자 모두가 전력 정보를 편이하게 접할 수 있을 뿐만 아니라 효율적으로 관리가 가능해진다. 앞으로는 소비처로부터 멀리 떨어진 대규모 발전 시설에서 생산하는 전기뿐만 아니라, 스마트 그린시티에 설치된 발전설비를 통한 소량의 전기들까지 전기 가격을 하나의 정보로 규합하여 소비자가 필요에 맞게 전기를 소비할 수 있게 유도한다. 또한, 소형 설비로 생산하거나 에너지 저장 시스템에 사용하다 남은 소량의 전기는 전력 시장에 역으로 제공해 보상을 받을 수도 있게 된다.
>
> 미래 에너지는 신재생에너지로의 완전한 전환이 중요하지만, 산업체는 물론 개개인이 에너지를 절약하는 것 역시 중요하다. 앞서 미국이 의도했던 것처럼 스마트미터를 보급하면 일상에서 쉽게 에너지 운용을 파악할 수 있게 되고, 에너지 절약을 습관화하는 데 도움이 될 것이다.

① 소비자가 사용한 전력량뿐만 아니라 발전사로부터 공급 현황도 받을 수 있다.
② 에너지 공급자와 사용자를 양방향 통신으로 연결해 정보제공 역할을 한다.
③ 공급자로부터 받은 전력 사용량을 바탕으로 소비자 스스로 전력 사용을 제어할 수 있다.
④ 스마트미터는 자원 고갈과 환경보호를 대체할 수 있는 발전효율이 높은 신재생에너지 자원이다.

정답 및 해설

11 스마트미터는 신재생에너지가 보급되기 위해 필요한 스마트그리드의 기초가 되는 부분이다. 에너지 공급자와 사용자를 양방향 데이터 통신으로 연결해 검침 및 정보제공 역할을 하여 발전사와 소비자 모두 필요한 정보를 모니터링하는 시스템일 뿐, 직접 에너지를 생산하는 신재생에너지는 아니다.

11 ④ 정답

12 다음 제시된 문단을 논리적 순서대로 바르게 나열한 것은?

> (가) 물체의 회전 상태에 변화를 일으키는 힘의 효과를 돌림힘이라고 한다. 물체에 회전 운동을 일
> 으키거나 물체의 회전 속도를 변화시키려면 물체에 힘을 가해야 한다. 같은 힘이라도 회전축으
> 로부터 얼마나 멀리 떨어진 곳에 가해 주느냐에 따라 회전 상태의 변화 양상이 달라진다. 물체
> 에 속한 점 X와 회전축을 최단 거리로 잇는 직선과 직각을 이루는 동시에 회전축과 직각을 이
> 루도록 힘을 X에 가한다고 하자. 이때 물체에 작용하는 돌림힘의 크기는 회전축에서 X까지의
> 거리와 가해준 힘의 크기의 곱으로 표현되고 그 단위는 Nm(뉴턴미터)이다.
>
> (나) 회전 속도의 변화는 물체에 알짜 돌림힘이 일을 해 주었을 때만 일어난다. 돌고 있는 팽이에
> 마찰력이 일으키는 돌림힘을 포함하여 어떤 돌림힘도 작용하지 않으면 팽이는 영원히 돈다.
> 일정한 형태의 물체에 일정한 크기와 방향의 알짜 돌림힘을 가하여 물체를 회전시키면, 알짜
> 돌림힘이 한 일은 알짜 돌림힘의 크기와 회전 각도의 곱이고 그 단위는 줄(J)이다. 알짜 돌림힘
> 이 물체를 돌리려는 방향과 물체의 회전 방향이 일치하면 알짜 돌림힘이 양(+)의 일을 하고
> 그 방향이 서로 반대이면 음(−)의 일을 한다.
>
> (다) 동일한 물체에 작용하는 두 돌림힘의 합을 알짜 돌림힘이라 한다. 두 돌림힘의 방향이 같으면
> 알짜 돌림힘의 크기는 두 돌림힘의 크기의 합이 되고 그 방향은 두 돌림힘의 방향과 같다. 두
> 돌림힘의 방향이 서로 반대이면 알짜 돌림힘의 크기는 두 돌림힘의 크기의 차가 되고 그 방향
> 은 더 큰 돌림힘의 방향과 같다. 지레에 힘을 주지만 물체가 지레의 회전을 방해하는 힘을 작용
> 점에 주어 지레가 움직이지 않는 상황처럼, 두 돌림힘의 크기가 같고 방향이 반대이면 알짜
> 돌림힘은 0이 되고 이때를 돌림힘의 평형이라고 한다.
>
> (라) 지레는 받침과 지렛대를 이용하여 물체를 쉽게 움직일 수 있는 도구이다. 지레에서 힘을 주는
> 곳을 힘점, 지렛대를 받치는 곳을 받침점, 물체에 힘이 작용하는 곳을 작용점이라 한다. 받침점
> 에서 힘점까지의 거리가 받침점에서 작용점까지의 거리에 비해 멀수록 힘점에서 작은 힘을 주
> 어 작용점에서 물체에 큰 힘을 가할 수 있다. 이러한 지레의 원리에는 돌림힘의 개념이 숨어
> 있다.

① (가) − (다) − (라) − (나)
② (가) − (라) − (다) − (나)
③ (라) − (가) − (나) − (다)
④ (라) − (가) − (다) − (나)

정답 및 해설

12 제시문은 '돌림힘'에 대해 설명하는 글이다. 따라서 우리에게 친숙한 지레를 예로 들어 지레의 원리에 돌림힘의 개념이
숨어 있다고 흥미 유발을 하는 (라)가 가장 먼저 오고, 돌림힘의 정의에 대해 설명하는 (가), 돌림힘과 돌림힘의 합인
알짜 돌림힘의 정의에 대해 설명하는 (다), 마지막으로 알짜 돌림힘이 일을 할 경우에 대해 설명하는 (나)가 오는
것이 적절하다.

12 ④ **정답**

| S-OIL

01 다음 제시된 좌우의 문자를 비교했을 때 같은 문자의 개수는?

> 讀書百遍義自見 – 讀書百遍搭日見

① 2개
② 3개
③ 4개
④ 5개
⑤ 6개

| S-OIL

02 다음 제시된 좌우의 문자를 비교했을 때 다른 문자의 개수는?

> 94652065 – 84457064

① 1개
② 2개
③ 3개
④ 4개
⑤ 5개

정답 및 해설

01 讀書百遍義自見 – 讀書百遍搭日見

02 94652065 – 84457064

01 ④ 02 ④ ◁ 정답

03 다음 중 좌우가 서로 다른 것은?

① 73893424 – 73892424
② 自家者歌嶇波 – 自家者歌嶇波
③ PBOCVUDG – PBOCVUDG
④ 뷸믈薄몰블뮬 – 뷸믈薄몰블뮬
⑤ しでぷよりたくぢ – しでぷよりたくぢ

04 다음 제시된 문자 또는 숫자를 비교하여 같으면 ①, 다르면 ②를 표시하시오.

IXiiEAOXx [　] IXiiEAOXx

05 다음 제시된 문자 또는 숫자와 같은 것은?

Violin Sonata BB.124-Ⅲ

① Violin Sonata BB.124-Ⅲ
② Violin Sonota BB.124-Ⅲ
③ Violin Sonata BB.124-Ⅱ
④ Violin Sonata BP.124-Ⅲ

정답 및 해설

03 73893424 – 73892424

04 제시된 문자열 같음

05 오답분석
② Violin Sonota BB.124-Ⅲ
③ Violin Sonata BB.124-Ⅱ
④ Violin Sonata BP.124-Ⅲ

03 ① 04 ① 05 ① 정답

※ 다음 제시된 문자와 같은 것의 개수를 구하시오. [6~7]

06

샤프

샤프	사포	사브	샤프	사포	서프	셰프	사포	샤프	사브	샤파	사프
사포	시프	사프	사피	수프	샤파	스프	소포	소프	사포	사포	서프
소프	셰프	스프	사프	샤파	시프	서프	스프	사브	사프	시프	샤프
샤프	서프	시프	스프	사피	사브	사피	수프	사포	수프	셰프	소프

① 1개 ② 2개
③ 3개 ④ 4개

07

▦

① 1개 ② 2개
③ 3개 ④ 4개

정답 및 해설

06

샤프	사포	사브	**샤프**	사포	서프	셰프	사포	**샤프**	사브	샤파	사프
사포	시프	사프	사피	수프	샤파	스프	소포	소프	사포	사포	서프
소프	셰프	스프	사프	샤파	시프	서프	스프	사브	사프	시프	**샤프**
샤프	서프	시프	스프	사피	사브	사피	수프	사포	수프	셰프	소프

07

06 ④ 07 ② 정답

08 다음 표에 제시되지 않은 문자는?

一	七	水	金	自	五	至	日	火	四	正	十
月	休	三	二	化	九	亭	六	川	木	八	土
火	亭	十	至	一	多	八	金	土	月	九	休
水	三	五	成	六	七	金	木	自	二	日	四

① 七　　　　　　　② 五
③ 亭　　　　　　　④ 州
⑤ 至

08

一	七	水	金	自	五	至	日	火	四	正	十
月	休	三	二	化	九	亭	六	川	木	八	土
火	亭	十	至	一	多	八	金	土	月	九	休
水	三	五	成	六	七	金	木	自	二	日	四

08 ④　정답

※ 다음 제시된 도형과 같은 것을 고르시오(단, 도형은 회전이 가능하다). [9~11]

S-OIL

09

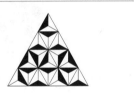

①   ②

③   ④

⑤

정답 및 해설

09 오답분석

①  ②   ③   ⑤

09 ④ 정답

10

① 　　　　　　②

③ 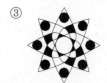　　　　　　④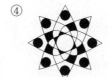

⑤

정답 및 해설

10 　오답분석

① 　② 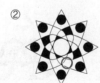　③ 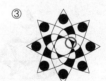　④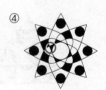

10 ⑤　〈정답

11

①

②

③

④

11 오답분석

②

③

④

11 ① 《정답》

※ 다음 중 나머지 도형과 다른 것을 고르시오. [12~13]

| S-OIL

12 ① 　　②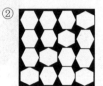

③ 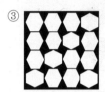　　④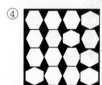

⑤

정답 및 해설

12

12 ④ 〈정답〉

13

①

②

③

④

⑤

13

13 ② 정답

14 다음 도형 내부의 기호들은 일정한 패턴을 가지고 변화한다. 다음 중 ?에 들어갈 도형으로 알맞은 것은?

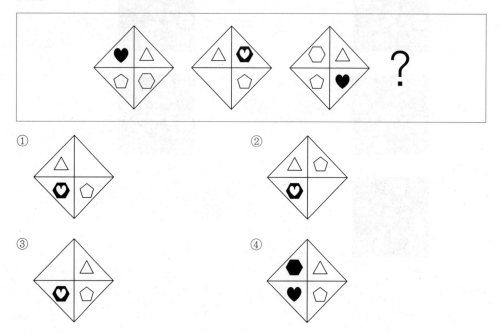

---

14 도형이 오른쪽의 도형으로 변할 때 도형들은 각각의 규칙을 가지고 이동하는데 △와 ⬡은 좌우 이동, ♥은 시계 방향으로 한 칸씩 이동을 하며, ⬡은 시계 반대 방향으로 이동한다. 또한 도형의 자리가 겹쳐질 경우, 해당 도형은 색 반전을 하게 되며 다시 이동할 때는 원래 색으로 돌아온다. 따라서 주어진 마지막 도형을 기준으로 ?에 들어갈 도형에 △은 왼쪽으로 한 칸, ⬡은 오른쪽으로 한 칸, ♥은 시계 방향으로 한 칸 이동하게 되고, ⬡은 시계 반대 방향으로 이동하게 된다. 이때, 겹치는 ♥와 ⬡은 색 반전이 되어 ①이 된다.

14 ①

15 다음 도형들은 일정한 규칙으로 변화하고 있다. ?에 들어갈 도형으로 알맞은 것은?

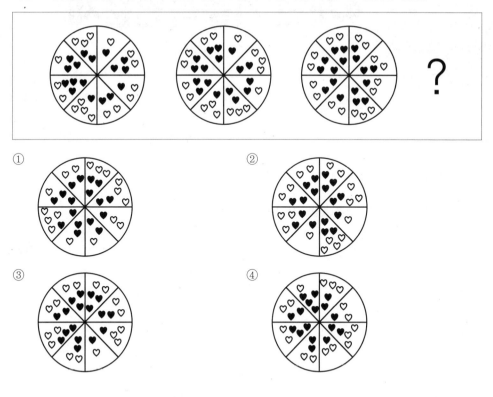

① ② ③ ④

15 흰색 하트가 검은색 하트보다 더 많은 칸의 경우, 그 칸의 흰색 하트 1개가 시계 반대 방향으로 1칸씩 움직이며, 검은색 하트가 흰색 하트보다 더 많은 칸의 경우, 그 칸의 검은색 하트 1개가 시계 방향으로 1칸씩 움직인다. 개수가 동률인 칸의 경우 하트는 움직이지 않는다.

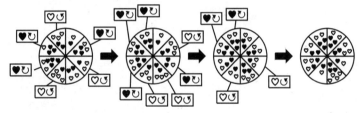

15 ② 정답

CHAPTER

02 4개년 기출복원문제

※ 기출복원문제는 수험생들의 후기를 통해 SD에듀에서 복원한 문제로 실제 문제와 다소 차이가 있을 수 있으며, 본 저작물의 무단전재 및 복원을 금합니다.

01 기초지식

※ 다음 중 나머지 넷과 다른 것을 고르시오. [1~3]

| 2022년 하반기

01
① melt - freeze
② teach - learn
③ visible - invisible
④ blend - mix
⑤ difficult - easy

정답 및 해설

01 'blend'와 'mix'는 '섞다'라는 뜻을 가진 유의 관계이다.

[오답분석]
나머지는 반의 관계이다.
① 녹이다 – 얼리다
② 가르치다 – 배우다
③ 보이는 – 보이지 않는
⑤ 어려운 – 쉬운

01 ④ 《정답

02
① jewel
② office
③ zoo
④ gallery
⑤ library

03
① chilly
② mild
③ bracing
④ thin
⑤ bleak

정답 및 해설 ─────────────────────────────────○

02 ②·③·④·⑤는 장소를 나타낸다.
• 보석

오답분석
② 사무실
③ 동물원
④ 미술관
⑤ 도서관

03 ①·②·③·⑤는 날씨와 관련된 형용사이다.
• 얇다

오답분석
① (날씨가) 쌀쌀하다
② (날씨가) 따뜻하다
③ (날씨가) 상쾌하다
⑤ (날씨가) 스산하다

02 ① 03 ④ 정답

※ 다음 빈칸에 들어갈 가장 적절한 것을 고르시오. [4~7]

04

road : way = grass : (   )

① window
③ farm
⑤ grain
② moss
④ plant

05

mild : hard = (   ) : tight

① loose
③ hold
⑤ beat
② fasten
④ stick

정답 및 해설 ─────────────────────────────────────○

04 'road(도로)'와 'way(길)'는 유의 관계이다.
'grass'는 '잔디', '풀'이라는 뜻을 가지므로 '식물'이라는 뜻의 'plant'가 적절하다.

[오답분석]
① 창문
② 이끼
③ 농장
⑤ 곡식

05 'mild(부드러운)'와 'hard(단단한)'는 반의 관계이다.
'tight'는 '단단한', '꽉 조인'의 뜻을 가지므로 '느슨한', '헐거워진'이라는 뜻의 'loose'가 적절하다.

[오답분석]
② 매다, 잠그다
③ 잡다, 쥐다
④ 찌르다, 붙다, 나뭇가지
⑤ 두들기다

04 ④   05 ①   《정답

06

| fast : quick = ( ) : repair |

① rest ② fix
③ work ④ break
⑤ roll

07

| vehicle : ( ) = book : dictionary |

① knife ② pencil
③ carrot ④ bike
⑤ note

정답 및 해설

06 'fast(빠른)'와 'quick(신속한)'은 유의 관계이다.
'repair'는 '고치다'라는 뜻을 가지므로 'fix'가 적절하다.

오답분석
① 쉬다
③ 일하다
④ 깨어지다, 부수다
⑤ 돌다, 굴리다

07 'book(책)'과 'dictionary(사전)'는 상하 관계이다.
'vehicle(탈것)'과 상하 관계인 단어는 '자전거'나 '오토바이'의 뜻을 지닌 'bike'이다.

오답분석
① 칼, 나이프
② 연필
③ 당근
⑤ 메모, 쪽지

06 ② 07 ④ 정답

※ 다음 중 제시된 단어와 같거나 비슷한 뜻을 지닌 것을 고르시오. [8~9]

08

quick

① fast   ② poor
③ simple   ④ sudden
⑤ heavy

09

huge

① enormous   ② maximum
③ mild   ④ warm
⑤ mark

정답 및 해설

08   제시된 단어의 의미는 '빠른'으로, 이와 같은 의미를 가진 단어는 ①이다.

오답분석
② 가난한
③ 간단한
④ 갑작스러운
⑤ 무거운

09   제시된 단어의 의미는 '막대한', '거대한'으로, 이와 유사한 의미를 지닌 단어는 ①이다.

오답분석
② 최대의
③ 가벼운, 부드러운
④ 따뜻한, 훈훈한
⑤ 표시하다, 흔적을 내다

08 ①   09 ①   정답

10 다음 제시된 단어와 반대되는 의미를 지닌 단어는?

faithful

① constant   ② devoted

③ eager   ④ disloyal

⑤ helpful

11 두 사람의 대화 중 가장 어색한 것은?

① A : What time are we having lunch?

　 B : It'll be ready before noon.

② A : I called you several times. Why didn't you answer?

　 B : Oh, I think my cell phone was turned off.

③ A : Are you going to take a vacation this winter?

　 B : I might. I haven't decided yet.

④ A : Hello. Sorry I missed your call.

　 B : Would you like to leave a message?

⑤ A : Hey, where are you headed?

　 B : We are off to the grocery store.

정답 및 해설

10 제시된 단어의 의미는 '충성스러운'으로, 이와 반대되는 '불충실한'의 의미를 지닌 단어는 ④이다.

오답분석
① 불변의
② 헌신적인
③ 짜증난
⑤ 도움이 되는

11 전화를 못 받아서 미안하다는 A의 말에 '메시지를 남기시겠습니까?'라는 B의 대답은 적절하지 않다.
「A : 여보세요. 전화 못 받아서 죄송합니다.
　 B : 메시지를 남기시겠습니까?」

10 ④　11 ④　〈정답〉

※ 대화의 빈칸에 들어갈 말로 가장 적절한 것을 고르시오. [12~13]

| 2022년 상반기

12

A : I'm worried about making a kite.
B : Don't worry. It's a piece of cake.
A : What do you mean by that?
B : I mean it's very _____ to do.

① easy   ② hard
③ strange   ④ complicated
⑤ difficult

| 2019년 하반기

13

A : Is he still on a diet?
B : Well, he usually skips supper, but he always makes _____ it late at night.

① out of   ② much for
③ use of   ④ up for
⑤ how to

정답 및 해설

12 연을 만드는 것이 걱정된다는 말에 쉽다(a piece of cake)고 이야기해주는 내용이다.
  • 쉬운
「A : 나 연 만드는 거 걱정돼.
 B : 걱정 마. 식은 죽 먹기야.
 A : 무슨 의미야?
 B : 아주 쉽다는 의미야.」
  오답분석
②·⑤ 어려운
③ 이상한
④ 복잡한

13 • supper : 저녁 식사
  • make up for ~ : ~을 대신하다, 벌충(만회)하다
「A : 그가 아직 다이어트를 하고 있니?
 B : 글쎄, 그는 보통 저녁은 건너뛰지만, 항상 야식은 챙기거든.」

12 ① 13 ④ 〈정답〉

14 다음 글의 밑줄 친 부분 중, 문맥상 단어의 쓰임이 적절하지 않은 것은?

As you climb higher and higher, the amount of oxygen in the atmosphere decreases. When people from lower areas visit areas of high *altitude, they may suffer from altitude sickness; the ① <u>lack</u> of oxygen makes them feel tired, dizzy, and sick. People living in high altitudes are able to breathe ② <u>normally</u> because their bodies have become used to the shortage of oxygen. This also means that athletes from those areas can achieve ③ <u>outstanding</u> performances at lower altitudes. When mountaineers attempt to climb high peaks, they ④ <u>get</u> altitude sickness by climbing to one level and then resting for a few days. this gives their bodies time to ⑤ <u>adapt</u> to the lack of oxygen before climbing even higher.

* altitude : 고도, 높이

---

14 산악인이 높은 봉우리를 오를 때, 어느 지점까지 오른 뒤에 며칠을 쉬어 주는 것은 고산병에 걸리지 않으려는 하나의 방책이다. 'get'은 고산병에 걸린다고 해석되므로 쓰임이 적절하지 않다.

「당신이 높이 올라갈수록 대기 속 산소의 양은 감소한다. 저지대 사람들이 고지대 지역을 방문할 때는 고산병을 겪을 수도 있다. 산소 <u>부족</u>은 그들을 피곤하고 어지럽고 아프다고 느끼게 만든다. 고지대에 살고 있는 사람들은 (그들의 몸이) <u>일반적으로</u> 산소의 부족에 적응되어 있기 때문에 정상적으로 호흡할 수 있다. 고지대에 사는 운동선수들이 저지대에서 <u>뛰어난</u> 기량을 발휘할 수 있는 것도 같은 이유이다. 산악인들은 높은 봉우리를 오르려고 할 때, 어느 지점까지 오르고 며칠을 쉬어 줌으로써 고산병에 <u>걸린다(→ 피한다)</u>. 이것은 그들에게 훨씬 높은 곳을 오르기 전에 몸이 산소의 부족에 <u>적응할</u> 시간을 준다.」

14 ④ **정답**

| 2021년 상반기

15

The dengue virus is contracted through contact with mosquitoes, and nearly half of the world's population is at risk of infection. _____, including pain behind the eyes and in the joints, nausea, and rash. Most patients can recover with rest and by staying hydrated, but some develop a severe condition. Presently, there is no cure for the disease, and no vaccines exist to prevent infection.

① Treatment of acute dengue is supportive

② Symptoms of the disease can vary widely

③ Dengue has become a global problem

④ Very few people understand what causes dengue

⑤ Dengue is endemic in more than 110 countries

정답 및 해설

15   빈칸 이후에 including으로 이어지며 통증과 메스꺼움, 발진 등을 포함한다고 하였으므로 '그 질병의 증상들은 매우 다양하다.'가 적절하다.

- dengue : 뎅기열
- infection : 감염
- rash : 발진
- acute : 급성의, 극심한
- contract : (병에) 걸리다, 줄어들다
- nausea : 메스꺼움
- hydrate : 수화(水化)시키다
- endemic : 풍토적인, 고유의

「뎅기열 바이러스는 모기와의 접촉을 통해 감염된다. 그리고 세계 인구의 거의 절반이 감염의 위험에 처해 있다. 눈 뒤와 관절들의 통증, 메스꺼움, 그리고 발진을 포함하여 <u>그 질병의 증상들은 매우 다양하다</u>. 대부분의 환자들은 휴식 과 수분 유지로 회복할 수 있지만 일부는 심각한 상태로 발전한다. 현재, 그 질병에 대한 치료법은 없으며, 감염을 방지할 백신도 존재하지 않는다.」

오답분석

① 급성 뎅기열의 치료는 도움이 된다.

③ 뎅기열은 세계적인 문제가 되었다.

④ 매우 적은 사람들만이 무엇이 뎅기열을 유발하는지 안다.

⑤ 뎅기열은 110개가 넘는 나라에서 풍토병이다.

15 ② 〈정답

16

According to dental researchers, a vaccine that could significantly reduce the number of microorganisms thought to cause cavities will soon be ready for human trials. Consequently, _____.

① cavity prevention programs may soon be eliminated

② immunization of test animals will no longer be necessary

③ children will be able to consume more sugary foods and drinks

④ long-term protection against tooth decay could soon be available on the market

⑤ A cavity will not disappear from the earth forever

정답 및 해설

16   빈칸 앞에서는 충치의 원인을 줄일 수 있는 백신이 곧 인체 실험을 위해 준비될 것이라고 했다. Consequently는 글의 결론 앞에 쓰이는 접속사이므로 빈칸에는 '장기적인 충치 예방책이 곧 시중에 나올 것'이라는 내용이 들어가는 것이 가장 자연스럽다.
- microorganism : 미생물
- cavity : 충치
- trial : 실험, 재판
- eliminate : 없애다, 제거하다
- immunization : 면역, 예방 주사

「치의학 연구원들에 의하면, 충치의 원인이 된다고 여겨지는 미생물의 수를 상당히 감소시킬 수 있는 백신이 곧 인체 실험을 위해 준비될 것이라고 한다. 따라서 <u>충치에 대항하는 장기적인 보호책이 곧 시중에 나오게 될 것이다.</u>」

오답분석
① 충치 예방 프로그램이 곧 없어질지도 모른다.
② 실험동물들의 예방 주사는 더 이상 필요하지 않을 것이다.
③ 아이들은 달콤한 음식과 음료들을 더 소비할 수 있게 될 것이다.
⑤ 충치는 지구상에서 영원히 사라지지 않을 것이다.

16 ④   정답

※ (A) ~ (C)에서 문맥에 맞는 낱말로 가장 적절한 것을 고르시오. [17~18]

17

The day of the whale is rapidly approaching its end. Some species of whales are already (A) infinite / extinct. Others are being reduced in number faster than they can reproduce. When whales are gone, the whole chain of life in the sea, as we know it, will be (B) upset / stable. And eventually this will have a direct effect Although there are international agreements signed by some governments, people are killing whales without considering what future (C) conveniences / consequences this will have. Let's save whales, friends of the earth.on the life of man, too.

	(A)	(B)	(C)
①	infinite	stable	conveniences
②	infinite	stable	consequences
③	extinct	stable	conveniences
④	extinct	upset	consequences
⑤	extinct	upset	conveniences

정답 및 해설

17

(A) 첫 문장에 'approaching its end'라는 말이 나오기 때문에 고래가 멸종한다는 말이 나오는 것이 적절하다. 그러므로 '무한한'을 뜻하는 'infinite'가 아닌 '멸종한'이라는 뜻의 'extinct'가 나와야 한다.

(B) 고래가 줄어드는 것은 바다의 생태계를 어지럽히는 것이 되기 때문에 'upset'이 나와야 적절하다.

(C) 사람들이 고래를 죽이는 것은 미래의 결과가 어떻게 될지를 생각하지 않는 것이므로 '결과'라는 뜻의 'consequences' 가 나오는 것이 적절하다.

• infinite : 무한한
• extinct : 멸종한
• reproduce : 번식하다
• agreement : 협정
• consequence : 결과

「고래의 시대는 빠르게 종말을 향하고 있다. 어떤 고래의 종들은 이미 (A) 멸종했다. 다른 종들은 그들이 번식할 수 있는 것보다 빠르게 수가 감소하고 있다. 고래가 사라지면, 우리가 알고 있듯이 바닷속 전체 생명의 사슬이 (B) 망가질 것이다. 그리고 결국 이것은 인간의 생활에도 직접적인 영향을 끼치게 될 것이다. 비록 몇몇 정부들이 체결한 국제 협약이 있지만, 사람들은 어떠한 미래의 (C) 결과를 가져올지 고려하지 않고 고래를 죽이고 있다. 지구의 친구인 고래를 구하자.」

17 ④ 정답

18

Although most people recognize it as a jewel, the diamond most directly affects our daily lives as a tool. Industrial diamonds are so important that a (A) shortage / strength would cause a breakdown in the metal-working industry and would destroy mass production. Industrial diamonds are crushed and powdered, and then used in many grinding and polishing operations. Their use (B) changes / ranges from the drill in a dentist's office to saws for cutting rocks, and to glass cutters. The great (C) hardness / hardship of a diamond makes it one of the most important industrial materials known.

	(A)	(B)	(C)
①	shortage	ranges	hardness
②	shortage	changes	hardship
③	strength	changes	hardness
④	strength	ranges	hardship
⑤	strength	ranges	hardness

정답 및 해설

18　(A) 다이아몬드의 산업적인 유용성을 언급한 문장으로 다이몬드 부족이 가져올 문제를 말하고 있으므로 부족에 해당하는 'shortage'가 들어가야 적절하다.
(B) 뒤에 나오는 'from ~ to'의 내용이 다이아몬드 사용 범위를 나타내고 있으므로 'ranges'가 들어가야 한다.
(C) 다이아몬드가 산업 용도로 쓰이는 것은 그것이 지닌 경도 때문이므로 'hardness'가 정답이다.
• breakdown : 붕괴, 몰락
• metal-working : 금속 세공술의
• mass production : 대량 생산
• crush : 분쇄하다
• grinding : 연마, 분쇄
• range from A to B : 범위가 A에서 B까지 걸쳐 있다
「비록 대부분의 사람들이 이것을 보석으로 인식하지만, 다이아몬드는 도구로서 우리의 일상생활에 가장 직접적으로 영향을 끼친다. 공업용 다이아몬드는 너무나 중요해서 그것이 (A) 부족하면 금속 세공업의 붕괴를 초래할 것이며 대량 생산이 허물어질 것이다. 공업용 다이아몬드는 으깨어지고 가루화되어, 많은 연마 및 광택 작업에 사용된다. 다이아몬드가 사용되는 (B) 범위는 치과의 드릴부터 바위 절단용 톱과 유리 절단기에 이른다. 다이아몬드의 굉장한 (C) 경도는 다이아몬드를 우리에게 알려진 가장 중요한 공업용 물질 중 하나로 만든다.」

18 ① **정답**

19 다음 〈보기〉의 상황을 고려할 때, 밑줄 친 부분의 의미나 의도를 가장 잘 나타낸 것은?

> **보기**
>
> At a restaurant

A : Do you want some dessert?

B : <u>Do birds have wings?</u>

---

① I'd love to have some dessert.

② I need to think about what to have for dessert.

③ I am not sure whether I want some dessert.

④ I want to ask another question before answering your question.

⑤ I don't like desserts.

정답 및 해설

19 긍정의 의미를 나타내므로 '디저트 먹는 것을 좋아해요.'라는 ①이 정답이다.

「레스토랑에서

A : 디저트를 드시겠습니까?

B : 두말하면 잔소리죠?」

오답분석

② 무엇을 먹을지 생각해 봐야겠어요.

③ 디저트를 먹고 싶은지 아닌지 잘 모르겠어요.

④ 대답하기 전에 다른 질문을 하고 싶어요.

⑤ 저는 디저트를 싫어합니다.

19 ① 《정답

20 다음 글에서 밑줄 친 'two basic things'가 가리키는 것으로 알맞은 것은?

> Driving can be fun. However, most of drivers ignore <u>two basic things</u> when they drive : They forget to keep enough distance from the car in front, and they don't wear seat belts.

① 차선 지키기, 신호 지키기
② 안전거리 확보, 차선 지키기
③ 안전거리 확보, 좌석벨트 착용
④ 좌석벨트 착용, 규정 속도 유지
⑤ 차선 지키기, 규정 속도 유지

정답 및 해설 ────────────────────────────○

20   'two basic things'가 가리키는 것은 뒤의 문장에 나와 있다. 즉, 안전거리 확보와 좌석벨트(안전벨트) 착용이다.
• ignore : 무시하다
• wear seat belts : 좌석벨트(안전벨트)를 착용하다
「운전은 재밌다. 그러나 대부분의 운전자들이 <u>두 가지 기본적인 사항</u>을 무시한다. 그들은 앞차와의 안전거리 확보를 잊어버리고, 또한 좌석벨트(안전벨트)를 착용하지 않는다.」

20 ③   〈정답〉

21 다음 글의 주제로 가장 적절한 것은?

In the early 19th century, as long as a dish looked fancy, its taste was not important. Dishes were decorated with pretty toppings, which could not be eaten. Moreover, food was usually served cold and put in huge buffets with more than 100 different dishes. Auguste Escoffire (born in 1846) is a legendary French chef who made cooking trends of that time simple. He believed that food was for eating, not for looking at. When it came to serving food, he changed the practice of large buffet - style meals. The meals were broken down into several courses, with one dish per course. Unlike the huge buffets, each course could be served fresh from the kitchen. This was a revolution in the history of cooking. There was another advantage to Escoffire's style: the food could be served hot. This was an exciting change for those who were used to cold buffets. Escoffier thought that the flavors of food were stronger when meals were served hot. This was not only appealing to his customers' sense of taste, but also pleasing to their sense of smell. The smell of food also helps us prepare to enjoy the meal. Before we taste a bite, we experience it through its smell.

① Auguste Escoffire가 가져온 변화
② Auguste Escoffire가 운영하던 식당의 성공 비결
③ Auguste Escoffire의 시도에 대한 대중의 반응
④ 19세기 초 뷔페 요리의 다양한 가짓수
⑤ 19세기 초 뷔페 고객들의 음식 선호도

정답 및 해설

21 제시문은 19세기 초 전설적인 프랑스 셰프 Auguste Escoffier가 획기적으로 당시 요리 관습을 변화시킨 것을 주제로 하고 있다. 그가 운영하던 식당의 성공 비결보다는 그가 가져온 변화에 초점이 맞춰져 있으며, 그의 시도에 대한 대중의 반응도 혁명적으로 받아들였다는 것일 뿐, 글의 주된 내용은 아니다.

「19세기 초에는 화려해 보이기만 한다면 요리의 맛은 중요하지 않았다. 요리들은 먹을 수도 없는 예쁜 고명으로 장식되었다. 더욱이 식사는 100가지가 넘는 다른 요리들로 구성된 큰 뷔페식으로 주로 차가운 상태로 제공되었다. 1846년에 태어난 Auguste Escoffier는 전설적인 프랑스 요리사로서 당시의 요리 트렌드를 간소화시켰다. 그는 음식은 보기 위한 것이 아니라 먹는 것이라고 믿었다. 음식을 서빙하는 것에 대해서도 그는 큰 뷔페 스타일 식사의 관습을 바꾸었다. 식사는 코스로 나뉘어서 한 번에 한 요리만 제공되었다. 대규모 뷔페와는 달리 각 코스는 주방에서 신선하게 제공될 수 있었다. 이것은 요리의 역사에서 혁명적인 일이었다. Escoffier 스타일의 또 다른 장점은 음식이 따뜻한 상태로 제공될 수 있다는 것이다. 이것은 차가운 뷔페에 익숙해져 있던 사람들에게 흥분되는 변화였다. Escoffier는 요리가 따뜻하게 제공될 때, 요리의 풍미가 더 강하다고 생각했다. 이것은 고객들의 미각뿐만 아니라 후각도 즐겁게 만들었다. 음식의 냄새는 우리가 또한 요리를 즐길 준비를 하는 데 도움을 주었다. 우리가 음식을 한입 맛보기 전에, 우리는 냄새를 통해 그것을 경험한다.」

21 ① **정답**

22 다음 글에서 필자가 주장하는 바로 가장 적절한 것은?

> Science is all about trying ideas, abandoning those that don't work, and building on those that do. It never stops. Those people in the past who had wrong ideas weren't fools. They were doing the best they could, given the knowledge of their times. We do the same thing today. And you can be sure that people in the future will look back and wonder why we believe some of the things we do. Does that make science unimportant? If some of our scientific theories are going to be proved false, why bother studying them? If you believe something is an absolute truth, you can just memorize it and get on with your life. After all, there is always something to explore in the world.

① 과학의 절대적 진리와 중요성
② 과학자에게 요구되는 윤리 의식
③ 지속적인 과학 탐구의 당위성
④ 과학이 산업 발전에 미치는 영향
⑤ 잘못된 아이디어가 이뤄낸 과학 발전

정답 및 해설

22 과거의 사람들이나 오늘날의 사람들 모두 변함없이 과학을 탐구하고 있으며 그것은 절대로 멈추지 않는다는 것이 중심내용이다. 마지막 문장에서 '세상에는 항상 탐구할 무언가가 있다.'라는 말은 결국 ③ '지속적 과학 탐구의 당위성' 을 가리키는 것이다.
「과학이란 생각한 것을 시도하여 효과가 없는 것은 버리고 효과가 있는 것은 계속 추진하는 것에 관한 모든 것이다. 과학은 절대로 멈추지 않는다. 잘못된 아이디어를 가진 과거의 사람들은 바보가 아니었다. 그들은 그 시대의 지식을 이용하여, 할 수 있는 최선을 다하는 중이었다. 우리도 현재 같은 일을 한다. 미래에 사람들은 우리를 되돌아 볼 것이고 우리가 지금 믿고 있는 일들 중 몇 가지를 우리가 왜 믿는지 의아해 할 것이 분명하다. 그것이 과학을 중요하지 않게 하는가? 우리의 과학 이론 중 몇 가지가 거짓으로 판명난다면 왜 그것들을 연구하려고 애쓰는가? 만약 당신이 무언가를 절대적 진리라고 믿는다면, 단지 그것을 암기하고 삶에서 이용할 수 있기만 하면 된다. 결국, 세상에는 항상 탐구할 무언가가 있다.」

22 ③ **정답**

23 제시문의 요지로 가장 적절한 것은?

> Eating breakfast is very good for teenagers' learning. Many researchers have shown that students who eat breakfast do better in school than those who don't eat it.

① 비만은 청소년들의 건강에 해롭다.
② 학교의 적극적인 학습지도가 필요하다.
③ 학생들의 학습량이 학업성취에 영향을 미친다.
④ 아침 식사를 하는 것이 학생들의 학습에 도움이 된다.
⑤ 채식 위주의 식사는 건강에 이롭다.

정답 및 해설

23 첫 문장인 'Eating breakfast is very good for teenagers' learning.'을 통해 아침 식사에 긍정적임을 확인할 수 있다.
- breakfast : 아침식사
- teenagers : 10대
- researcher : 연구자

「아침 식사를 하는 것은 10대들의 학습에 매우 좋다. 많은 연구자들은 아침을 먹지 않는 학생들보다 먹는 학생들이 학습 활동을 더 잘한다는 연구를 발표해왔다.」

23 ④ 〈정답〉

24 제시문의 내용으로 적절한 것은?

> Langston Hughes was born in Joplin, Missouri, and graduated from Lincoln University, in which many African - American students have pursued their academic disciplines. At the age of eighteen, Hughes published one of his most well - known poems, "Negro Speaks of Rivers." Creative and experimental, Hughes incorporated authentic dialect in his work, adapted traditional poetic forms to embrace the cadences and moods of blues and jazz, and created characters and themes that reflected elements of lower - class black culture. With his ability to fuse serious content with humorous style, Hughes attacked racial prejudice in a way that was natural and witty.

① 랭스턴 휴스는 링컨대학을 졸업하지 못했다.
② 랭스턴 휴스는 잘 정돈된 미국식 어휘로 대중에게 인정받았다.
③ 랭스턴 휴스는 작품에 하위 계급의 흑인 문화 요소를 반영했다.
④ 랭스턴 휴스는 공격적이고 엄숙한 논조로 인종차별과 맞섰다.
⑤ 랭스턴 휴즈는 사투리가 섞인 스탠딩 코미디를 통해 큰 성공을 거두었다.

정답 및 해설

24 제시문은 미국의 시인이자 소설가, 극작가인 랭스턴 휴스(Langston Hughes)에 대하여 소개하는 글이다. 링컨대학을 졸업한 랭스턴 휴스는 진짜 사투리는 물론, 억양과 블루스, 그리고 재즈의 분위기를 시에 포함하였다. 또한 하위 계급의 흑인 문화 요소를 반영하는 인물과 주제를 창조해냈으며, 인종차별을 자연스럽고 위트 있게 공격했다.
- pursue : 추구하다, 밀고나가다
- publish : 출판하다, 발표하다
- experimental : 실험적인
- incorporate : 포함하다
- racial prejudice : 인종적 편견

「랭스턴 휴스는 미주리 주 조플린에서 태어났으며, 많은 아프리카계 미국인 학생들이 그들의 학문을 추구해 온 링컨대학을 졸업했다. 18세의 나이에, 휴스는 그의 가장 유명한 시집 중 하나인 『검둥이, 강에 대해 말하다(Negro Speaks of Rivers)』를 출간했다. 창조적이고 실험적으로, 휴스는 그의 작품에 진짜 사투리를 포함했고, 억양과 블루스, 그리고 재즈의 분위기를 포함하기 위해 전통적인 시적 형태를 채택했으며, 하류층 흑인 문화 요소를 반영하는 인물과 주제를 만들어냈다. 심각한 소재를 유머러스한 형태로 녹여내는 그의 능력으로, 휴스는 인종차별을 자연스럽고 위트 있게 공격했다.」

24 ③ ◁ 정답

25 제시문의 분위기로 적절한 것은?

> It was wonderful party. The hall was filled with guests. They all smiled brightly, and danced with each other to the delightful music.

① fear   ② lonely
③ exciting   ④ misery
⑤ horrible

정답 및 해설

25 제시문에서 wonderful, brightly, delightful과 같은 느낌의 형용사와 부사가 사용된 것으로 보아 흥겨운 분위기임을 유추할 수 있다. 나머지 보기들은 밝은 분위기를 표현하고 있는 제시문과는 어울리지 않는다.
  • be filled with : ~로 가득한
  • each other : 서로, 함께
「멋있는 파티였습니다. 홀은 손님들로 가득했습니다. 그들은 모두 밝게 미소 지었고, 신나는 음악에 맞추어 함께 춤을 추었습니다.」

  오답분석
  ① 두려움
  ② 쓸쓸함, 외로움
  ④ 고통
  ⑤ 끔찍한

25 ③ 《정답》

※ 다음 식을 계산하시오. [26~29]

26

$$0.215 \times 2 \times 2^2$$

① 1.32   ② 1.42

③ 1.52   ④ 1.62

⑤ 1.72

27

$$0.8213 + 1.8124 - 2.4424$$

① 0.1913   ② 0.1923

③ 0.1933   ④ 0.1943

⑤ 0.1953

정답 및 해설

26 $0.215 \times 2 \times 2^2 = 0.215 \times 8 = 1.72$

27 $0.8213 + 1.8124 - 2.4424 = 2.6337 - 2.4424 = 0.1913$

26 ⑤   27 ①   《정답

28

$$(102+103+104+105+106) \div 5$$

① 104   ② 105

③ 114   ④ 115

⑤ 116

29

$$491 \times 64 - (2^6 \times 5^3)$$

① 23,914   ② 24,013

③ 23,424   ④ 25,919

⑤ 27,764

정답 및 해설 ───────────────────────────────────○

28   연속하는 5개의 정수의 합은 중간 값의 5배와 같다.
$(102+103+104+105+106) \div 5 = 104 \times 5 \div 5 = 104$

29 $491 \times 64 - (2^6 \times 5^3) = 31,424 - (2^6 \times 5^3) = 31,424 - 8,000 = 23,424$

28 ①   29 ③ 《정답》

30 다음은 단위환산과 관련된 문제들이다. 아래 변환된 단위에 해당하는 숫자의 합은?

• 2km=(　　　)m	• 3m^2=(　　　)cm^2
• 1시간=(　　　)초	• 3.5할=(　　　)리

① 5,935　　　　　　　　　　② 6,250

③ 35,950　　　　　　　　　④ 45,950

⑤ 50,000

31 S회사의 사내 운동회에서 홍보부서와 기획부서가 결승에 진출하였다. 결승에서는 7번 경기 중에서 4번을 먼저 이기는 팀이 우승팀이 된다. 홍보부서와 기획부서의 승률이 각각 $\frac{1}{2}$ 이고 무승부는 없다고 할 때, 홍보부서가 네 번째 또는 다섯 번째 시합에서 결승에 우승할 확률은?

① $\frac{1}{8}$　　　　　　　　　　② $\frac{5}{6}$

③ $\frac{1}{4}$　　　　　　　　　　④ $\frac{5}{16}$

⑤ $\frac{3}{16}$

정답 및 해설

30
2km=2,000m(1km=1,000m)
3m^2=3×100^{2}cm^2=30,000cm^2(1m^2=10,000cm^2)
1시간=3,600초(1시간=60분=3,600초)
3.5할=3.5할×100리/할=350리(1할=100리)
따라서 모든 숫자의 합은 2,000+30,000+3,600+350=35,950이다.

31
ⅰ) 네 번째 시합에서 홍보부서가 우승할 경우는 네 경기 모두 홍보부서가 이겨야하므로 확률은 $\frac{1}{2} \times \frac{1}{2} \times \frac{1}{2} \times \frac{1}{2} = \frac{1}{16}$ 이다.

ⅱ) 다섯 번째 시합에서 홍보부서가 우승할 경우는 홍보부서는 네 번째 시합까지 3승 1패를 하고, 다섯 번째 시합에서 이겨야 한다. 네 번째 시합까지 홍보부서가 한 번 졌을 경우는 총 4가지이므로 이때까지 3승 1패일 확률은 $4 \times \left(\frac{1}{2}\right)^3 \times \left(\frac{1}{2}\right) = \frac{1}{4}$ 이다. 다섯 번째 시합에서 이겨야 하므로 다섯 번째 시합에서 우승이 결정될 확률은 $\frac{1}{4} \times \frac{1}{2} = \frac{1}{8}$ 이다.

따라서 홍보부서가 네 번째 시합 또는 다섯 번째 시합에서 결승에 우승할 확률은 $\frac{1}{16} + \frac{1}{8} = \frac{1+2}{16} = \frac{3}{16}$ 이다.

30 ③　31 ⑤　**정답**

32 서울에서 부산까지의 거리는 400km이고 서울에서 부산까지 가는 기차는 120km/h의 속력으로 달리며, 역마다 10분씩 정차한다. 서울에서 9시에 출발하여 부산에 13시 10분에 도착했다면, 기차는 가는 도중 몇 개의 역에 정차하였는가?

① 4개

③ 6개

⑤ 8개

② 5개

④ 7개

33 5%의 설탕물 600g을 1분 동안 가열하면 10g의 물이 증발한다. 이 설탕물을 10분 동안 가열한 후, 다시 설탕물 200g을 넣었더니 10%의 설탕물 700g이 되었다. 이때 더 넣은 설탕물 200g의 농도는 얼마인가?(단, 용액의 농도와 관계없이 가열하는 시간과 증발하는 물의 양은 비례한다)

① 5%

③ 15%

⑤ 25%

② 10%

④ 20%

정답 및 해설

32 서울에서 부산까지 무정차로 걸리는 시간을 x시간이라고 하면

$x = \dfrac{400}{120} = \dfrac{10}{3}$ → 3시간 20분

9시에 출발해 13시 10분에 도착했으므로 걸린 시간은 4시간 10분이다. 즉, 무정차 시간과 비교하면 50분이 더 걸렸고, 역마다 정차하는 시간은 10분이므로 정차한 역의 수는 50÷10=5개이다.

33 • 5% 설탕물 600g에 들어있는 설탕의 양 : $\dfrac{5}{100} \times 600 = 30(g)$

• 10분 동안 가열한 후 남은 설탕물의 양 : $600 - (10 \times 10) = 500(g)$

• 가열 후 남은 설탕물의 농도 : $\dfrac{30}{500} \times 100 = 6(\%)$

여기에 더 넣은 설탕물 200g의 농도를 $x\%$라 하면

$\dfrac{6}{100} \times 500 + \dfrac{x}{100} \times 200 = \dfrac{10}{100} \times 700$ → $2x + 30 = 70$

∴ $x = 20$

32 ② 33 ④ 〈정답〉

34 S출판사는 최근에 발간한 서적의 평점을 알아보니 A사이트에서는 참여자 10명에게서 평점 2점을, B사이트에서는 참여자 30명에 평점 5점, C사이트에서는 참여자 20명에 평점 3.5점을 받았다고 할 때, A, B, C사이트의 전체 평균 평점은 몇 점인가?

① 1점　　　　　　　　　　　　② 2점
③ 3점　　　　　　　　　　　　④ 4점
⑤ 5점

35 A와 B가 운동장을 돌 때, 서로 반대 방향으로 돌면 12분 후에 다시 만난다. A의 속력은 100m/분, B의 속력은 80m/분이라면 운동장의 둘레는 몇 m인가?

① 1,960m　　　　　　　　　　② 2,060m
③ 2,100m　　　　　　　　　　④ 2,130m
⑤ 2,160m

정답 및 해설

34　$\dfrac{10\times2+30\times5+20\times3.5}{10+30+20}=\dfrac{240}{60}=4$

따라서 전체 평균 평점은 4점이다.

35　A와 B가 서로 반대 방향으로 돌면, 둘이 만났을 때 A가 걸은 거리와 B가 걸은 거리의 합이 운동장의 둘레와 같다.

$100\times12+80\times12=2,160$

따라서 운동장 둘레는 2,160m이다.

34 ④　35 ⑤　〈정답〉

36 주사위와 100원짜리 동전을 동시에 던졌을 때, 주사위는 4보다 큰 수가 나오고 동전은 앞면이 나올 확률은?

① $\frac{1}{2}$

② $\frac{1}{3}$

③ $\frac{1}{5}$

④ $\frac{2}{5}$

⑤ $\frac{1}{6}$

37 두 사람이 이번 주 토요일에 함께 미용실을 가기로 약속했다. 두 사람이 약속한 토요일에 함께 미용실에 다녀온 후에는 한 명은 20일마다, 한 명은 15일마다 미용실에 간다. 처음으로 다시 두 사람이 함께 미용실에 가게 되는 날은 무슨 요일인가?

① 월요일

② 화요일

③ 수요일

④ 목요일

⑤ 금요일

정답 및 해설

36 주사위를 던졌을 때 4보다 큰 수인 5와 6이 나올 확률은 $\frac{1}{3}$, 동전의 앞면이 나올 확률은 $\frac{1}{2}$ 이다.

따라서 구하는 확률은 $\frac{1}{3} \times \frac{1}{2} = \frac{1}{6}$ 이다.

37 두 사람은 이번 주 토요일 이후에 각각 15일, 20일마다 미용실에 간다. 15와 20의 최소공배수를 구하면 60이므로 60일마다 두 사람은 미용실에 함께 가게 된다. $60 \div 7 = 8 \cdots 4$이므로 처음으로 다시 두 사람이 함께 미용실에 가게 되는 날은 수요일이다.

36 ⑤ 37 ③ 〈정답

38 B대리의 집에서 회사까지의 거리는 8km이다. B대리가 집을 출발하여 처음에는 시속 3km로 걷다가 어느 지점에서부터 시속 6km로 달려서 1시간 30분 이내에 회사에 도착하려고 한다. B대리는 집에서 몇 km 지점까지 시속 3km로 걸어갈 수 있는가?

① 0.5km

② 1.5km

③ 2km

④ 1km

⑤ 3km

39 A, B, C, D 4명이 순서대로 〈보기〉와 같이 직선상에 서 있다. A부터 D까지의 거리는?

> 보기
> • C는 B에서 2m 지점에 서 있다.
> • A는 C에서 3m 지점에 서 있다.
> • D는 B에서 4m 지점에 서 있다.

① 3m

② 4m

③ 5m

④ 6m

⑤ 7m

정답 및 해설 ─────────────────────────────────────○

38 시속 3km로 걷는 거리가 $x$km이면 걷는 시간은 $\dfrac{x}{3}$ 시간이 되고, 시속 6km로 뛰어간 거리는 $(8-x)$km, 시간은

$\dfrac{8-x}{6}$ 시간이 된다. 회사에 도착하기까지 걸린 시간은 1시간 30분 이하이므로, 다음 부등식이 성립한다.

$\dfrac{x}{3} + \dfrac{8-x}{6} \le \dfrac{3}{2}$ → $2x + (8-x) \le 9$ → $x \le 1$

따라서 집에서 회사 방향으로 최대 1km 지점까지 시속 3km로 걸어갈 수 있다.

39

A ——————— B ——————— C ——————— D
　　　1m　　　　　　2m　　　　　　2m

40 a, b, c는 각각 1 : 2 : 3의 비율이다. c가 6일 때 a+b는?

① 4
② 6
③ 8
④ 10
⑤ 12

41 서로 맞물려 도는 두 톱니바퀴 A, B에 대하여 A의 톱니는 48개, B의 톱니는 64개이다. 두 톱니바퀴가 회전하기 시작하여 처음 시작 한 부분의 톱니에서 다시 맞물릴 때까지 톱니바퀴 B의 회전수는?

① 1회
② 2회
③ 3회
④ 4회
⑤ 5회

정답 및 해설

40 a, b, c가 각각 1 : 2 : 3의 비율일 경우 a는 c의 $\frac{1}{3}$로 6÷3=2이며, b는 a의 2배이므로 2×2=4이다.

따라서 a+b=2+4=6이다.

41 48과 64의 최소공배수를 구하면 192이므로 A의 경우 4번 회전하고 B는 3번 회전해야 둘이 다시 만날 수 있다.

40 ② 41 ③ 〈정답〉

42 동전을 던져 앞면이 나오면 A가 B에게 1원을 주고, 뒷면이 나오면 B가 A에게 1원을 주는 게임을 하고 있다. 둘 중에서 한 명이 가진 돈이 0원이 되면 게임이 끝난다고 한다. 현재 A는 2원을, B는 1원을 가지고 있을 때, 동전을 세 번 이하로 던져 게임이 끝날 확률은 얼마인가?

① 0

② $\frac{1}{2}$

③ $\frac{3}{4}$

④ $\frac{7}{8}$

⑤ 1

43 남학생 77명과 여학생 33명이 수학여행을 가려고 한다. 남학생과 여학생의 수가 똑같이 구성된 조를 최대한 많이 만들려고 할 때, 남학생은 한 조에 몇 명인가?

① 5명　　② 6명
③ 7명　　④ 8명
⑤ 9명

정답 및 해설

42 • 동전을 한 번 던져 게임이 끝나려면 B가 A에게 1원을 줘야 하므로 동전의 뒷면이 나와야 한다. 따라서 동전을 한 번 던져 게임이 끝날 확률은 $\frac{1}{2}$이다.
• 동전을 두 번 던져 게임이 끝날 경우는 모두 동전의 앞면이 나오는 경우이다. 따라서 동전을 두 번 던져 게임이 끝날 확률은 $\frac{1}{2}\times\frac{1}{2}=\frac{1}{4}$이다.
• 동전을 세 번 던져 게임이 끝날 경우는 첫 번째에 앞면이 나오고, 두 번째, 세 번째에 뒷면이 나오는 경우이다. 따라서 동전을 세 번 던져 게임이 끝날 확률은 $\frac{1}{2}\times\frac{1}{2}\times\frac{1}{2}=\frac{1}{8}$이다.
∴ $\frac{1}{2}+\frac{1}{4}+\frac{1}{8}=\frac{7}{8}$

43 33과 77의 최대공약수는 11이므로 수학여행 조는 11조가 되고, 각 조의 남학생은 7명이다.

42 ④　43 ③　　정답

44 1,000 이하의 자연수 중 18과 42로 나누어떨어지는 자연수의 개수는 모두 몇 개인가?

① 4개 　　　　　　　　　　　　② 5개

③ 6개 　　　　　　　　　　　　④ 7개

⑤ 8개

45 6, 5, 4, 3, 2, 1의 여섯 개 숫자를 이용하여 네 자리의 정수를 만들 수 있는 경우의 수는 몇 가지인가?

① 1,440가지 　　　　　　　　　② 720가지

③ 360가지 　　　　　　　　　　④ 180가지

⑤ 150가지

46 정가가 5,000원인 물건을 20% 할인하여 팔았더니 1,000원의 이익이 생겼다. 이 물건의 원가는 얼마인가?

① 6,000원 　　　　　　　　　　② 5,000원

③ 4,000원 　　　　　　　　　　④ 3,000원

⑤ 2,000원

정답 및 해설

44 18과 42의 최소공배수는 126이므로 1,000 이하의 자연수 중 126의 배수는 총 7개가 있다.

45 여섯 개의 숫자 중 네 개의 숫자를 사용하는 네 자리 정수를 만들 수 있는 경우의 수는 $6 \times 5 \times 4 \times 3 = 360$가지이다.

46 할인가는 $5,000 \times \left(1 - \dfrac{20}{100}\right) = 4,000$원이고 1,000원의 이익이 생겼으므로 원가는 $4,000 - 1,000 = 3,000$원이다.

44 ④　45 ③　46 ④　《정답》

47 다음은 주요 선진국과 BRICs의 고령화율을 나타낸 표이다. 다음 중 2040년의 고령화율이 2010년 대비 2배 이상이 되는 나라를 모두 고르면?

〈주요 선진국과 BRICs 고령화율〉

(단위 : %)

구분	한국	미국	프랑스	영국	독일	일본	브라질	러시아	인도	중국
1990년	5.1	12.5	14.1	15.7	15.0	11.9	4.5	10.2	3.9	5.8
2000년	7.2	12.4	16.0	15.8	16.3	17.2	5.5	12.4	4.4	6.9
2010년	11.0	13.1	16.8	16.6	20.8	23.0	7.0	13.1	5.1	8.4
2020년	15.7	16.6	20.3	18.9	23.1	28.6	9.5	14.8	6.3	11.7
2030년	24.3	20.1	23.2	21.7	28.2	30.7	13.6	18.1	8.2	16.2
2040년	33.0	21.2	25.4	24.0	31.8	34.5	17.6	18.3	10.2	22.1
2010년 대비 2040년	㉠	㉡	1.5	1.4	1.5	㉢	㉣	1.4	㉤	2.6

㉠ 한국 ㉡ 미국
㉢ 일본 ㉣ 브라질
㉤ 인도

① ㉠, ㉡, ㉢
③ ㉡, ㉢, ㉣
④ ㉢, ㉣, ㉤

② ㉠, ㉣, ㉤
④ ㉡, ㉣, ㉤

정답 및 해설

47

㉠ 한국 : $\frac{33.0}{11.0}=3.0$배

㉡ 미국 : $\frac{21.2}{13.1}≒1.6$배

㉢ 일본 : $\frac{34.5}{23.0}=1.5$배

㉣ 브라질 : $\frac{17.6}{7.0}≒2.5$배

㉤ 인도 : $\frac{10.2}{5.1}=2.0$배

따라서 2040년의 고령화율이 2010년 대비 2배 이상 증가하는 나라는 ㉠한국(3.0배), ㉣브라질(2.5배), ㉤인도(2.0배)이다.

47 ② 〈정답

48 A와 B가 배드민턴 시합을 하여 얻은 결과 점수표가 다음과 같았다. 두 번째 경기에서 A의 점수는 B의 $\frac{1}{2}$ 배였고, 세 번째 경기에서는 동점이었을 때, B의 총점은 A보다 몇 점 더 많은가?

〈배드민턴 점수표〉

(단위 : 점)

구분	1회	2회	3회
A	5	( )	( )
B	10	8	( )

① 9점　　　　　　　　② 10점
③ 11점　　　　　　　④ 12점
⑤ 13점

49 S회사는 휴대폰 부품 A, B를 생산하고 있다. 각 부품에 대한 불량률이 다음과 같을 때, 한 달간 생산되는 A, B부품의 불량품 개수 차는?

〈부품별 한 달 생산 개수 및 불량률〉

구분	A부품	B부품
생산 개수	3,000개	4,100개
불량률	25%	15%

① 120개　　　　　　　② 125개
③ 130개　　　　　　　④ 135개
⑤ 140개

정답 및 해설

48 두 번째 경기에서 A의 점수는 B점수의 $\frac{1}{2}$ 배인 4점이며, 두 사람의 총점 차이에서 마지막 경기의 점수는 동점이므로 첫 번째와 두 번째 점수 합으로 비교하면 된다.
따라서 B의 총점은 A의 총점보다 $(10+8)-(5+4)=9$점이 많다.

49 • A부품 불량품 개수 : $3,000\times0.25=750$개
• B부품 불량품 개수 : $4,100\times0.15=615$개
따라서 한 달 동안 생산되는 A, B부품의 불량품 개수 차이는 $750-615=135$개이다.

48 ① 49 ④ 《정답

50 S회사에서는 추석을 맞이해 직원들에게 선물을 보내려고 한다. 선물은 비슷한 가격대의 상품으로 다음과 같이 준비하였으며, 전 직원들을 대상으로 투표를 실시하였다. 가장 많은 표를 얻은 상품 하나를 선정하여 선물을 보낸다면, 총비용은 얼마인가?

상품 내역		투표 결과					
상품명	가격	총무부	기획부	영업부	생산부	관리부	연구소
한우	80,000원	2	1	5	13	1	1
영광굴비	78,000원	0	3	3	15	3	0
장뇌삼	85,000원	1	0	1	21	2	2
화장품	75,000원	2	1	6	14	5	1
전복	70,000원	0	1	7	19	1	4

※ 투표에 대해 무응답 및 중복응답은 없다.

① 9,200,000원
② 9,450,000원
③ 9,650,000원
④ 9,800,000원
⑤ 10,000,000원

50 한우 23표, 영광굴비 24표, 장뇌삼 27표, 화장품 29표, 전복 32표로 가장 많이 득표한 상품은 전복이다. 또한 S회사의 직원 수는 23＋24＋27＋29＋32＝135명이다.
따라서 추석선물 비용은 70,000원×135명＝9,450,000원이다.

50 ② 정답

※ 다음 제시된 단어의 대응 관계로 볼 때 빈칸에 들어가기 가장 적절한 것을 고르시오. [1~8]

| 2022년 하반기

01

과일 : 딸기 = (　　) : 나비

① 봄　　　　　　　　　　　② 나방
③ 곤충　　　　　　　　　　④ 꽃
⑤ 바나나

| 2022년 하반기

02

으르다 : 겁박하다 = (　　) : 아첨하다

① 알랑대다　　　　　　　　② 수복하다
③ 직언하다　　　　　　　　④ 겸손하다
⑤ 일축하다

정답 및 해설

01　제시문은 상하 관계이다.
'딸기'는 '과일'의 하위어이며, '나비'는 '곤충'의 하위어이다.

02　제시문은 유의 관계이다.
• 으르다 : 상대편이 겁을 먹도록 무서운 말이나 행동으로 위협하다.
• 겁박하다 : 으르고 협박하다.
• 알랑대다 : 남의 비위를 맞추거나 환심을 사려고 다랍게 자꾸 아첨을 떨다.
• 아첨하다 : 남의 환심을 사거나 잘 보이려고 알랑거리다.

01 ③　02 ①　〈정답

03

> 침착하다 : 경솔하다 = 섬세하다 : (   )

① 찬찬하다
② 조악하다
③ 감분하다
④ 치밀하다
⑤ 감질나다

04

> 후회 : 회한 = (   ) : 억지

① 패
② 떼
③ 집단
④ 논리
⑤ 설득

정답 및 해설 ──────────────────────────○

03 제시문은 반의 관계이다.
'침착하다'는 '행동이 들뜨지 아니하고 차분하다.'는 뜻으로 '말이나 행동이 조심성 없이 가볍다.'라는 뜻인 '경솔하다'의 반의어이다. 따라서 '곱고 가늘다.'라는 뜻을 가진 '섬세하다'의 반의어는 '거칠고 나쁘다.'라는 뜻인 '조악하다'이다.

[오답분석]
① 찬찬하다 : 동작이나 태도가 급하지 않고 느릿하다.
③ 감분(感憤)하다 : 마음속 깊이 분함을 느끼다.
④ 치밀하다 : 자세하고 꼼꼼하다.
⑤ 감질나다 : 바라는 정도에 아주 못 미쳐 애타는 마음이 생기다.

04 제시문은 유의 관계이다.
'후회'의 유의어는 '회환'이고, '억지'의 유의어는 '떼'이다.
• 억지 : 잘 안될 일을 무리하게 기어이 해내려는 고집
• 떼 : 부당한 요구나 청을 들어 달라고 고집하는 것

03 ② **04** ② ◁ **정답**

05

스마트폰 : 영상통화 = 언어 : (   )

① 인간   ② 의사소통
③ 과학   ④ 그림
⑤ 음악

06

베틀 : 길쌈 = 홍두깨 : (   )

① 몽둥이   ② 장조림
③ 다듬이질   ④ 한밤중
⑤ 도깨비

정답 및 해설

05   제시된 단어는 주체와 기능의 관계이다.
‘스마트폰’을 통해 ‘영상통화’를 할 수 있고, ‘언어’를 통해 ‘의사소통’이 이루어진다.

06   제시된 단어는 도구와 행위의 관계이다.
‘베틀’로 ‘길쌈’을 하고, ‘홍두깨’로 ‘다듬이질’을 한다.

05 ②   06 ③   〈정답

07

자유 : (   ) = 소크라테스 : 돼지

① 빵   ② 피
③ 물   ④ 소금
⑤ 철학

08

시계 : 시간 = (   ) : 기상(氣象)

① 온도계   ② 현미경
③ 야시경   ④ 백엽상
⑤ 날씨

정답 및 해설

07   제시된 단어는 비유적 대립 관계이다.
       '자유'는 '빵'보다 귀하며, 배고픈 '소크라테스'가 배부른 '돼지'보다 낫다.

08   제시된 단어는 관측하는 도구와 대상의 관계이다.
       '시계'는 '시간'을 관측하는 도구이며, '백엽상(百葉箱)'은 '기상'을 관측하기 위한 관측용 기구가 설비되어 있는 흰색 나무 상자이다.

07 ① 08 ④ 〈 정답

※ 다음 제시문을 읽고 각 문제가 참이면 ①, 거짓이면 ②, 알 수 없으면 ③을 고르시오. [9~11]

- A, B, C, D 네 사람은 검은색, 빨간색, 파란색 볼펜 중 한 가지 색의 볼펜을 가졌다.
- 세 가지 색의 볼펜 중 아무도 가지지 않은 색의 볼펜은 없다.
- C와 D가 가진 볼펜의 색은 서로 다르다.
- C는 빨간색 볼펜을 가지지 않았다.
- A는 검은색 볼펜을 가졌다.

09 B가 검은색 볼펜을 가졌다면, D는 빨간색 볼펜을 가졌다.

① 참   ② 거짓   ③ 알 수 없음

| 2022년 하반기

10 검은색 볼펜을 가진 사람은 두 명이다.

① 참   ② 거짓   ③ 알 수 없음

| 2022년 하반기

11 D가 빨간색 볼펜을 가졌다면, C는 파란색 볼펜을 가졌다.

① 참   ② 거짓   ③ 알 수 없음

정답 및 해설

09 제시문을 다음의 여섯 가지 경우로 정리할 수 있다.

구분	A	B	C	D
경우 1	검은색	빨간색	검은색	파란색
경우 2	검은색	빨간색	파란색	검은색
경우 3	검은색	빨간색	파란색	빨간색
경우 4	검은색	파란색	검은색	빨간색
경우 5	검은색	파란색	파란색	삘간식
경우 6	검은색	검은색	파란색	빨간색

따라서 B가 검은색 볼펜을 가진 경우는 경우 6으로, D는 빨간색 볼펜을 가졌다.

10 경우 1, 경우 2, 경우 4, 경우 6의 경우 검은색 볼펜을 가진 사람은 두 명이지만, 경우 3과 경우 5에서는 그렇지 않다. 따라서 검은색 볼펜을 가진 사람이 두 명인지의 여부는 주어진 제시문만으로 알 수 없다.

11 D가 빨간색 볼펜을 가진 경우는 경우 3, 경우 4, 경우 5, 경우 6이다. 경우 3, 경우 5, 경우 6에 C는 파란색 볼펜을 가졌으나, 경우 4에서는 그렇지 않다.
따라서 D가 빨간색 볼펜을 가졌을 때, C는 파란색 볼펜을 가졌는지의 여부는 주어진 제시문만으로 알 수 없다.

09 ①   10 ③   11 ③   《정답

68 · SK하이닉스 고졸 · 전문대졸 필기시험

※ 다음 제시문을 읽고 각 문제가 참이면 ①, 거짓이면 ②, 알 수 없으면 ③을 고르시오. [12~14]

- A, B, C, D, E 다섯 사람은 교내 사생대회에서 상을 받았다.
- 최우수상, 우수상, 장려상에 각각 1명, 2명, 2명이 상을 받았다.
- A와 B는 서로 다른 상을 받았다.
- A와 C는 서로 다른 상을 받았다.
- D는 네 사람과 다른 상을 받았다.

| 2022년 상반기

12 D는 최우수상을 받았다.

① 참   ② 거짓   ③ 알 수 없음

| 2022년 상반기

13 A는 우수상을 받았다.

① 참   ② 거짓   ③ 알 수 없음

| 2022년 상반기

14 B와 E는 같은 상을 받았다.

① 참   ② 거짓   ③ 알 수 없음

정답 및 해설

12 네 사람과 다른 상을 받은 D가 1명만 받는 최우수상을 받았음을 알 수 있다.

13 D가 최우수상을 받았으므로 A는 우수상 또는 장려상을 받았음을 알 수 있다. 그러나 A는 B, C와 다른 상을 받았을 뿐, 주어진 조건만으로 그 상이 우수상인지 장려상인지는 알 수 없다.

14 D가 최우수상을 받고, A는 B, C와 서로 다른 상을 받았으므로 B, C가 서로 같은 상을 받았음을 알 수 있다. 따라서 나머지 E는 B가 아닌 A와 같은 상을 받았음을 알 수 있다.

12 ①   13 ③   14 ②   **정답**

주식시장 상승과 금리 상승으로 상대적인 매력도가 약화되기는 했지만 여전히 채권 대비 매력도를 유지하고 있다는 점, 투자자들의 위험자산에 대한 선호 현상이 지속되고 있다는 점, 부동산 시장 위축이 상당기간 지속될 것이라는 점 등을 고려해 볼 때, 적립식을 중심으로 꾸준히 진행되는 주식시장으로의 자금 유입은 오랜 기간 유행으로 자리하고 있을 것으로 본다.

적립식을 중심으로 중장기 수요 기반이 확충되면서 나타난 현상은 기관 투자자의 주식 보유 비중 확대와 매매회전율 하락이다. 2004년 하반기 이후 시작된 간접투자 자금 유입으로 기관 투자자는 시장의 매수 주체로 부상하기 시작했다. 이로 인해 2005년부터 지속되고 있는 외국인 투자자의 공격적인 매도 물량을 받아내며 매수 주체 공백을 메워주고 있는 것이다. 기관 투자자 매수가 지속되며 2006년 이후 나타난 현상은 일평균 거래량이 현저하게 줄어들기 시작했다는 점인데 이는 기관 투자자 주식 보유 비중 확대와 중장기 투자문화 정착에 따른 매매 회전율 저하가 그 원인이라고 판단한다. 외국인 투자자의 순매도 규모 확대에 대한 우려가 2006년, 2007년 내내 수급의 핵심이 됐지만 주목해야 할 부분은 기관 투자자 주식 보유 비중 확대, 중장기화에 따른 주식 유통 물량 감소, 즉 퇴장현상이다.

| 2021년 상반기

15 적립식에 자금이 유입되면서 매매회전율이 상승하고 있다.

① 참   ② 거짓   ③ 알 수 없음

| 2021년 상반기

16 최근 들어 외국인 투자자의 매도 물량을 기관 투자자와 개인 투자자가 받아내고 있는 실정이다.

① 참   ② 거짓   ③ 알 수 없음

| 2021년 상반기

17 기관 투자자 매수가 지속되면서 일평균 거래량이 점차 늘고 있다.

① 참   ② 거짓   ③ 알 수 없음

정답 및 해설

15   제시문에서 적립식을 중심으로 중장기 수요 기반이 확충되면서 나타난 현상은 기관 투자자의 주식 보유 비중 확대와 매매회전율 하락이라고 밝히고 있다.

16   제시문만으론 문제의 진실 여부를 알 수 없다.

17   기관 투자자 매수가 지속되면서 2006년 이후 나타난 현상은 일평균 거래량이 현저하게 줄어들기 시작했다는 것이다.

15 ② 16 ③ 17 ② **정답**

※ 다음 제시문을 읽고 각 문제가 참이면 ①, 거짓이면 ②, 알 수 없으면 ③을 고르시오. [18~20]

- 텃밭의 토마토, 오이, 상추, 호박의 새싹이 서로 다른 크기로 자라고 있다.
- 토마토 새싹은 오이의 새싹보다 더 많이 자랐다.
- 상추의 새싹은 호박의 새싹보다 더 많이 자랐다.
- 호박의 새싹은 오이의 새싹보다 적게 자랐다.
- 오이의 새싹은 상추의 새싹보다 적게 자랐다.

| 2019 하반기

18 상추의 새싹이 가장 많이 자랐다.

① 참   ② 거짓   ③ 알 수 없음

| 2019 하반기

19 호박의 새싹이 가장 적게 자랐다.

① 참   ② 거짓   ③ 알 수 없음

| 2019 하반기

20 텃밭에 호박을 가장 늦게 심었다.

① 참   ② 거짓   ③ 알 수 없음

정답 및 해설

18   새싹이 더 많이 자란 순서대로 작물을 나열하면 '토마토 – 오이 – 호박'과 '상추 – 오이 – 호박'이 되며, 토마토와 상추의 새싹은 서로 비교할 수 없다. 따라서 상추의 새싹이 가장 많이 자랐는지는 알 수 없다.

19   새싹이 더 많이 자란 순서대로 나열하면 '토마토 – 상추 – 오이 – 호박' 또는 '상추 – 토마토 – 오이 – 호박'이 되므로 호박의 새싹이 가장 적게 자란 것을 알 수 있다.

20   호박의 새싹이 가장 적게 자랐으나, 제시문만으로는 어떤 작물을 가장 늦게 심었는지 알 수 없다.

18 ③   19 ①   20 ③   정답

※ [제시문 A]를 읽고, [제시문 B]가 참인지, 거짓인지 혹은 알 수 없는지 고르시오. [21~22]

| 2019년 상반기

21

[제시문 A]
• 고양이는 높은 곳을 오르는 것을 좋아한다.
• 부뚜막은 따뜻하다.

[제시문 B]
고양이는 부뚜막을 좋아한다.

① 참　　　　　　　　　　② 거짓　　　　　　　　　　③ 알 수 없음

| 2019년 상반기

22

[제시문 A]
• 금리가 상승하면 가계부채 문제가 심화된다.
• 가계부채 문제가 심화되는 나라의 국내소비는 감소한다.
• 미국 금리가 상승하면 우리나라 금리가 상승한다.

[제시문 B]
미국 금리가 상승하면 우리나라의 국내소비는 감소한다.

① 참　　　　　　　　　　② 거짓　　　　　　　　　　③ 알 수 없음

정답 및 해설

21　고양이가 높은 곳을 오르는 것을 좋아한다고 제시되어 있을 뿐, 부뚜막이 높은 곳이라거나 고양이가 따뜻한 곳을 좋아한다는 사실은 확인할 수 없다.

22　금리가 상승하는 나라는 가계부채 문제가 심화돼 국내소비가 감소한다고 하였는데 미국의 금리가 상승하면 우리나라의 금리도 상승하므로 미국의 금리가 상승하면 우리나라의 국내소비는 감소한다.

21 ③　22 ①　〈 정답

※ 마지막 명제가 참일 때, 다음 빈칸에 들어갈 명제로 알맞은 것을 고르시오. [23~24]

23

> • 비가 오면 한강 물이 불어난다.
> • 비가 오지 않으면 보트를 타지 않은 것이다.
> • _____
> • 따라서 자전거를 타지 않으면 한강 물이 불어난다.

① 자전거를 타면 비가 오지 않는다.
② 보트를 타면 자전거를 탄다.
③ 한강 물이 불어나면 보트를 타지 않은 것이다.
④ 자전거를 타지 않으면 보트를 탄다.
⑤ 보트를 타면 비가 오지 않는다.

24

> • 사람은 곰이거나 호랑이이다.
> • _____
> • 소현이는 사람이다.
> • 소현이는 곰이다.

① 곰이면 사람이다.
② 호랑이가 아니면 사람이 아니다.
③ 호랑이가 아니면 소현이가 아니다.
④ 사람은 호랑이다.
⑤ 소현이는 호랑이가 아니다.

정답 및 해설

23 '비가 옴$=p$, 한강 물이 불어남$=q$, 보트를 탐$=r$, 자전거를 탐$=s$'라고 하면, 각 명제는 순서대로 $p \rightarrow q$, $\sim p \rightarrow \sim r$, $\sim s \rightarrow q$이다. 앞의 두 명제를 연결하면 $r \rightarrow p \rightarrow q$이고, 결론이 $\sim s \rightarrow q$가 되기 위해서는 $\sim s \rightarrow r$이라는 명제가 추가로 필요하다.
따라서 빈칸에 들어갈 명제는 ④이다.

24 소현이는 사람이고, 사람은 곰이거나 호랑이이므로 '소현이는 곰이거나 호랑이이다.'가 성립한다. 혼합 가언 삼단논법에 따라 빈칸을 구한다.
• 소현이는 곰이거나 호랑이이다(A 또는 B이다).
• _____(B가 아니다)
• 그러므로 소현이는 곰이다(A이다).
따라서 빈칸에 들어갈 명제는 ⑤이다.

23 ④ 24 ⑤ 〈 정답

25 다음 제시문을 바탕으로 추론할 수 있는 것은?

> • 신혜와 유민이 앞에 사과, 포도, 딸기가 놓여있다.
> • 사과, 포도, 딸기 중에는 각자 좋아하는 과일이 반드시 있다.
> • 신혜는 사과와 포도를 싫어한다.
> • 유민이가 좋아하는 과일은 신혜가 싫어하는 과일이다.

① 신혜는 좋아하는 과일이 없다.
② 유민이가 딸기를 좋아하는지 알 수 없다.
③ 신혜는 딸기를 좋아한다.
④ 유민이와 신혜가 같이 좋아하는 과일이 있다.
⑤ 포도를 좋아하는 사람은 없다.

26 다음 명제를 기초로 결론을 내릴 때, 참인지 거짓인지 알 수 없는 것은?

> • 월계 빌라의 주민들은 모두 A의 친척이다.
> • B는 자식이 없다.
> • C는 A의 오빠이다.
> • D는 월계 빌라의 주민이다.
> • A의 아들은 미국에 산다.

① A의 아들은 C와 친척이다.　　② D는 A와 친척 간이다.
③ B는 월계 빌라의 주민이다.　　④ A와 D는 둘 다 남자이다.
⑤ C는 A의 아들의 이모이다.

정답 및 해설

25 명제가 참이면 대우 명제도 참이다. 즉, '유민이가 좋아하는 과일은 신혜가 싫어하는 과일이다.'가 참이면 '신혜가 좋아하는 과일은 유민이가 싫어하는 과일이다.'도 참이다. 따라서 신혜는 딸기를 좋아하고, 유민이는 사과와 포도를 좋아한다.

26 B와 A의 관계에 대한 설명이 없으므로 B가 월계 빌라의 주민인지 여부는 알 수 없다.

[오답분석]
① C는 A의 오빠이므로 A의 아들과는 친척관계이다(참).
② 월계 빌라의 모든 주민은 A와 친척이므로 D도 A의 친척이다(참).
④ C가 A의 오빠라는 말에서 알 수 있듯이 A는 여자이다(거짓).
⑤ C는 A의 오빠이므로, A의 아들에게는 이모가 아니라 외삼촌이 된다(거짓).

25 ③　26 ③　〈정답

27 다음 〈조건〉을 토대로 판단한 것 중 옳은 것은?

> 조건
>
> • 광수는 게임보다 독서를 좋아한다.
> • 광수는 운동보다 독서를 좋아한다.
> • 광수는 일하는 것을 제일 싫어한다.

> A : 광수는 독서를 가장 좋아한다.
> B : 광수는 게임보다 운동을 좋아한다.

① A만 옳다.
② B만 옳다.
③ A, B 모두 옳다.
④ A, B 모두 틀리다.
⑤ A, B 둘 다 누가 옳고 그른지 알 수 없다.

28 다음 제시된 명제를 참이라 할 때 옳은 것은?

> 감자꽃은 유채꽃보다 늦게 피고 일찍 진다.

① 유채꽃이 피기 전이라면 감자꽃도 피지 않았다.
② 감자꽃과 유채꽃은 동시에 피어있을 수 없다.
③ 감자꽃은 유채꽃보다 오랫동안 피어있다.
④ 유채꽃은 감자꽃보다 일찍 진다.
⑤ 유채꽃은 감자꽃보다 많이 핀다.

정답 및 해설

27 제시된 조건을 나열하면 다음과 같다.
• 일<게임<독서
• 일<운동<독서
따라서 광수가 독서를 가장 좋아하는 것은 확인할 수 있으나 게임과 운동 중 무엇을 더 좋아하는지는 확인할 수 없다.

28 감자꽃은 유채꽃보다 늦게 피므로 유채꽃이 피기 전이라면 감자꽃도 피지 않았다.

29 무게가 서로 다른 ⓐ~ⓕ의 6개 돌이 다음과 같은 〈조건〉을 가질 때 추론할 수 없는 것은?

> **조건**
> • ⓑ는 ⓐ보다 무겁고, ⓕ보다 무겁다.
> • ⓒ는 ⓑ보다 무겁고, ⓓ보다 가볍다.
> • ⓔ는 ⓒ보다 가볍다.

① ⓐ는 ⓕ보다 무겁다.   ② ⓒ는 두 번째로 무겁다.
③ ⓔ는 ⓓ보다 가볍다.   ④ ⓓ는 ⓐ보다 무겁다.
⑤ ⓑ는 ⓓ보다 가볍다.

30 S학교에는 A, B, C, D, E 다섯 명의 교사가 있다. 이들이 각각 1반부터 5반까지 한 반씩 담임을 맡는다고 할 때, 주어진 〈조건〉이 다음과 같다면 항상 적절하지 않은 것은 무엇인가?(단, 1반부터 5반은 왼쪽에서 오른쪽 방향으로 순서대로 위치한다)

> **조건**
> • A는 3반의 담임을 맡는다.
> • E는 A의 옆 반 담임을 맡는다.
> • B는 양 끝에 위치한 반 중 하나의 담임을 맡는다.

① C가 2반을 맡으면 D는 1반 또는 5반을 맡게 된다.
② B가 5반을 맡으면 C는 반드시 1반을 맡게 된다.
③ E는 절대 1반을 맡을 수 없다.
④ B는 절대 2반을 맡을 수 없다.
⑤ C와 D가 어느 반을 맡느냐에 따라 E와 B의 반이 결정된다.

정답 및 해설

29
• ⓑ>ⓐ
• ⓑ>ⓕ
• ⓓ>ⓒ>ⓑ
• ⓒ>ⓔ
따라서 ⓐ와 ⓕ의 관계는 알 수 없다.

30 조건에 따르면 A는 3반 담임이 되고, E는 2반 또는 4반, B는 1반 또는 5반의 담임이 된다. 따라서 B가 5반을 맡을 경우 C는 1반, 2반, 4반 중 하나를 맡게 되므로 반드시 1반을 맡는다고는 할 수 없다.

29 ① 30 ② 《정답

31 6층짜리 주택에 A, B, C, D, E, F가 입주하려고 한다. 다음 〈조건〉을 지켜야 한다고 할 때, 항상 적절한 것은?

> **조건**
> • B와 D 중 높은 층에서 낮은 층의 수를 빼면 4이다.
> • B와 F는 인접할 수 없다.
> • A는 E보다 밑에 산다.
> • D는 A보다 밑에 산다.
> • A는 3층에 산다.

① C는 B보다 높은 곳에 산다.
② B는 F보다 높은 곳에 산다.
③ E는 F와 인접해 있다.
④ C는 5층에 산다.
⑤ A는 D보다 낮은 곳에 산다.

31 주어진 조건을 다음의 다섯 가지 경우로 정리할 수 있다.

구분	1층	2층	3층	4층	5층	6층
경우 1	C	D	A	F	E	B
경우 2	F	D	A	C	E	B
경우 3	F	D	A	E	C	B
경우 4	D	F	A	E	B	C
경우 5	D	F	A	C	B	E

따라서 B는 항상 F보다 높은 층에 산다.

오답분석
① C는 B보다 높은 곳에 살 수도 낮은 곳에 살 수도 있다.
③ E는 F와 인접해 있을 수도 인접하지 않을 수도 있다.
④ C는 1, 4, 5, 6층에 살 수 있다.
⑤ A는 항상 D보다 높은 층에 산다.

31 ② 정답

32 A, B, C, D, E는 ○○시에서 개최하는 마라톤에 참가하였다. 제시된 내용이 모두 참일 때, 다음 중 항상 참이 아닌 것은?

> • A는 B와 C보다 앞서 달리고 있다.
> • D는 A보다 뒤에 달리고 있지만, B보다는 앞서 달리고 있다.
> • C는 D보다 뒤에 달리고 있지만, B보다는 앞서 달리고 있다.
> • E는 C보다 뒤에 달리고 있지만, 다섯 명 중 꼴찌는 아니다.

① 현재 1등은 A이다.
② 현재 꼴찌는 B이다.
③ D는 C의 앞에서 달리고 있다.
④ E는 C와 B 사이에서 달리고 있다.
⑤ 현재 순위에 변동 없이 결승점까지 달린다면 C가 4등을 할 것이다.

33 다음 사실로부터 추론할 수 있는 것은?

> • 정은이는 오늘 커피를 한 잔 마셨다.
> • 슬기는 오늘 정은이보다 커피를 두 잔 더 마셨다.
> • 은주는 오늘 슬기보다 커피를 적게 마셨다.

① 정은이가 오늘 커피를 가장 많이 마셨다.
② 은주가 오늘 커피를 가장 많이 마셨다.
③ 슬기가 오늘 커피를 가장 많이 마셨다.
④ 은주는 오늘 정은이보다 커피를 많이 마셨다.
⑤ 은주가 커피를 가장 적게 마셨다.

정답 및 해설

32 주어진 내용에 따라 앞서 달리고 있는 순서대로 나열하면 'A − D − C − E − B'가 된다. 따라서 이 순위대로 결승점까지 달린다면 C는 3등을 할 것이다.

33 오늘 정은이는 커피 한 잔, 슬기는 커피 세 잔을 마셨으며, 은주는 커피 세 잔을 마신 슬기보다 적게 마셨음을 알 수 있다. 따라서 오늘 슬기가 커피를 가장 많이 마신 것을 알 수 있다. 한편, 제시된 사실만으로는 은주가 오늘 정은이보다 커피를 많이 마셨는지 알 수 없다.

32 ⑤   33 ③   〈 정답

34 다음 글을 읽고 참인 것을 고르면?

> 지영이, 미주, 수진이는 각각 공책을 가지고 있다. 공책의 색은 다양하며, 보라색 공책은 두 명만 가지고 있다. 지영이는 보라색 공책도 가지고 있고, 미주는 보라색 공책만 가지고 있다. 수진이는 빨간색 공책도 가지고 있으며, 세 사람의 공책이 한 책상 위에 놓여 있다. 책상 위에 있는 공책은 모두 보라색이다.

① 지영이의 공책은 책상 위에 있다.
② 지영이의 빨간색 공책은 책상 위에 있다.
③ 수진이의 모든 공책은 책상 위에 있다.
④ 책상 위에 있는 모든 공책은 미주의 공책이다.
⑤ 책상 위에 있는 모든 공책은 수진이의 공책이다.

35 A, B, C, D, E는 아파트 101 ~ 105동 중 서로 다른 동에 각각 살고 있다. 다음 제시된 내용이 모두 참일 때, 다음 중 반드시 참인 것은?(단, 101 ~ 105동은 일렬로 나란히 배치되어 있다)

> • A와 B는 서로 인접한 동에 산다.
> • C는 103동에 산다.
> • D는 C 바로 옆 동에 산다.

① A는 101동에 산다.
② B는 102동에 산다.
③ D는 104동에 산다.
④ A가 102동에 산다면 E는 105동에 산다.
⑤ E가 101동에 산다면 D는 104동에 산다.

정답 및 해설

34 주어진 글을 정리하면 다음과 같다.
• 지영 : 보라색 공책, 다른 색 공책
• 미주 : 보라색 공책
• 수진 : 빨간색 공책, 다른 색 공책

35 D는 102동 또는 104동에 살며, A와 B가 서로 인접한 동에 살고 있으므로 E는 101동 또는 105동에 산다. 이를 통해 101동부터 (A, B, C, D, E), (B, A, C, D, E), (E, D, C, A, B), (E, D, C, B, A)의 네 가지 경우를 추론할 수 있다. 따라서 'A가 102동에 산다면 E는 105동에 산다.'는 반드시 참이 된다.

34 ①   35 ④   〈 정답

36 다음 중 제시된 오류의 예시로 가장 적절한 것은?

> 개인적인 친분 관계를 내세워 자신의 논지를 받아들이게 하는 오류

① 아직도 담배를 끊지 못하는 걸 보니 폐암에 걸리고 싶은가 봐.

② 이번 일이 자네 생각과 다르더라도 회사의 방침대로 진행해주게. 위에서 내려온 방침이라 나도 어쩔 수 없다네.

③ 네가 우리 중에 가장 똑똑하잖아. 네가 이번 여행의 총무를 맡는다면 안심할 수 있을 것 같아.

④ 우리가 파업에 들어가면 회사는 타격을 입을 수밖에 없어. 그러니까 회사는 우리의 요구 조건을 들어줘야 해.

⑤ 이제 날 도와줄 사람은 너밖에 없어. 네가 도와주지 않는다면 나는 아무것도 할 수 없을 거야.

정답 및 해설

36 제시문은 '사적 관계에 호소하는 오류'에 대한 예시이다.

[오답분석]

① 의도 확대의 오류 : 의도하지 않은 결과에 대해 원래부터 어떤 의도가 있었다고 확대 해석하는 오류

② 정황에 호소하는 오류 : 어떤 사람이 처한 정황을 비난하거나 논리의 근거로 내세움으로써 자신의 주장이 타당하다고 믿게 하려는 오류

③ 아첨에 호소하는 오류 : 아첨에 의해 논지를 받아들이게 하는 오류

④ 공포에 호소하는 오류 : 상대방을 윽박지르거나 증오심을 표현하여 자신의 주장을 받아들이게 하는 오류

36 ⑤ 〈정답

※ 다음 중 제시된 문자와 같은 것의 개수를 고르시오. [1~3]

| 2022년 하반기

01

ON

ON	EN	AN	UP	AN	ON	AN	OP	UP	AT	ON	IT
EN	ON	AT	OP	UP	OP	AN	AT	IT	UP	AN	UP
ON	EN	ON	EN	OP	AN	ON	AT	ON	IT	UP	EN
ON	EN	AN	UP	OP	EN	AT	IT	ON	OP	ON	IT

① 9개   ② 11개
③ 13개   ④ 15개
⑤ 17개

01

ON	EN	AN	UP	AN	ON	AN	OP	UP	AT	ON	IT
EN	ON	AT	OP	UP	OP	AN	AT	IT	UP	AN	UP
ON	EN	ON	EN	OP	AN	ON	AT	ON	IT	UP	EN
ON	EN	AN	UP	OP	EN	AT	IT	ON	OP	ON	IT

01 ② 〈정답〉

02

| salt |

sprit	sole	sin	shape	sou	sound	soup	sour	soul	south	soul	saul
sour	soup	sin	saul	soul	soup	son	sole	sprit	seoul	soup	son
seoul	sound	soul	houl	boul	bawl	soul	sole	son	soup	sour	sour
sun	sunny	star	start	styx	stur	spam	super	show	sour	salt	sand

① 1개   ② 2개
③ 3개   ④ 4개
⑤ 5개

03

| 얇 |

앙	앎	언	의	올	웅	앞	엔	양	옅	얘	없
일	월	얇	옛	앵	욘	율	엄	융	왈	윙	앓
완	올	없	율	언	융	옐	월	욘	앞	얆	왈
앎	앵	양	앙	얇	의	옛	윙	웅	엄	엔	얘

① 1개   ② 2개
③ 3개   ④ 4개
⑤ 5개

정답 및 해설

02

sprit	sole	sin	shape	sou	sound	soup	sour	soul	south	soul	saul
sour	soup	sin	saul	soul	soup	son	sole	sprit	seoul	soup	son
seoul	sound	soul	houl	boul	bawl	soul	sole	son	soup	sour	sour
sun	sunny	star	start	styx	stur	spam	super	show	sour	salt	sand

03

앙	앎	언	의	올	웅	앞	엔	양	옅	얘	없
일	월	얇	옛	앵	욘	율	엄	융	왈	윙	앓
완	올	없	율	언	융	옐	월	욘	앞	얇	왈
앎	앵	양	앙	얇	의	옛	윙	웅	엄	엔	얘

02 ①   **03** ③   〈정답

04 다음 표에 제시되지 않은 문자를 고르면?

재현	재앙	재롱	재난	재판	재물	재질	재산	재혼	재판	재산	재배
재촉	재미	재직	재담	재수	재정	재능	재패	재택	재즈	재료	재량
재직	재난	재능	재택	재벌	재앙	재롱	재촉	재정	재량	재질	재미
재물	재료	재수	재패	재현	재담	재즈	재기	재혼	재배	재벌	재기

① 재난   ② 재물
③ 재혼   ④ 재단
⑤ 재료

정답 및 해설

04

재현	재앙	재롱	재난	재판	재물	재질	재산	재혼	재판	재산	재배
재촉	재미	재직	재담	재수	재정	재능	재패	재택	재즈	재료	재량
재직	재난	재능	재택	재벌	재앙	재롱	재촉	재정	재량	재질	재미
재물	재료	재수	재패	재현	재담	재즈	재기	재혼	재배	재벌	재기

04 ④ 〈정답

05 다음 제시된 숫자와 같은 것은?

> ①2④23⑤32⑥7

① ①2④28⑤32⑥7
② ①2423⑤32⑥7
③ ①2④23⑤532⑥7
④ ①2④23⑤32⑥7
⑤ ①2④④23⑤32⑥7

06 다음 중 제시된 문자와 다른 것은?

> Amonium Bikarbonat E503(ii)

① Amonium Bikarbonat E503(ii)
② Amonium Bikarbonat E503(ii)
③ Amonium Bikarbanat E503(ii)
④ Amonium Bikarbonat E503(ii)
⑤ Amonium Bikarbonat E503(ii)

07 다음 중 왼쪽에 제시된 기호와 같은 것의 개수는?

| % | 1ㆍ%&(2=5($43!^%&9&ㆍ=0)9%×7=!)^60!*3ㆍ%2×6+0ㆍ%!•($^)5)%&!5*68$1 |

① 5개
② 6개
③ 7개
④ 8개
⑤ 9개

정답 및 해설

05 오답분석
① ①2④28⑤32⑥7
② ①2423⑤32⑥7
③ ①2④23⑤532⑥7
⑤ ①2④④23⑤32⑥7

06 Amonium Bikarbanat E503(ii)

07 1ㆍ%&(2=5($43!^%&9&ㆍ=0)9%×7=!)^60!*3ㆍ%2×6+0ㆍ%!•($^)5)%&!5*68$1

05 ④ 06 ③ 07 ② 정답

※ 다음 전개도를 접었을 때 나올 수 있는 도형으로 적절한 것을 고르시오. [8~11]

| 2022년 하반기

08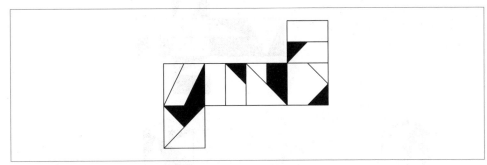

①
②

③
④

⑤

정답 및 해설 ───────────────────────────────○

08

 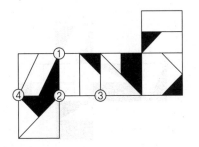

08 ③ 〈정답

09

①

②

③

④

⑤

09

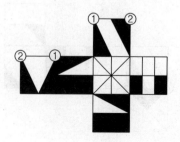

10

①

②

③

④

⑤

정답 및 해설

10

 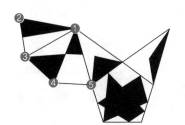

10 ④ 〈정답〉

11

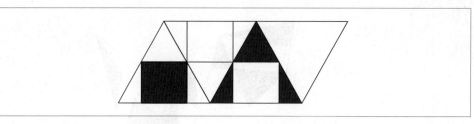

①

②

③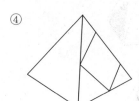

④

⑤

정답 및 해설

11

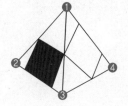

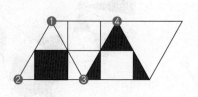

11 ⑤ 　정답

12 다음 중 보기의 도형과 다른 것은?(단, 도형은 회전이 가능하다)

①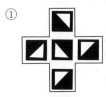

②

③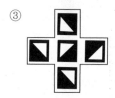

④

⑤

12

12 ④ 〈정답〉

13 다음은 두 도형을 완전히 겹쳐지게 하여 새로운 도형을 만드는 과정을 나타낸 것이다. 물음표에 들어갈 도형으로 적절한 것은?(단, 도형은 회전이 가능하다)

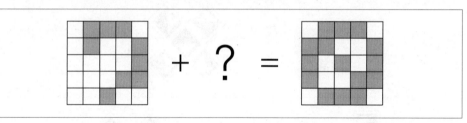

①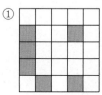

②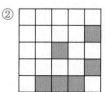

③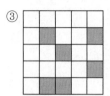

④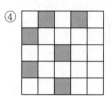

⑤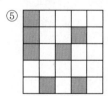

13 왼쪽 도형에 ?를 겹쳤을 때 오른쪽 도형이 되려면 ▨ 이 필요하다.

따라서 이를 시계 반대 방향으로 90° 회전시킨 ② ▨ 가 답이 된다.

13 ② 〈정답〉

14 다음은 두 도형을 완전히 겹쳐지게 하여 검은색을 만드는 과정을 나타낸 것이다. 물음표에 들어갈 도형으로 알맞은 것은?(단, 도형은 회전이 가능하다)

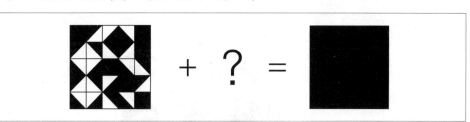

①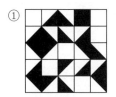

②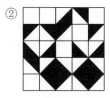

③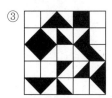

④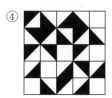

⑤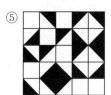

14   를 시계 방향으로 90° 회전시키면   형태가 되어 제시된 도형과 겹치면 검은색이 된다.

14 ②

※ 다음 도형들은 일정한 패턴을 가지고 변화한다. 다음 중 물음표에 들어갈 도형으로 가장 알맞은 것을 고르시오. [15~16]

15

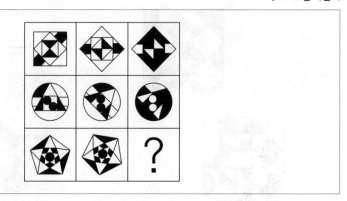

① 　　②

③ 　　④

⑤

정답 및 해설 ──────────────────────────────────────○

15　규칙은 가로로 적용된다.
　　　첫 번째 도형을 시계 방향으로 45° 회전한 것이 두 번째 도형, 이를 색 반전한 것이 세 번째 도형이다.

15 ④　◁정답▷

16

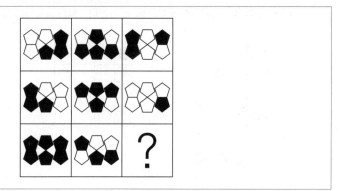

①

②

③

④

⑤

16   규칙은 세로로 적용된다.
첫 번째 도형의 가장 좌측과 우측 도형의 색을 반전시키면 두 번째 도형과 같고, 두 번째 도형의 가운데 윗부분과
가장 우측 도형의 색을 반전시키면 세 번째 도형이 된다.

16 ③   《정답》

17 다음 도형들은 일정한 규칙으로 변화한다. 물음표에 들어갈 도형으로 알맞은 것은?

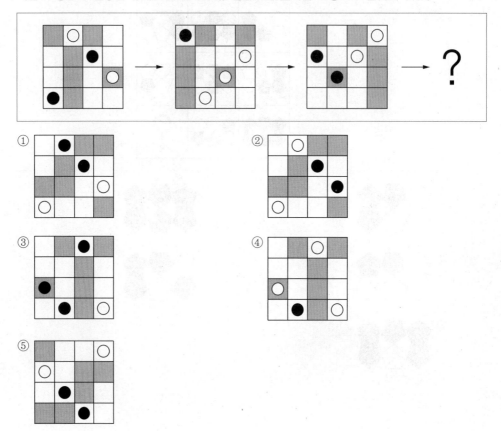

① ② ③ ④ ⑤

17 흰색 원은 위로 한 칸, 검은색 원은 아래로 한 칸씩 움직인다. 원이 움직인 후에 회색 칸은 왼쪽으로 한 칸씩 움직이며,
회색 칸 위에 있는 원은 색이 반전된다.

17 ④ 〈정답〉

18 다음과 같은 모양을 만드는 데 사용된 블록의 개수를 고르면?(단, 보이지 않는 곳의 블록은 있다고 가정한다)

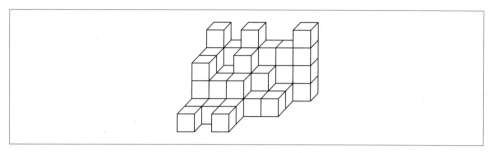

① 44개   ② 45개
③ 46개   ④ 47개
⑤ 48개

18   1층 : 21개, 2층 : 13개, 3층 : 9개, 4층 : 3개
          ∴ 21+13+9+3=46개

18 ③ 정답

19 ①

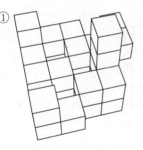

②

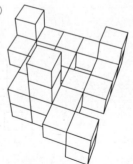

③

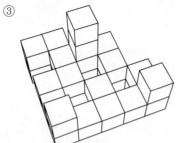

④

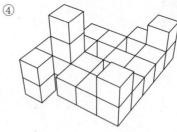

⑤

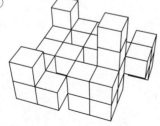

정답 및 해설

19

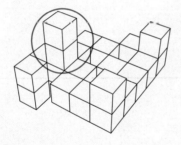

19 ④   정답

20

①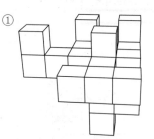

②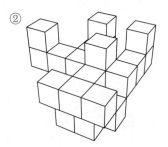

③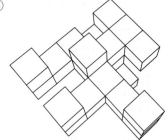

④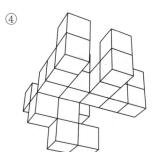

⑤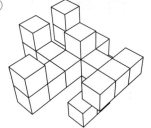

정답 및 해설

20

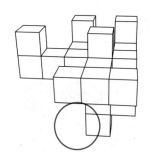

20 ① 〈정답

※ 다음 제시된 세 블록을 합쳤을 때 나올 수 있는 모양의 블록을 고르시오. [21~22]

21

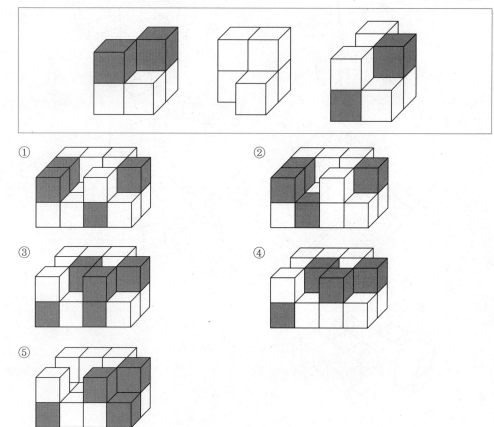

① ② ③ ④ ⑤

21

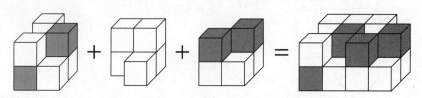

21 ④ 〈정답〉

22

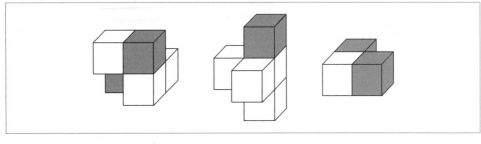

①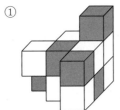

②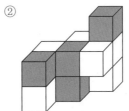

③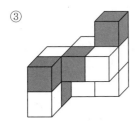

④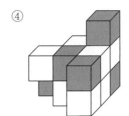

⑤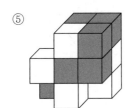

정답 및 해설

22

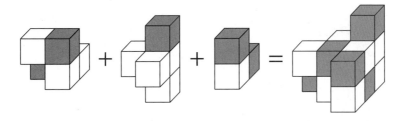

22 ① <정답>

PART 1

기초지식

CONTENTS

01 어휘의 관계

제시된 단어와 상관 관계를 파악하고, 유의·반의·종속 등의 관계를 갖는 적절한 어휘를 찾는 문제이다. 일반적으로 제시된 한 쌍의 단어와 같은 관계를 가진 단어를 찾는 문제, 보기 중 다른 관계를 가진 단어를 찾는 등의 문제가 출제된다. 어휘의 의미를 정확하게 이해하고 주어진 어휘와의 관계를 추리하는 능력을 길러야 한다.

자주 출제되는 유형
• 다음 제시된 단어와 같거나 비슷한(혹은 반대) 뜻을 가진 것은?
• 다음 중 나머지와 다른 단어는?

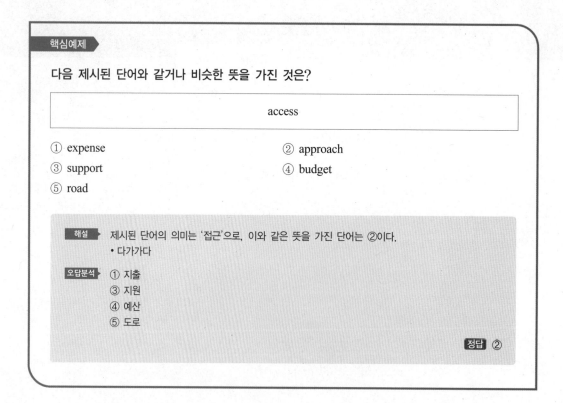

핵심예제

다음 제시된 단어와 같거나 비슷한 뜻을 가진 것은?

access

① expense   ② approach
③ support   ④ budget
⑤ road

> 해설   제시된 단어의 의미는 '접근'으로, 이와 같은 뜻을 가진 단어는 ②이다.
>   • 다가가다
> 오답분석   ① 지출
>   ③ 지원
>   ④ 예산
>   ⑤ 도로
>
> 정답 ②

02 문법

문법의 경우 어휘 및 기본적인 문법을 제대로 익히고 있는지 평가하는 부분으로, 가장 다양한 유형으로 문제가 출제된다. 문법의 범위가 굉장히 다양해서 공부를 어떻게 해야 할지 난감할 수도 있지만, 어렵지 않은 수준에서 문제들이 출제되고 있으므로, 숙어를 정리하면서 단어에 부합하는 전치사 및 품사를 정리하는 방법으로 공부를 한다면 그리 어렵지 않게 문제를 풀 수 있다.

자주 출제되는 유형
• 다음 빈칸에 들어갈 말로 적절한 것을 고르시오.
• 다음 밑줄 친 부분이 적절하지 않은 것은?

핵심예제

다음 문장의 빈칸에 들어갈 말로 적절한 것은?

The left side of the human brain _____ language.

① controls   ② to control
③ controlling   ④ is controlled
⑤ are controlled

해설 ▶ 주어가 3인칭 단수형이므로 동사도 3인칭 단수형인 ① 'controls'가 나와야 한다.

오답분석 ▶ ④ is controled는 수동태이므로 뒤에 목적어가 올 수 없다.
「인간의 왼쪽 뇌는 언어력을 통제한다.」

정답 ①

03 회화

영어능력의 경우, 직접 대화하는 것이 아니라면 필기시험만으로 정확한 영어능력을 테스트하기란 사실 어렵다. 최근 들어 회화 문제의 출제비중이 높아지는 것이 이러한 단점을 보완하기 위해서이다. 회화 문제를 통해 독해 및 문법 수준을 복합적으로 테스트할 수 있기 때문이다.

회화 문제는 대화의 흐름상 알맞은 말이 무엇인지, 질문에 대한 대답은 어떤 것인지 등을 질문함으로써, 간단한 생활영어 수준을 테스트하는 문제이다. 주어진 문장에 대한 의미를 정확하게 파악할 수만 있다면 어렵지 않게 풀 수 있으므로, 기본적인 어휘능력 및 독해능력을 바탕으로 문제를 풀면 된다.

자주 출제되는 유형
• 다음 질문의 대답으로 적절하지 않은 것은?
• 다음 질문의 가장 적절한 답은?
• 다음 대화의 빈칸에 들어갈 말로 가장 적절한 것은?
• 다음 중 어색한 대화는?

핵심예제

다음 대화에서 빈칸에 들어갈 말로 가장 적절한 것은?

A : Won't you come over and have some beer?
B : _____, but I have something else to do now.

① Yes
② Ok
③ Sure
④ I'd like to
⑤ No

해설 but으로 볼 때 빈칸에는 그러고 싶다는 내용이 나와야 한다.
「A : 와서 맥주 좀 마실래?
B : 그러고는 싶지만, 지금 다른 할 일이 있거든.」

정답 ④

직업 고르기

글에서 제시되는 특정 직업을 묘사하는 어구나 특정 직업과 관계되는 어휘를 통하여 하나의 직업을 유추하는 문제이다. 다양한 직업에 해당하는 영어 단어를 숙지하고, 각각의 직업의 특징을 대표할 만한 어휘를 미리 파악해 두는 것이 좋다.

다양한 직업

- minister : 목사, 장관
- biologist : 생물학자
- chemist : 화학자
- engineer : 기술자
- plumber : 배관공
- gardener : 정원사
- actor : 배우
- clerk : 점원
- manager : 경영자
- writer : 작가
- president : 대통령
- mayor : 시장
- journalist : 신문기자
- electrician : 전기공
- official : 공무원
- architect : 건축가
- cashier : 출납원
- lawyer : 변호사
- inspector : 조사관
- magician : 마술사
- director : 감독
- sailor : 선원

- scholar : 학자
- physician : 내과의사
- mechanic : 정비공
- custodian : 관리인
- carpenter : 목수
- assembler : 조립공
- actress : 여배우
- businessman : 사업가
- merchant : 상인
- vice-president : 부통령
- statesman : 정치가
- professor : 교수
- prosecutor : 검사
- editor : 편집자
- veterinarian : 수의사
- musician : 음악가
- salesperson : 판매원
- fisher : 어부
- hairdresser : 미용사
- counselor : 상담원
- novelist : 소설가
- mailman : 우체부

자주 출제되는 유형
- 다음 글의 분위기는?
- 다음 글에 나타난 사람의 직업은?

다음 글에 나타난 사람의 직업은?

This man is someone who performs dangerous acts in movies and television, often as a carrier. He may be used when an actor's age precludes a great amount of physical activity or when an actor is contractually prohibited from performing risky acts.

① conductor　　　　　　② host
③ acrobat　　　　　　　④ stunt man
⑤ fire fighter

해설 ▶ 마지막 문장에서 배우의 risky acts(위험한 연기)를 막는다는 내용을 통해 '스턴트맨'이 정답임을 알 수 있다.
「이 사람은 영화나 텔레비전에서 위험한 연기를 수행하는 사람이다. 그는 배우의 나이로 인해 많은 양의 신체 활동을 못하게 되거나 배우가 위험한 연기를 하는 것으로부터 계약상으로 금지되었을 때 활동한다.」

정답 ④

05 지칭 추론

앞 문장에서 나온 인물이나 사물, 행위의 목적과 결과, 장소, 수치, 시간 등을 지칭하는 지시어나 대명사의 관계를 올바르게 파악하고 찾아내는 문제이다.

문맥의 흐름 파악을 통해 지시어가 가리키는 대상을 구체적으로 찾아야 한다. 글의 내용을 잘못 파악하게 되면 지시어나 대명사가 원래 가리키는 것을 찾는 데 혼동을 가져오기 쉬우므로 글을 읽을 때 주의한다. 대상이 사람일 경우 단수인지 복수인지, 남성인지 여성인지 정확하게 구분하는 것도 잊어서는 안 된다.

자주 출제되는 유형
• 다음 글을 읽고 밑줄 친 (A), (B)가 가리키는 것을 고르면?

핵심예제

다음 글을 읽고 밑줄 친 (A), (B)가 가리키는 것을 고르면?

I was recently searching a school that had been broken into. I had my trusty general purpose dog with me, called Louis. We had received reports that the intruders were still inside the school, so I sent the dog in first to try and locate (A) them. He had picked up the scent and as I approached the communal toilet block. As I entered the room there was a line of about twelve toilet cubicles along the wall. (B) They were all standing with the doors wide open-apart from two which were closed. I shouted that anyone inside the toilet cubicle should come out immediately. No response. I had given them the chance and they refused to open the door, so I sent Louis in who pulled them both out. They will not be breaking into anywhere else for a while.

	(A)	(B)
①	the dog	toilet cubicles
②	intruders	toilet cubicles
③	the dog	the walls
④	intruders	the walls
⑤	the dog	intruders

해설 「나는 믿을 만한 만능견 Louis를 데리고 최근 침입을 당한 학교를 수색하고 있었다. 우리는 침입자가 여전히 학교 안에 있다는 보고를 받고, 그들의 위치를 확인하기 위하여 개를 먼저 들여보냈다. 개가 냄새를 확인하자 나는 공공 화장실 쪽으로 다가갔다. 그곳에 들어갔을 때, 화장실 벽면엔 12개의 칸이 줄지어 있었다. 그 칸들은 닫혀있는 두 개만을 제외하고 모두 문이 열린 채로 있었다. 나는 그 화장실 칸 안에 있는 사람에게 당장 나오라고 소리쳤지만 응답이 없었다. 나는 다시 한 번 나와서 나와 상대하자고 불렀다. 역시 대답이 없었다. 그래서 나는 Louis를 보내 그들이 밖으로 나오도록 했다. 그들은 더 이상 어디도 침입하지 않을 것이다.」

정답 ②

---

06 문장 배열하기

앞에 제시된 문장에 이어지는 글의 순서를 정하는 문제로, 글의 논리적 흐름과 연결사, 시간 및 공간적 순서에 따른 적절한 배열을 요구한다.

1. 제시된 문장이 있는 경우

제시된 문장을 읽고 다음에 이어질 내용을 추론한다. 연결사, 지시어, 대명사, 시간 표현 등을 활용하여 문장의 순서를 논리적으로 결정한다.
① 지시어 : this, that, these, those 등
② 연결사 : but, and, or, so, yet, unless 등
③ 접속부사 : in addition(게다가), afterwards(나중에), as a result(결과적으로), for example(예를 들어), fortunately(운 좋게도), otherwise(그렇지 않으면), therefore(그러므로), however(그러나), moreover(더욱이) 등
④ 부정대명사 : one(사람이나 사물의 불특정 단수 가산명사를 대신 받음), some(몇몇의, 약간의), another(지칭한 것 외의 또 다른 하나), other(지칭한 것 외의 몇몇) 등

2. 주어진 문장이 없는 경우

대개 일반적 사실이 글의 서두에 나오고, 이어서 앞에서 언급했던 사실에 대한 부가적 내용이나 개념 정리 등이 나올 수 있다. 대신 지시어나 대명사가 출제되는 문장이나 앞뒤 문장의 상반된 내용을 연결하는 역접 연결사 및 예를 설명하는 연결사가 포함된 문장은 글의 서두에 나오기 어렵다. 이밖에 문맥의 흐름과 상관없거나 문맥상 어색한 문장을 고르는 문제 유형이 나올 수도 있다.

문맥의 흐름과 상관없는 문장을 고르는 문제는 주제문과 이를 뒷받침하는 문장들의 관계에 있어 글의 흐름상 통일성이 결여된 문장을 찾아낸 후, 그 문장을 제외한 후에도 글의 내용이 자연스럽게 흘러가는지 살펴봐야 한다.

문맥상 어색한 문장을 고르는 문제의 경우 우선적으로 글을 꼼꼼하게 읽어 볼 필요가 있으며, 그 다음에 주제문을 파악한 후 이와 어울리지 않는 내용을 골라내는 순서로 문제를 해결한다.

> **자주 출제되는 유형**
> • 글의 흐름상 주어진 문장에 이어질 내용을 순서대로 바르게 배열한 것을 고르시오.
> • 다음 글에서 전체 흐름과 관계없는 문장을 고르시오.

글의 흐름상 주어진 문장에 이어질 내용을 순서대로 바르게 나열한 것을 고르면?

When asked to make a donation, even those who would like to support the charity in some way say no, because they assume the small amount they can afford won't do much to help the cause.

(A) After introducing himself, the researcher asked the residents, "Would you be willing to help by giving a donation?" For half of the residents, the request ended there. For the other half, however, he added, "Even a penny will help."

(B) Based on this reasoning, a researcher thought that one way to urge people to donate would be to inform them that even a small sum would be helpful. To test this hypothesis, he went to door-to-door to request donations for the American Cancer Society.

(C) When he analyzed the results, the researcher found that, consistent with his hypothesis, people in the "even-a-penny-will-help" condition were almost twice as likely as those in the other condition to donate to the cause.

① (A) − (B) − (C)　　　　　　　② (A) − (C) − (B)

③ (B) − (A) − (C)　　　　　　　④ (C) − (A) − (B)

⑤ (C) − (B) − (A)

해설 ▶
• donation : 증여, 기부, 기증
• charity : 자애, 자비
• resident : 거주하는, 체류하는
• hypothesis : 가설, 가정

「기부를 요청받을 때 어떤 방식으로든 기부하려고 했던 사람들도 거절하게 된다. 왜냐하면 그들은 그들이 할 수 있는 작은 부분이 도움이 되지 못한다고 생각하기 때문이다.

(B) 이러한 이유 때문에 조사자들은 아무리 작은 기부라도 도움이 될 수 있다고 사람들에게 설득하는 것을 생각했다. 이러한 가설을 시험하기 위해 조사자들은 집집마다 방문하여 미국암협회에게 기부할 것을 요구했다.

(A) 자신들을 소개한 후 주민들에게 요청했다. "기부를 하지 않으시겠습니까?" 조사대상자들 중 반에게는 이런 말만 하고 나머지 반에게는 "작은 기부라도 도움이 됩니다."라는 말을 덧붙였다.

(C) 조사자들이 결과를 분석해 보니 "작은 기부라도 도움이 됩니다."라는 말을 덧붙인 경우가 실제로 2배나 많은 실질적인 기부를 이끌어냈다.」

정답 ③

07 중심내용과 제목 유추하기

글의 중심어를 포함하면서 간결하게 나타낸 것이 글의 주제나 제목이 되는데, 필자가 이야기하려는 핵심 목적을 파악하는 것이 중요하다.

글의 중심 사건을 바탕으로 주제와 핵심 어휘를 파악한다. 글을 읽다가 모르는 단어가 나와도 당황하지 말고 우선 넘기고 나서 문장의 전체적인 의미를 이해한 후에 어휘의 구체적 의미를 유추한다.

제목은 제시된 글의 내용의 범위보다 지나치게 넓거나 좁아서는 안 된다. 또한 제시된 내용에 근거하지 않고 상식적인 정황을 바탕으로 추측에 의해 성급하게 내린 결론은 결코 제목이 될 수 없다.

지문에 해당하는 질문을 먼저 읽고 해당 내용을 글에서 찾아 이를 위주로 읽어나가는 것도 시간을 절약하는 좋은 방법이다.

자주 출제되는 유형
- 다음 글의 제목으로 가장 적절한 것을 고르시오.
- 다음 글의 요지로 가장 적절한 것을 고르시오.

핵심예제

다음 글의 주제로 가장 적절한 것은?

> The same gesture can have different meanings from culture to culture. For example, the 'thumbs-up' sign, raising your thumb in the air, is commonly used to mean 'good job'. However, be sure that you don't use it in Nigeria because it is considered a very rude gesture.

① 좋은 직업의 종류
② 칭찬의 긍정적 효과
③ 나이지리아 여행의 즐거움
④ 문화에 따라 다른 제스처의 의미
⑤ 나라별 직장 예절

해설
- gesture : 몸짓
- for example : 예를 들어
- thumb : 엄지손가락
- commonly : 흔히, 보통
- rude : 무례한

「문화 사이에서 같은 몸짓이 다른 의미를 가질 수 있다. 예를 들어 엄지손가락을 들어올리는 '승인(찬성)' 표시는 흔히 '잘했다'는 의미로 쓰이곤 한다. 그러나 그 몸짓은 매우 무례한 몸짓으로 간주될 수 있기 때문에 나이지리아에서는 그 몸짓을 사용하지 않도록 해야 한다.」

정답 ④

08 세부내용 유추하기

글의 도입, 전개, 결론 등의 흐름을 올바르게 파악하고, 세부적인 사항까지 기억해야 하는 문제이다. 글을 읽으면서 중요 어휘에는 표시를 해두거나, 반대로 보기 문항을 먼저 읽어보고 글을 읽으면서 질문에 부합하는지 따져보는 것도 하나의 방법이다.

글의 내용과 일치하지 않는 것을 고르는 문제는 글의 내용과 반대로 말하거나 글에서 언급하지 않은 것을 골라내야 한다. 객관성에 근거하여 판단하도록 하고, 섣부른 추측은 금물이다.

자주 출제되는 유형
• 글의 내용으로 적절하지 않은 것을 고르시오.
• 다음 글의 내용으로 적절한 것을 고르시오.

핵심예제

다음 글의 내용을 토대로 추측할 수 없는 것은?

Ecuador is asking developed countries to pay $350 million for them NOT to drill for oil in the heart of the Amazon. The sum amounts to half of the money that Ecuador would receive from drilling in the Amazon. Since Ecuador proposed the plan last year, countries such as Germany, Norway, Italy and Spain have expressed great interest.

① Norway는 Amazon의 석유개발에 반대한다.
② Ecuador는 Amazon의 석유개발로 7억 달러의 수익을 올릴 수 있다.
③ Ecuador는 Amazon의 석유개발의 대가로 선진국들에게 3억 5천만 달러를 요구하였다.
④ Ecuador가 석유개발을 포기하면, 선진국들은 Ecuador에게 석유개발 수익의 반액을 지불할 수 있다.
⑤ Spain은 Ecuador의 석유개발에 대해 Norway와 같은 입장이다.

해설 에콰도르가 아마존 심장부에서 석유개발을 하지 않는 것에 대해 선진국들에게 3억 5천만 달러를 요구한다는 내용이다.
• developed country : (이미 개발이 된) 선진국
• drill : 땅을 파다
• propose : 제안하다
• express : 표현하다
• interest : 이익, 수익
「에콰도르는 선진국들에게 석유를 위해 아마존 심장부를 파지 않는 것에 대해 3억 5천만 달러를 지불하라고 요구하고 있다. 이 액수는 아마존을 파는 것을 통해 에콰도르가 얻는 돈의 반에 달한다. 에콰도르가 이 계획을 지난해 제안한 이후로 독일, 노르웨이, 이탈리아, 스페인 같은 나라들은 큰 관심을 표명했다.」

정답 ③

적중예상문제 영어

정답 및 해설 p.002

대표유형 1 .... 어휘

다음의 관계에서 빈칸에 들어갈 말로 가장 적절한 것을 고르면?

> earn : gain = point : (　　　)

① aim
② disappoint
③ view
④ role
⑤ appear

해설　'earn(벌다)'과 'gain(얻다)'은 유의 관계이다.
　　　'point'는 '목적', '목표'라는 뜻을 가지므로 같은 뜻의 'aim'이 적절하다.

오답분석　② 실망시키다
　　　　　③ 견해, 관점
　　　　　④ 역할
　　　　　⑤ 발생하다

정답 ①

※ 다음의 관계에서 빈칸에 들어갈 말로 가장 적절한 것을 고르시오. **[1~3]**

01

> danger : safety = (　　　) : down

① go
② up
③ back
④ turn
⑤ into

02

$$\text{static : dynamic} = (\quad) \text{: produce}$$

① consume
② product
③ manage
④ make
⑤ refuse

03

$$\text{giraffe : zoo} = (\quad) \text{: aquarium}$$

① snake
② chicken
③ mermaid
④ shark
⑤ cat

※ 다음 제시된 단어와 유사한 의미를 지닌 단어를 고르시오. [4~6]

04

access

① expense
② approach
③ support
④ budget
⑤ service

05

impair

① improve
② flourish
③ damage
④ advance
⑤ reinforce

06

progress

① break
② advance
③ patrol
④ drive
⑤ retreat

※ 다음 제시된 단어와 반대 의미를 지닌 단어를 고르시오. [7~9]

07

share

① monopolize　　　② allow
③ imitate　　　④ apologize
⑤ develop

08

integrate

① combine　　　② blend
③ separate　　　④ embed
⑤ mix

09

vivid

① late　　　② enough
③ wear　　　④ vague
⑤ sparkle

대표유형 2 .... **문법**

다음 빈칸에 들어갈 말로 가장 적절한 것을 고르면?

I'll phone you _____ I hear any news.

① as soon as　　　② that
③ because of　　　④ most
⑤ as long as

> **해설** 해설 문장과 문장을 이어줄 수 있는 접속사를 고르는 문제로, ②·③·④는 접속사로 쓰이지 못하기 때문에 답이 될 수 없다.
> 「나는 어떤 뉴스를 듣자마자 너에게 전화를 걸 것이다.」
>
> **정답** ①

10

> That is _____ I want to say.

① and   ② that
③ what   ④ which
⑤ how

11

> He has lots of books, _____ that he is still young.

① being considered   ② considering
③ considered   ④ to be considered
⑤ to considered

12

> Next week when Sam _____ here, I will come back and talk about it.

① is   ② is being
③ will be   ④ will have been
⑤ be

13

> I was in a lot of pain because of my back problem. _____, the discomfort was so intense that I was on painkillers.

① So   ② But
③ In fact   ④ On the other hand
⑤ therefore

14 ① Without language, we could not communicate.

② If there was not timely advice, I should have lost my life.

③ If it had not been for your help, I could not have succeeded.

④ But for water, no living things could live.

⑤ I must leave right now because I am starting work at noon today.

15 ① The professor showed that Pythagoras was mistaken.

② He promised that the debt would be repaid.

③ John convinced that he was right.

④ The judge ordered that the prisoner be remanded.

⑤ The investigation had to be handled with the utmost care lest suspicion be aroused.

16 ① He wanted to reduce price to moving the goods.

② She said that she had met him the day before.

③ The lion has long been a symbol of strength, power and very cruel.

④ The car stopped because it was out of gas.

⑤ The intensity of a color is related to how much gray the color contains.

※ 다음 중 문법상 가장 적절한 것을 고르시오. [17~18]

17

No one is allowed beyond this point, (① at ② on ③ with ④ to ⑤ by) the exception of authorized security personnel.

18

The effect of this ad campaign (① to ② at ③ with ④ on ⑤ with) sales has been marginal so far.

19 다음 밑줄 친 부분 중 어법상 적절하지 않은 것은?

The week before I was scheduled to fly home from St. Louis, there ① <u>were</u> periods of bad weather-severe storms and tornadoes. I thought there was a good chance my flight to New York would be canceled. But that morning the weather was flyable and we took off as scheduled. The plane was full, every seat ② <u>to take</u>. We had not been aloft for long-the seat belt sign was still on-when the plane began to shudder. I travel often and have never been afraid of ③ <u>flying</u>. I assumed we were going through ④ <u>what</u> is normally called turbulence, though I had never ⑤ <u>felt</u> such lurching.

20   다음 중 빈칸에 들어갈 연결어로 가장 적절한 것은?

> Native-born Alaskans include both native peoples and the descendants of the early settlers. The natives, which are the Eskimos, Aleuts, and Indians, migrated to Alaska from Siberia as far back as 15,000 years ago. Some of the natives still live the way their ancestors did, hunting and fishing in the wilderness. _____, others have modern lives in the cities. No matter where they live or when they got there or what ethnic group they belong to, all Alaskans have one thing in common. That is the splendors of the great land in which they live.

① Consequently   ② Furthermore
③ Therefore   ④ However
⑤ and

대표유형 3 ·· **회화**

다음 대화의 빈칸에 들어갈 말로 적절한 것을 고르면?

> A : I am getting anxious about the exam.
> B : _____

① Let's call it a day.   ② I am all thumbs.
③ I am broke, too.   ④ Take it easy.
⑤ I have a mistake.

> **해설** ▸ • Take it easy : 마음을 편히 가지다(＝Make yours if at home, please relax).
> 「A : 시험 때문에 초조해.
>   B : 진정해.」
>
> **오답분석** ▸ ① 오늘은 이만 끝냅시다.
> ② 저는 손재주가 없습니다.
> ③ 저도 파산했어요.
> ⑤ 내가 실수했어요.
>
> **정답** ④

※ 다음 대화의 빈칸에 들어갈 말로 적절한 것을 고르시오. **[21~22]**

21

> A : How is your team doing this season?
> B : They have _____ to the semi-finals.

① won   ② lost
③ achieved   ④ advanced
⑤ going

22

> A : Tom, what are you doing on the computer?
> B : I'm making a sign for our photo exhibition for the front gate.
> A : For the front gate? Then the arrow should point to the right, not to the left.
> B : Oh, you're right. _____
> A : Also, put the arrow on the top, not the bottom.
> B : Umm, I think it looks better on the bottom. I'll leave it the way it is.

① Which one do you like.   ② I made a mistake.
③ Then, let's look at only those.   ④ What does it look like.
⑤ None of your chat.

다음 글의 제목으로 가장 적절한 것은?

The zoologist and specialist in human behavior, Desmond Morris, says that the reason people start to walk like each other is that they have a subconscious need to show their companions that they agree with them and so fit in with them. This is also a signal to other people that 'we are together, we are acting as one.' Other studies suggest that we adopt the mannerisms of our company as well, especially our superiors, such as crossing our legs in the same direction as others. An example often given is when, in a meeting, the boss scratches his nose and others at the table then follow him without realizing it.

① Why People Mimic Others
② Take a Walk for Your Health
③ Good Manners with Superiors
④ Benefits of Good Companionship
⑤ The difference between zoologist and specialist

해설 사람들이 동료들에게 동의하며 조화를 이루고 있다는 것을 보여주고 싶어 하는 잠재의식적 욕구가 있다는 점과, 동료, 특히 윗사람의 버릇을 따라한다는 점에서 'Why People Mimic Others(왜 사람들은 다른 사람을 흉내 내는가)'가 가장 적절하다.

• zoologist : 동물학자
• specialist : 전문가(권위자)
• subconscious : 잠재의식의
• companion : 친구, 동료
• fit in with : ~와 조화를 이루다, 잘 어울리다
• adopt : 취하다, 채택하다
• mannerism : 매너리즘(타성), 무의식적인 버릇
• superior : 윗사람, 상사
• cross one's legs : 다리를 꼬다
• scratch : 긁다, 문지르다
• mimic : 흉내 내다
• companionship : 교우 관계, 친구, 동료애

「동물학자이자 인간 행동 (분야)의 전문가인 Desmond Morris는 사람들이 서로 비슷하게 걷기 시작한 이유가 그들이 동료들에게 동의하고 있고 그들과 조화를 이루고 있다는 것을 그 동료들에게 보여주기 위한 잠재의식적 욕구를 지니고 있기 때문이라고 말한다. 이것은 또한 '우리는 함께 있고, 하나처럼 행동하고 있다.'는 점을 다른 사람에게 전하는 신호이기도 하다. 다른 연구는 우리가 다른 사람들과 같은 방향으로 다리를 꼬는 것처럼, 동료, 특히 윗사람의 (무의식적인) 버릇을 취하기도 한다는 점을 밝히고 있다. 한 예로 회의 중에 상사가 자기 코를 문지르면, 회의석에 있는 다른 사람들이 무의식적으로 그를 따라하는 것을 종종 보게 된다.」

오답분석 ② 당신의 건강을 위해 걸어라
③ 상관을 대하는 훌륭한 예절
④ 좋은 동료 관계가 주는 이점들
⑤ 동물학자와 전문가의 차이

정답 ①

23 다음 글의 내용을 가장 잘 표현한 속담은?

> Some of today's teenage smokes might die of cancer or other diseases caused by smoking. Many will try to stop smoking when they get a little older, but then it will be too late.

① 쥐구멍에도 볕들 날이 있다.
② 로마는 하루아침에 세워지지 않았다.
③ 일찍 일어나는 새가 벌레를 잡는다.
④ 엎질러진 물은 도로 담을 수 없다.
⑤ 천릿길도 한 걸음부터이다.

※ 다음 글에 표현된 사람의 직업을 고르시오. [24~25]

24

> John wakes up early in the morning and goes to work. The first thing John does when he gets to his workplace is to check the state of the wood to be used today. If the condition of the wood is bad, John never builds a building.

① carpenter   ② butcher
③ cook   ④ blacksmith
⑤ architect

25

> "OK. Let's have a look. Umm. I think it's the flu. Let me write you a prescription. Take one teaspoon of this every four hours. And call me next week sometime. I hope you feel better soon."

① film director   ② professor
③ doctor   ④ plumber
⑤ lawyer

26 다음 중 소년이 밑줄 친 부분처럼 말한 이유는?

A boy walked into a farmer's *melon patch. "Is there anything I can do for you?" asked the farmer. The boy asked the price of a fine big melon. "That's forty cents", said the farmer. "I have just four cents", the boy told him.

With a smile the farmer said, "Well, how about this one?" pointing to a very small and very green melon. "Fine, I'll take it", the humorous boy said, "but don't cut it off the vine. I'll come to get it in a week or two".

*melon patch : 참외밭

① 부족한 돈을 더 가져오기 위해서
② 농부가 제값을 받도록 해주기 위해서
③ 참외가 더 커졌을 때 가져가기 위해서
④ 참외가 얼마나 컸는지 알아보기 위해서
⑤ 참외를 훼손시키지 않기 위해서

27 밑줄 친 부분의 내용으로 가장 적절한 것은?

Michelle did not like the way her mother was always putting pressure on her to get married. She especially didn't like it when her mom did this in front of other people. That really hurt Michelle, so she finally confronted her mother in a private chat. She told her mom that she really wanted to get married, just as much as her mom wanted her to. However, Michelle warned her mother that when she brought up this issue in front of other people, she was making Michelle ever more resistant to the idea of marriage. Michelle told her mother that she would be happy to discuss this one-on-one with her. Michelle's mother was relieved to know that her daughter was seriously looking for a partner, and she did not want to rock the boat. Things got better after the talk, even though there were occasional lapses.

① 엄마가 가끔 사람들 앞에서 결혼 이야기를 했지만
② 엄마가 가끔 미셸과 대화를 나누었지만
③ 미셸이 가끔 결혼 이야기를 하고 싶어 했지만
④ 미셸이 가끔 엄마에게 결혼 이야기를 하지 말라고 경고했지만
⑤ 미셸이 가끔 결혼하고 싶다는 이야기를 꺼냈지만

28 다음 글에서 어머니가 밑줄 친 부분처럼 말한 진정한 의도는?

Once upon a time there lived a green frog who would never do what his mother told him. His mother grew very old and finally fell ill. She said to him, "When I die, bury me by the river, not on the mountain". That's because she well knew of her son's perverse ways. When she died, the green frog buried his mother by the river, repenting of all his misdeeds in the past. Whenever it rained, he worried lost her grave should be washed away.

① 마음대로 해라.　　　　　　② 버릇 좀 고쳐라.
③ 산에 묻어 달라.　　　　　　④ 강에 묻어 달라.
⑤ 열심히 살아라.

29 다음 글을 읽고 밑줄 친 (A), (B)가 가리키는 것을 고르면?

According to new research, from the moment of birth, a baby has a great deal to say to his parents, and (A) they to him. Babies are said to possess special innate ability. But several decades ago, experts described the newborn as a primitive creature who reacted only by reflex, a helpless victim of its environment without capacity to influence (B) it. Most thought that all a new infant required was nourishment, clean diapers, and a warm cradle.

	(A)	(B)
①	a baby	primitive creature
②	his parents	primitive creature
③	his parents	reflex
④	a baby	reflex
⑤	a baby	great geal

30 다음 중 주어진 문장들을 적절하게 나열한 것을 고르면?

> (A) Sure, we have two different tours.
> (B) I don't think I can make the first tour.
> (C) Hello, I'm calling to find out some information about the city tour.
> (D) The first tour is at 11 o'clock, and the second one is at 2 o'clock in the afternoon.
> (E) I'd like to get a ticket for the second one if it's not sold out.
> (F) That will be 12 dollars.
> (G) The bus will pick up passengers in front of City Hall.
> (H) There are still a few spaces left.

① (C)−(A)−(D)−(B)−(E)−(H)−(F)−(G)
② (C)−(E)−(A)−(D)−(B)−(H)−(F)−(G)
③ (E)−(C)−(A)−(D)−(B)−(H)−(G)−(F)
④ (E)−(C)−(A)−(D)−(B)−(F)−(H)−(G)
⑤ (E)−(A)−(D)−(B)−(C)−(F)−(H)−(G)

31 글의 흐름으로 보아, 주어진 문장이 들어가기에 가장 적절한 것은?

> Extreme events, such as winning a lottery or being injured in an accident, can cause temporary bursts of happiness or sadness.

> Scientists now know that people are born with a general tendency toward a certain level of happiness, and they tend to maintain that mood in their day-to-day lives. ① For example, you probably know kids who are bubbly and cheerful most of the time as well as kids who are generally more quiet and serious. ② About half of a person's "happiness quotient"* comes from the personality he or she is born with. ③ But eventually, people return to about the same emotional state they're normally at. ④ So, what about the other half of the happiness quotient? About 10 percent of that quotient depends on external circumstances, such as how much money people make or how healthy they are, and the remaining 40 percent is entirely up to them. ⑤
>
> * happiness quotient : 행복지수

32 다음 글의 내용상 흐름이 어색한 문장은?

The development of the personal computer has made life easier for authors, journalists, and writers. ① Computer technology now allows writers to edit their work without retyping the original draft. ② Computer wordprocessing programs can perform routine chores such as finding mistakes in spelling, and sometimes in punctuation and grammar. ③ Modern computers have only limited word-processing functions. ④ Moreover, manuscripts can be saved in files in the computer's memory. ⑤ Writer must be careful, though, because computer files can be erased according with the touch of a button.

※ 다음 글의 주제로 적절한 것을 고르시오. [33~34]

33

What is important is that you build your own castles in the air, whatever they maybe, and strive to make them real. A Spanish proverb says, "If you build no castles in the air, you build no castles anywhere." Yes, castles in the air are wonderful. But if you want them to last, you must build a foundation under them, or they will be gone. Whether you dream of becoming a famous surgeon or artist, or of starting your own business, you will become the person in your dreams if you lay a solid foundation and build on it.

① Dreaming is not so essential as founding
② A solid basis can make your dream come true
③ Build a castle not on the ground but in the air
④ Surgeon, artist and businessman are dreamers
⑤ Consistency is very important

34

Clarity is not the prize in writing, nor is it always the principal mark of a good style. There are occasions when obscurity serves a literary yearning, if not a literary purpose, and there are writers whose manner is more overcast than clear. But since writing is communication, clarity can only be a virtue. And although there is no substitute for merit in writing, clarity comes closest to being one. Even to a writer who is being intentionally obscure or wild of tongue we can say, "Be obscure clearly!"

① Be clear in writing
② Write with a clear purpose
③ Clarity is not the prize in writing
④ Obscurity serves a literary yearning
⑤ Clarity is always the principal work of a good style.

다음 글의 요지로 가장 적절한 것은?

> One of the most important aspects of human communication is that past experiences will affect your behavior. Even when you start to discuss some event with your friends, you may soon discover there are differences in your perceptions. What you think boring your friends may find exciting; what you consider pointless they may find meaningful. The messages you receive may be the same for each of you. Yet, each person experiences a variety of feelings and sensations, because each has a unique personality and background. Each of you brings different backgrounds to the event and, as a result, each attributes different meanings to the shared experience.

① 진정한 의사소통은 솔직한 표현을 통해 이루어진다.
② 친구 간의 견해 차이는 대화를 통해 해결할 수 있다.
③ 상호 개성 존중을 통해 원활한 의사소통이 이루어진다.
④ 과거의 경험에 따라 동일한 상황을 다르게 인식한다.
⑤ 친구를 사귀기 위해서는 솔직한 기분을 공유해야한다.

36 다음 글의 목적으로 가장 적절한 것은?

> When I was just out of college, I couldn't afford a car, so my brother, a mechanic, lent me an old wreck with a good engine. The body was dented in spots, the paint was peeling, and the bumpers were rusted, but the vehicle got me to work and back. One morning as I left my apartment building, I noticed a young woman sobbing near a car parked next to mine. "What's wrong?" I asked her. "I know I hit this car," she replied, "but I can't figure out where."

① to praise   ② to boast
③ to entertain   ④ to complain
⑤ to educate

37 다음 제시문의 성격을 고르면?

> A bill that passed the National Assembly to promote youth employment is gathering strong backlash from job-seekers in their 30s. The new bill obliges the public sector to reserve more than a 3-percent share for job applicants aged between 15 and 29 in hiring quotas from next year. New hiring in public companies generally does not exceed 3 percent of total employment, which means that job-seekers in their 30s virtually won't be able to get jobs in the public sector from next year.

① Acknowledgement　　　　② Declaration
③ Editorial　　　　④ Advertisement
⑤ Inaugural Address

38 다음 글의 주제로 알맞은 것은?

> In America, it is important for boys and girls to be independent. Parents tell their children to try to do things without other people's help. In Korea, people are good at working together with others, and parents tell their children to do their best in a group or a family.

① The different views of teaching children
② Doing one's best for one's parents
③ How to be good parents
④ The parents of yesterday and today
⑤ Advantages of Korean education style.

39 다음 중 "hard ferromagnetic material"이 아닌 것은?

> In order to make magnets, first you need an object that can be magnetized. Wood or glass, for example, cannot be magnetized. Any material that can be magnetized is called ferromagnetic. "Soft" ferromagnetic materials will lose their magnetism once they are removed from a magnetic field, while "hard" ferromagnetic materials such as iron retain their magnetism. The only three elements that can be permanently magnetized are iron, nickel and cobalt. Some elements, such as chromium, exhibit paramagnetism, which means they can only be made into a very weak magnet.

① nickel　　　　② iron
③ chromium　　　　④ cobalt
⑤ magnets

40 다음 전화내용에 나타난 여성의 심리상태를 가장 적절하게 나타낸 단어는?

Hello? I'm having trouble with my E-mail. I can't send or receive anything, and there's an error message I can't understand. It says, "Server not found." What does that mean?

① confident
② irritated
③ embarrassed
④ aloof
⑤ skeptical

41 다음 글의 주제로 가장 적절한 것은?

Man has built his world : he has built factories and houses, he produces cars and clothes, he grows grain and fruit, and so on. But he is not really the master any more of the world he has built; on the contrary, this manmade world has become his master, before whom he bows down, and whom he tries to please as best he can. The work of his own hands has become his master. He seems to be driven by self-interest, but in reality he has become an instrument for the purposes of the very machine his hands have built.

① 자신이 만든 생산물에 종속된 인간
② 물질문명에 대한 인간의 무한한 욕구
③ 인간과 기계 문명의 상호 보완적 관계
④ 새로운 생산물에 대한 인간의 끊임없는 도전
⑤ 문명을 창조하는 인간의 무한한 가능성

42 다음 빈칸에 공통으로 들어갈 표현으로 가장 적절한 것은?

In the past few decades, governments have undertaken to control both prices and output in the agricultural sector, largely in response to the pressures of the farmers themselves. In the absence of such control, farm prices tend to _____ more than do most other prices, and the incomes of farmers _____ to an even greater degree. Not only are incomes in agriculture unstable, but they also tend to be lower than incomes in other economic sectors.

① fluctuate
② increase
③ discern
④ apprehend
⑤ established

43 다음 글의 주장으로 가장 적절한 것은?

Some people have the ability to awaken at a particular time each day. But the rest of us need a little help. Lots of people use alarm clocks that generate harsh sounds like buzzes or beeps. They've always used alarm clocks, which are cheap and functional, so they never consider the alternative. They wake to an alarm day after day. Don't be one of them. Alarms signal danger and urgency. You don't need to start your day with that in mind. Instead, it's much better to ease into wakefulness as pleasant music wafts through the air and into your consciousness. If you want to get your day off to a good start, wake up to music.

① Get up early in the morning
② Don't wake up to an alarm clock
③ Listen to pleasant music all the time
④ Buy a cheap and functional alarm clock
⑤ Many people hate buzzes or beeps.

44 주어진 문장 뒤에 이어질 내용으로 바르게 나열한 것은?

When asked to make a donation, even those who would like to support the charity in some way say no, because they assume the small amount they can afford won't do much to help the cause.

(A) After introducing himself, the researcher asked the residents, "Would you be willing to help by giving a donation?" For half of the residents, the request ended there. For the other half, however, he added, "Even a penny will help."

(B) Based on this reasoning, a researcher thought that one way to urge people to donate would be to inform them that even a small sum would be helpful. To test this hypothesis, he went to door-to-door to request donations for the American Cancer Society.

(C) When he analyzed the results, the researcher found that, consistent with his hypothesis, people in the "even-a-penny-will-help" condition were almost twice as likely as those in the other condition to donate to the cause.

① (A)−(B)−(C)
② (A)−(C)−(B)
③ (B)−(A)−(C)
④ (C)−(A)−(B)
⑤ (C)−(B)−(A)

45 다음 글의 내용으로 적절하지 않은 것은?

Migration is something that happens when an area doesn't have enough food to eat, especially in winter. This causes movement to an area that has things to eat. Sometimes migration also happens when the living things want to move to another place to breed and have babies. Birds are one of the animals that travel the longest distance during migration. They may fly for thousands of kilometers before they reach a new place to live. Some animals are taught where to migrate by their parents, and others seem to know where to go automatically.

① 모든 동물은 본능적으로 이주할 곳을 안다.
② 조류는 가장 먼 거리를 이동하는 동물에 속한다.
③ 먹을 것이 부족할 때 다른 곳으로 이주한다.
④ 새끼를 낳아서 번식하고 싶은 곳으로 이주한다.
⑤ 어떤 동물들은 부모로부터 이주할 곳에 대해 배우기도 한다.

46 다음 글의 목적으로 가장 적절한 것은?

I've been a career woman for the past seven years. For a couple of years after giving birth to my first daughter, it was really tough for me to work and take care of her at the same time. So I know how necessary the babysitting service you're providing is. And I feel really grateful for the service too. There is, however, one thing I'd like you to consider. Currently, a babysitter is taking care of my second daughter for eight hours from 9 a.m. to 5 p.m. For me, it would be much more useful if the service were available from 8 a.m. to 4 p.m. Could you be more flexible with your service? I'd really appreciate it.

① 육아 휴직 기간의 연장을 신청하려고
② 육아 서비스의 탄력적인 시간 운영을 요청하려고
③ 육아 서비스 제공 시간의 변경을 알려 주려고
④ 육아 시설 확충을 위한 자금 지원을 건의하려고
⑤ 육아 서비스 제공을 거절하려고

47 다음 글에서 전체 흐름과 관계없는 문장은?

If you eat the right food, you can look and feel healthy. ① You can hang on to your health and good looks longer. ② It's not always easy, however, to decide which foods are right for you. ③ People's dietary standard differ a lot. ④ Picky eaters are very healthy. Some say you should eat lots of fruits and vegetable; others emphasize that you should avoid eating too much fat. ⑤ Even the medical experts don't always agree, but nowadays there's one thing they all seem to agree on : eating lots of fish is good for you.

48 다음 글에서 담배를 끊을 때 사용할 수 있는 방법으로 언급되지 않은 것은?

If you want to quit smoking, you can. A good way to quit smoking is to exercise, chew gum, drink more water and eat food with vitamins. Remember, the longer you wait to quit, the harder it will be.

① 운동하기   ② 물 마시기
③ 휴식 취하기   ④ 비타민 섭취하기
⑤ 껌 씹기

49 Public Bath에 대한 글의 내용으로 적절하지 않은 것은?

Public Bath
Hot and cold pools, saunas, exercise rooms, and reading rooms. Free Towels. Available for 450 people at once. Women till 10 p.m. only. No children allowed.

① 어린이는 오후 10시까지 이용할 수 있다.
② 목욕 수건은 무료로 사용할 수 있다.
③ 최대 수용 인원은 450명이다.
④ 열탕과 냉탕이 있다.
⑤ 사우나, 운동실, 독서실이 있다.

50 글쓴이가 부모로부터 배운 것이 아닌 것은?

> My parents had a great influence on me. My mother taught me to work hard. She tried to teach me that happiness comes from doing my best. From my father, I learned to look on the bright side of things. He also taught me that I should be honest.

① 정직하게 살아라.
② 소질을 계발하라.
③ 열심히 일하라.
④ 최선을 다하면 행복이 온다.
⑤ 좋은 점을 보도록 하라.

51 다음은 제인 구달에 대한 내용이다. 글의 내용으로 적절하지 않은 것은?

> As a child, Jane Goodall loved all kinds of animals. When she grew up, she wanted to become a scientist and go to Africa to study the wild animals there. She wasn't able to go to a university because her parents were poor. So she became a secretary instead.

① 어렸을 때 동물을 좋아했다.
② 어른이 되어서 야생동물을 연구하고 싶었다.
③ 가정형편 때문에 대학에 가지 못했다.
④ 대학도서관 사서로 일했다.
⑤ 아프리카로 가기를 원했다.

※ 다음 글을 읽고 이어지는 물음에 답하시오. [52~53]

Does it matter if people are paying for image instead of substance? Many of the arguments against brands are similar to those long deployed against advertising; that they lure people into buying things they do not need or paying more for things than they are worth; that they lead to unhappiness among those who cannot afford them; and that they represent a triumph of consumerism over human values.

A particular concern is that brands are increasingly targeting younger people, who are more prone to the desires and insecurities that emotional branding seeks to exploit. Many parents today despair at their children, obsession with brands, a phenomenon unknown in their own younger days. On the other hand, it can be argued that brands are just harmless fun. Consumers are not stupid; they know what they are doing when they pay extra for branded products, and happily do so for the cachet they bring. The pleasure of owning a Prada handbag would be greatly diminished if Tesco sold them for the price of a can of baked beans. In a sense, the argument seems pointless since brands, like advertising, are an essential part of the consumer society. As long as competitive capitalism exists, brands are here to stay.

52 윗글에 나타난 필자의 심정은?

① Mildly triumphant
② Bitterly unhappy
③ Skeptical
④ Critical
⑤ Ashamed

53 윗글에서 나타난 상표와 광고의 공통점은?

① Nothing
② They drive consumption
③ They force investors to buy more
④ They make people get over their obsession
⑤ They just harmless.

A few years ago I met a man named Phil at a parent-teacher's organization meeting at my daughter's school. As soon as I met him, I remembered something that my wife had told me about Phil : "He's a real pain at meetings." I quickly saw what she meant. When the principal was explaining a new reading program, Phil interrupted and asked how his son would benefit from it. Later in the meeting, Phil argued with another parent, unwilling to consider her point of view.

When I got home, I said to my wife, "You were right about Phil. He's rude and arrogant." My wife looked at me quizzically. "Phil isn't the one I was telling you about," she said. "That was Bill. Phil is actually a very nice guy." Sheepishly, I thought back to the meeting and realized that Phil had probably not interrupted or argued with people any more than others had. Further, I realized that even Phil's interruption of the principal was not so clear cut. My interpretation was just that an unconscious interpretation of a behavior that was open to many interpretations.

It is well known that first impressions are powerful, even when they are based on _____. What may not be so obvious is the extent to which the adaptive unconscious is doing the interpreting. When I saw Phil interrupt the principal I felt as though I was observing an objectively rude act. I had no idea that Phil's behavior was being interpreted by my adaptive unconscious and then presented to me as reality. Thus, even though I was aware of my expectations, I had no idea how much this expectation colored my interpretation of his behavior.

54 빈칸에 들어갈 말로 가장 적절한 것은?

① personal preference　　　　② selfish motivation

③ exaggerated phrase　　　　④ faulty information

⑤ faulty emotion.

55 윗글의 내용으로 적절하지 않은 것은?

① 필자는 자녀의 학교에서 열린 모임에 참석했다.

② 교장은 새로운 독서 프로그램에 대해 설명했다.

③ Phil은 교장의 발표 도중에 질문을 했다.

④ 필자의 아내는 Phil에 대해 부정적으로 이야기했다.

⑤ 필자는 Pill과 Bill을 혼동하였다.

01 ▶ 기초계산

1. 기본 연산

(1) 사칙연산

① 사칙연산 $+$, $-$, $\times$, $\div$

왼쪽을 기준으로 순서대로 계산하되 $\times$와 $\div$를 먼저 계산한 뒤 $+$와 $-$를 계산한다.

예 $1+2-3\times4\div2=1+2-12\div2=1+2-6=3-6=-3$

② 괄호연산 ( ), { }, [ ]

소괄호 ( ) → 중괄호 { } → 대괄호 [ ]의 순서대로 계산한다.

예 $[\{(1+2)\times3-4\}\div5]6=\{(3\times3-4)\div5\}\times6$

$\qquad =\{(9-4)\div5\}\times6=(5\div5)\times6=1\times6=6$

(2) 연산 규칙

크고 복잡한 수들의 연산에는 반드시 쉽게 해결할 수 있는 특성이 있다. 지수법칙, 곱셈공식 등 연산 규칙을 활용하여 문제 내에 숨어 있는 수의 연결고리를 찾아야 한다.

자주 출제되는 곱셈공식

- $a^b \times a^c \div a^d = a^{b+c-d}$
- $ab \times cd = ac \times bd = ad \times bc$
- $a^2 - b^2 = (a+b)(a-b)$
- $(a+b)(a^2-ab+b^2) = a^3+b^3$
- $(a-b)(a^2+ab+b^2) = a^3-b^3$

---

2. 식의 계산

(1) 약수 · 소수

① **약수** : 0이 아닌 어떤 정수를 나누어떨어지게 하는 정수

② **소수** : 1과 자기 자신으로만 나누어지는 1보다 큰 양의 정수

　　예 10 이하의 소수는 2, 3, 5, 7이 있다.

③ **소인수분해** : 주어진 합성수를 소수의 곱의 형태로 나타내는 것

　　예 $12 = 2^2 \times 3$

④ **약수의 개수** : 양의 정수 $N = a^{\alpha}b^{\beta}(a, b$는 서로 다른 소수)일 때, N의 약수의 개수는 $(\alpha + 1)(\beta + 1)$ 개다.

⑤ **최대공약수** : 2개 이상의 자연수의 공통된 약수 중에서 가장 큰 수

　　예 $GCD(4, 8) = 4$

⑥ **최소공배수** : 2개 이상의 자연수의 공통된 배수 중에서 가장 작은 수

　　예 $LCM(4, 8) = 8$

⑦ **서로소** : 1 이외에 공약수를 갖지 않는 두 자연수

　　예 $GCD(3, 7) = 1$이므로, 3과 7은 서로소이다.

(2) 수의 크기

분수, 지수함수, 로그함수 등 다양한 형태의 문제들이 출제된다. 분모의 통일, 지수의 통일 등 제시된 수를 일정한 형식으로 정리해 해결해야 한다. 연습을 통해 여러 가지 문제의 풀이방법을 익혀 두자.

예 $\sqrt[3]{2}$, $\sqrt[4]{4}$, $\sqrt[5]{8}$ 의 크기 비교

$\sqrt[3]{2} = 2^{\frac{1}{3}}$, $\sqrt[4]{4} = 4^{\frac{1}{4}} = (2^2)^{\frac{1}{4}} = 2^{\frac{1}{2}}$, $\sqrt[5]{8} = 8^{\frac{1}{5}} = (2^3)^{\frac{1}{5}} = 2^{\frac{3}{5}}$ 이므로

지수의 크기에 따라 $\sqrt[3]{2} < \sqrt[4]{4} < \sqrt[5]{8}$ 임을 알 수 있다.

(3) 수의 특징

주어진 수들의 공통점 찾기, 짝수 및 홀수 연산, 자릿수 등 위에서 다루지 않았거나 복합적인 여러 가지 수의 특징을 가지고 풀이하는 문제들을 모아 놓았다. 주어진 상황에서 제시된 수들의 공통된 특징을 찾는 것이 중요한 만큼 혼동하기 쉬운 수의 자릿수별 개수와 홀수, 짝수의 개수는 꼼꼼하게 체크해가면서 풀어야 한다.

01 다음 식의 값을 구하면?

$$889 \div 7 + 54 - 18$$

① 166

② 165

③ 164

④ 163

⑤ 162

> **해설** $889 \div 7 + 54 - 18 = 127 + 36 = 163$
>
> **정답** ④

02 다음 빈칸에 들어갈 수 있는 값으로 적절한 것은?

$$\frac{3}{11} < (\quad) < \frac{36}{121}$$

① $\frac{1}{11}$

② $\frac{35}{121}$

③ $\frac{4}{11}$

④ $\frac{32}{121}$

⑤ $\frac{2}{11}$

> **해설** 문제에 주어진 분모 11과 121, 그리고 선택지에서 가장 큰 분모인 121의 최소공배수인 121로 통분해서 구한다.
>
> $$\frac{3}{11} < (\quad) < \frac{36}{121} \rightarrow \frac{33}{121} < (\quad) < \frac{36}{121}$$
>
> 따라서 $\frac{35}{121}$ 가 빈칸에 들어갈 수 있다.
>
> **오답분석** ① $\frac{1}{11} = \frac{11}{121}$, ③ $\frac{4}{11} = \frac{44}{121}$, ④ $\frac{32}{121}$, ⑤ $\frac{2}{11} = \frac{22}{121}$
>
> **정답** ②

01 방정식의 활용

1. 날짜 · 요일 · 시계에 관한 문제

(1) 날짜, 요일

① 1일＝24시간＝1,440분＝86,400초

② 날짜, 요일 관련 문제는 대부분 나머지를 이용해 계산한다.

핵심예제 ▶

어느 달의 3월 2일이 금요일일 때, 한 달 후인 4월 2일은 무슨 요일인가?

① 월요일   ② 화요일

③ 수요일   ④ 목요일

⑤ 금요일

해설 ▶ 3월은 31일까지 있고 일주일은 7일이므로 31÷7＝4…3
따라서 4월 2일은 금요일부터 3일이 지난 월요일이다.

정답 ①

---

(2) 시계

① 시침이 1시간 동안 이동하는 각도 : $30°$

② 시침이 1분 동안 이동하는 각도 : $0.5°$

③ 분침이 1분 동안 이동하는 각도 : $6°$

핵심예제

시계 광고에서 시계는 항상 10시 10분을 가리킨다. 그 이유는 이 시각이 회사 로고가 가장 잘 보이며 시계 바늘이 이루는 각도도 가장 안정적이기 때문이다. 시계가 10시 10분을 가리킬 때 시침과 분침이 이루는 작은 쪽의 각도는?

① $115°$　　　　　　　　　② $145°$

③ $175°$　　　　　　　　　④ $205°$

⑤ $215°$

> **해설**　10시 10분일 때 시침과 분침의 각도를 구하면 다음과 같다.
> - 10시 10분일 때 12시 정각에서부터 시침의 각도 : $30°×10+0.5°×10=305°$
> - 10시 10분일 때 12시 정각에서부터 분침의 각도 : $6°×10=60°$
>
> 따라서 시침과 분침이 이루는 작은 쪽의 각도는 $(360-305)°+60°=115°$이다.
>
> **정답** ①

영어

수학

CHAPTER 02 수학 • **39**

2. 시간 · 거리 · 속력에 관한 문제

$(\text{시간})=\dfrac{(\text{거리})}{(\text{속력})}$, $(\text{거리})=(\text{속력})\times(\text{시간})$, $(\text{속력})=\dfrac{(\text{거리})}{(\text{시간})}$

핵심예제

영희는 집에서 50km 떨어진 할머니 댁에 가는데, 시속 90km로 버스를 타고 가다가 내려서 시속 5km로 걸어갔더니, 총 1시간 30분이 걸렸다. 영희가 걸어간 거리는 몇 km인가?

① 5km   ② 10km

③ 13km   ④ 20km

⑤ 22km

> **해설**   영희가 걸어간 거리를 $x$km라고 하고, 버스를 타고 간 거리를 $y$km라고 하면
> - $x+y=50$
> - $\dfrac{x}{5}+\dfrac{y}{90}=\dfrac{3}{2}$ → $x=5$, $y=45$
>
> 따라서 영희가 걸어간 거리는 5km이다.
>
> **정답** ①

3. 나이 · 개수에 관한 문제

구하고자 하는 것을 미지수로 놓고 식을 세운다. 동물의 경우 다리의 개수에 유의해야 한다.

핵심예제

할머니와 지수의 나이 차는 55세이고, 아버지와 지수의 나이 차는 20세이다. 지수의 나이가 11세이면 할머니와 아버지 나이의 합은 몇 세인가?

① 96세   ② 97세

③ 98세   ④ 99세

⑤ 100세

> **해설**   • 할머니의 나이 : $55+11=66$세
> - 아버지의 나이 : $20+11=31$세
>
> 따라서 할머니와 아버지 나이의 합은 97세이다.
>
> **정답** ②

4. 원가 · 정가에 관한 문제

(1) (정가)＝(원가)＋(이익), (이익)＝(정가)－(원가)

(2) a원에서 $b\%$ 할인한 가격 : $a \times \left(1 - \dfrac{b}{100}\right)$

핵심예제

가방의 원가에 40%의 이익을 붙여서 정가를 정한 후, 이벤트로 정가의 25%를 할인하여 물건을 판매하면 1,000원의 이익이 남는다. 이 가방의 원가는 얼마인가?

① 16,000원

② 18,000원

③ 20,000원

④ 22,000원

⑤ 24,000원

해설 가방의 원가를 x원이라고 하면 정가는 $1.40x$원이고, 할인 판매가는 $1.40x \times 0.75 = 1.05x$원이다.

$1.05x - x = 1,000 \rightarrow 0.05x = 1,000$

$\therefore\ x = 20,000$

따라서 가방의 원가는 20,000원이다.

정답 ③

5. 일·톱니바퀴에 관한 문제

(1) 일

전체 일의 양을 1로 놓고, 시간 동안 한 일의 양을 미지수로 놓고 식을 세운다.

- $(일률)=\dfrac{(작업량)}{(작업기간)}$

- $(작업기간)=\dfrac{(작업량)}{(일률)}$

- $(작업량)=(일률)\times(작업기간)$

핵심예제

S사에 재직 중인 A사원이 혼자 보험안내 자료를 정리하는 데 15일이 걸리고 B사원과 같이 하면 6일 만에 끝낼 수 있다. 이때 B사원 혼자 자료를 정리하는 데 걸리는 시간은 며칠인가?

① 8일　　　　　　　　　　　② 9일

③ 10일　　　　　　　　　　④ 11일

⑤ 12일

해설　전체 일의 양을 1이라고 하면 A사원이 혼자 일을 끝내는 데 걸리는 시간은 15일, A, B사원이 같이 할 때는 6일이 걸린다. B사원이 혼자 일하는 데 걸리는 시간을 b일이라고 하면,

$$\dfrac{1}{15}+\dfrac{1}{b}=\dfrac{1}{6} \rightarrow \dfrac{b+15}{15b}=\dfrac{1}{6} \rightarrow 6b+6\times15=15b \rightarrow 9b=90$$

$$\therefore b=10$$

따라서 B사원 혼자 자료를 정리하는 데 걸리는 시간은 10일이다.

정답 ③

(2) 톱니바퀴

(톱니 수)×(회전수)=(총 톱니 수)

즉, A, B 두 톱니에 대하여, (A의 톱니 수)×(A의 회전수)=(B의 톱니 수)×(B의 회전수)가 성립한다.

핵심예제

지름이 15cm인 톱니바퀴와 지름이 27cm인 톱니바퀴가 서로 맞물려 돌아가고 있다. 큰 톱니바퀴가 분당 10바퀴를 돌았다면, 작은 톱니바퀴는 분당 몇 바퀴를 돌았겠는가?

① 16바퀴   ② 17바퀴

③ 18바퀴   ④ 19바퀴

⑤ 20바퀴

해설 ▶ 작은 톱니바퀴가 x바퀴 돌았다고 하면, 큰 톱니바퀴와 작은 톱니바퀴가 돈 길이는 같으므로

$27\pi \times 10 = 15\pi \times x$

$\therefore x = 18$

따라서 작은 톱니바퀴는 분당 18바퀴를 돌았다.

정답 ③

6. 농도에 관한 문제

(1) $(농도) = \dfrac{(용질의\ 양)}{(용액의\ 양)} \times 100$

(2) $(용질의\ 양) = \dfrac{(농도)}{100} \times (용액의\ 양)$

핵심예제 ▶

농도를 알 수 없는 설탕물 500g에 3%의 설탕물 200g을 온전히 섞었더니 섞은 설탕물의 농도는 7%가 되었다. 처음 500g의 설탕물에 녹아있던 설탕은 몇 g인가?

① 40g   ② 41g

③ 42g   ④ 43g

⑤ 44g

해설

500g의 설탕물에 녹아있는 설탕의 양이 xg이라고 하면

3%의 설탕물 200g에 들어있는 설탕의 양은 $\dfrac{3}{100} \times 200 = 6$g이다.

$$\frac{x+6}{500+200} \times 100 = 7 \rightarrow x+6 = 49$$

$\therefore\ x = 43$

따라서 500g의 설탕에 녹아있는 설탕의 양은 43g이다.

정답 ④

7. 수에 관한 문제(1)

(1) 연속하는 세 자연수 : $x-1$, x, $x+1$

(2) 연속하는 세 짝수(홀수) : $x-2$, x, $x+2$

핵심예제

연속하는 세 자연수를 모두 더하면 129일 때, 가장 큰 자연수는?

① 41   ② 42

③ 43   ④ 44

⑤ 45

> **해설** 연속하는 세 자연수를 각각 $x-1$, x, $x+1$이라고 하면
> $(x-1)+x+(x+1)=129 \rightarrow 3x=129$
> $\therefore x=43$
> 따라서 가장 큰 자연수는 44이다.
>
> **정답** ④

8. 수에 관한 문제(II)

(1) 십의 자릿수가 x, 일의 자릿수가 y인 두 자리 자연수 : $10x + y$

이 수에 대해, 십의 자리와 일의 자리를 바꾼 수 : $10y + x$

(2) 백의 자릿수가 x, 십의 자릿수가 y, 일의 자릿수가 z인 세 자리 자연수 : $100x + 10y + z$

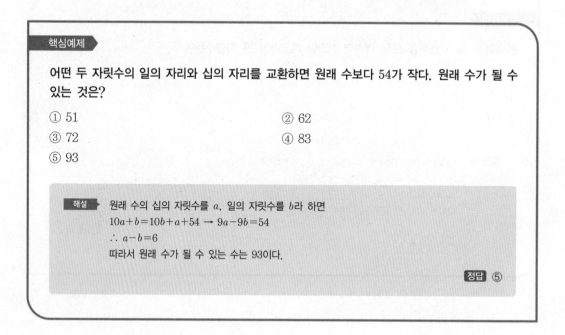

핵심예제

어떤 두 자릿수의 일의 자리와 십의 자리를 교환하면 원래 수보다 54가 작다. 원래 수가 될 수 있는 것은?

① 51   ② 62

③ 72   ④ 83

⑤ 93

해설 원래 수의 십의 자릿수를 a, 일의 자릿수를 b라 하면
$10a + b = 10b + a + 54 \rightarrow 9a - 9b = 54$
$\therefore a - b = 6$
따라서 원래 수가 될 수 있는 수는 93이다.

정답 ⑤

9. 열차와 터널에 관한 문제

(열차가 이동한 거리)=(터널의 길이)+(열차의 길이)

핵심예제 ▶

길이가 50m인 열차가 250m의 터널을 통과하는 데 10초가 걸렸다. 이 열차가 310m인 터널을
통과하는 데 걸리는 시간은 몇 초인가?

① 10초   ② 11초

③ 12초   ④ 13초

⑤ 14초

해설

열차의 이동거리는 250+50=300m이고, (속력)=$\frac{(거리)}{(시간)}$이므로, 열차의 속력은 $\frac{300}{10}$=30m/s이다.

길이가 310m인 터널을 통과한다고 하였으므로, 총 이동 거리는 310+50=360m이고, 속력은
30m/s이다.

따라서 열차가 터널을 통과하는데 걸리는 시간은 $\frac{360}{30}$=12초이다.

정답 ③

10. 증가 · 감소에 관한 문제

(1) x가 $a\%$ 증가하면, $\left(1 + \dfrac{a}{100}\right)x$

(2) x가 $a\%$ 감소하면, $\left(1 - \dfrac{a}{100}\right)x$

핵심예제

S고등학교의 작년 중국어 수강생은 전체 학생의 20%이다. 올해 전체 학생 수가 1% 증가하고 중국어 수강생이 2% 감소했다면, 올해 중국어 수강생은 전체 학생의 몇 %인가?

① 약 19%
② 약 19.2%
③ 약 19.4%
④ 약 19.6%
⑤ 약 19.8%

해설   작년 전체 학생 수를 x라 하면, 중국어 수강생의 수는 $\dfrac{1}{5}x$이다.

따라서 올해 1% 증가한 전체 학생 수는 $\dfrac{101}{100}x$, 2% 감소한 중국어 수강생의 수는

$\dfrac{1}{5}x \times \dfrac{98}{100} = \dfrac{98}{500}x$이므로, 올해 중국어 수강생의 비율은 $\dfrac{\dfrac{98}{500}x}{\dfrac{101}{100}x} \times 100 = 19.4\%$이다.

정답 ③

11. 그 외의 방정식 활용문제

핵심예제

혜민이는 가로 9m, 세로 11m인 집을 넓히려고 한다. 세로는 1m 이상 늘릴 수가 없는 상황에서, 가로를 최소 얼마나 늘려야 면적이 10평만큼 늘어나는 효과를 볼 수 있겠는가?(단, 1평 $= 3.3\text{m}^2$ 이다)

① 1m

② 2m

③ 3m

④ 4m

⑤ 5m

해설 원래 면적에서 늘어난 면적은 $10 \times 3.3 = 33\text{m}^2$ 이다.
(나중 면적)$-$(원래 면적)$= 33\text{m}^2$ 이므로, 늘려야 할 가로 길이를 xm라 하면,
$(9+x) \times (11+1) - 9 \times 11 = 33 \rightarrow 12x + 108 - 99 = 33 \rightarrow 12x = 24$
$\therefore x = 2$
따라서 가로의 길이는 2m 늘려야 한다.

정답 ②

02 부등식의 활용

문제에 '이상', '이하', '최대', '최소' 등이 들어간 경우로 방정식의 활용과 해법이 비슷하다.

핵심예제

01 A회사는 10분에 5개의 인형을 만들고, B회사는 1시간에 1대의 인형 뽑는 기계를 만든다. 이 두 회사가 40시간 동안 일을 하면 최대 몇 대의 인형이 들어있는 인형 뽑는 기계를 완성할 수 있는가?(단, 인형 뽑는 기계 하나에는 적어도 40개의 인형이 들어가야 한다)

① 30대　　　　　　　　　　② 35대
③ 40대　　　　　　　　　　④ 45대
⑤ 50대

> **해설** A회사는 10분에 5개의 인형을 만드므로 1시간에 30개의 인형을 만든다. 따라서 40시간에 인형은 1,200개를 만들고, 인형 뽑는 기계는 40대를 만든다. 기계 하나당 적어도 40개의 인형이 들어가야 하므로 최대 30대의 인형이 들어있는 인형 뽑는 기계를 만들 수 있다.
>
> **정답** ①

02 A가게에서는 감자 한 박스에 10,000원이고 배송비는 무료이며, B가게에서는 한 박스에 8,000원이고 배송비는 3,000원이라고 할 때, 최소한 몇 박스를 사야 B가게에서 사는 것이 A가게에서 사는 것보다 저렴한가?

① 2박스　　　　　　　　　　② 3박스
③ 4박스　　　　　　　　　　④ 5박스
⑤ 6박스

> **해설** 감자를 x박스를 산다고 하자.
> • A가게에서 드는 돈 : $10,000x$원
> • B가게에서 드는 돈 : $(8,000x+3,000)$원
> $10,000x > 8,000x+3,000$
> ∴ $x > 1.5$
> 따라서 최소한 2박스를 사야 B가게에서 사는 것이 A가게에서 사는 것보다 저렴하다.
>
> **정답** ①

03 경우의 수, 확률

1. 경우의 수

(1) 경우의 수

어떤 사건이 일어날 수 있는 모든 가짓수

[예] 주사위 한 개를 던졌을 때, 나올 수 있는 모든 경우의 수는 6가지이다.

(2) 합의 법칙

① 두 사건 A, B가 동시에 일어나지 않을 때, A가 일어나는 경우의 수를 m, B가 일어나는 경우의 수를 n이라고 하면, 사건 A 또는 B가 일어나는 경우의 수는 $m+n$이다.

② '또는', '~이거나'라는 말이 나오면 합의 법칙을 사용한다.

  [예] 한 식당의 점심 메뉴는 김밥 3종류, 라면 2종류, 우동 1종류가 있다. 이 중 한 가지의 메뉴를 고르는 경우의 수는 $3+2+1=6$가지이다.

(3) 곱의 법칙

① A가 일어나는 경우의 수를 m, B가 일어나는 경우의 수를 n이라고 하면, 사건 A와 B가 동시에 일어나는 경우의 수는 $m \times n$이다.

② '그리고', '동시에'라는 말이 나오면 곱의 법칙을 사용한다.

  [예] 집에서 학교를 가는 방법 수는 2가지, 학교에서 집으로 오는 방법 수는 3가지이다. 집에서 학교까지 갔다가 오는 경우의 수는 $2 \times 3 = 6$가지이다.

(4) 여러 가지 경우의 수

① 동전 n개를 던졌을 때, 경우의 수 : 2^n

② 주사위 n개를 던졌을 때, 경우의 수 : 6^n

③ 동전 n개와 주사위 m개를 던졌을 때, 경우의 수 : $2^n \times 6^m$

  [예] 동전 3개와 주사위 2개를 던졌을 때, 경우의 수는 $2^3 \times 6^2 = 288$가지

④ n명을 한 줄로 세우는 경우의 수 : $n! = n \times (n-1) \times (n-2) \times \cdots \times 2 \times 1$

⑤ n명 중, m명을 뽑아 한 줄로 세우는 경우의 수 : $_n\mathrm{P}_m = n \times (n-1) \times \cdots \times (n-m+1)$

  [예] 5명을 한 줄로 세우는 경우의 수는 $5 \times 4 \times 3 \times 2 \times 1 = 120$가지, 5명 중 3명을 뽑아 한 줄로 세우는 경우의 수는 $5 \times 4 \times 3 = 60$가지

⑥ n명을 한 줄로 세울 때, m명을 이웃하여 세우는 경우의 수 : $(n-m+1)! \times m!$

  [예] 갑, 을, 병, 정, 무 5명을 한 줄로 세우는데, 을, 병이 이웃하여 서는 경우의 수는 $4! \times 2! = 4 \times 3 \times 2 \times 1 \times 2 \times 1 = 48$가지

⑦ 0이 아닌 서로 다른 한 자리 숫자가 적힌 n장의 카드에서, m장을 뽑아 만들 수 있는 m자리 정수의 개수 : $_n\mathrm{P}_m$

  [예] 0이 아닌 서로 다른 한 자리 숫자가 적힌 4장의 카드에서, 3장을 뽑아 만들 수 있는 3자리 정수의 개수 : $_4\mathrm{P}_3 = 4 \times 3 \times 2 = 24$가지

⑧ 0을 포함한 서로 다른 한 자리 숫자가 적힌 n장의 카드에서, m장을 뽑아 만들 수 있는 m자리 정수의 개수 : $(n-1) \times {}_{n-1}\mathrm{P}_{m-1}$

　예 0을 포함한 서로 다른 한 자리 숫자가 적힌 6장의 카드에서, 3장을 뽑아 만들 수 있는 3자리 정수의 개수는

$$5 \times {}_5\mathrm{P}_2 = 5 \times 5 \times 4 = 100가지$$

⑨ n명 중 자격이 다른 m명을 뽑는 경우의 수 : ${}_n\mathrm{P}_m$

　예 5명의 학생 중 반장 1명, 부반장 1명을 뽑는 경우의 수는 ${}_5\mathrm{P}_2 = 5 \times 4 = 20가지$

⑩ n명 중 자격이 같은 m명을 뽑는 경우의 수 : ${}_n\mathrm{C}_m = \dfrac{{}_n\mathrm{P}_m}{m!}$

　예 5명의 학생 중 부반장 2명을 뽑는 경우의 수는 ${}_5\mathrm{C}_2 = \dfrac{{}_5\mathrm{P}_2}{2!} = \dfrac{5 \times 4}{2 \times 1} = 10가지$

⑪ 원형 모양의 탁자에 n명을 앉히는 경우의 수 : $(n-1)!$

　예 원형 모양의 탁자에 5명을 앉히는 경우의 수는 $4! = 4 \times 3 \times 2 \times 1 = 24가지$

(5) 최단거리 문제

A에서 B 사이에 P가 주어져 있다면, A와 P의 거리, B와 P의 거리를 각각 구하여 곱한다.

핵심예제

S사에서 파견 근무를 나갈 10명을 뽑아 팀을 구성하려 한다. 새로운 팀 내에서 팀장 한 명과 회계 담당 2명을 뽑으려고 하는데, 이 인원을 뽑는 경우는 몇 가지인가?

① 300가지　　　　　　　　　　② 320가지
③ 348가지　　　　　　　　　　④ 360가지
⑤ 396가지

해설　• 팀장 한 명을 뽑는 경우의 수 : ${}_{10}\mathrm{C}_1 = 10$

• 회계 담당 2명을 뽑는 경우의 수 : ${}_9\mathrm{C}_2 = \dfrac{9 \times 8}{2!} = 36$

따라서 $10 \times 36 = 360가지이다.$

정답 ④

2. 확률

(1) (사건 A가 일어날 확률)$=\dfrac{(\text{사건 A가 일어나는 경우의 수})}{(\text{모든 경우의 수})}$

예 주사위 1개를 던졌을 때, 3 또는 5가 나올 확률은 $\dfrac{2}{6}=\dfrac{1}{3}$

(2) 여사건의 확률
① 사건 A가 일어날 확률이 p일 때, 사건 A가 일어나지 않을 확률은 $(1-p)$이다.
② '적어도'라는 말이 나오면 주로 사용한다.

(3) 확률의 계산
① **확률의 덧셈**
  두 사건 A, B가 동시에 일어나지 않을 때, A가 일어날 확률을 p, B가 일어날 확률을 q라고 하면,
  사건 A 또는 B가 일어날 확률은 $(p+q)$이다.
② **확률의 곱셈**
  A가 일어날 확률을 p, B가 일어날 확률을 q라고 하면, 사건 A와 B가 동시에 일어날 확률은 $(p \times q)$
  이다.

(4) 여러 가지 확률
① **연속하여 뽑을 때, 꺼낸 것을 다시 넣고 뽑는 경우 :** 처음과 나중의 모든 경우의 수는 같다.
  예 자루에 흰 구슬 4개와 검은 구슬 5개가 들어 있다. 연속하여 2번을 뽑을 때, 처음에는 흰 구슬,
  두 번째는 검은 구슬을 뽑을 확률은?(단, 꺼낸 것은 다시 넣는다)

  → 처음에 흰 구슬을 뽑을 확률은 $\dfrac{4}{9}$이고, 꺼낸 것은 다시 넣는다고 하였으므로 두 번째에 검은

  구슬을 뽑을 확률은 $\dfrac{5}{9}$이다. 즉, $\dfrac{4}{9} \times \dfrac{5}{9} = \dfrac{20}{81}$

② **연속하여 뽑을 때, 꺼낸 것을 다시 넣지 않고 뽑는 경우 :** 나중의 모든 경우의 수는 처음의 모든 경우
  의 수보다 1만큼 작다.
  예 자루에 흰 구슬 4개와 검은 구슬 5개가 들어 있다. 연속하여 2번을 뽑을 때, 처음에는 흰 구슬,
  두 번째는 검은 구슬을 뽑을 확률은?(단, 꺼낸 것은 다시 넣지 않는다)

  → 처음에 흰 구슬을 뽑을 확률은 $\dfrac{4}{9}$이고, 꺼낸 것은 다시 넣지 않는다고 하였으므로 자루에는

  흰 구슬 3개, 검은 구슬 5개가 남아 있다. 따라서 두 번째에 검은 구슬을 뽑을 확률은 $\dfrac{5}{8}$이므

  로, $\dfrac{4}{9} \times \dfrac{5}{8} = \dfrac{5}{18}$

③ (도형에서의 확률)$=\dfrac{(\text{해당하는 부분의 넓이})}{(\text{전체 넓이})}$

1부터 10까지 적힌 공 중에서 첫 번째는 2의 배수, 두 번째는 3의 배수가 나오도록 공을 뽑을 확률은?(단, 뽑은 공은 다시 넣는다)

① $\dfrac{5}{18}$

② $\dfrac{3}{20}$

③ $\dfrac{1}{7}$

④ $\dfrac{5}{24}$

⑤ $\dfrac{5}{20}$

해설

• 첫 번째에 2의 배수(2, 4, 6, 8, 10)가 적힌 공을 뽑을 확률 : $\dfrac{5}{10} = \dfrac{1}{2}$

• 두 번째에 3의 배수(3, 6, 9)가 적힌 공을 뽑을 확률 : $\dfrac{3}{10}$ ($\because$ 뽑은 공은 다시 넣음)

따라서 확률은 $\dfrac{1}{2} \times \dfrac{3}{10} = \dfrac{3}{20}$ 이다.

정답 ②

정답 및 해설 p.011

01 기초계산

대표유형 · **기초계산**

01 다음 식의 값을 구하면?

$$572 \div 4 + 33 - 8$$

① 144   ② 158
③ 164   ④ 168
⑤ 174

> **해설** $572 \div 4 + 33 - 8 = 143 + 33 - 8 = 168$
>
> **정답** ④

02 1,500의 2할 2푼은 얼마인가?

① 3.3   ② 33
③ 330   ④ 3,300
⑤ 33,000

> **해설** $1,500 \times 0.22 = 330$
>
> **정답** ③

※ 다음 식을 계산하시오. [1~5]

01

$$15 \times 108 - 303 \div 3 + 7$$

① 1,626   ② 1,636
③ 1,526   ④ 1,536
⑤ 1,546

02

$$(59,378 - 36,824) \div 42$$

① 532   ② 537
③ 582   ④ 594
⑤ 602

03

$$(0.9371 - 0.3823) \times 25$$

① 13.24   ② 13.49
③ 13.65   ④ 13.87
⑤ 13.96

04

$$(79 + 79 + 79 + 79) \times 25$$

① 781   ② 7,810
③ 790   ④ 7,900
⑤ 796

05

$$\frac{10}{37} \div 5 + 2$$

① $\frac{62}{37}$

② $\frac{69}{37}$

③ $\frac{76}{37}$

④ $\frac{81}{37}$

⑤ $\frac{92}{37}$

※ 다음 식을 계산한 값과 같은 것을 고르시오. **[6~8]**

06

$$3 \times 8 \div 2$$

① $3 \times 9 - 18 + 3$

② $77 \div 7$

③ $7 + 6$

④ $1 + 2 + 3 + 4$

⑤ $7 \times 3 \div 3 + 2$

07

$$41 + 42 + 43$$

① $3 \times 2 \times 21$

② $7 \times 2 \times 3$

③ $5 \times 4 \times 9$

④ $6 \times 6 \times 6$

⑤ $6 \times 7 \times 8$

08

$$\frac{5}{6} \times \frac{3}{4} - \frac{7}{16}$$

① $\frac{8}{3} - \frac{4}{7} \times \frac{2}{5}$

② $\frac{4}{5} \times \frac{2}{3} - \left(\frac{3}{7} - \frac{1}{6} \right)$

③ $\frac{5}{6} \div \frac{5}{12} - \frac{3}{5}$

④ $\left(\frac{1}{4} - \frac{2}{9} \right) \times \frac{9}{4}$

⑤ $\frac{1}{2} \div \frac{4}{3} + \frac{1}{3}$

09 1부터 200까지의 숫자 중 약수가 3개인 수는 몇 개인가?

① 5개   ② 6개
③ 7개   ④ 8개
⑤ 9개

10 중국 화폐 1위안이 미국 화폐 0.16달러일 때, 55위안은 몇 달러인가?

① 8.2달러   ② 8.4달러
③ 8.8달러   ④ 8.9달러
⑤ 9.1달러

11 69의 2푼 3리는 얼마인가?

① 1.572   ② 1.587
③ 1.593   ④ 1.693
⑤ 1.517

12 38의 4할 1푼 3리는 얼마인가?

① 15.694   ② 156.94
③ 16.384   ④ 163.84
⑤ 17.296

13 438의 6할 1리는 얼마인가?

① 263.238   ② 277.23
③ 283.144   ④ 285.542
⑤ 287.388

14 지윤이는 125개의 풍선 중 13개의 풍선을 터트렸다. 지윤이의 성공률은 얼마인가?

① 1할 4푼   ② 1푼 4리
③ 1할 4리   ④ 1할 4푼 3리
⑤ 1할 5푼 3리

15 J가 양궁연습을 하는데 80개의 화살 중 12개가 과녁에서 빗나갔다면, J의 실패율은 얼마인가?

① 1푼 6리   ② 1할 5리
③ 1할 5푼   ④ 1할 7푼 5리
⑤ 1할 8푼 5리

16 다음 중 가장 큰 수는?

① $\dfrac{8}{9}$의 $\dfrac{11}{8}$ ② $\dfrac{7}{11}$의 $\dfrac{6}{5}$

③ $\dfrac{6}{9}$의 $\dfrac{8}{7}$ ④ $\dfrac{5}{9}$의 $\dfrac{9}{11}$

⑤ $\dfrac{5}{8}$의 $\dfrac{3}{2}$

17 다음의 주어진 계산식이 성립한다면 $(12 \times 8) - 4$의 값은?

$$36 - (2 \times 4) = 6$$

① 5   ② 12
③ 24   ④ 48
⑤ 60

18 $(3-1)(3+1)(3^2+1)(3^4+1)(3^8+1) = 3^x - 1$일 때, x에 들어갈 알맞은 수는?

① 12   ② 14
③ 16   ④ 20
⑤ 22

19 $(x+y)^2=24$, $x^2+y^2=14$일 때, xy는?

① 3
② 5
③ 8
④ 10
⑤ 13

20 연속하는 세 자연수를 모두 더하면 114일 때, 가장 작은 자연수는?

① 36
② 37
③ 38
④ 39
⑤ 40

※ 다음 A와 B의 크기를 비교하시오. [21~25]

21

$$A=13^{\frac{1}{2}}$$
$$B=12^{\frac{1}{3}}$$

① $A>B$
② $A=B$
③ $A<B$
④ $A-B<1{,}000$
⑤ 알 수 없다.

22

$$A=\frac{7}{18}+\frac{1}{9}$$
$$B=\frac{5}{13}+\frac{3}{26}$$

① $A>B$
② $A=B$
③ $A<B$
④ $A+B=0$
⑤ 알 수 없다.

23

$$A = \sqrt[3]{2}$$
$$B = \sqrt[5]{8}$$

① $A > B$ 　　　　　　② $A < B$

③ $A = B$ 　　　　　　④ $A + B = 1$

⑤ 알 수 없다.

24

$$A = 11^3$$
$$B = 2^9$$

① $A > B$ 　　　　　　② $A < B$

③ $A = B$ 　　　　　　④ $-A > B$

⑤ 알 수 없다.

25

$$A = (23^2 - 11^2) \div 34$$
$$B = \frac{43}{14} + \frac{15}{2}$$

① $A > B$ 　　　　　　② $A < B$

③ $A = B$ 　　　　　　④ $\dfrac{1}{A} > \dfrac{1}{B}$

⑤ 알 수 없다.

26

$$3.514 \div 0.4 + 3.1(\quad)8.455 = 3.43$$

① + ② −
③ × ④ ÷
⑤ =

27

$$(609 + 24)(\quad)3 + 11 = 222$$

① + ② −
③ × ④ ÷
⑤ =

28

$$\frac{15}{7} \times \frac{3}{11} + \frac{17}{4}(\quad)\frac{12}{21} = \frac{232}{77}$$

① + ② −
③ × ④ ÷
⑤ =

29

$$114 + 95 - 27(\quad)2 = 155$$

① + ② −
③ × ④ ÷
⑤ =

30

$$41 - 12(\quad)5 \times 2 = 39$$

① + ② −
③ × ④ ÷
⑤ =

대표유형 1 ━━━━━━━━━━━━━━━━━━━━━━━━━━━━━ 날짜 · 요일 · 시계

시계가 4시 20분을 가리킬 때, 시침과 분침이 이루는 작은 각의 각도는?

① 5°
② 10°
③ 15°
④ 20°
⑤ 25°

해설 시침 : $30° \times 4 + 0.5° \times 20 = 120° + 10° = 130°$
분침 : $6° \times 20 = 120°$
시침과 분침이 이루는 작은 각의 각도는 $130 - 120 = 10°$이다.

정답 ②

---

01 기찬이는 집에 있는 시계를 실제 시간보다 빠르게 맞추어 놓았다. 여자친구와 오전 11시에 서점에서 만나기로 하여, 집에서 10시 30분에 출발했고, 서점에 도착해서 시계를 보니 약속시각보다 10분 먼저 도착했다. 여자친구와 책을 산 후 서점에서 오후 2시 20분에 집으로 출발했고, 집에 도착해서 시계를 보니 오후 2시 50분이었다. 기찬이가 서점에 갈 때와 집에 올 때 같은 속도로 걸었다면, 집에 있는 시계는 실제 시간보다 몇 분 빠른가?(단, 서점에 있는 시계는 실제 시간과 일치한다)

① 5분
② 10분
③ 15분
④ 20분
⑤ 25분

02 같은 공원에서 A씨는 강아지와 함께 2일마다 한 번 산책을 하고, B씨는 혼자 3일마다 산책을 한다. A는 월요일에 산책을 했고, B는 그 다음 날에 산책했다면 A와 B가 처음으로 만나는 날은 무슨 요일인가?

① 목요일
② 금요일
③ 토요일
④ 일요일
⑤ 화요일

03 8월 19일이 수요일이라면, 30일 후는 무슨 요일인가?

① 수요일
② 목요일
③ 금요일
④ 토요일
⑤ 화요일

04 어떤 마을에서 A장터는 25일마다 열리고 B장터는 30일마다 열리는데 1월 18일에 두 장터가 같이 열렸다. 1월 18일이 목요일이라면, 다음 두 장터가 같이 열리는 날은 무슨 요일이겠는가?

① 일요일   ② 월요일

③ 화요일   ④ 수요일

⑤ 목요일

05 4시와 5시 사이에 시침과 분침이 일치하는 시각은 몇 시인가?

① 4시 20분   ② 4시 $\dfrac{240}{11}$ 분

③ 4시 $\dfrac{260}{11}$ 분   ④ 4시 30분

⑤ 4시 $\dfrac{220}{11}$ 분

대표유형 2 ·· 시간 · 거리 · 속력

용민이와 효린이가 호수를 같은 방향으로 도는데 용민이는 7km/h, 효린이는 3km/h로 걷는다고 한다. 두 사람이 다시 만났을 때, 7시간이 지나 있었다면 호수의 둘레는 몇 km인가?

① 24km   ② 26km

③ 28km   ④ 30km

⑤ 32km

> **해설**   7시간이 지났다면 용민이는 7×7=49km, 효린이는 3×7=21km를 걸은 것인데 용민이는 호수를 한 바퀴 돌고 나서 효린이가 걸은 21km까지 더 걸은 것이므로 호수의 둘레는 49−21=28km이다.
>
> **정답** ③

06 일직선 통로의 양쪽 끝에서 두 개의 구슬이 일정한 속력으로 서로 마주보며 다가오고 있다. 각 구슬의 속력은 60km/h, 90km/h이고 통로의 길이는 1,800m이다. 통로에 모기가 시속 70km로 날아다니고 있다면, 두 구슬이 만날 때까지 모기가 이동한 거리는?

① 0.5km   ② 0.64km

③ 0.84km   ④ 0.9km

⑤ 0.95km

07 어떤 기차가 700m인 다리를 통과하는 데 1분, 1,500m인 터널을 통과하는 데 2분이 걸린다. 이 기차의 길이는?

① 50m ② 100m
③ 150m ④ 200m
⑤ 250m

08 A사원은 회사 근처 카페에서 거래처와 미팅을 갖기로 했다. 처음에는 4km/h로 걸어가다가 약속 시간에 늦을 것 같아서 10km/h로 뛰어 24분 만에 미팅 장소에 도착했다. 회사에서 카페까지의 거리가 2.5km일 때, A사원이 뛴 거리는?

① 0.6km ② 0.9km
③ 1.2km ④ 1.5km
⑤ 1.8km

09 동녘이는 매주 일요일 집에서 10km 떨어진 산으로 등산을 간다. 어제 동녘이는 오전 11시에 집에서 출발해 평지를 지나 산 정상까지 갔다가 같은 길을 되돌아와 저녁 8시에 집에 도착했다. 평지에서는 시속 5km로, 산을 오를 때는 시속 4km로 걸었고 등산로의 총 길이는 12km라 할 때, 동녘이가 산 내려올 때에는 시속 몇 km로 걸었는가?(단, 동녘이는 쉬지 않고 걸었고, 등산로는 산 입구에서 산 정상까지이다)

① 4km/h ② 5km/h
③ 6km/h ④ 7km/h
⑤ 8km/h

10 강물이 A지점에서 3km 떨어진 B지점으로 흐르고 있을 때, 물의 속력은 1m/s이다. 준호가 배를 타고 A지점에서 B지점까지 갔다가 다시 돌아오는 데 1시간 6분 40초가 걸렸다고 할 때, 준호의 속력은 몇 m/s인가?

① 2m/s ② 4m/s
③ 6m/s ④ 12m/s
⑤ 20m/s

현재 아버지와 아들의 나이의 차는 25세이고, 3년 후 아버지 나이는 아들 나이의 2배보다 7살 더 많다. 이때, 현재 아버지의 나이는?

① 40세　　　　　　　　　　　② 42세

③ 44세　　　　　　　　　　　④ 46세

⑤ 48세

해설　x, y를 각각 아버지, 아들의 현재 나이라고 하면

$x-y=25 \cdots \bigcirc$

$x+3=2(y+3)+7 \cdots \bigcirc\!\!\!\!\!\bigcirc$

$\bigcirc$과 $\bigcirc\!\!\!\!\!\bigcirc$을 연립하면 $x=40$, $y=15$

따라서 현재 아버지의 나이는 40세이다.

정답 ①

11 벤치 1개에 5명씩 앉으면 12명이 남고, 6명씩 앉으면 아무도 앉지 않은 벤치가 7개 남는다고 한다. 이때, 벤치의 개수가 될 수 없는 것은?

① 53개　　　　　　　　　　　② 54개

③ 55개　　　　　　　　　　　④ 58개

⑤ 59개

12 S편의점에서는 A, B, C도시락을 판매한다. 어느 날 오전 중에 팔린 도시락의 수가 〈보기〉와 같을 때, 판매된 A도시락의 수는?

보기

• 오전 중 판매된 A, B, C도시락은 총 28개이다.

• 도시락은 A도시락보다 한 개 더 많이 팔렸다.

• 도시락은 B도시락보다 두 개 더 많이 팔렸다.

① 8개　　　　　　　　　　　② 9개

③ 10개　　　　　　　　　　　④ 11개

⑤ 12개

13 어느 학교의 남학생과 여학생의 비율은 1 : 3이고, 안경을 쓴 학생과 쓰지 않은 학생의 비율은 1 : 1이다. 전체 학생이 500명이고 안경을 쓴 여학생이 a명이라면, 안경을 쓰지 않은 남학생은 몇 명인가?

① $(a-115)$명　　　　　　　② $(a-120)$명

③ $(a-125)$명　　　　　　　④ $(a-130)$명

⑤ $(a-135)$명

14 세 수 4, 5, 7의 어느 것으로 나누어도 1이 남는 수 중, 가장 작은 네 자리 자연수는?

① 1,021

② 1,071

③ 1,121

④ 1,351

⑤ 1,359

15 전교생이 n명인 어느 대학교는 매년 전체 인원의 5%가 감소한다고 한다. 현재 학생 수보다 10% 이상이 줄어들면 학교의 운영이 안 된다고 할 때, 이 학교는 얼마나 버틸 수 있는가?

① 1년

② 2년

③ 3년

④ 4년

⑤ 5년

16 홍선이네 가족은 부산에 사는 할머니 댁에 가기 위해 고속도로를 달리고 있었다. 고속도로에서 어느 순간 이정표를 보니 남은 거리는 가운데 0이 있는 세 자리의 수였다. 3시간이 지난 후 다시 보니 이정표의 수는 처음 본 수의 양 끝 숫자가 바뀐 두 자리의 수였다. 또 1시간이 지나서 세 번째로 본 이정표의 수는 공교롭게도 처음 본 세 자리의 수 사이에 0이 빠진 두 자리의 수였다. 홍선이네 가족이 탄 자동차가 일정한 속력으로 달렸다면 이정표 3개에 적힌 수의 합은 얼마인가?

① 297

② 306

③ 315

④ 324

⑤ 330

대표유형 4 　　　　　　　　　　　　　　　　　　　　　　　　　　　　　금액

원가가 a인 물품에 30% 이익을 예상하고 정가를 붙였지만 팔리지 않아 결국 정가의 20%를 할인하여 팔았다고 한다. 이때, 이익은 얼마인가?

① $0.04a$원

② $0.05a$원

③ $0.06a$원

④ $0.07a$원

⑤ $0.08a$원

> **해설** (정가)−(원가)=(이익)이므로 $a \times (1+0.3) \times (1-0.2) = 1.04a$
>
> 　　　따라서 이익은 $1.04a - a = 0.04a$원이다.
>
> 　　　　　　　　　　　　　　　　　　　　　　　　　　　　　정답 ①

17 어느 가정의 1월과 6월의 전기요금 비율이 5 : 2이다. 1월의 전기요금에서 6만 원을 뺄 경우에 그 비율이 3 : 2라면, 1월의 전기요금은?

① 9만 원   ② 10만 원

③ 12만 원   ④ 15만 원

⑤ 18만원

18 어떤 백화점에서 20% 할인해서 팔던 옷을 할인된 가격의 30%를 추가로 할인하여 28만 원에 구매하였다면 할인받은 금액은?

① 14만 원   ② 18만 원

③ 22만 원   ④ 28만 원

⑤ 30만 원

19 효민이와 준우는 돈을 3회로 나누어 내기로 하고 제습기를 공동으로 구입하였다. 1회에는 효민이가 준우보다 많이 내기로 하고, 2회, 3회에는 효민이가 1회보다 25% 적게 내고, 준우가 1회보다 2,000원 더 많은 금액을 내기로 했더니 효민이와 준우가 각각 부담한 총액이 같았다. 2회에 준우가 지불한 금액이 효민이보다 5,000원 더 많았다고 할 때, 제습기 가격은 얼마인가?

① 28만 원   ② 26만 원

③ 24만 원   ④ 22만 원

⑤ 20만 원

20 어떤 물건을 원가의 50% 이익을 붙여 팔았으나 잘 팔리지 않아서 다시 20% 할인해서 팔았더니, 물건 1개당 1,000원의 이익을 얻었다. 이 물건의 원가는 얼마인가?

① 5,000원   ② 5,500원

③ 6,000원   ④ 6,500원

⑤ 7,000원

21 영이는 이번 출장에 KTX 표를 미리 예약하여 40% 할인된 가격에 구매하였다. 하지만 출장 일정이 바뀌어서 하루 전날 표를 취소하였다. 환불 규정에 따라 16,800원을 돌려받았다면, 할인되지 않은 KTX 표의 가격은?

〈환불 규정〉

• 2일 전 : 100%
• 1일 전부터 열차 출발 전 : 70%
• 열차 출발 후 : 50%

① 40,000원   ② 48,000원
③ 56,000원   ④ 67,200원
⑤ 73,800원

22 A씨는 거래처와의 외부 미팅으로 인근에 있는 유료주차장에 차량을 세워두었다. 유료주차장의 요금안내판을 살펴보니 처음 1시간까지는 기본요금 2,000원이 발생하고, 1시간부터 2시간 사이에는 10분당 x원, 그리고 2시간부터 3시간 사이에는 15분당 y원이 발생한다고 설명하고 있으나 x와 y가 잘 보이지 않았다. 미팅이 끝난 후 A씨는 1시간 30분 동안 주차한 요금으로 총 5,000원을 지불했고, 마침 같은 곳에 주차한 거래처 직원도 2시간 30분 동안 주차한 요금으로 총 11,000원을 지불했다. x와 y의 합은 얼마인가?

① 2,000   ② 2,500
③ 3,000   ④ 3,500
⑤ 4,000

대표유형 5 ·· **일률 · 톱니바퀴**

어떤 물통에 물을 가득 채우는 데 A관은 10분, B관은 15분이 걸린다. A관과 B관을 동시에 틀면 몇 분 만에 물통에 물이 가득 차는가?

① 3분   ② 4분
③ 5분   ④ 6분
⑤ 7분

해설 물통의 총량을 1이라고 하면 A관은 1분에 물통의 $\frac{1}{10}$을 채우고, B관은 $\frac{1}{15}$을 채운다. A, B관을 동시에 틀면 1분에 $\frac{1}{10} + \frac{1}{15} = \frac{1}{6}$을 채울 수 있다. 따라서 물통을 가득 채우는 데 걸리는 시간은 6분이다.

정답 ④

23 회사에서 사회공헌활동의 일환으로 아동복지센터에 봉사활동을 가려고 한다. 회사직원들의 스케줄을 고려하여 날짜를 정하기로 하였다. 수요일에 가능한 직원은 47명이며, 수요일과 목요일 모두 가능한 직원은 12명이었다. 또한 모두 불가능한 직원은 15명이었을 때, 목요일이 가능한 직원의 수는 몇 명인가?(단, 총 직원 수는 100명이다)

① 20명   ② 30명
③ 40명   ④ 50명
⑤ 60명

24 판매량이 모두 다른 A, B, C 휴대폰 판매량의 총합은 300만 개다. A, B의 판매량 차와 B, C의 판매량 차가 같고, C의 판매량이 70만 개일 때, A의 판매량은 얼마인가?

① 70만 개   ② 100만 개
③ 130만 개   ④ 160만 개
⑤ 190만 개

25 어느 대학가에 있는 식당 A, B, C는 여름휴가를 함께 가기 위해 쉬는 날을 서로 맞추려고 한다. A식당은 11일을 일하고 3일을 쉬며, B식당은 5일을 일하고 하루를, C식당은 6일을 일한 후 2일을 쉰다고 한다. 그렇다면 모두 함께 쉬는 날이 처음으로 같아지는 경우는 며칠 후인가?

① 24일   ② 42일
③ 96일   ④ 240일
⑤ 360일

26 어느 공장에서 완성품 1개를 만드는 데 걸리는 시간은 A기계가 20일, B기계가 30일이다. A와 B기계를 함께 사용하면 완성품 1개를 며칠 만에 만들 수 있겠는가?

① 12일   ② 13일
③ 14일   ④ 15일
⑤ 16일

27 수도관으로 물을 가득 채우는 데 1시간이 걸리는 수영장이 있다. 반면 이 수영장에 가득 찬 물을 배수로로 빼내는 데 1시간 40분이 걸린다. 만약 텅 빈 수영장에 물을 채우기 시작했는데 배수로로 물이 계속 빠져나가고 있었다면 수영장에 물을 가득 채우는 데 얼마나 걸리겠는가?

① 2시간 25분   ② 2시간 30분
③ 2시간 35분   ④ 2시간 40분
⑤ 2시간 45분

농도가 5%인 100g의 설탕물을 증발시켜 농도가 10%인 설탕물이 되게 하려고 한다. 한 시간에 2g씩 증발된다고 할 때, 몇 시간이 걸리겠는가?

① 22시간　　　　　　　　　　② 23시간
③ 24시간　　　　　　　　　　④ 25시간
⑤ 26시간

 해설

5% 설탕물에 들어있는 설탕의 양은 $100 \times \dfrac{5}{100} = 5g$이다.

xg의 물을 증발시켜 10%의 농도가 되게 하려면 $\dfrac{5}{100-x} \times 100 = 10\%$이므로, 50g만큼 증발시켜야 한다.

따라서 한 시간에 2g씩 증발된다고 했으므로 $50 \div 2 = 25$시간이 소요된다.

정답 ④

28 15%의 소금물 500g에 몇 g의 물을 넣어야 10% 소금물이 되는가?

① 230g　　　　　　　　　　② 250g
③ 280g　　　　　　　　　　④ 300g
⑤ 330g

29 10%의 소금물 1,000g을 가열하는 데 1분에 4g씩 물이 증발한다. 1시간 30분 후, 순수한 물의 양은 얼마인가?

① 500g　　　　　　　　　　② 520g
③ 540g　　　　　　　　　　④ 560g
⑤ 580g

30 세탁기는 세제용액의 농도를 0.9%로 유지해야 세탁이 잘된다. 농도가 0.5%인 세제용액 2kg에 세제를 4스푼 넣었더니, 농도가 0.9%인 세제용액이 됐다. 물 3kg에 세제를 몇 스푼 넣으면 0.9%농도가 되는가?

① 12스푼　　　　　　　　　　② 12.5스푼
③ 13스푼　　　　　　　　　　④ 13.5스푼
⑤ 14스푼

대표유형 7

동전을 연속하여 3번 던졌을 때, 앞면이 2번 나올 확률은?

① $\dfrac{1}{4}$ ② $\dfrac{2}{3}$

③ $\dfrac{3}{8}$ ④ $\dfrac{1}{2}$

⑤ $\dfrac{2}{5}$

해설 ▶ 앞면을 ○, 뒷면을 ×라고 하면
(○○×), (○×○), (×○○) → 3가지
전체 경우의 수는 $2^3 = 8$가지

∴ (앞면이 2번 나올 확률) $= \dfrac{3}{8}$

정답 ③

31 50명의 남학생 중에서 24명, 30명의 여학생 중에서 16명이 뮤지컬을 좋아한다고 한다. 전체 80명의 학생 중에서 임의로 선택한 한 명이 뮤지컬을 좋아하지 않는 학생이었을 때, 그 학생이 여학생일 확률은?

① $\dfrac{3}{20}$ ② $\dfrac{7}{20}$

③ $\dfrac{3}{10}$ ④ $\dfrac{1}{4}$

⑤ $\dfrac{1}{3}$

32 할아버지, 할머니, 아버지, 어머니, 3명의 자식이 있다. 할아버지가 맨 앞에, 할머니가 맨 뒤에 위치하는 경우의 수는?

① 120가지   ② 125가지
③ 130가지   ④ 135가지
⑤ 140가지

33 14개의 선물을 A, B, C가 나누어 가지려고 한다. 최소 한 사람 앞에 한 개 이상이 가도록 하여 선물을 남지 않게 나누어 가지려고 할 때 경우의 수는?

① 48가지   ② 58가지
③ 68가지   ④ 78가지
⑤ 88가지

34 S사는 올해 공채에서 총 9명의 신입사원을 채용하였다. 신입사원 교육을 위해 이들을 한 조에 3명씩 A, B, C 3개의 조로 나누려고 한다. 이때 3개의 조로 나누는 경우의 수는?

① 1,240가지　　　　　　　　　　② 1,460가지

③ 1,680가지　　　　　　　　　　④ 1,800가지

⑤ 2,020가지

35 S공장은 2명의 사원이 토요일 당직 근무를 하도록 사칙으로 규정하고 있다. A팀에 8명의 사원이 있고, 이들이 앞으로 3주 동안 토요일 당직 근무를 한다고 했을 때, 가능한 모든 경우의 수는?(단, 모든 사원은 당직 근무를 2번 이상 서지 않는다)

① 1,520가지　　　　　　　　　　② 2,520가지

③ 5,040가지　　　　　　　　　　④ 6,080가지

⑤ 8,060가지

36 A, B, C 세 사람은 퇴근 후 영화관에서 만나 영화를 보고 나서 집에 가기로 하였다. 회사에서 영화관, 영화관에서 집으로 가는 교통수단은 지하철과 버스가 있다. 지하철을 이용할 확률은 $\frac{2}{3}$, 버스를 이용할 확률은 $\frac{1}{3}$이라고 할 때 세 사람이 퇴근 후 집에 갈 때까지 적어도 한 번은 버스를 탈 확률은?(단, 도보 및 자가용은 이용하지 않고 교통수단만을 이용한다)

① $\frac{64}{729}$　　　　　　　　　　② $\frac{4}{9}$

③ $\frac{5}{9}$　　　　　　　　　　④ $\frac{665}{729}$

⑤ $\frac{2}{9}$

37 S대학교 논술시험 응시생은 총 200명이었고, 전체 논술 평균점수는 45점이었다. 합격자 평균 점수는 90점이고, 불합격자 평균점수는 40점일 때, 합격률은 몇 %인가?

① 10%　　　　　　　　　　② 20%

③ 30%　　　　　　　　　　④ 40%

⑤ 50%

※ 다음은 '갑'국의 도시 A, B, C의 인구수에 관한 자료이다. 이어지는 질문에 답하시오. **[1~2]**

〈A, B, C도시 인구수〉

(단위 : 천 명)

구분	2016년	2017년	2018년	2019년	2020년	2021년	2022년
A	2,445	5,525	8,364	10,613	10,231	9,895	9,820
B	2,749	3,353	4,934	7,974	9,958	11,459	12,940
C	5,194	8,879	13,298	18,587	20,189	21,354	22,766
전국	24,989	31,434	37,436	43,411	44,609	46,136	47,279

01 2016 ~ 2018년 전국 인구 증가량은 2019 ~ 2022년 전국 인구 증가량보다 얼마나 더 많은가?

① 7,679천 명   ② 7,579천 명
③ 8,679천 명   ④ 8,579천 명
⑤ 5,479천 명

> **해설**
> • 2016 ~ 2018년 전국 인구 증가량 : 37,436−24,989=12,447천 명
> • 2019 ~ 2022년 전국 인구 증가량 : 47,279−43,411=3,868천 명
> ∴ 12,447−3,868=8,579천 명
>
> **정답** ④

02 2016 ~ 2022년 동안 전년 대비 A시의 인구 증가량이 가장 높았던 해와 C시의 인구 증가량이 가장 높았던 해는 각각 언제인가?

① 2018년, 2020년   ② 2017년, 2019년
③ 2017년, 2020년   ④ 2019년, 2020년
⑤ 2020년, 2021년

> **해설**
> A시의 인구 증가량이 가장 높았던 해는 3,080천 명이 증가한 2017년이고, C시의 인구 증가량이 가장 높았던 해는 5,289천 명이 증가한 2019년이다.
>
> **정답** ②

38 다음은 2017년부터 2022년까지 8월마다 신규자영업자의 사업자금 규모를 조사한 자료이다. (가)에 들어갈 수치로 적절한 것은?

〈신규자영업자의 사업자금 규모〉

(단위 : %)

자금규모 / 연도	5백만 원 미만	5백만 원 이상 2천만 원 미만	2천만 원 이상 5천만 원 미만	5천만 원 이상 1억 원 미만	1억 원 이상 3억 원 미만	3억 원 이상
2017년	31.2	20.2	22.6	17.0	7.0	2.0
2018년	34.5	22.0	23.3	12.8	4.4	3.0
2019년	32.2	22.7	19.8	19.1	5.2	1.0
2020년	26.7	18.4	24.0	20.0	6.2	4.7
2021년	29.2	13.2	21.2	17.2	(가)	5.0
2022년	32.2	22.2	23.1	16.2	5.3	1.0

① 12.2
② 14.2
③ 16.2
④ 19.2
⑤ 21.2

39 다음 표는 A시 가구의 형광등을 LED 전구로 교체할 경우 기대효과를 분석한 자료이다. A시의 80% 가구가 형광등 5개를 LED 전구로 교체할 때와 50% 가구가 형광등 5개를 LED 전구로 교체할 때의 3년 후 절감액의 차는 얼마인가?

〈LED전구로 교체할 시 기대효과〉

A시의 가구 수 (세대)	적용 비율 (%)	가구당 교체개수(개)	필요한 LED 전구 수 (천 개)	교체비용 (백만 원)	연간 절감 전기요금 (백만 원)
600,000	30	3	540	16,200	3,942
		4	720	21,600	5,256
		5	900	27,000	6,570
	50	3	900	27,000	6,570
		4	1,200	36,000	8,760
		5	1,500	45,000	10,950
	80	3	1,440	43,200	10,512
		4	1,920	56,600	14,016
		5	2,400	72,000	17,520

① 18,910백만 원
② 19,420백만 원
③ 19,710백만 원
④ 19,850백만 원
⑤ 20,000백만 원

40 다음은 폐기물협회에서 제공하는 전국 폐기물 발생 현황 자료이다. 자료의 빈칸에 해당하는 값으로 적절한 것은?(단, 소수점 둘째 자리에서 반올림한다)

〈전국 폐기물 발생 현황〉

구분		2017년	2018년	2019년	2020년	2021년	2022년
총계	발생량	359,296	357,861	365,154	373,312	382,009	382,081
	증감율	6.6	-0.4	2.0	2.2	2.3	0.02
의료 폐기물	발생량	52,072	50,906	49,159	48,934	48,990	48,728
	증감율	3.4	-2.2	-3.4	(ㄱ)	0.1	-0.5
사업장 배출시설계 폐기물	발생량	130,777	123,604	137,875	137,961	146,390	149,815
	증감율	13.9	(ㄴ)	11.5	0.1	6.1	2.3
건설 폐기물	발생량	176,447	183,351	178,120	186,417	186,629	183,538
	증감율	2.6	3.9	-2.9	4.7	0.1	-1.7

	(ㄱ)	(ㄴ)		(ㄱ)	(ㄴ)
①	-0.5	-5.5	②	-0.5	-4.5
③	-0.6	-5.5	④	-0.6	-4.5
⑤	-0.7	-5.5			

언어이해

CONTENTS

1. 연역 추론

이미 알고 있는 판단(전제)을 근거로 새로운 판단(결론)을 유도하는 추론이다. 연역 추론은 진리일 가능성을 따지는 귀납 추론과는 달리, 명제 간의 관계와 논리적 타당성을 따진다. 즉, 연역 추론은 전제들로부터 절대적인 필연성을 가진 결론을 이끌어내는 추론이다.

(1) 직접 추론

한 개의 전제로부터 중간적 매개 없이 새로운 결론을 이끌어내는 추론이며, 대우 명제가 그 대표적인 예이다.

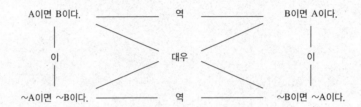

> • 한국인은 모두 황인종이다. (전제)
> • 그러므로 황인종이 아닌 사람이 모두 한국인은 아니다. (결론 1)
> • 그러므로 황인종 중에는 한국인이 아닌 사람도 있다. (결론 2)

(2) 간접 추론

둘 이상의 전제로부터 새로운 결론을 이끌어내는 추론이다. 삼단논법이 가장 대표적인 예이다.

① 정언 삼단논법 : 세 개의 정언명제로 구성된 간접추론 방식이다. 세 개의 명제 가운데 두 개의 명제는 전제이고, 나머지 한 개의 명제는 결론이다. 세 명제의 주어와 술어는 세 개의 서로 다른 개념을 표현한다.

② 가언 삼단논법 : 가언명제로 이루어진 삼단논법을 말한다. 가언명제란 두 개의 정언명제가 '만일 ~이라면'이라는 접속사에 의해 결합된 복합명제이다. 여기서 '만일'에 의해 이끌리는 명제를 전건이라고 하고, 그 뒤의 명제를 후건이라고 한다. 가언 삼단논법의 종류로는 혼합가언 삼단논법과 순수가언 삼단논법이 있다.

　㉠ 혼합가언 삼단논법 : 대전제만 가언명제로 구성된 삼단논법이다. 긍정식과 부정식 두 가지가 있으며, 긍정식은 'A면 B이다. A이다. 그러므로 B이다.'이고, 부정식은 'A면 B이다. B가 아니다. 그러므로 A가 아니다.'이다.

> • 만약 A라면 B이다.
> • B가 아니다.
> • 그러므로 A가 아니다.

ⓒ 순수가언 삼단논법 : 대전제와 소전제 및 결론까지 모두 가언명제들로 구성된 삼단논법이다.

> • 만약 A라면 B이다.
> • 만약 B라면 C이다.
> • 그러므로 만약 A라면 C이다.

③ 선언 삼단논법 : '~이거나 ~이다.'의 형식으로 표현되며 전제 속에 선언 명제를 포함하고 있는 삼단
논법이다.

> • 내일은 비가 오거나 눈이 온다(A 또는 B이다).
> • 내일은 비가 오지 않는다(A가 아니다).
> • 그러므로 내일은 눈이 온다(그러므로 B이다).

④ 딜레마 논법 : 대전제는 두 개의 가언명제로, 소전제는 하나의 선언명제로 이루어진 삼단논법으로,
양도추론이라고도 한다.

> • 만일 네가 거짓말을 하면, 신이 미워할 것이다.　　　　　　　　　　　(대전제)
> • 만일 네가 거짓말을 하지 않으면, 사람들이 미워할 것이다.　　　　　　(대전제)
> • 너는 거짓말을 하거나, 거짓말을 하지 않을 것이다.　　　　　　　　　(소전제)
> • 그러므로 너는 미움을 받게 될 것이다.　　　　　　　　　　　　　　(결론)

2. 귀납 추론

특수한 또는 개별적인 사실로부터 일반적인 결론을 이끌어내는 추론을 말한다. 귀납 추론은 구체적 사실들
을 기반으로 하여 결론을 이끌어내기 때문에 필연성을 따지기보다는 개연성과 유관성, 표본성 등을 중시하
게 된다. 여기서 개연성이란, 관찰된 어떤 사실이 같은 조건하에서 앞으로도 관찰될 수 있는가 하는 가능성
을 말하고, 유관성은 추론에 사용된 자료가 관찰하려는 사실과 관련되어야 하는 것을 일컬으며, 표본성은
추론을 위한 자료의 표본 추출이 공정하게 이루어져야 하는 것을 가리킨다. 이러한 귀납 추론은 일상생활
속에서 많이 사용하고, 우리가 알고 있는 과학적 사실도 이와 같은 방법으로 밝혀졌다.
그러나 전제들이 참이어도 결론이 항상 참인 것은 아니다. 단 하나의 예외로 인하여 결론이 거짓이 될 수
있다.

> • 성냥불은 뜨겁다.
> • 연탄불도 뜨겁다.
> • 그러므로 모든 불은 뜨겁다.

위 예문에서 '성냥불이나 연탄불이 뜨거우므로 모든 불은 뜨겁다.'라는 결론이 나왔는데, 반딧불은 뜨겁지
않으므로 '모든 불이 뜨겁다.'라는 결론은 거짓이 된다.

(1) 완전 귀납 추론

관찰하고자 하는 집합의 전체를 다 검증함으로써 대상의 공통 특질을 밝혀내는 방법이다. 이는 예외 없는 진실을 발견할 수 있다는 장점은 있으나, 집합의 규모가 크고 속성의 변화가 다양할 경우에는 적용하기 어려운 단점이 있다.

예 1부터 10까지의 수를 다 더하여 그 합이 55임을 밝혀내는 방법

(2) 통계적 귀납 추론

통계적 귀납 추론은 관찰하고자 하는 집합의 일부에서 발견한 몇 가지 사실을 열거함으로써 그 공통점을 결론으로 이끌어내려는 방식을 가리킨다. 관찰하려는 집합의 규모가 클 때 그 일부를 표본으로 추출하여 조사하는 방식이 이에 해당하며, 표본 추출의 기준이 얼마나 적합하고 공정한가에 따라 그 결과에 대한 신뢰도가 달라진다는 단점이 있다.

예 여론조사에서 일부 국민의 설문 내용을 바탕으로, 이를 전체 국민의 여론으로 제시하는 것

(3) 인과적 귀납 추론

관찰하고자 하는 집합의 일부 원소들이 지닌 인과 관계를 인식하여 그 원인이나 결과를 이끌어내려는 방식을 말한다.

① 일치법 : 공통적인 현상을 지닌 몇 가지 사실 중에서 각기 지닌 요소 중 어느 한 가지만 일치한다면 이 요소가 공통 현상의 원인이라고 판단

　　예 마을 잔칫집에서 돼지고기를 먹은 사람들이 집단 식중독을 일으켰다. 따라서 식중독의 원인은 상한 돼지고기가 아닌가 생각한다.

② 차이법 : 어떤 현상이 나타나는 경우와 나타나지 않은 경우를 놓고 보았을 때, 각 경우의 여러 조건 중 단 하나만이 차이를 보인다면 그 차이를 보이는 조건이 원인이 된다고 판단

　　예 현수와 승재는 둘 다 지능이나 학습 시간, 학습 환경 등이 비슷한데 공부하는 태도에는 약간의 차이가 있다. 따라서 두 사람의 성적이 차이를 보이는 것은 학습 태도 차이 때문이라고 생각된다.

③ 일치·차이 병용법 : 몇 개의 공통 현상이 나타나는 경우와 몇 개의 그렇지 않은 경우를 놓고 일치법과 차이법을 병용하여 적용함으로써 그 원인을 판단

　　예 학업 능력 정도가 비슷한 두 아동 집단에 대해 처음에는 같은 분량의 과제를 부여하고 나중에는 각기 다른 분량의 과제를 부여한 결과, 많이 부여한 집단의 성적이 훨씬 높게 나타났다. 이로 보아, 과제를 많이 부여하는 것이 적게 부여하는 것보다 학생의 학업 성적 향상에 도움이 된다고 판단할 수 있다.

④ 공변법 : 관찰하는 어떤 사실의 변화에 따라 현상의 변화가 일어날 때 그 변화의 원인이 무엇인지 판단

　　예 담배를 피우는 양이 각기 다른 사람들의 집단을 조사한 결과, 담배를 많이 피울수록 폐암에 걸릴 확률이 높다는 사실이 발견되었다.

⑤ 잉여법 : 앞의 몇 가지 현상이 뒤의 몇 가지 현상의 원인이며, 선행 현상의 일부분이 후행 현상의 일부분이라면, 선행 현상의 나머지 부분은 후행 현상의 나머지 부분의 원인임을 판단

　　예 어젯밤 일어난 사건의 혐의자는 정은이와 규민이 두 사람인데, 정은이는 알리바이가 성립되어 혐의 사실이 없는 것으로 밝혀졌다. 따라서 그 사건의 범인은 규민이일 가능성이 높다.

3. 유비 추론

두 개의 대상 사이에 일련의 속성이 동일하다는 사실에 근거하여 그것들의 나머지 속성도 동일하리라는 결론을 이끌어내는 추론, 즉 이미 알고 있는 것에서 다른 유사한 점을 찾아내는 추론을 말한다. 그렇기 때문에 유비 추론은 잣대(기준)가 되는 사물이나 현상이 있어야 한다. 유비 추론은 가설을 세우는 데 유용하다. 이미 알고 있는 사례로부터 아직 알지 못하는 것을 생각해 봄으로써 쉽게 가설을 세울 수 있다. 이때 유의할 점은 이미 알고 있는 사례와 이제 알고자 하는 사례가 매우 유사하다는 확신과 증거가 있어야 한다. 그렇지 않은 상태에서 유비 추론에 의해 결론을 이끌어내면, 그것은 개연성이 거의 없고 잘못된 결론이 될 수도 있다.

- 지구에는 공기, 물, 흙, 햇빛이 있다(A는 a, b, c, d의 속성을 가지고 있다).
- 화성에는 공기, 물, 흙, 햇빛이 있다(B는 a, b, c, d의 속성을 가지고 있다).
- 지구에 생물이 살고 있다(A는 e의 속성을 가지고 있다).
- 그러므로 화성에도 생물이 살고 있을 것이다(그러므로 B도 e의 속성을 가지고 있을 것이다).

핵심예제

01 다음 중 '복권에 당첨이 되면 회사를 다니지 않는다.'의 대우 명제는?

① 복권에 당첨이 되지 않으면 회사를 다닌다.
② 회사를 다니지 않으면 복권에 당첨된다.
③ 복권에 당첨이 되면 회사를 다닌다.
④ 회사를 다니면 복권에 당첨이 되지 않은 것이다.
⑤ 복권에 당첨이 되었다는 것은 회사를 다닌다는 것이다.

> **해설** A → B의 대우 명제는 ~B → ~A의 형태를 취한다.
>
> **정답** ④

02 다음에 나타난 추론 방식으로 적절한 것은?

- 수정이는 식사로 라면을 먹거나 국수를 먹는다.
- 수정이는 점심 식사로 국수를 먹지 않았다.
- 따라서 수정이는 점심 식사로 라면을 먹었다.

① 귀납 추론 ② 직접 추론
③ 간접 추론 ④ 유비 추론
⑤ 가설 추론

> **해설** 선언 삼단논법(A 또는 B이다. A가 아니다. 그러므로 B이다.)은 간접 추론의 한 종류이다.
>
> **정답** ③

정답 및 해설 p.020

대표유형 1 ▶ ··· 참 · 거짓 · 알 수 없음

01 [제시문 A]를 읽고, [제시문 B]가 참인지 거짓인지 혹은 알 수 없는지 고르면?

> [제시문 A]
> • 수영을 잘하는 모든 사람은 축구를 잘한다.
> • 축구를 잘하는 모든 사람은 농구를 잘한다.
>
> [제시문 B]
> 수영을 잘하는 철수는 농구도 잘한다.

① 참   ② 거짓   ③ 알 수 없음

> 해설 ▶ 수영을 잘하면 축구를 잘하고, 축구를 잘하면 농구를 잘하기 때문에 수영을 잘하는 철수는 농구도 잘한다.
>
> 정답 ①

※ 다음 제시문을 읽고 각 문제가 항상 참이면 ①, 거짓이면 ②, 알 수 없으면 ③을 고르시오.
   [2~3]

> • 에어컨의 소비 전력은 900W이다.
> • TV의 소비 전력은 냉장고보다 100W 더 높다.
> • 세탁기의 소비 전력은 TV보다 높고, 에어컨보다 낮다.
> • 냉장고의 소비 전력 140W이다.

02 세탁기의 소비 전력은 480W이다.

① 참   ② 거짓   ③ 알 수 없음

> 해설 ▶ 주어진 조건에 따르면 세탁기의 소비 전력은 240W인 TV보다 높고, 900W인 에어컨보다 낮으므로 899 ~ 241W 사이임을 알 수 있다. 그러나 주어진 조건만으로 세탁기의 정확한 소비 전력을 알 수 없다.
>
> 정답 ③

---

03 네 개의 가전제품 중 냉장고의 소비 전력이 가장 낮다.

① 참   ② 거짓   ③ 알 수 없음

> **해설** ▶ 소비 전력이 높은 순서대로 나열하면 '에어컨 – 세탁기 – TV – 냉장고'순이다.
> 따라서 냉장고의 소비 전력이 가장 낮음을 알 수 있다.
>
> **정답** ①

※ [제시문 A]를 읽고, [제시문 B]가 참인지, 거짓인지 혹은 알 수 없는지 고르시오. **[1~10]**

01

[제시문 A]
• 독서실에 가면 영어공부를 할 것이다.
• 도서관에 가면 과제를 할 것이다.
• 영어공부를 하면 과제를 하지 않을 것이다.

[제시문 B]
독서실에 가면 도서관에 가지 않을 것이다.

① 참   ② 거짓   ③ 알 수 없음

02

[제시문 A]
• 안구 내 안압이 상승하면 시신경 손상이 발생한다.
• 시신경이 손상되면 주변 시야가 좁아진다.

[제시문 B]
안구 내 안압이 상승하면 주변 시야가 좁아진다.

① 참   ② 거짓   ③ 알 수 없음

03

[제시문 A]
- 사람에게서는 인슐린이라는 호르몬이 나온다.
- 인슐린은 당뇨병에 걸리지 않게 하는 호르몬이다.

[제시문 B]
인슐린이 제대로 생기지 않는 사람은 당뇨병에 걸리게 된다.

① 참   ② 거짓   ③ 알 수 없음

04

[제시문 A]
- 오이보다 토마토가 더 비싸다.
- 토마토보다 참외가 더 비싸다.
- 파프리카가 가장 비싸다.

[제시문 B]
참외가 두 번째로 비싸다.

① 참   ② 거짓   ③ 알 수 없음

05

[제시문 A]
- 김대리 : 나는 호프집에 갔다.
- 박주임 : 나는 호프집에 가지 않았다.
- 이과장 : 나는 극장에 가지 않았다.

[제시문 B]
세 명이 각각 커피숍, 호프집, 극장에 가고 위의 세 명의 말 중 하나만 참일 때, 극장에 간 사람은 이과장이다.

① 참   ② 거짓   ③ 알 수 없음

06

[제시문 A]
• 바다에 가면 문어 라면을 먹겠다.
• 산에 가면 쑥을 캐겠다.
• 문어 라면을 먹으면 쑥을 캐지 않겠다.

[제시문 B]
바다에 가면 산에 가지 않겠다.

① 참   ② 거짓   ③ 알 수 없음

07

[제시문 A]
• 철수와 영희는 남매이다.
• 철수에게는 누나가 한 명 있다.
• 영희는 맏딸이다.
• 철수는 막내가 아니다.

[제시문 B]
영희의 동생은 한 명이다.

① 참   ② 거짓   ③ 알 수 없음

08

[제시문 A]
• 아메리카노를 좋아하는 모든 사람은 카페라테를 좋아한다.
• 카페라테를 좋아하는 모든 사람은 에스프레소를 좋아한다.

[제시문 B]
아메리카노를 좋아하는 진실이는 에스프레소도 좋아한다.

① 참   ② 거짓   ③ 알 수 없음

09

[제시문 A]
- 자동차는 마차보다 빠르다.
- 비행기는 자동차보다 빠르다.
- 자동차는 마차보다 무겁다.

[제시문 B]
비행기가 가장 무겁다.

① 참   ② 거짓   ③ 알 수 없음

10

[제시문 A]
- 영어를 좋아하는 사람은 수학을 좋아하지 않는다.
- 수학을 좋아하는 사람은 영어를 좋아하지 않는다.
- 수학을 좋아하지 않는 사람은 과학을 좋아한다.

[제시문 B]
영어를 좋아하지 않는 사람은 과학을 좋아한다.

① 참   ② 거짓   ③ 알 수 없음

※ 다음 주어진 지문을 읽고 그 다음에 주어진 글이 옳은지, 그른지, 주어진 지문으로는 알 수 없는지를 판단하시오. [11~13]

'지문 인식'이란 이용자가 지문 인식 센서를 이용해 지문을 입력하면, 그것을 시스템에 등록되어 있는 지문 영상과 비교하여 본인 여부를 확인하는 기술이다. 이용자가 본인임을 인증받기 위해서는 먼저 자신의 지문을 시스템에 등록해야 한다. '지문 등록'을 위해 이용자가 지문을 센서에 대면 지문의 특징이 추출되어 영상으로 저장된다. 이 영상은 본인 여부를 판정하는 기준이 된다. 등록된 영상으로 본인 여부를 판정하는 과정을 '정합 판정' 과정이라 한다. 정합 판정 과정에서는 이용자가 지문을 센서에 대면 지문의 특징이 추출되어 영상이 만들어지고, 이 영상과 시스템에 등록되어 있는 영상의 비교가 이루어진다. 그 결과 두 영상의 유사도가 기준치 이상이면 이용자의 지문을 등록되어 있는 지문과 동일한 것으로 판정한다.

11   '지문 등록'과 '정합 판정' 과정에서는 지문선이 끊어지거나 갈라지는 것을 통해 지문의 유사도를 확인한다.

① 항상 옳다.
② 전혀 그렇지 않다.
③ 주어진 지문으로는 옳고 그름을 알 수 없다.

12   지문 인식은 지문을 이용해 본인 여부를 확인하는 기술이다.

① 항상 옳다.
② 전혀 그렇지 않다.
③ 주어진 지문으로는 옳고 그름을 알 수 없다.

13   '정합 판정' 과정이 있으려면 '지문 등록' 과정이 선행되어야 한다.

① 항상 옳다.
② 전혀 그렇지 않다.
③ 주어진 지문으로는 옳고 그름을 알 수 없다.

※ 다음 주어진 지문을 읽고 그 다음에 주어진 글이 옳은지, 그른지, 주어진 지문으로는 알 수 없는지를 판단하시오. [14~16]

리플리 증후군이란 허구의 세계를 진실이라 믿고 거짓말과 거짓된 행동을 상습적으로 반복하는 반사회적 인격장애를 뜻한다. 리플리 증후군은 극단적인 감정의 기복을 보이는 등 불안정한 정신 상태를 갖고 있는 사람에게서 잘 나타나는 것으로 알려져 있다. 자신의 욕구를 충족시킬 수 없어 열등감과 피해의식에 시달리다가 상습적이고 반복적인 거짓말을 일삼으면서 이를 진실로 믿고 행동하게 된다. 거짓말을 반복하다가 본인이 한 거짓말을 스스로 믿어버리는 증후군으로서 현재 자신의 상황에 만족하지 못하는 경우에 발생한다. 이는 '만족'이라는 상대적인 개념을 개인이 어떻게 받아들이고 느끼냐에 따라 달라진다고 할 수 있다.

14 자신의 상황에 불만족하는 사람은 모두 리플리 증후군을 겪게 된다.

① 항상 옳다.
② 전혀 그렇지 않다.
③ 주어진 지문으로는 옳고 그름을 알 수 없다.

15 열등감과 피해의식은 리플리 증후군의 원인이 된다.

① 항상 옳다.
② 전혀 그렇지 않다.
③ 주어진 지문으로는 옳고 그름을 알 수 없다.

16 리플리 증후군 환자는 자신의 거짓말을 거짓말로 인식하지 못한다.

① 항상 옳다.
② 전혀 그렇지 않다.
③ 주어진 지문으로는 옳고 그름을 알 수 없다.

※ 다음 주어진 지문을 읽고 그 다음에 주어진 글이 옳은지, 그른지, 주어진 지문으로는 알 수 없는지를 판단하시오. [17~19]

우리는 선인들이 남긴 훌륭한 문화유산이나 정신 자산을 언어(특히, 문자언어)를 통해 얻는다. 언어가 시대를 넘어 문명을 전수하는 역할을 하는 것이다. 언어를 통해 전해진 선인들의 훌륭한 문화유산이나 정신 자산은 당대의 문화나 정신을 살찌우는 밑거름이 된다. 만약 언어가 없었다면 선인들과 대화하는 일은 불가능할 것이다. 그렇게 되면 인류 사회는 앞선 시대와 단절되어 더 이상의 발전을 기대할 수 없게 된다. 인류가 지금과 같은 고도의 문명사회를 이룩할 수 있었던 것도 언어를 통해 선인들과 끊임없이 대화하며 그들에게서 지혜를 얻고 그들의 훌륭한 정신을 이어받았기 때문이다.

17 문명의 발달은 언어를 매개로 이루어져 왔다.

① 항상 옳다.
② 전혀 그렇지 않다.
③ 주어진 지문으로는 옳고 그름을 알 수 없다.

18 문자언어는 음성언어보다 우월한 가치를 가진다.

① 항상 옳다.
② 전혀 그렇지 않다.
③ 주어진 지문으로는 옳고 그름을 알 수 없다.

19 인류는 언어를 통해 고도의 문명사회를 이룩하였다.

① 항상 옳다.
② 전혀 그렇지 않다.
③ 주어진 지문으로는 옳고 그름을 알 수 없다.

사회 진화론은 다윈의 생물 진화론을 개인과 집단에 적용시킨 사회 이론이다. 사회 진화론의 중심 개념은 19세기에 등장한 '생존경쟁'과 '적자생존'인데, 이 두 개념의 적용 범위가 개인인가 집단인가에 따라 자유방임주의와 결합하기도 하고 민족주의나 제국주의와 결합하기도 하였다. 1860년대 대표적인 사회 진화론자인 스펜서는 인간 사회의 생활은 개인 간의 '생존경쟁'이며, 그 경쟁은 '적자생존'에 의해 지배된다고 주장하였다. 19세기 말 키드, 피어슨 등은 인종이나 민족, 국가 등의 집단 단위로 '생존경쟁'과 '적자생존'을 적용하여 우월한 집단이 열등한 집단을 지배하는 것은 자연법칙이라고 주장함으로써 인종 차별이나 제국주의를 정당화하였다. 일본에서는 19세기 말 문명개화론자들이 사회 진화론을 수용하였다. 이들은 '생존경쟁'과 '적자생존'을 국가와 민족 단위에 적용하여 '약육강식', '우승열패'의 논리를 바탕으로 서구식 근대문명국가 건설과 군국주의를 역설하였다.

20 키드, 피어슨 등의 주장은 사회 진화론의 개념을 집단 단위에 적용한 결과이다.

① 항상 옳다.
② 전혀 그렇지 않다.
③ 주어진 지문으로는 옳고 그름을 알 수 없다.

21 사회 진화론은 생물 진화론을 바탕으로 개인에게만 적용시킨 사회 이론이다.

① 항상 옳다.
② 전혀 그렇지 않다.
③ 주어진 지문으로는 옳고 그름을 알 수 없다.

22 사회 진화론은 19세기 이전에는 존재하지 않았다.

① 항상 옳다.
② 전혀 그렇지 않다.
③ 주어진 지문으로는 옳고 그름을 알 수 없다.

※ 다음 주어진 지문을 읽고 그 다음에 주어진 글이 옳은지, 그른지, 주어진 지문으로는 알 수 없는지를 판단하시오. [23~25]

뉴턴은 빛이 눈에 보이지 않는 작은 입자라고 주장하였고, 이것은 그의 권위에 의지하여 오랫동안 정설로 여겨졌다. 그러나 19세기 초에 토머스 영의 겹실틈 실험은 빛의 파동성을 증명하였다. 이 실험의 방법은 먼저 한 개의 실틈을 거쳐 생긴 빛이 다음에 설치된 두 개의 겹실틈을 지나가게 하여 스크린에 나타나는 무늬를 관찰하는 것이다. 이때 빛이 파동이냐 입자이냐에 따라 결괏값이 달라진다. 즉, 빛이 입자라면 일자 형태의 띠가 두 개 나타나야 하는데, 실험 결과 스크린에는 예상과 다른 무늬가 나타났다. 마치 두 개의 파도가 만나면 골과 마루가 상쇄와 간섭을 일으키듯이, 보강 간섭이 일어난 곳은 밝아지고 상쇄 간섭이 일어난 곳은 어두워지는 간섭무늬가 연속적으로 나타난 것이다. 그러나 19세기 말부터 빛의 파동성으로는 설명할 수 없는 몇 가지 실험적 사실이 나타났다. 1905년에 아인슈타인은 빛은 광량자라고 하는 작은 입자로 이루어졌다는 광량자설을 주장하였다. 빛의 파동성은 명백한 사실이었으므로 이것은 빛이 파동이면서 동시에 입자인 이중적인 본질을 가지고 있다는 것을 의미하는 것이다.

23 아인슈타인의 광량자설은 뉴턴과 토머스 영의 가설을 모두 포함한다.

① 항상 옳다.
② 전혀 그렇지 않다.
③ 주어진 지문으로는 옳고 그름을 알 수 없다.

24 뉴턴의 가설은 그의 권위에 의해 현재까지도 정설로 여겨진다.

① 항상 옳다.
② 전혀 그렇지 않다.
③ 주어진 지문으로는 옳고 그름을 알 수 없다.

25 겹실틈 실험 결과, 일자 형태의 띠가 두 개 나타났으므로 빛은 입자이다.

① 항상 옳다.
② 전혀 그렇지 않다.
③ 주어진 지문으로는 옳고 그름을 알 수 없다.

※ 다음 주어진 지문을 읽고 그 다음에 주어진 글이 옳은지, 그른지, 주어진 지문으로는 알 수 없는지를 판단하시오. [26~28]

과학 기술이 예술에 영향을 끼친 사례는 무수히 많다. 우선 과학의 신(新)이론이나 새로운 발견은 예술가의 이성과 감성에 영향을 준다. 물론 이 영향은 예술가의 작품에 반영되고 새로운 예술 풍조, 더 나아가서 새로운 예술사상이 창조되는 원동력으로 작용되기도 한다. 그리고 과학 기술의 발전은 예술가로 하여금 변화하기를 강요한다. 예를 들어, 수 세기 동안 회화는 2차원의 캔버스에 3차원의 환영을 나타내는 것을 궁극적인 목표로 삼아왔으나 사진 기술의 발달은 직접적·간접적으로 사실적인 회화 기법의 입지를 약화시키는 역할을 했다. 또 과학 기술의 발전은 예술가에게 새로운 연장, 그리고 재료를 제공함으로써 예술가는 자신의 표현 영역을 넓힐 수 있게 되고 한 걸음 더 나아가서 새로운 기법, 새로운 예술 양식의 출현을 가져온다.

26 사진 기술의 발달은 과학 기술이 예술에 영향을 끼친 사례에 해당한다.

① 항상 옳다.
② 전혀 그렇지 않다.
③ 주어진 지문으로는 옳고 그름을 알 수 없다.

27 과학 기술은 결과적으로 예술에 악영향을 끼친다.

① 항상 옳다.
② 전혀 그렇지 않다.
③ 주어진 지문으로는 옳고 그름을 알 수 없다.

28 과학 기술의 영향으로 예술의 발전은 점차 예술가의 이성을 중심으로 이루어지게 되었다.

① 항상 옳다.
② 전혀 그렇지 않다.
③ 주어진 지문으로는 옳고 그름을 알 수 없다.

A, B, C, D, E 5명이 5층 건물에 한 층당 한 명씩 살고 있다. 다음에 근거하여 항상 적절한 추론을 고르면?

> • C와 D는 서로 인접한 층에 산다.
> • A는 2층에 산다.
> • B는 A보다 높은 층에 산다.

① D는 가장 높은 층에 산다.
② A는 E보다 높은 층에 산다.
③ C는 3층에 산다.
④ E는 D보다 높은 층에 산다.
⑤ A는 가장 낮은 층에 산다.

해설 ▶ 아래층부터 (E, A, B, C, D), (E, A, C, D, B), (E, A, B, D, C), (E, A, D, C, B)의 네 가지 경우를 추론할 수 있다.

정답 ②

※ 다음 제시문을 바탕으로 추론할 수 있는 것을 고르시오. [29~34]

29

> • 주말을 제외한 이번 주 월요일부터 금요일까지의 평균 낮 기온은 25도로 예상된다.
> • 화요일의 낮 기온은 26도로 월요일보다 1도 높을 것으로 예상된다.
> • 수요일 낮에는 많은 양의 비가 내리면서 전일보다 3도 낮은 기온이 예상된다.
> • 금요일의 낮 기온은 이번 주 평균 낮 기온으로 예상된다.

① 월요일과 목요일의 낮 기온은 같을 것이다.
② 목요일의 낮 기온은 평균 26도로 예상할 수 있다.
③ 화요일의 낮 기온이 주말보다 높을 것이다.
④ 목요일의 낮 기온은 월~금요일의 평균 기온보다 낮을 것이다.
⑤ 월요일부터 금요일까지의 기온은 계속 떨어질 것이다.

30

> • 신문을 구독하는 사람은 B신문을 구독하지 않는다.
> • 신문을 구독하는 사람 중 일부는 C신문도 구독한다.

① A신문과 C신문을 동시에 구독하는 사람도 있다.
② A신문을 구독하는 사람은 C신문을 구독하지 않는다.
③ C신문을 구독하는 사람은 B신문을 구독하지 않는다.
④ B신문을 구독하는 사람은 A신문을 구독하지 않는다.
⑤ C신문을 구독하는 사람 중 일부만 A신문을 구독할 것이다.

31

> • 민정이는 일주일에 세 번 아르바이트를 한다.
> • 민정이는 월요일과 일요일에는 아르바이트를 하지 않는다.
> • 이틀 연속 아르바이트를 하는 날은 없다.

① 화요일은 민정이가 아르바이트를 하는 날이다.
② 수요일은 민정이가 아르바이트를 하는 날이다.
③ 목요일은 민정이가 아르바이트를 하지 않는 날이다.
④ 토요일은 민정이가 아르바이트를 하지 않는 날이다.
⑤ 금요일은 미정이가 아르바이트를 하는 날이다.

32

> • 희정이는 세영이보다 낮은 층에 산다.
> • 세영이는 은솔이보다 높은 층에 산다.
> • 은솔이는 희진이 옆집에 산다.

① 세영이는 희진이보다 높은 층에 산다.
② 희진이는 희정이보다 높은 층에 산다.
③ 은솔이는 희정이보다 높은 층에 산다.
④ 세영이가 가장 낮은 층에 산다.
⑤ 희정이가 가장 낮은 층에 산다.

33

> • 노란 상자는 초록 상자에 들어간다.
> • 파란 상자는 빨간 상자에 들어간다.
> • 빨간 상자와 노란 상자가 같은 크기이다.

① 파란 상자는 초록 상자에 들어가지 않는다.
② 초록 상자는 빨간 상자에 들어간다.
③ 초록 상자는 파란 상자에 들어가지 않는다.
④ 노란 상자는 빨간 상자에 들어간다.
⑤ 노란 상자는 파란 상자에 들어간다.

34

> • 영희는 영어 2등, 수학 2등, 국어 2등을 하였다.
> • 상욱이는 영어 1등, 수학 3등, 국어 1등을 하였다.
> • 수현이는 수학만 1등을 하였다.
> • 전체 평균 1등을 한 것은 영희이다.

① 총점이 가장 높은 것은 영희이다.
② 수현이의 수학 점수는 상욱이의 영어 점수보다 높다.
③ 상욱이의 영어 점수는 영희의 수학 점수보다 높다.
④ 영어와 수학 점수만을 봤을 때, 상욱이가 1등일 것이다.
⑤ 국어 점수는 수현이가 가장 높다.

※ 다음 〈조건〉을 토대로 판단한 것 중 옳은 것을 고르시오. [35~40]

35

- 6층짜리 주택에 현진, 유미, 윤수, 영주, 태희, 선우가 입주하였다.
- 유미와 영주는 4층의 간격을 갖는다.
- 유미와 선우는 인접해 있지 않다.
- 현진은 태희보다 밑에 산다.
- 영주는 현진보다 밑에 산다.
- 윤수는 5층에 산다.

- A : 유미는 선우보다 높은 곳에 산다.
- B : 영주는 3층에 산다.

① A만 옳다.　　　　　　　　② B만 옳다.
③ A, B 모두 옳다.　　　　　④ A, B 모두 틀리다.
⑤ 알 수 없다.

36

- 중국어를 잘하면 불어를 못한다.
- 스페인어를 잘하면 중국어를 잘한다.
- 일본어를 잘하면 스페인어를 잘한다.

- A : 일본어를 잘하면 불어를 못한다.
- B : 스페인어를 잘하면 불어를 잘한다.

① A만 옳다.　　　　　　　　② B만 옳다.
③ A, B 모두 옳다.　　　　　④ A, B 모두 틀리다.
⑤ 알 수 없다.

37

조건

• 어린이 도서 코너는 가장 오른쪽에 있다.
• 잡지 코너는 외국 서적 코너보다 왼쪽에 있다.
• 소설 코너는 잡지 코너보다 왼쪽에 있다.

• A : 소설 코너는 외국 서적 코너보다 왼쪽에 있다.
• B : 어린이 도서 코너는 잡지 코너보다 오른쪽에 있다.

① A만 옳다.   ② B만 옳다.
③ A, B 모두 옳다.   ④ A, B 모두 틀리다.
⑤ 알 수 없다.

38

조건

• 스낵 코너는 가장 오른쪽에 있다.
• 분식 코너는 양식 코너보다 왼쪽에 있다.
• 일식 코너는 분식 코너보다 왼쪽에 있다.

• A : 일식 코너는 양식 코너보다 왼쪽에 있다.
• B : 스낵 코너는 분식 코너보다 오른쪽에 있다.

① A만 옳다.   ② B만 옳다.
③ A, B 모두 옳다.   ④ A, B 모두 틀리다.
⑤ 알 수 없다.

39

조건

• 뇌세포가 일정 비율 이상 활동하지 않으면 집중력이 떨어진다.
• 잠이 잘 오면 얕게 자지 않아 다음날 쾌적하게 된다.
• 잠이 잘 오지 않는다면 뇌세포가 일정 비율 이상 활동하고 있다는 것이다.

• A : 뇌세포가 일정 비율 이상 활동하지 않으면 얕게 자지 않아 다음날 쾌적하게 된다.
• B : 집중력이 떨어지면 얕게 자지 않아 다음날 쾌적하게 된다.

① A만 옳다.   ② B만 옳다.
③ A, B 모두 옳다.   ④ A, B 모두 틀리다.
⑤ 알 수 없다.

PART 2
언어추리
언어유추

40

- 공부를 열심히 하면 시험을 잘 본다.
- 성적을 잘 받으면 좋은 대학에 간다.
- 성적을 못 받았다면 시험을 못 봤다는 것이다.

- A : 공부를 열심히 하면 성적을 잘 받는다.
- B : 성적을 잘 받았다면 공부를 열심히 한 것이다.

① A만 옳다.   ② B만 옳다.

③ A, B 모두 옳다.   ④ A, B 모두 틀리다.

⑤ 알 수 없다.

대표유형 3 .... **삼단논법**

제시된 명제가 모두 참일 때, 빈칸에 들어갈 명제로 가장 적절한 것은?

- 철학은 학문이다.
- 모든 학문은 인간의 삶을 의미 있게 해준다.
  그러므로 _____

① 철학과 학문은 같다.
② 학문을 하려면 철학을 해야 한다.
③ 철학은 인간의 삶을 의미 있게 해준다.
④ 철학을 하지 않으면 삶은 의미가 없다.
⑤ 철학을 제외한 학문은 인간의 삶을 의미 없게 만든다.

> 해설   철학은 학문이고, 모든 학문은 인간의 삶을 의미 있게 해준다. 따라서 철학은 인간의 삶을 의미 있게
> 해준다.
>
> 정답 ③

※ 제시된 명제가 모두 참일 때, 빈칸에 들어갈 명제로 가장 적절한 것을 고르시오. [41~50]

41

> • 비가 오지 않으면 개구리가 울지 않는다.
> • 비가 오지 않으면 제비가 낮게 날지 않는다.
> 그러므로 _____

① 비가 오면 제비가 낮게 난다.
② 제비가 낮게 날지 않는 날에는 비가 오지 않는다.
③ 개구리가 울지 않으면 제비가 낮게 날지 않는다.
④ 제비가 낮게 나는 날에는 개구리가 울지 않는다.
⑤ 제비가 낮게 나는 어떤 날은 비가 온다.

42

> • 스테이크를 먹는 사람은 지갑이 없다.
> • _____
> • 지갑이 있는 사람은 쿠폰을 받는다.

① 스테이크를 먹는 사람은 쿠폰을 받지 않는다.
② 스테이크를 먹지 않는 사람은 쿠폰을 받는다.
③ 쿠폰을 받는 사람은 지갑이 없다.
④ 지갑이 없는 사람은 쿠폰을 받지 않는다.
⑤ 지갑이 없는 사람은 스테이크를 먹지 않는다.

43

> • 광물은 매우 규칙적인 원자 배열을 가지고 있다.
> • 다이아몬드는 광물이다.
> 그러므로 _____

① 다이아몬드는 매우 규칙적인 원자 배열을 가지고 있다.
② 광물이 아니면 규칙적인 원자 배열을 가지고 있지 않다.
③ 다이아몬드가 아니면 광물이 아니다.
④ 광물은 다이아몬드이다.
⑤ 광물이 아니면 다이아몬드이다.

44

> • 낡은 것을 버려야 새로운 것을 채울 수 있다.
> • _____
> • 새로운 것을 채우지 않는다면 더 많은 세계를 경험할 수 없다.

① 새로운 것을 채운다면 낡은 것을 버릴 수 있다.
② 낡은 것을 버리지 않는다면 새로운 것을 채울 수 없다.
③ 새로운 것을 채운다면 더 많은 세계를 경험할 수 있다.
④ 낡은 것을 버리지 않는다면 더 많은 세계를 경험할 수 없다.
⑤ 더 많은 세계를 경험하지 못한다면 새로운 것을 채울 수 없다.

45

> • 음악을 좋아하는 사람은 상상력이 풍부하다.
> • 음악을 좋아하지 않는 사람은 노란색을 좋아하지 않는다.
> 그러므로 _____

① 노란색을 좋아하지 않는 사람은 음악을 좋아한다.
② 음악을 좋아하지 않는 사람은 상상력이 풍부하지 않다.
③ 상상력이 풍부한 사람은 노란색을 좋아하지 않는다.
④ 노란색을 좋아하는 사람은 상상력이 풍부하다.
⑤ 상상력이 풍부하지 않은 사람은 음악을 좋아한다.

46

> • 공부를 잘하는 사람은 모두 꼼꼼하다.
> • _____
> 그러므로 꼼꼼한 사람 중 일부는 시간 관리를 잘한다.

① 공부를 잘하는 사람 중 일부는 꼼꼼하지 않다.
② 시간 관리를 잘하지 못하는 사람은 꼼꼼하다.
③ 꼼꼼한 사람은 시간 관리를 잘하지 못한다.
④ 공부를 잘하는 어떤 사람은 시간 관리를 잘한다.
⑤ 시간 관리를 잘하는 사람 중 일부는 꼼꼼하지 않다.

47

- 채소를 좋아하는 사람은 해산물을 싫어한다.
- _____
- 디저트를 좋아하는 사람은 채소를 싫어한다.

① 채소를 싫어하는 사람은 해산물을 좋아한다.
② 디저트를 좋아하는 사람은 해산물을 싫어한다.
③ 채소를 싫어하는 사람은 디저트를 싫어한다.
④ 디저트를 좋아하는 사람은 해산물을 좋아한다.
⑤ 디저트를 싫어하는 사람은 해산물을 싫어한다.

48

- 회사원은 야근을 한다.
- _____
- 늦잠을 자지 않는 사람은 회사원이 아니다.

① 회사원이 아니면 야근을 하지 않는다.
② 늦잠을 자면 회사원이다.
③ 야근을 하지 않는 사람은 늦잠을 잔다.
④ 야근을 하는 사람은 늦잠을 잔다.
⑤ 회사원이면 늦잠을 자지 않는다.

49

- 홍보실은 워크숍에 간다.
- _____
- 출장을 가지 않으면 워크숍에 간다.

① 홍보실이 아니면 워크숍에 가지 않는다.
② 출장을 가면 워크숍에 가지 않는다.
③ 출장을 가면 홍보실이 아니다.
④ 워크숍에 가지 않으면 출장을 가지 않는다.
⑤ 홍보실이 아니면 출장을 간다.

50

> • 포유류는 새끼를 낳아 키운다.
> • 고양이는 포유류이다.
> 그러므로 _____

① 포유류는 고양이이다.
② 고양이는 새끼를 낳아 키운다.
③ 새끼를 낳아 키우는 것은 고양이이다.
④ 새끼를 낳아 키우는 것은 포유류가 아니다.
⑤ 고양이가 아니면 포유류가 아니다.

대표유형 4 ·· **논리적 오류**

다음과 동일한 오류를 범하고 있는 것은?

> 철수가 우등상을 받지 못한 걸 보니 꼴찌를 한 것이 분명하다.

① 아파트 내에서 세차를 하면 구청에 고발하겠습니다.
② 철수, 넌 내 의견에 찬성할 거지? 넌 나의 죽마고우잖아.
③ 영희는 자장면을 좋아하지 않으니까 틀림없이 자장면을 싫어할 거야.
④ 어머니는 용꿈을 꾸었기 때문에 나를 낳았다고 말씀하셨다.
⑤ 지옥에는 행복이 없다. 이 세상은 지옥이다. 따라서 이 세상에는 행복이 없다.

> 해설 ▶ 철수의 성적이 중간 정도일 수 있는데도 불구하고 우등생이 아니면 꼴찌라고 생각하는 것은 흑백
> 사고의 오류이다. 이와 유사한 오류를 보이는 것은 ③이다.
>
> 정답 ③

51

> 농업에 종사하는 사람이라면 농협에 가입해야 하고, 가입하지 않는 사람은 농업에 종사하는 사람이 아니다. 따라서 농협에 가입하지 않은 사람이라면 농업인이라고 할 수 없다.

① 성급한 일반화의 오류
② 피장파장의 오류
③ 순환 논증의 오류
④ 거짓 딜레마
⑤ 미끄러운 비탈길의 오류

52

> A : 이번 영화는 정말 별로지 않아? 주인공 연기도 별로인 데다가 스토리도 엉망이야. 게다가 주인공이 악당을 물리치는 장면은 옛날 영화에나 나올 법한 연출이었어.
> B : 너는 배우도 아니고, 영화감독도 아니면서 왜 이렇게 지적을 많이 해?

① 인신공격의 오류
② 논점 일탈의 오류
③ 의도 확대의 오류
④ 성급한 일반화의 오류
⑤ 대중에 호소하는 오류

53

> 유명 연예인의 SNS를 보면 항상 이 안마의자를 사용하고 있더라고. 댓글에도 이 제품에 관한 칭찬이 가득해. 역시 유명한 연예인이 직접 사용하는 것은 믿고 구매할 수 있겠어.

① 흑백 논리의 오류
② 부적합한 권위에 호소하는 오류
③ 논점 일탈의 오류
④ 잘못된 유추의 오류
⑤ 무지에 호소하는 오류

54

> 갑 : 요즘 아이들은 기초 체력이 너무 부족한 것 같아요. 교육 과정에서 체육 수업 시간을 적극적으로 늘려야 합니다.
>
> 을 : 성인들의 운동 부족이 더 큰 문제입니다. 운동 부족으로 인한 성인병이 사회적 문제가 되고 있는 상황에서 아이들의 체력 부족을 문제 삼는 것은 적절하지 않다고 생각합니다. 성인들이 꾸준히 운동을 할 수 있도록 캠페인을 진행하는 것은 어떨까요?

① 성급한 일반화의 오류   ② 피장파장의 오류
③ 군중에 호소하는 오류   ④ 인신공격의 오류
⑤ 흑백사고의 오류

55 **다음 중 같은 유형의 추론상 오류를 범하는 것을 모두 고르면?**

> ㉠ 국회의원 홍길순씨는 경기를 활성화하기 위해 고소득자의 세금 부담을 경감하자는 취지의 법안을 제출했다. 하지만 그는 최근 일어난 뇌물 사건에 연루된 인물이므로 이 법안은 반드시 거부되어야 한다.
> ㉡ 김갑수씨를 우리 회사의 새 경영자로 초빙하는 것은 좋은 생각이 아닌 듯싶다. 지난 15년간 그는 5개의 사업을 했는데, 그의 무능한 경영의 결과로 모두 다 파산하였다.
> ㉢ 새 시장이 선출된 이후 6개월 동안 버스가 전복되고, 교량이 붕괴되고, 시내 대형 건물에서 화재가 발생하는 사고가 있었다. 시민의 안전을 위해 시장을 물러나게 할 수밖에 없다.
> ㉣ 박길수씨는 최근 우리 회사에서 일어난 도난 사건의 가장 유력한 용의자가 김 씨라고 주장한다. 이 주장은 터무니없다. 왜냐하면 박길수 씨는 최근 음주운전 사고로 물의를 일으킨 적이 있기 때문이다.

① ㉠, ㉡   ② ㉠, ㉢
③ ㉡, ㉢   ④ ㉠, ㉣
⑤ ㉢, ㉣

연경, 효진, 다솜, 지민, 지현 5명 중에서 1명이 선생님의 책상에 있는 화병에 꽃을 꽂아 두었다. 이 중 두 명의 이야기는 모두 거짓이지만 세 명의 이야기는 모두 참이라고 할 때 선생님 책상에 꽃을 꽂아둔 사람은?

> 연경 : 화병에 꽃을 꽂아두는 것을 나와 지현이만 보았다. 효진이의 말은 모두 맞다.
> 효진 : 화병에 꽃을 꽂아둔 사람은 지민이다. 지민이가 그러는 것을 지현이가 보았다.
> 다솜 : 지민이는 꽃을 꽂아두지 않았다. 지현이의 말은 모두 맞다.
> 지민 : 화병에 꽃을 꽂아두는 것을 세 명이 보았다. 효진이는 꽃을 꽂아두지 않았다.
> 지현 : 나와 연경이는 꽃을 꽂아두지 않았다. 나는 누가 꽃을 꽂는지 보지 못했다.

① 연경   ② 효진
③ 다솜   ④ 지민
⑤ 지현

해설 연경, 효진, 다솜, 지민, 지현의 증언을 차례대로 검토하면서 모순 여부를 찾아내면 쉽게 문제를 해결할 수 있다.
1) 먼저 연경이의 증언이 참이라면, 효진이의 증언도 참이다. 그런데 효진이의 증언이 참이라면 지현이의 증언은 거짓이 된다.
2) 지현이의 증언이 거짓이라면, '나와 연경이는 꽃을 꽂아두지 않았다.'는 말 역시 거짓이 되어 연경이와 지현이 중 적어도 한 명은 꽃을 꽂아두었다고 봐야 한다. 그런데 효진이의 증언은 지민이를 지적하고 있으므로 역시 모순이다. 결국 연경이와 효진이의 증언은 거짓이다.
그러므로 다솜, 지민, 지현이의 증언이 참이 되며, 이들이 언급하지 않은 다솜이가 꽃을 꽂아두었다.

정답 ③

56 경찰은 용의자 5명을 대상으로 수사를 벌이고 있다. 범인을 검거하기 위해 경찰은 용의자 5명을 심문하였다. 이들 5명은 아래와 같이 진술하였는데 이 중 2명의 진술은 참이고, 3명의 진술은 거짓이라고 할 때, 범인을 고르면?(단, 범행 현장에는 범죄자와 목격자가 있고, 범죄자는 목격자가 아니며, 모든 사람은 참이나 거짓만 말한다)

> A : 나는 범인이 아니고, 나와 E만 범행 현장에 있었다.
> B : C와 D는 범인이 아니고, 목격자는 2명이다.
> C : 나는 B와 함께 있었고, 범행 현장에 있지 않았다.
> D : C의 말은 모두 참이고, B가 범인이다.
> E : 나는 범행 현장에 있었고, A가 범인이다.

① A   ② B
③ C   ④ D
⑤ E

57 S기업의 직원인 A, B, C, D, E 5명이 자신들의 직급에 대하여 이야기하고 있다. 이들은 각각 사원, 대리, 과장, 차장, 부장이다. 1명의 말만 진실이고 나머지 사람들의 말은 모두 거짓이라고 할 때, 다음 중 진실을 말한 사람은?(단, 직급은 사원 – 대리 – 과장 – 차장 – 부장 순이며, 모든 사람은 진실 또는 거짓만 말한다)

> A : 나는 사원이고, D는 사원보다 직급이 높아.
> B : E가 차장이고, 나는 차장보다 낮은 직급이지.
> C : A는 과장이 아니고, 사원이야.
> D : E보다 직급이 높은 사람은 없어.
> E : C는 부장이고, B는 사원이야.

① A   ② B
③ C   ④ D
⑤ E

58 어느 모임에서 지갑 도난 사건이 일어났다. 여러 가지 증거를 근거로 혐의자는 A, B, C, D, E로 좁혀졌다. A, B, C, D, E 중 한 명이 범인이고, 그들의 진술은 다음과 같다. 각각의 혐의자들이 말한 세 가지 진술 중에 두 가지는 참이지만, 한 가지는 거짓이라고 밝혀졌다. 지갑을 훔친 사람은 누구인가?

> A : 나는 훔치지 않았다. C도 훔치지 않았다. D가 훔쳤다.
> B : 나는 훔치지 않았다. D도 훔치지 않았다. E가 진짜 범인을 알고 있다.
> C : 나는 훔치지 않았다. E는 내가 모르는 사람이다. D가 훔쳤다.
> D : 나는 훔치지 않았다. E가 훔쳤다. A가 내가 훔쳤다고 말한 것은 거짓말이다.
> E : 나는 훔치지 않았다. B가 훔쳤다. C와 나는 오랜 친구이다.

① A   ② B
③ C   ④ D
⑤ E

59 12시경 준표네 집에 도둑이 들었다. 목격자에 의하면 도둑은 한 명이다. 이 사건의 용의자로는 A, B, C, D, E가 있고, 다음에는 이들의 진술 내용이 기록되어 있다. 이 다섯 사람 중 오직 두 명만이 거짓말을 하고 있다면, 그리고 그 거짓말을 하는 두 명 중 한 명이 범인이라면, 누가 범인인가?

> A : 나는 사건이 일어난 낮 12시에 학교에 있었다.
> B : 그날 낮 12시에 나는 A, C와 함께 있었다.
> C : B는 그날 낮 12시에 A와 부산에 있었다.
> D : B의 진술은 참이다.
> E : C는 그날 낮 12시에 나와 단 둘이 함께 있었다.

① A   ② B
③ C   ④ D
⑤ E

60 A, B, C, D 네 명의 피의자가 경찰에게 다음과 같이 진술하였다. 한 사람의 진술만이 참일 경우의 범인과, 한 사람의 진술만이 거짓일 경우의 범인을 차례로 나열한 것은?(단, 범인은 한 명이며, 범인의 말은 반드시 거짓이다)

> A : C가 범인이다.
> B : 나는 범인이 아니다.
> C : D가 범인이다.
> D : C는 거짓말을 했다.

① A, B   ② A, C
③ A, D   ④ B, C
⑤ B, D

다음 제시문을 읽고 바로 뒤에 이어질 내용을 추론한 것은?

> 나노선과 나노점을 만들기 위해 하향식과 상향식의 두 가지 방법이 시도되고 있다. 하향식 방법은 원료 물질을 전자빔 등을 이용하여 작게 쪼개는 방법인데, 현재 7나노미터 수준까지 제조가 가능하지만 생산성과 경제적 효용성이 문제가 되고 있다. 이러한 문제점을 해결하기 위해 시도되고 있는 상향식 방법에서는 물질을 작게 쪼개는 대신 원자나 분자의 결합력에 따른 자기 조립 현상을 이용하여 나노 입자를 제조하려 한다.

① 나노 기술 구현의 최대 난제는 나노 물질의 인위적 제조이다. 나노 물질은 나노점, 나노선, 나노 박막의 형태로 구분된다.
② 하향식 방법의 기술적인 문제만 해결된다면 상향식 방법은 효용성이 없다.
③ 상향식 방법은 경제적 측면에서는 하향식에 비해 훨씬 유리하나, 기술적으로 해결해야 할 난점들이 많다는 데 문제가 있다.
④ 나노 기술은 여러 가지 분야에서 활용되고 있다.
⑤ 경제적 문제로 인해미술가 얻어내려고 상향식 방법보다는 하향식 방법이 선호되고 있다.

> **해설** ▶ 하향식 방법에 대한 설명에 이어 상향식 방법에 대한 설명이 나와야 하므로, 이어질 내용으로 적절한 것은 ③이다.
>
> **정답** ③

61 S회사에 근무하는 B씨가 이 기사를 읽고 기업의 사회적 책임에 대해 생각해보았다고 할 때, B씨가 생각한 것으로 적절하지 않은 것은?

> 세계 자동차 시장 점유율 1위를 기록했던 도요타 자동차는 2009년 11월 가속페달의 매트 끼임 문제로 미국을 비롯해 전 세계적으로 1,000만 대가 넘는 사상 초유의 리콜을 했다. 도요타 자동차의 리콜 사태에 대한 원인으로 기계적 원인과 더불어 무리한 원가절감, 과도한 해외생산 확대, 안일한 경영 등 경영상의 요인들이 제기되고 있다. 또 도요타 자동차는 급속히 성장하면서 제기된 문제들을 소비자의 관점이 아닌 생산자의 관점에서 해결하려고 했고, 늦은 리콜 대응 등 문제 해결에 미흡했다는 지적을 받고 있다. 이런 대규모 리콜 사태로 인해 도요타 자동차가 지난 수십 년간 세계적으로 쌓은 명성은 하루아침에 모래성이 됐다. 이와 다른 사례로 존슨앤드존슨의 타이레놀 리콜사건이 있다. 1982년 9월 말 미국 시카고 지역에서 존슨앤드존슨의 엑스트라 스트렝스 타이레놀 캡슐을 먹고 4명이 사망하는 사건이 발생한 것이었으나, 존슨앤드존슨은 즉각적인 대규모 리콜을 단행했다. 그 결과 존슨앤드존슨은 소비자들의 신뢰를 다시 회복했다.

① 상품에서 결함이 발견됐다면 기업은 그것을 인정하고 책임지는 모습이 필요해.
② 기업은 문제를 인지한 즉시 문제를 해결하기 위해 노력해야 해.
③ 이윤창출은 기업의 유지에 필요하지만, 수익만을 위해 움직이는 것은 여러 문제를 일으킬 수 있어.
④ 존슨앤드존슨은 사회의 기대와 가치에 부합하는 윤리적 책임을 잘 이행하였어.
⑤ 소비자의 관점이 아닌 생산자의 관점에서 문제를 해결할 때, 소비자들의 신뢰를 회복할 수 있어.

62

> 한 연구원이 어떤 실험을 계획하고 참가자들에게 이렇게 설명했다.
> "여러분은 지금부터 둘씩 조를 지어 함께 일을 하게 됩니다. 여러분의 파트너는 다른 작업장에서 여러분과 똑같은 일을, 똑같은 노력을 기울여야 할 것입니다. 이번 실험에 대한 보수는 각 조당 5만 원입니다."
> 실험 참가자들이 작업을 마치자 연구원은 참가자들을 세 부류로 나누어 각각 2만 원, 2만 5천 원, 3만 원의 보수를 차등 지급하면서, 그들이 다른 작업장에서 파트너가 받은 액수를 제외한 나머지 보수를 받은 것으로 믿게 하였다.
> 그 후 연구원은 실험 참가자들에게 몇 가지 설문을 했다. '보수를 받고 난 후에 어떤 기분이 들었는지, 나누어 받은 돈이 공정하다고 생각하는지'를 묻는 것이었다. 연구원은 설문을 하기 전에 3만 원을 받은 참가자가 가장 행복할 것이라고 예상했다. 그런데 결과는 예상과 달랐다. 3만 원을 받은 사람은 2만 5천 원을 받은 사람보다 덜 행복해 했다. 자신이 과도하게 보상을 받아 부담을 느꼈기 때문이다. 2만 원을 받은 사람도 덜 행복해 한 것은 마찬가지였다. 받아야 할 만큼 충분히 받지 못했다고 생각했기 때문이다.

① 인간은 공평한 대우를 받을 때 더 행복해 한다.
② 인간은 남보다 능력을 더 인정받을 때 더 행복해 한다.
③ 인간은 타인과 협력할 때 더 행복해 한다.
④ 인간은 상대를 위해 자신의 몫을 양보했을 때 더 행복해 한다.
⑤ 인간은 자신이 설정한 목표를 달성했을 때 가장 행복해 한다.

63

> 사람들은 단순히 공복을 채우기 위해서가 아니라 다른 많은 이유로 '먹는다.'는 행위를 행한다. 먹는다는 것에 대한 비생리학적인 동기에 관해서 연구하고 있는 과학자들에 따르면 비만인 사람들과 표준체중인 사람들은 식사 패턴에서 꽤나 차이를 보이는 것을 알 수 있다고 한다. 한 연구에서는 비만인 사람들에 대해 식사 전에 그 식사에 대한 상세한 설명을 하면 설명을 하지 않은 경우에 비해서 식사량이 늘었지만, 표준체중인 사람들에게서는 그런 현상이 보이지 않았다. 또한 표준체중인 사람들은 밝은 색 접시에 담긴 견과류와 어두운 색 접시에 담긴 견과류를 먹은 개수의 차가 거의 없는 것에 비해, 비만인 사람들은 밝은 색 접시에 담긴 견과류를 어두운 색 접시에 담긴 견과류보다 2배 더 많이 먹었다는 연구도 있다.

① 비만인 사람들은 표준체중인 사람들에 비해 외부 자극에 의해 식습관에 영향을 받기 쉽다.
② 표준체중인 사람들은 비만체중인 사람들에 비해 식사량이 적다.
③ 비만인 사람들은 생리학적인 필요성이라기보다 감정적 또는 심리적인 필요성에 쫓겨서 식사를 하고 있다.
④ 비만인 사람들은 표준체중인 사람들보다 감각이 예민하다.
⑤ 표준체중인 사람들은 음식에 대한 욕구를 절제할 수 있다.

신화는 서사(Narrative)와 상호 규정적이다. 그런 의미에서 신화는 역사·학문·종교·예술과 모두 관련되지만, 그중의 어떤 하나만은 아니다. 예를 들면, '신화는 역사다.'라는 말이 하나의 전체일 수는 없다. 나머지인 학문·종교·예술 중 어느 하나라도 배제된다면 더 이상 신화가 아니기 때문이다. 신화는 이들의 복합적 총체이지만, 신화는 신화일 뿐 역사나 학문, 종교나 예술 자체일 수 없다.

① 신화는 현대 학문의 영역에서 배제되는 경향이 있다.
② 인류역사는 신화의 시대에서 형이상학의 시대로, 그리고 실증주의의 시대로 이행하였다.
③ 신화는 종교 문학에 속하는 문학의 한 장르이다.
④ 신화는 예술과 상호 관련을 맺는 예술적 상관물이다.
⑤ 신화는 특히 종교와 그 관련이 깊다고 할 수 있다.

예술의 각 사조는 특정한 역사적 현실 위에서, 특정한 이데올로기를 표현하기 위하여 등장한다. 따라서 특정한 예술 사조를 받아들일 때, 그 예술의 형식 뒤에 숨은 이데올로기를 충분히 소화하고 있느냐가 문제가 된다. 그렇지 못한 모방행위는 형식 미학 또는 관념 미학이 갖는 오류에서 벗어나지 못한다. 가령 어느 예술가가 인상파의 영향을 받았다면, 동시에 그는 그것의 시대적 한계와 약점까지 추적해야 한다. 그리고 그것을 자신이 사는 시대에 접목하였을 경우 현실의 문화적 풍토 위에서 성장할 수 있는가를 가늠해야 한다.

① 모방행위는 예술 사조에 포함되지 않는다.
② 예술 사조는 역사적 현실과 불가분의 관계이다.
③ 예술 사조는 현실적 가치만을 반영한다.
④ 예술 사조는 예술가가 현실과 조율한 타협점이다.
⑤ 모든 예술 사조는 오류를 피하고 완벽을 추구한다.

66 제시문을 바탕으로 한 추론으로 적절하지 않은 것은?

> 20세기로 들어서기 전에 이미 영화는 두 가지 주요한 방향으로 발전하기 시작했는데, 그것은 곧 사실주의와 형식주의이다. 1890년대 중반 프랑스의 뤼미에르 형제는 「열차의 도착」이라는 영화를 통해 관객들을 매혹시켰는데, 그 이유는 영화에 그들의 실생활을 거의 비슷하게 옮겨 놓은 것처럼 보였기 때문이다. 거의 같은 시기에 조르주 멜리에스는 순수한 상상의 사건인 기발한 이야기와 트릭 촬영을 혼합시켜 「달세계 여행」이라는 판타지 영화를 만들었다. 이들은 각각 사실주의와 형식주의 영화의 전통적 창시자라 할 수 있다.

① 「열차의 도착」은 사실주의를 나타낸 영화이다.
② 영화는 사실주의와 형식주의의 방향으로 발전했다.
③ 「달세계 여행」이라는 영화는 형식주의를 나타낸 영화이다.
④ 조르주 멜리에스는 형식주의 영화를 만들고자 했다.
⑤ 사실주의 영화에서 기발한 이야기와 트릭 촬영은 중요한 요소이다.

67 제시문을 바탕으로 한 추론으로 적절한 것을 〈보기〉에서 모두 고르면?

> 재물은 우물에 비유할 수가 있다. 퍼내면 늘 물이 가득하지만 길어내기를 그만두면 물이 말라버림과 같다. 따라서 화려한 비단옷을 입지 않으므로 나라에는 비단을 짜는 사람이 없고, 그로 인해 여인의 기술이 피폐해졌다.

보기

ㄱ. 제시문은 소비를 권유한다.
ㄴ. 소비를 계속하는 것은 나라의 발전을 도모하는 것이다.
ㄷ. 수요가 사라지면 공급도 사라진다.

① ㄱ   ② ㄱ, ㄴ
③ ㄱ, ㄷ   ④ ㄴ, ㄷ
⑤ ㄱ, ㄴ, ㄷ

68 제시문으로부터 추론할 수 있는 것은?

> 예컨대 꽃봉오리가 활짝 피어나면 그것은 반드시 소멸되게 마련이거니와 이때 그 꽃봉오리는 새로 피어난 꽃에 의해서 부정된다고 할 수 있다. 이렇듯 활짝 핀 꽃은 오히려 그 자신이 거두어들인 열매로 인해서 식물의 거짓된 현존재임이 밝혀지면서, 이제 그 열매는 꽃봉오리를 대신해서 식물의 진리로서 등장한다. …… 이들 서로의 형식은 그 자체의 유동적 성질에 의하여 상호 간에 유기적 통일을 이루는 저마다의 계기를 뜻함으로써 결코 이들은 서로가 상치될 수 없는 관계에 있을 뿐 아니라, 오히려 그 어느 것도 없어서는 안 될 필연적 계기를 이루는 것이다. 바로 이와 같은 상호 간의 필연성이 있음으로 해서 전체로서의 생명이 마련되기도 하는 것이다.

① 모든 A는 항상 A 자체이다.
② A의 진리는 전체에 있다.
③ A의 진리에 대하여 알 수 없다.
④ 각각의 계기들은 서로 무관한 관계일 뿐이다.
⑤ 모든 A는 각각의 계기들과 독립적인 관계이다.

69 제시문 중 합리주의적인 이론에서 추론할 수 없는 것은?

> 어린이의 언어 습득을 설명하려는 이론으로는 두 가지가 있다. 하나는 경험주의적인 혹은 행동주의적인 이론이요, 다른 하나는 합리주의적인 이론이다.
> 경험주의 이론에 의하면 어린이가 언어를 습득하는 것은 어떤 선천적인 능력에 의한 것이 아니라 경험적인 훈련에 의해서 오로지 후천적으로만 이루어진다.
> 한편, 합리주의적인 언어 습득의 이론에서 어린이가 언어를 습득하는 것은 거의 전적으로 타고난 특수한 언어 학습 능력과, 일반 언어 구조에 대한 추상적인 선험적 지식에 의한 것이다.

① 어린이는 완전히 백지상태에서 출발하여 반복 연습과 시행착오, 그리고 교정에 의해서 언어라는 습관을 형성한다.
② 일정한 나이가 되면 모든 어린이가 예외 없이 언어를 통달하게 된다.
③ 많은 현실적 악조건에도 불구하고 어린이가 완전한 언어 능력을 갖출 수 있게 된다.
④ 인간은 언어 습득 능력을 가지고 태어난다.
⑤ 인간의 언어 습득은 언어 구조에 대한 선험적 지식 역시 한 축을 담당한다.

소크라테스와 플라톤은 파르메니데스를 존경스럽고 비상한 능력을 지닌 인물로 높이 평가했으나 그의 사상은 지극히 난해하다고 했다. 유럽 철학사에서 파르메니데스의 중요성은 그가 최초로 '존재'의 개념을 정립했다는 데 있다. 파르메니데스는 아르케, 즉 근원적인 원리에 대한 근본적인 질문을 이오니아의 자연철학자들과는 다른 방식으로 다룬다. 그는 원천의 개념에서 일체의 시간적·물리적 성질을 제거하고 오로지 존재론적인 문제만을 남겨놓는다. 이 위대한 엘레아 사람은 지성을 기준으로 내세웠고, 예리한 인식에는 감각적 지각이 필요 없다고 주장했다. 경험적 인식과는 무관한 논리학이 사물의 본질을 파악할 수 있는 능력이라고 전제함으로써 그는 감각적으로 지각할 수 있는 세계 전체를 기만적인 것으로 치부하고 유일하게 실재하는 것은 '존재'라고 생각했다.

그리고 이 존재는 로고스에 의해 인식되며, 로고스와 같은 것이라고 했다. 파악함과 존재는 같은 것이므로 존재하는 것은 파악될 수 있다. 그리고 파악될 수 있는 것만이 존재한다. 파르메니데스는 '존재자'라는 근본적인 존재론적 개념을 유럽 철학에 최초로 도입한 인물일 뿐만 아니라, 경험세계와는 전적으로 무관하게 오로지 논리적 근거만을 사용하여 순수한 이론적 체계를 성립시킨 최초의 인물이기도 했다.

① 파르메니데스 사상의 업적은 존재란 개념을 이성적 파악의 대상으로 본 것이다.
② 플라톤은 파르메니데스를 높게 평가했다.
③ 파르메니데스는 감성보다 지성에 높은 지위를 부여했을 것이다.
④ 파르메니데스에게 예리한 인식이란 로고스로 파악하는 존재일 것이다.
⑤ 경험론자들의 주장과 파르메니데스의 주장은 일맥상통할 것이다.

단어의 관계를 묻는 유형은 주어진 낱말과 대응 방식이 같은 것 또는 나머지와 속성이 다른 것으로 출제되며, 문제 유형은 'a : b=( ) : d' 또는 'a : ( )=( ) : d'와 같이 빈칸을 채우는 문제이다.
보통 유의 관계, 반의 관계, 상하 관계, 부분 관계를 통해 단어의 속성을 묻는 문제로, 제시된 단어들의 관계와 속성을 바르게 파악하여 적용하는 것이 중요하다.

1. 유의 관계

두 개 이상의 어휘가 서로 소리는 다르나 의미가 비슷한 경우를 유의 관계라고 하고, 유의 관계에 있는 어휘를 유의어(類義語)라고 한다. 유의 관계의 대부분은 개념적 의미의 동일성을 전제로 한다. 그렇다고 하여 유의 관계를 이루는 단어들을 어느 경우에나 서로 바꾸어 쓸 수 있는 것은 아니다. 따라서 언어 상황에 적합한 말을 찾아 쓰도록 노력하여야 한다.

(1) 원어의 차이

한국어는 크게 고유어, 한자어, 외래어로 구성되어 있다. 따라서 하나의 사물에 대해서 각각 부르는 일이 있을 경우 유의 관계가 발생하게 된다.
① 고유어와 한자어
예 오누이 : 남매, 나이 : 연령, 사람 : 인간
② 한자어와 외래어
예 사진기 : 카메라, 탁자 : 테이블

(2) 전문성의 차이

같은 사물에 대해서 일반적으로 부르는 이름과 전문적으로 부르는 이름이 다른 경우가 많다. 이런 경우에 전문적으로 부르는 이름과 일반적으로 부르는 이름 사이에 유의 관계가 발생한다.
예 에어컨 : 공기조화기, 소금 : 염화나트륨

(3) 내포의 차이

나타내는 의미가 완전히 일치하지는 않으나, 유사한 경우에 유의 관계가 발생한다.
예 즐겁다 : 기쁘다, 친구 : 동무

(4) 완곡어법

문화적으로 금기시하는 표현을 둘러서 말하는 것을 완곡어법이라고 하며, 이러한 완곡어법 사용에 따라 유의 관계가 발생한다.

예 변소 : 화장실, 죽다 : 운명하다

핵심예제

다음 제시된 낱말의 대응 관계로 볼 때, 빈칸에 들어가기에 알맞은 것은?

> 흉내 : 시늉 = 권장 : ( )

① 조장   ② 조성
③ 구성   ④ 형성
⑤ 조직

> **해설** ▶ 제시된 단어는 유의 관계이다.
> '흉내'의 유의어는 '시늉'이고, '권장'의 유의어는 '조장'이다.
>
> **정답** ①

---

2. 반의 관계

(1) 개요

반의어(反意語)는 둘 이상의 단어에서 의미가 서로 짝을 이루어 대립하는 경우를 말한다. 어휘의 의미가 서로 대립하는 단어를 말하며, 이러한 어휘들의 관계를 반의 관계라고 한다. 한 쌍의 단어가 반의어가 되려면, 두 어휘 사이에 공통적인 의미 요소가 있으면서도 동시에 서로 다른 하나의 의미 요소만 달라야 한다.

반의어는 반드시 한 쌍으로만 존재하는 것이 아니라, 다의어(多義語)이면 그에 따라 반의어가 여러 개로 달라질 수 있다. 즉, 하나의 단어에 대하여 여러 개의 반의어가 있을 수 있다.

(2) 반의어의 종류

반의어에는 상보 반의어와 정도 반의어, 방향 반의어가 있다.

① **상보 반의어** : 한쪽 말을 부정하면 다른 쪽 말이 되는 반의어이며, 중간항은 존재하지 않는다. '있다'와 '없다'가 상보적 반의어이며, '있다'와 '없다' 사이의 중간 상태는 존재할 수 없다.

예 참 : 거짓, 합격 : 불합격

② **정도 반의어** : 한쪽 말을 부정하면 반드시 다른 쪽 말이 되는 것이 아니며, 중간항을 갖는 반의어이다. '크다'와 '작다'가 정도 반의어이며, 크지도 작지도 않은 중간이라는 중간항을 갖는다.
　예 길다 : 짧다, 많다 : 적다

③ **방향 반의어** : 맞선 방향을 전제로 하여 관계나 이동의 측면에서 대립을 이루는 단어 쌍이다. 방향 반의어는 공간적 대립, 인간관계 대립, 이동적 대립 등으로 나누어 볼 수 있다.
　㉠ 공간적 대립
　　예 위 : 아래, 처음 : 끝
　㉡ 인간관계 대립
　　예 부모 : 자식, 남편 : 아내
　㉢ 이동적 대립
　　예 사다 : 팔다, 열다 : 닫다

핵심예제

다음 제시된 낱말의 대응 관계로 볼 때, 빈칸에 들어가기에 적절한 것은?

시작 : (　　) = 원인 : 결과

① 준비　　　　　　　　　　② 출발
③ 끝　　　　　　　　　　　④ 착수
⑤ 애초

> **해설**　제시된 단어는 반의 관계이다.
> '원인'의 반의어는 '결과'이고, '시작'의 반의어는 '끝'이다.
>
> **정답** ③

---

3. 상하 관계

상하 관계는 단어의 의미적 계층 구조에서 한쪽이 의미상 다른 쪽을 포함하거나 다른 쪽에 포섭되는 관계를 말한다. 상하 관계를 형성하는 단어들은 상위어(上位語)일수록 일반적이고 포괄적인 의미를 지니며, 하위어(下位語)일수록 개별적이고 한정적인 의미를 지닌다. 따라서 상위어는 하위어를 의미적으로 함의하게 된다. 즉, 하위어가 가지고 있는 의미 특성을 상위어가 자동적으로 가지게 되는 것이다.

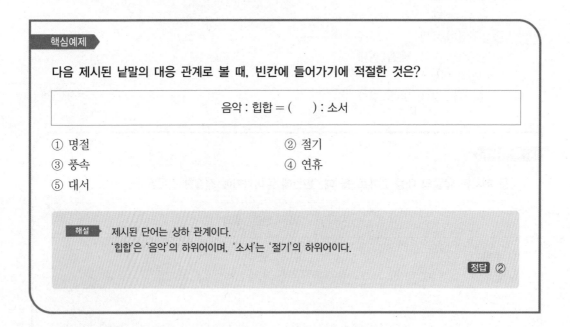

핵심예제

다음 제시된 낱말의 대응 관계로 볼 때, 빈칸에 들어가기에 적절한 것은?

음악 : 힙합 = (　　) : 소서

① 명절　　　　　　　　　② 절기
③ 풍속　　　　　　　　　④ 연휴
⑤ 대서

해설 ▶ 제시된 단어는 상하 관계이다.
'힙합'은 '음악'의 하위어이며, '소서'는 '절기'의 하위어이다.

정답 ②

4. 부분 관계

부분 관계는 한 단어가 다른 단어의 부분이 되는 관계를 말하며, 전체 – 부분 관계라고도 한다. 부분 관계에서 부분을 가리키는 단어를 부분어(部分語), 전체를 가리키는 단어를 전체어(全體語)라고 한다. 예를 들면, '머리, 팔, 몸통, 다리'는 '몸'의 부분어이며, 이러한 부분어들에 의해 이루어진 '몸'은 전체어이다.

핵심예제

다음 제시된 낱말의 대응 관계로 볼 때, 빈칸에 들어가기에 적절한 것은?

한옥 : 대들보 = 나무 : (   )

① 장작　　　　　　　　　　② 가지
③ 의자　　　　　　　　　　④ 돌
⑤ 바람

> **해설** ▶ 제시된 단어는 부분 관계이다.
> '대들보'는 '한옥'의 한 부분이며, '가지'는 '나무'의 한 부분이다.
>
> 정답 ②

정답 및 해설 p.027

대표유형 1 .... **관계유추 1**

다음 제시된 낱말의 대응 관계로 볼 때, 빈칸에 들어가기에 적절한 것은?

( ) : 보강 = 비옥 : 척박

① 상쇄   ② 감소
③ 보전   ④ 감쇄
⑤ 손실

> **해설**▶ 제시된 단어는 반의 관계이다.
> • 보강 : 보태어진 것에 영향을 받음
> • 상쇄 : 상반되는 것이 서로 영향을 주어 효과가 없어지는 일
>
> **오답분석**▶ ④ 감쇄 : 단순히 줄어 없어짐
>
> **정답** ①

※ 다음 제시된 낱말의 대응 관계로 볼 때 빈칸에 들어가기에 적절한 것을 고르시오. **[1~20]**

01

발산 : 수렴 = 일괄 : ( )

① 결집   ② 분별
③ 분할   ④ 집합
⑤ 일체

02

배제 : 배척 = 정세 : ( )

① 상황   ② 경우
③ 기회   ④ 눈치
⑤ 역행

03

괄목상대 : 일취월장 = 관포지교 : ( )

① 막역지우   ② 전전반측
③ 낙화유수   ④ 망운지정
⑤ 불구대천

04

황공하다 : 황름하다 = ( ) : 아퀴짓다

① 두려워하다   ② 거칠다
③ 마무리하다   ④ 할퀴다
⑤ 그러모으다

05

가끔 : 이따금 = ( ) : 죽다

① 숨지다   ② 살다
③ 맞다   ④ 날다
⑤ 눕다

06

( ) : 경쾌하다 = 패배 : 굴복

① 발걸음   ② 흐무러지다
③ 참신하다   ④ 가뿐하다
⑤ 흐드러지다

07

우애 : 돈독하다 = 대립 : ( )

① 녹록하다   ② 충충하다
③ 첨예하다   ④ 공변되다
⑤ 성사되다

08

| 상승 : 하강 = 질서 : (   ) |

① 규칙　　　　　　　　　② 약속
③ 혼돈　　　　　　　　　④ 예절
⑤ 자연

09

| 운명하다 : 사망하다 = 한가하다 : (   ) |

① 번거롭다　　　　　　　② 알리다
③ 여유롭다　　　　　　　④ 바쁘다
⑤ 미쁘다

10

| 가정맹어호 : 공자 = (   ) : 장자 |

① 소국과민　　　　　　　② 호접지몽
③ 새옹지마　　　　　　　④ 대기만성
⑤ 양두구육

11

| 손오공 : 근두운 = 여포 : (   ) |

① 항우(項羽)　　　　　　② 우선(羽扇)
③ 초선(貂蟬)　　　　　　④ 적토마(赤兎馬)
⑤ 관우(關羽)

12

| 믿음 : 신용 = (   ) : 선의 |

① 선악　　　　　　　　　② 호의
③ 회의　　　　　　　　　④ 신뢰
⑤ 악의

13

| 긴장 : 이완 = ( ) : 거대 |

① 거만   ② 왜소
③ 비대   ④ 해소
⑤ 건장

14

| 아포리즘 : 경구 = ( ) : 수전노 |

① 불량배   ② 금언
③ 격언   ④ 구두쇠
⑤ 망나니

15

| 간섭 : ( ) = 폭염 : 폭서 |

① 개입   ② 개괄
③ 주의   ④ 분투
⑤ 포괄

16

| 모래 : ( ) = 나무 : 숲 |

① 물   ② 사막
③ 바위   ④ 새싹
⑤ 자갈

17

| 공항 : ( ) = 항구 : 선박 |

① 비행기   ② 정류장
③ 면세점   ④ 승무원
⑤ 여행객

18

(   ) : 비단 = 닭 : 오믈렛

① 신발   ② 누에
③ 귀걸이   ④ 한복
⑤ 삼베

19

고무 : (   ) = 포도 : 발사믹 식초

① 냄비   ② 화선지
③ 나무   ④ 지우개
⑤ 수액

20

쌀 : 송편 = 도토리 : (   )

① 단오   ② 묵
③ 밤   ④ 밀
⑤ 다람쥐

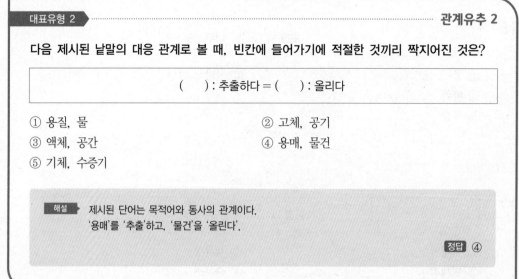

대표유형 2   **관계유추 2**

다음 제시된 낱말의 대응 관계로 볼 때, 빈칸에 들어가기에 적절한 것끼리 짝지어진 것은?

(   ) : 추출하다 = (   ) : 올리다

① 용질, 물   ② 고체, 공기
③ 액체, 공간   ④ 용매, 물건
⑤ 기체, 수증기

> **해설**   제시된 단어는 목적어와 동사의 관계이다.
> '용매'를 '추출'하고, '물건'을 '올린다'.
>
>   **정답** ④

※ 다음 제시된 낱말의 대응 관계로 볼 때 빈칸에 들어가기에 적절한 것끼리 짝지어진 것을 고르시오.
[21~35]

21

농부 : (　　) = (　　) : 채굴

① 경작, 돌　　　　　　　　　② 광부, 광산
③ 수확, 광부　　　　　　　　④ 땅, 광산
⑤ 낫, 곡괭이

22

무게 : (　　) = 시간 : (　　)

① 체중계, 체온계　　　　　　② 저울, 시계
③ 중력, 거리　　　　　　　　④ 증가, 정지
⑤ 중량, 촉박

23

별 : (　　) = 해 : (　　)

① 쏘다, 뜨다　　　　　　　　② 빛나다, 입다
③ 빛나다, 뜨다　　　　　　　④ 달, 여름
⑤ 뜨겁다, 크다

24

(　　) : 문학 = (　　) : 건축

① 사실, 원시　　　　　　　　② 책, 창문
③ 소설, 바로크　　　　　　　④ 소설, 창문
⑤ 인문, 공학

25

암시 : (   ) = (   ) : 갈등

① 시사, 암력
② 귀띔, 해소
③ 계시, 발전
④ 충고, 칡덩굴
⑤ 복선, 잠재

26

우두망찰 : (   ) = 오명 : (   )

① 의료, 완쾌
② 선박, 나룻배
③ 하물며, 더구나
④ 초롱초롱, 명성
⑤ 우두커니, 명예

27

(   ) : 가리다 = 기초 : (   )

① 폭로하다, 터전
② 드러내다, 뿌리
③ 승부, 다지다
④ 은폐하다, 결과
⑤ 받아들이다, 실력

28

산세 : (   ) = 마감 : (   )

① 수려하다, 끝마치다
② 험준하다, 임박하다
③ 웅장하다, 집필하다
④ 가파르다, 교정하다
⑤ 빼어나다, 시작하다

29

새 : (   ) = 꽃 : (   )

① 부리, 열매
② 간격, 식물원
③ 하늘, 수분
④ 매, 개나리
⑤ 하늘, 땅

30

$$정밀 : (\quad) = (\quad) : 안정$$

① 개선, 개량   ② 동조, 찬동
③ 발췌, 요약   ④ 조잡, 불안
⑤ 조사, 분노

31

$$(\quad) : 희망 = 이바지 : (\quad)$$

① 염원, 공헌   ② 사려, 수긍
③ 공헌, 귀감   ④ 특별, 범상
⑤ 배려, 평범

32

$$너울너울 : 넘실넘실 = (\quad) : (\quad)$$

① 빨리빨리, 느릿느릿   ② 우물쭈물, 쭈뼛쭈뼛
③ 싱글벙글, 울먹울먹   ④ 거칠거칠, 보들보들
⑤ 사뿐사뿐, 터벅터벅

33

$$자립 : (\quad) = 심야 : (\quad)$$

① 독립, 광명   ② 의존, 백주
③ 의타심, 꼭두새벽   ④ 의지, 한밤
⑤ 성공, 백야

34

$$(\quad) : 수사 = 목사 : (\quad)$$

① 교사, 성경책   ② 약사, 미사
③ 판사, 주례   ④ 경찰, 설교
⑤ 수갑, 묵주

35

| 미술 : ( ) = 드라마 : ( ) |

① 관광, 텔레비전　　　　　　② 감상, 시청
③ 쓰다, 관람　　　　　　　　④ 관전, 탐방
⑤ 촉각, 시각

제시된 9개의 단어 중 3개의 단어를 통해 공통적으로 연상되는 단어는?

잡지	언론	설문
취재	대본	투자
연극	출판	신문

① 조사　　　　　　　　　　② 여론
③ 구독　　　　　　　　　　④ 기자
⑤ 배우

> 해설 ▶ 언론, 취재, 신문을 통해 '기자'를 연상할 수 있다.
>
> 정답 ④

※ 제시된 9개의 단어 중 3개의 단어를 통해 공통적으로 연상되는 단어를 고르시오. [36~50]

36

은행	비행기	여름
지전기	여자	남자
개구리	파산	가을

① 부채　　　　　　　　　　② 단풍
③ 계절　　　　　　　　　　④ 성별
⑤ 동물

37

수정	오리	공무원
자취	치안	양면
비디오	호박	라면

① 발 ② 보석
③ 경찰 ④ 너구리
⑤ 테이프

38

시대	터키	시리아
시행	라이트	백자
그림	청자	스포츠

① 중동 ② 형제
③ 경기 ④ 고려
⑤ 착오

39

폼	교정	충치
양식	꿈	이력서
탈무드	이탈리아	슬기

① 자세 ② 지혜
③ 치과 ④ 피자
⑤ 서식

40

묵	색	파충류
조류	옷	다람쥐
저고리	코미디	붓

① 도토리   ② 유머
③ 하늘   ④ 고름
⑤ 알

41

비빔밥	해녀	자갈치
경복궁	성산일출봉	해운대
무령왕릉	마운령비	우도

① 광주   ② 전주
③ 제주도   ④ 서울
⑤ 부산

42

마차	요람	블랙홀
상여	미로	빛
창조	근조	타계

① 고독   ② 탈출
③ 탄생   ④ 변화
⑤ 죽음

43

고드름	녹음방초	발아
천고마비	처서	장마
숨마꼭질	북풍한설	단풍

① 봄   ② 여름
③ 가을   ④ 겨울
⑤ 하늘

44

삼국	맥주	남북
유비	도수	EU
날개	유명세	독일

① 새   ② 통일
③ 축구   ④ 습기
⑤ 알코올

45

백록담	개골산	울릉도
섬	호랑이	천지
국립공원	동북공정	풍악산

① 동물   ② 한라산
③ 제주도   ④ 독도
⑤ 백두산

46

도서관	교과서	주머니
성경	미술관	헌금
토끼	목사	귀

① 게임   ② 집
③ 교회   ④ 가족
⑤ 학교

47

지도	장미	GPS
카드	선인장	오아시스
별자리	바퀴	이름

① 위치   ② 명함
③ 사막   ④ 가시
⑤ 자동차

48

단무지	꽃빵	손
컴퓨터	딱풀	건조함
Active X	선풍기	춘장

① 중국집　　　　　　　　② 다운로드
③ 더위　　　　　　　　　④ 문방구
⑤ 핸드크림

49

탄소	라스베이거스	석영
비밀	조개	보석
유리	반지	차이코프스키

① 카지노　　　　　　　　② 광물
③ 진주　　　　　　　　　④ 다이아몬드
⑤ 스페이드

50

신호등	도움	공항
내밀다	항로	주고받다
봉사	케이스	횡단보도

① 명함　　　　　　　　　② 자동차
③ 비행기　　　　　　　　④ 항구
⑤ 소매치기

다음 제시된 단어에서 공통으로 연상할 수 있는 단어는?

저팔계, 족발, 고사

① 소   ② 돼지
③ 제사   ④ 손오공
⑤ 하늘

> **해설**   '저팔계'는 서유기에 등장하는 돼지이고, '족발'은 돼지의 다리이며, '고사'를 지낼 때는 돼지 머리를 올린다. 따라서 '돼지'를 연상할 수 있다.
>
> 정답 ②

※ 다음 제시된 단어에서 공통으로 연상할 수 있는 단어를 고르시오. [51~60]

51

축음기, 영사기, 99

① 벨   ② 영화
③ 음악   ④ 에디슨
⑤ 헤디 라마

52

무역, 돈, 벤츠

① 사치   ② 수입
③ 부자   ④ 적자
⑤ 밀수

53

옷, 비행기, 달리다

① 날개　　　　　　　　② 표
③ 거리　　　　　　　　④ 기름
⑤ 하늘

54

크다, 활, 켜다

① 바이올린　　　　　　② 하프
③ 콘트라베이스　　　　④ 기타
⑤ 화살

55

캐릭터, 더빙, 영화

① 소설　　　　　　　　② 애니메이션
③ 동물원　　　　　　　④ 놀이터
⑤ 전시회

56

짐, 짚신, 젓가락

① 꾼　　　　　　　　　② 쌍
③ 짝　　　　　　　　　④ 여행
⑤ 나무

57

서유럽, 예루살렘, 탈환

① 로마   ② 바티칸
③ 십자군   ④ 여행
⑤ 제자

58

닭, 꺼병이, 까투리

① 장끼   ② 오리
③ 꿩   ④ 꼬끼오
⑤ 아침

59

힘, 제우스, 사자

① 오디세우스   ② 삼손
③ 페르세우스   ④ 헤라클레스
⑤ 길가메시

60

레드카드, 연극, 장소

① 경고   ② 퇴장
③ 무대   ④ 금지
⑤ 화재

PART 3

패턴이해

CONTENTS

1. 종이접기

주어진 종이를 조건에 맞게 접은 후 마지막 종이 모양으로 알맞은 모양을 찾거나 조건에 따라 종이를 접었을 때 나올 수 없는 모양을 찾는 유형이 출제된다.

• 종이를 접는 방향을 고려하여 앞면과 뒷면의 모습을 모두 생각하는 연습을 해야 한다.

• 마지막으로 접은 종이의 뒷면은 좌우 반전이 일어나므로 주의해야 한다.

• 이해가 가지 않는 경우에는 실제로 종이를 접어보면서 연습하는 것이 실전에 도움이 된다.

----------------------------	앞으로 접기
-·--·--·--·--·--·--·--·-	뒤로 접기
-··--··--··--··--··--··-	앞 또는 뒤로 접기

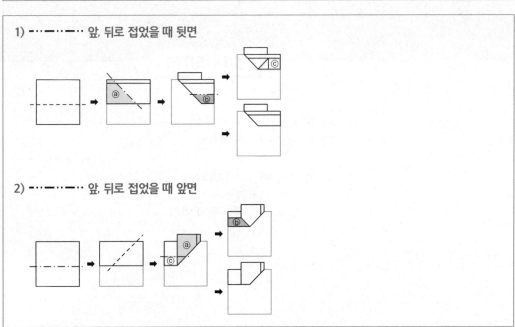

1) -··--··- 앞, 뒤로 접었을 때 뒷면

2) -··--··- 앞, 뒤로 접었을 때 앞면

2. 펀칭

주어진 종이를 조건에 맞게 접은 후 구멍을 뚫고 펼쳤을 때 나타나는 모양을 고르는 유형이 출제된다.

• 펀칭 유형은 종이에 구멍을 낸 후 다시 종이를 펼쳐가며 구멍의 위치와 모양을 추적하는 방법으로 해결할 수 있다.

• 종이를 펼쳤을 때 구멍의 개수와 위치를 판별하는 것이 핵심이다. 이를 위해서는 '대칭'에 대한 이해가 필요하다. 구멍은 종이를 접은 선을 기준으로 대칭되어 나타난다는 것에 유의한다.

  - 개수 : 면에 구멍을 뚫으면 종이를 펼쳤을 때 구멍이 2개 나타나고, 접은 선 위에 구멍을 뚫으면 종이를 펼쳤을 때 구멍이 1개 나타난다.

  - 위치 : 종이를 접는 방향을 주의 깊게 살펴야 한다. 종이를 왼쪽에서 오른쪽으로 접은 경우, 구멍의 위치는 오른쪽에서 왼쪽으로 표시하며 단계를 거슬러 올라간다.

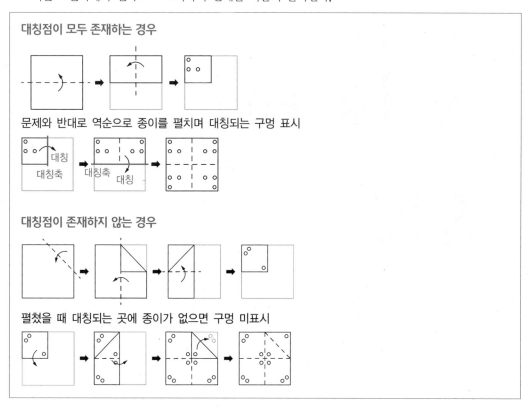

3. 도형의 회전 · 대칭

(1) 180° 회전한 도형은 좌우와 상하가 모두 대칭이 된 모양이 된다.

예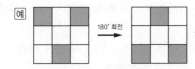

(2) 시계 방향으로 90° 회전한 도형은 시계 반대 방향 270° 회전한 도형과 같다.

예

(3) 좌우 반전 → 좌우 반전, 상하 반전 → 상하 반전은 같은 도형이 된다.

예

(4) 도형을 거울에 비친 모습은 방향에 따라 좌우 또는 상하로 대칭된 모습이 나타난다.

예

4. 전개도

제시된 전개도를 이용하여 만들 수 있는 입체도형을 찾는 문제와 제시된 입체도형의 전개도로 알맞은 것을 고르는 유형이 출제된다.

• 전개도상에서는 떨어져 있지만 입체도형으로 만들었을 때 서로 연결되는 면을 주의 깊게 살핀다.
• 마주보는 면과 인접하는 면을 구분하여 학습한다.
• 평면이었던 전개도가 입체도형이 되면서 면의 그림이 회전되는 모양을 확인한다.
• 많이 출제되는 전개도는 미리 마주보는 면과 인접하는 면, 만나는 꼭짓점을 학습한다.
 − ①~⑥은 접었을 때 마주보는 면을 의미한다. 즉, 두 수의 합이 7이 되는 면끼리 마주 보는 면이다. 또한 각 전개도에서 ①에 위치하는 면이 같다고 할 때, 전개도마다 면이 어떻게 배열되는지도 나타낸다.
 − 1~8은 접었을 때 만나는 점을 의미한다. 즉, 접었을 때 같은 숫자가 적힌 점끼리 만난다.

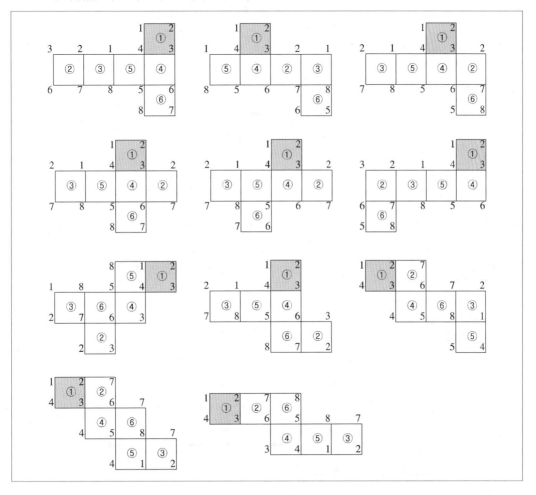

정답 및 해설 p.034

대표유형 1 ··· 종이접기

다음 그림과 같이 접었을 때 나올 수 있는 뒷면의 모양으로 적절한 것은?

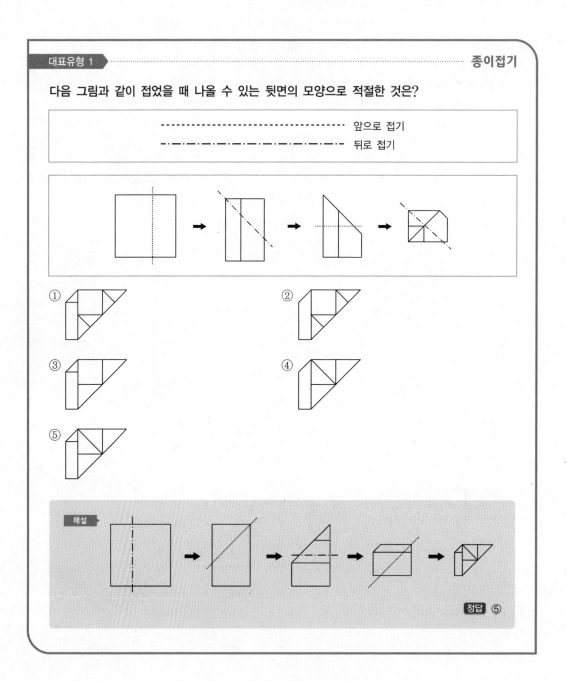

※ 다음 그림과 같이 접었을 때 나올 수 있는 뒷면의 모양으로 적절한 것을 고르시오. [1~3]

01

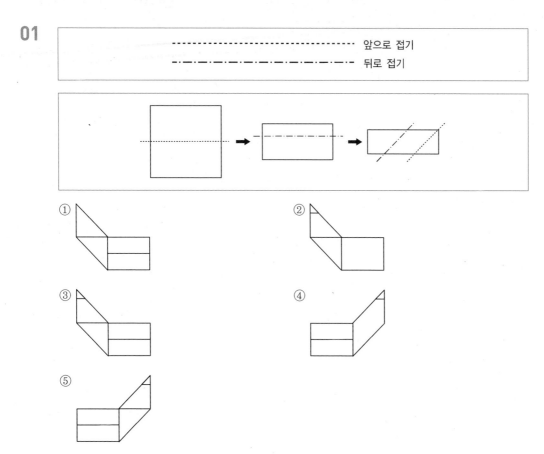

①

②

③

④

⑤

02

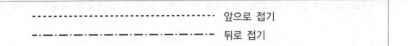

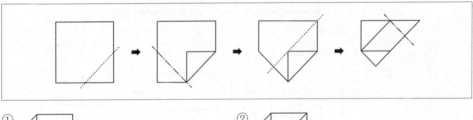

①

②

③

④

⑤

03

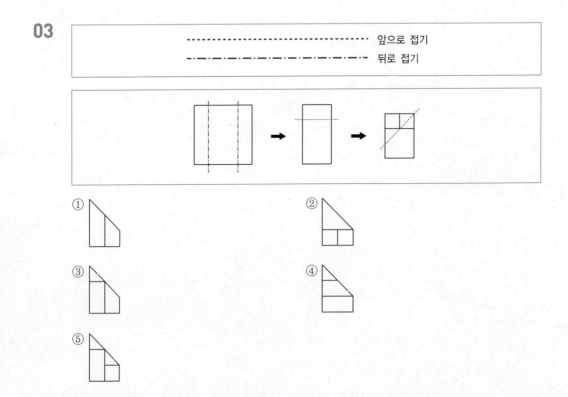

다음 그림과 같이 화살표 방향으로 종이를 접은 후, 펀치로 구멍을 뚫거나 일부분을 잘라내어 다시 펼쳤을 때의 그림으로 적절한 것은?

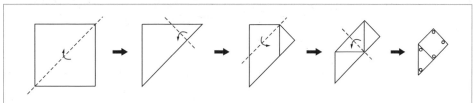

①

②

③

④

⑤

해설

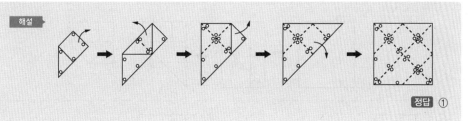

정답 ①

※ 다음 그림과 같이 화살표 방향으로 종이를 접은 후, 다시 펼쳤을 때의 그림으로 적절한 것을 고르시오.
　[4~5]

04

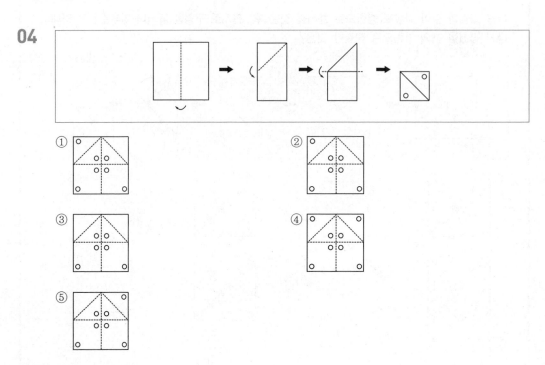

05

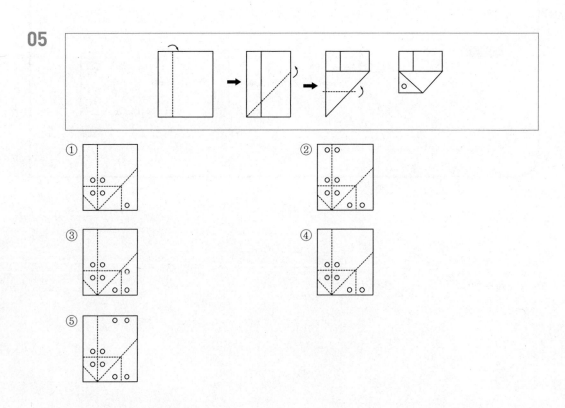

06 다음 그림과 같이 화살표 방향으로 종이를 접은 후, 펀치로 구멍을 뚫거나 잘라내어 다시 펼쳤을 때의 그림으로 적절한 것은?

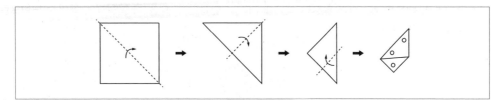

①

②

③

④

⑤

다음 도형 내부의 기호들은 일정한 패턴을 가지고 변화한다. 다음 중 물음표에 들어갈 도형으로 가장 적절한 것은?

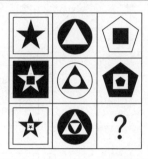

① 　　　　　　　②

③ 　　　　　　　④

⑤

해설 ▶ 규칙은 세로로 적용된다.
첫 번째 도형을 기준으로 바깥쪽 도형을 안쪽에 축소해서 넣으면 두 번째 도형이다. 첫 번째 도형을 기준으로 안쪽 도형을 두 번째 도형의 안쪽에 180° 회전하고 축소해서 넣으면 세 번째 도형이다.

정답 ①

※ 다음 제시된 도형의 규칙을 보고 물음표에 들어갈 도형으로 적절한 것을 고르시오. [7~10]

07

①

②

③

④

⑤

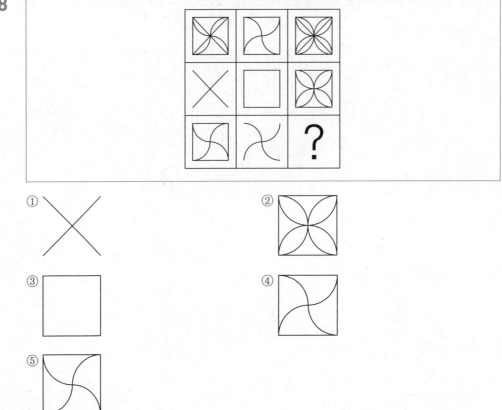

① ×

② 🔲(flower pattern)

③ ☐

④ (curve pattern)

⑤ (curve pattern)

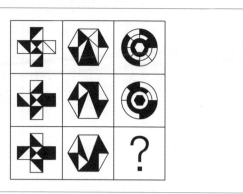

09

①

②

③

④

⑤

10

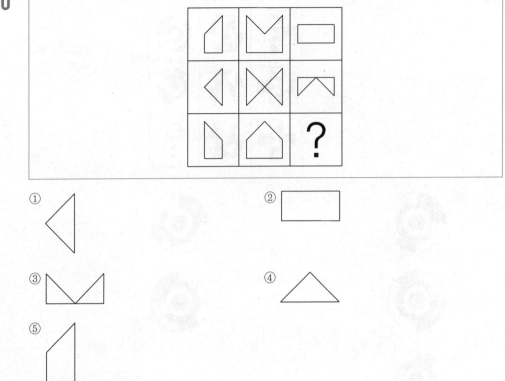

①

②

③

④

⑤

다음 중 제시된 도형과 같은 것은?

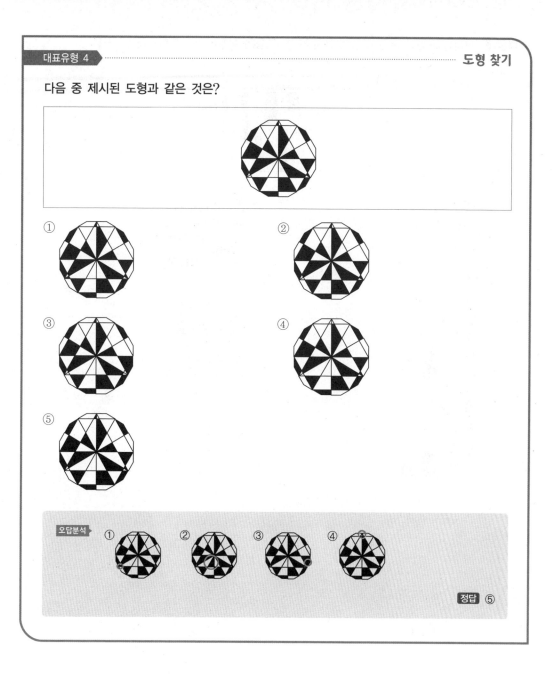

※ 다음 중 제시된 도형과 같은 것을 고르시오(단, 도형은 회전이 가능하다). **[11~15]**

11

①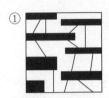

②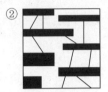

③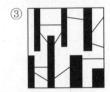

④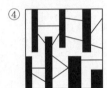

⑤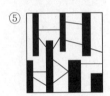

12

①

②

③

④

⑤

13

① 　　　②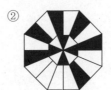

③ 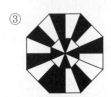　　　④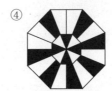

⑤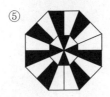

14

①

②

③

④

⑤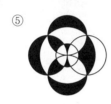

15

①

②

③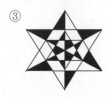

④

⑤

※ 다음 중 나머지 도형과 다른 것을 고르시오. [16~20]

16

① 　②

③ 　④

⑤

17

① 　②

③ 　④

⑤

18

① 　②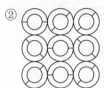

③ 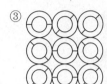　④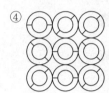

⑤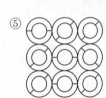

19

① 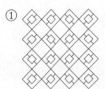　②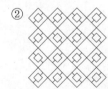

③ 　④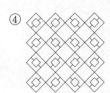

⑤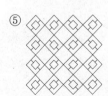

20 ①  ②

③  ④

⑤

21 다음 도형을 시계 반대 방향으로 90° 회전한 후, 상하 반전한 모양은?

①   ②

③   ④

⑤

22 다음 도형을 좌우 반전한 후, 180° 회전한 모양은?

①

②

③

④

⑤

23 다음 도형을 시계 방향으로 90° 회전한 후, 거울에 비춘 모양은?

①

②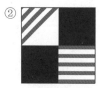

③

④

⑤

24 다음 도형을 좌우 반전한 후, 시계 방향으로 90° 회전한 모양은?

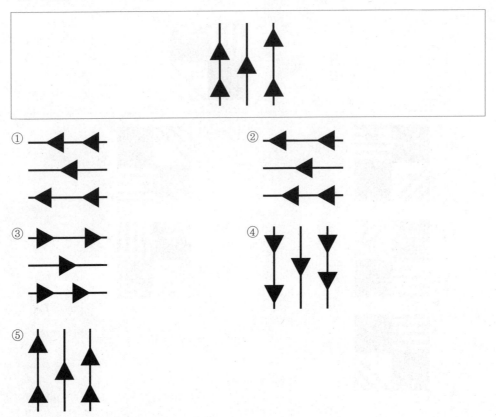

25 다음 도형을 상하 반전하고 시계 반대 방향으로 90° 회전한 후, 좌우 반전한 모양은?

①

②

③

④

⑤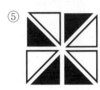

26 다음 도형을 180° 회전한 후, 상하 반전한 모양은?

27 다음 도형을 시계 방향으로 270° 회전한 후, 상하 반전한 모양은?

①

②

③

④

⑤

28 다음 도형을 시계 반대 방향으로 270° 회전한 후, 좌우 반전한 모양은?

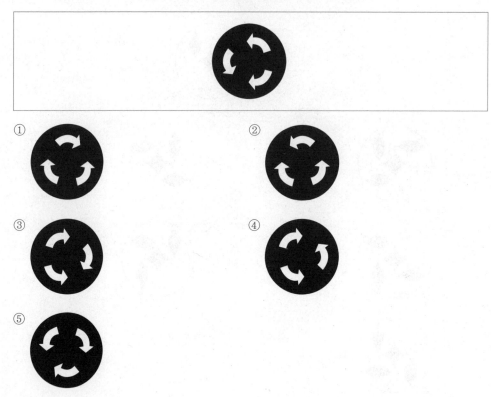

29 다음 도형을 시계 방향으로 90° 회전한 후, 거울에 비추었을 때의 모양은?

①

②

③

④

⑤

30 다음 도형을 상하 반전한 후, 시계 반대 방향으로 90° 회전한 모양은?

①

②

③

④

⑤

주어진 전개도로 정육면체를 만들 때, 만들어질 수 없는 것은?

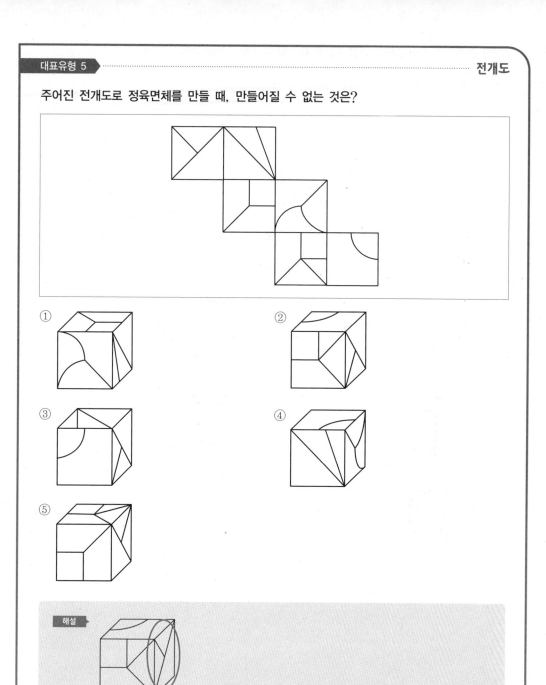

① ② ③ ④ ⑤

해설

정답 ②

31

①

②

③

④

⑤

32

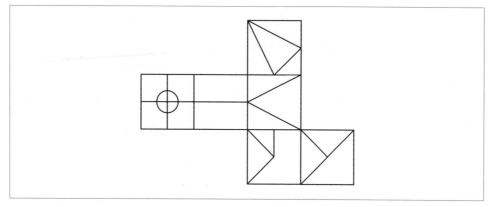

①

②

③

④

⑤

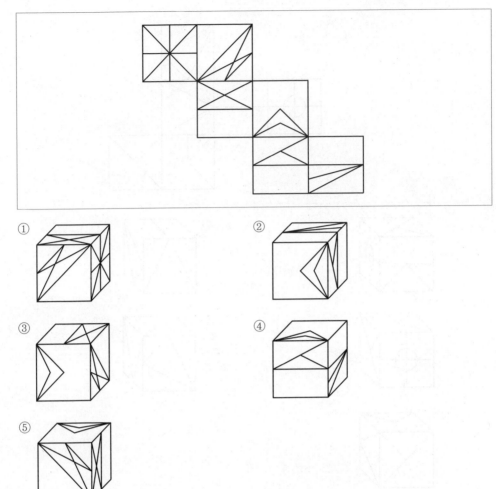

① ② ③ ④ ⑤

※ 제시된 전개도를 접었을 때 나타나는 입체도형으로 알맞은 것을 고르시오. [34~35]

34

①

②

③

④

⑤

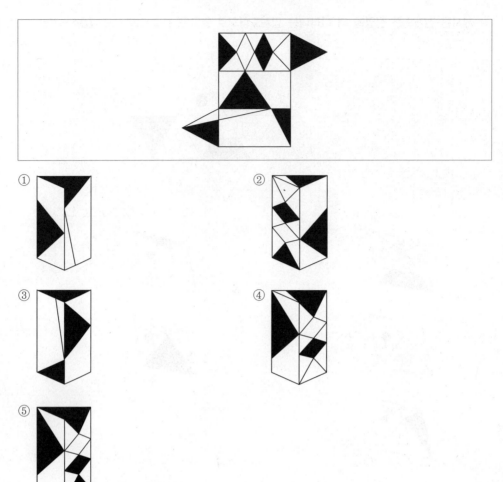

다음 그림을 순서대로 배열한 것은?

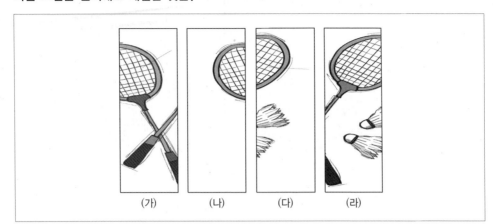

(가)   (나)   (다)   (라)

① (나) – (라) – (가) – (다)   ② (나) – (다) – (가) – (라)
③ (나) – (가) – (라) – (다)   ④ (다) – (가) – (라) – (나)
⑤ (다) – (라) – (가) – (나)

해설

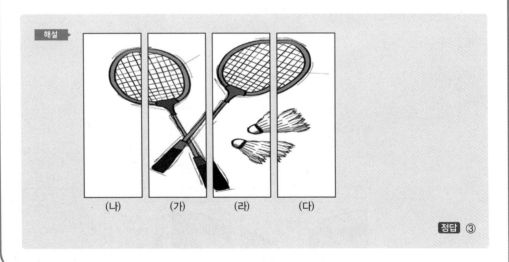

(나)   (가)   (라)   (다)

정답 ③

36

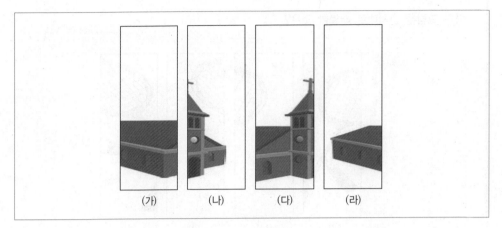

(가) (나) (다) (라)

① (다) – (가) – (라) – (나)   ② (라) – (가) – (다) – (나)
③ (나) – (가) – (라) – (다)   ④ (나) – (라) – (다) – (가)
⑤ (나) – (라) – (가) – (다)

37

(가) (나) (다) (라)

① (가) – (라) – (다) – (나)   ② (나) – (가) – (라) – (다)
③ (나) – (다) – (가) – (라)   ④ (다) – (가) – (라) – (나)
⑤ (나) – (라) – (가) – (다)

38

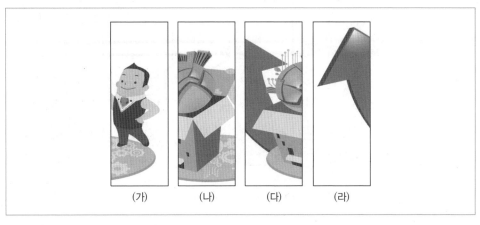

(가)　(나)　(다)　(라)

① (가) – (라) – (다) – (나)　　② (나) – (가) – (라) – (다)
③ (라) – (다) – (나) – (가)　　④ (다) – (가) – (라) – (나)
⑤ (다) – (가) – (나) – (라)

39

(가)　(나)　(다)　(라)

① (다) – (나) – (라) – (가)　　② (다) – (나) – (가) – (라)
③ (라) – (나) – (가) – (다)　　④ (라) – (가) – (나) – (다)
⑤ (라) – (가) – (다) – (나)

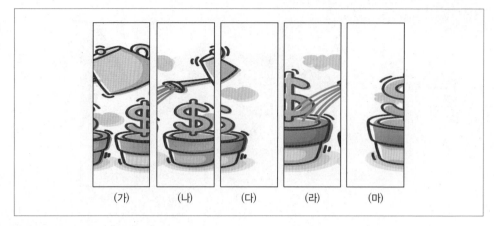

(가) (나) (다) (라) (마)

① (나) – (라) – (가) – (마) – (다)   ② (라) – (다) – (가) – (마) – (나)
③ (마) – (라) – (나) – (가) – (다)   ④ (다) – (마) – (라) – (나) – (가)
⑤ (다) – (마) – (라) – (가) – (나)

핵심이론 지각속도

지각속도 유형은 같거나 틀린 문자 및 숫자의 개수를 파악하거나 규칙에 따른 변화, 문자·기호 등을 불규칙하게 나열하여 각 위치에 해당하는 번호를 찾는 등 주어진 조건에 맞는 것을 빠르게 파악하여 답을 찾는 문제들이 주로 출제된다.

다른 유형에 비해 비교적 간단한 문제들이 출제되지만 그만큼 신속성과 정확성, 주의력과 인내력 그리고 집중력을 요구한다. 문자·기호의 특징적인 부분을 파악하여 빠른 시간에 해결하는 연습을 중점적으로 하면 큰 어려움이 없을 것이다.

1. 사무지각

제시된 일련의 문자, 혹은 좌우의 문자 및 숫자를 대조하여 맞거나 틀린 것을 찾아내는 유형의 문제들이다. 별다른 이론이 필요하지 않지만 그만큼 문제마다 배당되는 시간이 짧은 경우가 많아 신속하고 정확하게 문제를 해결할 필요가 있다.

핵심예제

다음 제시된 문자와 같은 것의 개수는?

818

610	331	601	838	811	818	848	688	881	918	998	518
306	102	37	98	81	881	668	618	718	993	523	609
109	562	640	718	266	891	871	221	105	691	860	216
881	913	571	130	164	471	848	946	220	155	676	819

① 1개   ② 2개
③ 3개   ④ 4개
⑤ 5개

해설

610	331	601	838	811	818	848	688	881	918	998	518
306	102	37	98	81	881	668	618	718	993	523	609
109	562	640	718	266	891	871	221	105	691	860	216
881	913	571	130	164	471	848	946	220	155	676	819

정답 ①

2. 문자찾기

불규칙하게 제시된 문자 및 기호 등을 파악한 뒤 제시된 것과 비교하여 각 위치에 해당하는 번호를 찾는 문제로 출제된다. 사무지각 유형과 비슷하게 풀이에 특별한 이론보다는 신속성과 정확성이 요구된다. 따라서 문자나 기호의 특징적인 부분을 파악하여 빠른 시간에 해결하는 연습을 중점적으로 해야 한다.

3. 규칙변형

제시된 문자 및 기호가 임의의 규칙에 따라 변환된 것에 맞는지 확인하는 문제가 출제된다. 정해진 규칙에 의해 변형된 것이 아니므로 필요한 것은 변환된 규칙을 기억하여 빠르게 대조할 수 있는 능력이다. 제시된 문자 및 기호가 한 번의 변형을 거치므로 풀이에 혼동이 오지 않도록 주의하는 능력이 요구된다.

핵심예제

다음 중 제시된 변환규칙과 일치하지 않는 것은?

$$f \ r \ z \rightarrow 4 \ ㄱ \ \$$$

① z z r → $$ㄱ   ② f z r → 4$ㄱ
③ z f r → $4ㄱ   ④ f r f → 4ㄱ4
⑤ r z f → $ㄱ4

해설 f는 4, r은 ㄱ, z는 $로 변환하는 규칙이므로 ⑤ 'r z f → ㄱ$4'이다.

정답 ⑤

정답 및 해설 p.041

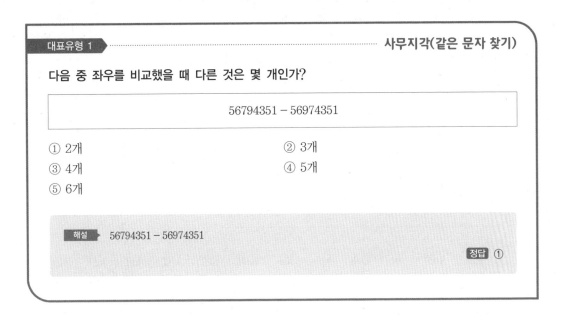

대표유형 1 .... 사무지각(같은 문자 찾기)

다음 중 좌우를 비교했을 때 다른 것은 몇 개인가?

56794351 – 56974351

① 2개 ② 3개
③ 4개 ④ 5개
⑤ 6개

해설 ▶ 56794351 – 56974351

정답 ①

※ 다음 제시된 문자와 같은 것의 개수를 구하시오. [1~5]

01

엑소

멕소	엑소	엑초	액초	액초	액조	액초	엑초	액조	멕소	엑초	엑소
엑조	액소	액소	엠소	엑조	액조	멕소	엑소	액소	액초	엑조	엑조
엑소	엑초	엑조	멕소	엑소	액소	엠소	엑조	액초	엠소	엑소	엠소
엑조	엠소	엑소	엑초	엠소	액초	엑소	액소	멕소	액조	엑초	액소

① 8개 ② 10개
③ 12개 ④ 14개
⑤ 16개

02

◪

① 14개　　　　　　② 13개
③ 12개　　　　　　④ 11개
⑤ 10개

03

keT

kEt	koT	ket	keT	keI	KeI	KET	KeT	keT	keI	keT	Ket
kOT	keT	kel	ket	KET	Kei	keT	koT	KeT	kET	ksT	koT
KeT	kEt	keT	KeI	keI	ket	EeT	kET	keT	kOT	Ket	koI
ket	keI	kET	keT	Ket	kET	kel	ket	KET	kei	keP	KET

① 5개　　　　　　② 6개
③ 7개　　　　　　④ 8개
⑤ 9개

04

讚

贊	燦	餐	瓚	璨	饌	琛	纂	粲	纘	撰	讚
債	採	蔡	讚	彩	釵	綵	呰	宋	寨	侵	針
沈	讚	寢	枕	鍼	砧	纂	菜	燦	債	饌	讚
璨	餐	蔡	纘	彩	竄	枕	贊	撰	瓚	粲	纂

① 1개　　　　　　② 2개
③ 3개　　　　　　④ 4개
⑤ 5개

05

farm											

film	face	film	fast	farm	fall	fail	face	fast	fall	face	farm
fast	fail	fall	face	film	fast	farm	fella	film	film	fall	fail
face	film	farm	fella	fail	face	fast	farm	fella	fail	fast	film
fail	fall	fella	farm	face	film	fall	fella	face	fella	farm	farm

① 7개   ② 8개

③ 9개   ④ 10개

⑤ 11개

※ 다음 제시된 좌우의 문자 또는 기호를 비교하여 같으면 ①을, 다르면 ②를 표시하시오. [6~10]

06

RNDDRAM1231RRI [   ] RNDDRAM1231RRI

07

성갱각코내기점다짐 [   ] 성갱갹코내기점다짐

08

2359485867 [   ] 2359485867

09

◉▶♠♡◁♣☞ [   ] ◉▶♠♡◁♠☞

10

♫♪♩♩♪♫♭♩ [   ] ♫♪♩♩♪♩♫♭♩

※ 다음 제시된 좌우의 문자를 비교했을 때 같은 것은 몇 개인지 고르시오. [11~12]

11

죄테나챠배더처 – 죄테냐차배다쳐

① 1개   ② 2개
③ 3개   ④ 4개
⑤ 5개

12

◇■◎◑♥○▷ – ☆■◉●♥●◁

① 2개   ② 3개
③ 4개   ④ 5개
⑤ 6개

※ 다음 중 좌우를 비교했을 때 다른 것은 몇 개인지 고르시오. [13~14]

13

65794322 – 65974322

① 2개   ② 3개
③ 4개   ④ 5개
⑤ 6개

14

VIIIVIIX X II III I I XI – VIIIVIIX X III III I XI

① 1개   ② 2개
③ 3개   ④ 4개
⑤ 5개

다음 표에 제시되지 않은 문자는?

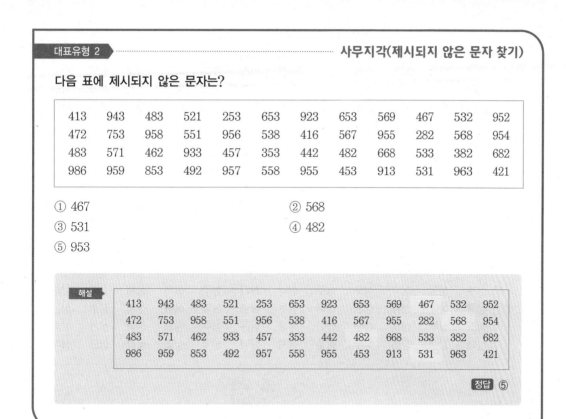

413	943	483	521	253	653	923	653	569	467	532	952
472	753	958	551	956	538	416	567	955	282	568	954
483	571	462	933	457	353	442	482	668	533	382	682
986	959	853	492	957	558	955	453	913	531	963	421

① 467   ② 568

③ 531   ④ 482

⑤ 953

해설

413	943	483	521	253	653	923	653	569	467	532	952
472	753	958	551	956	538	416	567	955	282	568	954
483	571	462	933	457	353	442	482	668	533	382	682
986	959	853	492	957	558	955	453	913	531	963	421

정답 ⑤

※ 다음 중 제시되지 않은 문자를 고르시오. [15~17]

15

uncle	upon	urge	upset	until	unique	ukase	uphold	upper	ultra
usage	user	unless	untie	unkind	unless	upon	unique	untie	upper
upper	uncle	unkind	upset	until	uphold	user	ultra	ukase	unless
urge	ultra	upon	uphold	untie	usage	upon	unkind	until	upon

① upset   ② ubique

③ unless   ④ uphold

⑤ unkind

16

구리	이리	금리	고리	의리	도리	궁리	부리	박리	장리	다리	젤리
주리	예리	지리	자리	교리	보리	파리	절리	피리	생리	경리	수리
지리	교리	박리	경리	고리	자리	피리	도리	파리	이리	수리	생리
금리	주리	예리	궁리	젤리	의리	구리	보리	장리	절리	부리	다리

① 심리   ② 예리
③ 고리   ④ 보리
⑤ 절리

17

상추	상장	상부	상도	상주	상체	상가	상무	상패	상체	상류	상하
상큼	상태	상류	상병	상어	상투	상념	상영	상아	상시	상수	상온
상조	상투	상영	상단	상아	상장	상온	상수	상도	상어	상가	상큼
상태	상주	상병	상무	상추	상시	상념	상부	상조	상하	상단	상패

① 상추   ② 상세
③ 상주   ④ 상하
⑤ 상영

※ 다음 문제의 왼쪽에 표시된 문자의 개수를 고르시오. [18~20]

18

神	防北神放放頌防珍防快神新快快神快珍珍新快神鎮珍珍防北放放快防神放

① 4개   ② 5개
③ 6개   ④ 7개
⑤ 8개

19

ソ	サナマブワワソキゾノホヘヌナピサグソレリリルスソゼテトソソノ・ヽ、ア

① 5개   ② 6개
③ 7개   ④ 8개
⑤ 9개

20

←	→｜＼←←←／＼｜｜｜＼／／＼｜／←｜＼←←→→｜＼／←／←｜／←→｜

① 5개   ② 6개
③ 7개   ④ 8개
⑤ 9개

※ 제시된 문자와 동일한 문자가 〈보기〉에서 몇 번째에 위치하는지 고르시오(단, 가장 왼쪽 문자를 시작 지점으로 한다). **[1~2]**

보기

▣ ▲ ◼ ★ ◇ 늑 ∞ ♨ ☞ ◆

01

∞

① 6번째   ② 7번째
③ 8번째   ④ 9번째
⑤ 10번째

> **해설** ▶ ∞은 일곱 번째에 제시된 문자이므로 정답은 ②이다.
>
> **정답** ②

02

▣

① 1번째   ② 2번째
③ 3번째   ④ 4번째
⑤ 5번째

> **해설** ▶ ▣은 첫 번째에 제시된 문자이므로 정답은 ①이다.
>
> **정답** ①

※ 제시된 문자와 동일한 문자가 〈보기〉에서 몇 번째에 위치하는지 고르시오(단, 가장 왼쪽 문자를 시작 지점으로 한다). [21~25]

보기

= ◎ ↰ * ♒ 💣 ⊠ ✄ ✈ ❋

21

*

① 1번째   ② 2번째
③ 3번째   ④ 4번째
⑤ 5번째

22

💣

① 6번째   ② 7번째
③ 8번째   ④ 9번째
⑤ 10번째

23

◎

① 1번째   ② 2번째
③ 3번째   ④ 4번째
⑤ 5번째

24

❋

① 6번째   ② 7번째
③ 8번째   ④ 9번째
⑤ 10번째

25

✄

① 6번째   ② 7번째
③ 8번째   ④ 9번째
⑤ 10번째

※ 제시된 문자와 동일한 문자가 〈보기〉에서 몇 번째에 위치하는지 고르시오(단, 가장 왼쪽 문자를 시작 지점으로 한다). [26~30]

보기

26

① 1번째   ② 2번째
③ 3번째   ④ 4번째
⑤ 5번째

27

≪

① 1번째   ② 2번째
③ 3번째   ④ 4번째
⑤ 5번째

28

≒

① 6번째   ② 7번째
③ 8번째   ④ 9번째
⑤ 10번째

29

←

① 6번째   ② 7번째
③ 8번째   ④ 9번째
⑤ 10번째

30

① 1번째   ② 2번째
③ 3번째   ④ 4번째
⑤ 5번째

다음 규칙에 따라 알맞게 변형한 것은?

@%^* – 가마바하

① @%^* – 가마바하   ② @*^% – 가마바하
③ *^%@ – 마가바하   ④ %*^@ – 마바가하
⑤ @^%* – 하마바가

> 오답분석
> ② @*^% – 가하바마
> ③ *^%@ – 하바마가
> ④ %*^@ – 마하바가
> ⑤ @^%* – 가바마하
>
> 정답 ①

※ 다음 규칙에 따라 알맞게 변형한 것을 고르시오. [31~35]

31

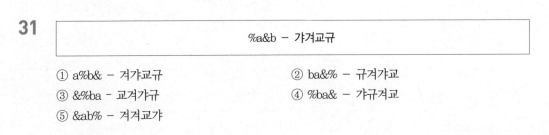

%a&b – 갸겨교규

① a%b& – 겨갸교규   ② ba&% – 규겨갸교
③ &%ba – 교겨갸규   ④ %ba& – 갸규겨교
⑤ &ab% – 겨겨교갸

32

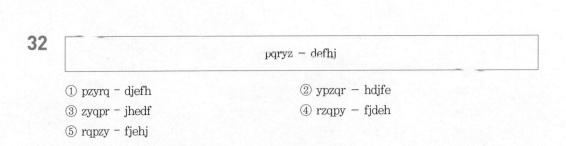

pqryz – defhj

① pzyrq – djefh   ② ypzqr – hdjfe
③ zyqpr – jhedf   ④ rzqpy – fjdeh
⑤ rqpzy – fjehj

33

$$⊏⊃∪∩ - ☆●○★$$

① ∩⊏∪⊃ – ★☆●○
② ∪⊏∩⊃ – ○☆★●
③ ⊏∪⊃∩ – ☆●○★
④ ⊃∩∪⊏ – ●★☆○
⑤ ∩∪⊃⊏ – ☆●○★

34

$$규※q★⊃ - 62≡§◎$$

① ⊃★※q규 – ◎§2≡6
② ※q규⊃★ – 2≡6§◎
③ q규⊃★※ – ≡6◎2§
④ ★⊃※규q – §◎62≡
⑤ 규q※⊃★ – 62≡§◎

35

$$※◎△▽▢ - ∋☆※≒☎$$

① ▢◎※▽△ – ☎☆※∋≒
② △※▢◎▽ – ※∋☎☆≒
③ ◎※▽△▢ – ☆∋≒☎※
④ ▽▢△※◎ – ≒☎☆∋※
⑤ ▢△▽※◎ – ∋☆※≒☎

36

1234 − adbc

① 2143 − dacb   ② 4132 − cabd
③ 3412 − dcab   ④ 4312 − cbad
⑤ 1224 − addc

37

abroed − KOREAN

① erdoba − ARNEOK   ② odarbe − ENORKA
③ drbaeo − NROKAE   ④ reboad − RAOEKN
⑤ debroa − NAOREK

38

TOPIK − ICOET

① OTIKP − CIETO   ② IKTPO − ETIOC
③ KIPOT − TEOCI   ④ PTOKI − OICET
⑤ TKPIO − ITOEC

39

♡♣♠♧♥ − → ← ↑ ↓ ↔

① ♥♣♡♠♧ − ↔←→↓↑   ② ♠♧♣♥♡ − ↑↓←↔→
③ ♣♥♧♡♠ − ←↔↓↑→   ④ ♧♡♠♣♥ − ↓→↑←↔
⑤ ♧♠♡♣♥ − ↓↑→←↔

40

□☆○◎▽ − ii iii iv v vi

① ▽◎○☆□ − vi v iv iii ii   ② ○☆□▽◎ − iv iii ii vi v
③ ☆□▽◎○ − ii iii vi v iv   ④ ◎○☆▽□ − v iv iii vi ii
⑤ ☆▽◎○□ − iii vi v iv ii

1. 수추리

(1) 등차수열 : 앞의 항에 일정한 수를 더해 이루어지는 수열

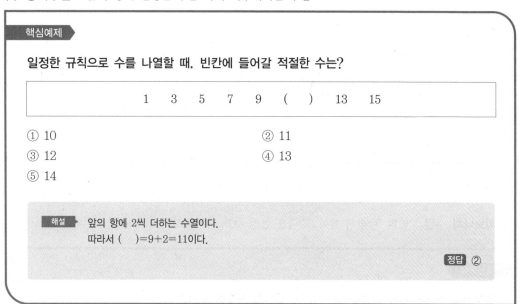

핵심예제

일정한 규칙으로 수를 나열할 때, 빈칸에 들어갈 적절한 수는?

| 1 3 5 7 9 ( ) 13 15 |

① 10   ② 11
③ 12   ④ 13
⑤ 14

해설 앞의 항에 2씩 더하는 수열이다.
따라서 ( )=9+2=11이다.

정답 ②

(2) 등비수열 : 앞의 항에 일정한 수를 곱해 이루어지는 수열

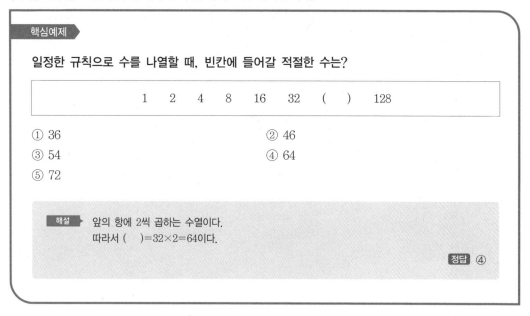

핵심예제

일정한 규칙으로 수를 나열할 때, 빈칸에 들어갈 적절한 수는?

| 1 2 4 8 16 32 ( ) 128 |

① 36   ② 46
③ 54   ④ 64
⑤ 72

해설 앞의 항에 2씩 곱하는 수열이다.
따라서 ( )=32×2=64이다.

정답 ④

(3) 계차수열 : 앞의 항과의 차가 일정한 규칙을 갖는 수열

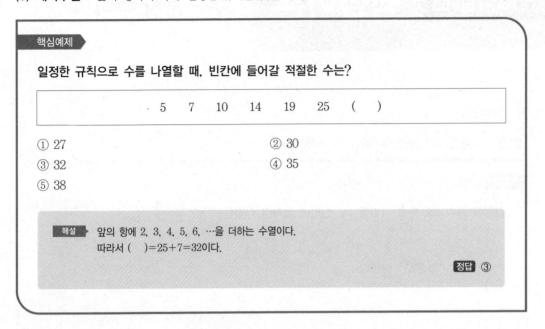

핵심예제

일정한 규칙으로 수를 나열할 때, 빈칸에 들어갈 적절한 수는?

| 5 7 10 14 19 25 ( ) |

① 27   ② 30
③ 32   ④ 35
⑤ 38

> **해설** ▶ 앞의 항에 2, 3, 4, 5, 6, …을 더하는 수열이다.
> 따라서 ( )=25+7=32이다.
>
> **정답** ③

(4) 피보나치 수열 : 앞의 두 항의 합이 그 다음 항의 수가 되는 수열

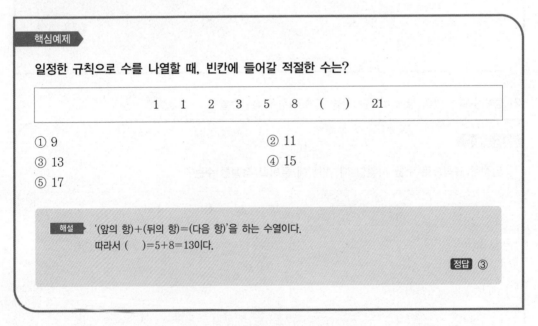

핵심예제

일정한 규칙으로 수를 나열할 때, 빈칸에 들어갈 적절한 수는?

| 1 1 2 3 5 8 ( ) 21 |

① 9   ② 11
③ 13   ④ 15
⑤ 17

> **해설** ▶ '(앞의 항)+(뒤의 항)=(다음 항)'을 하는 수열이다.
> 따라서 ( )=5+8=13이다.
>
> **정답** ③

(5) 건너뛰기 수열 : 두 개 이상의 수열이 일정한 간격을 두고 번갈아가며 나타나는 수열

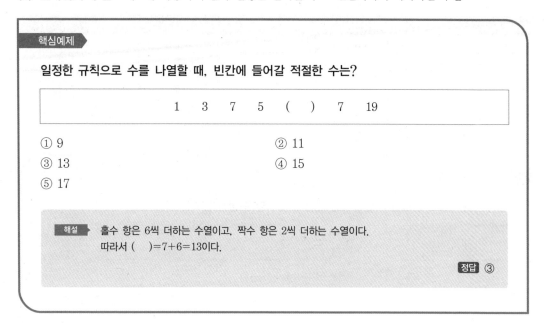

핵심예제

일정한 규칙으로 수를 나열할 때, 빈칸에 들어갈 적절한 수는?

| 1 | 3 | 7 | 5 | (|) | 7 | 19 |

① 9
② 11
③ 13
④ 15
⑤ 17

해설   홀수 항은 6씩 더하는 수열이고, 짝수 항은 2씩 더하는 수열이다.
따라서 ( )=7+6=13이다.

정답 ③

(6) 군수열 : 일정한 규칙성으로 몇 항씩 끊어서 규칙을 이루는 수열

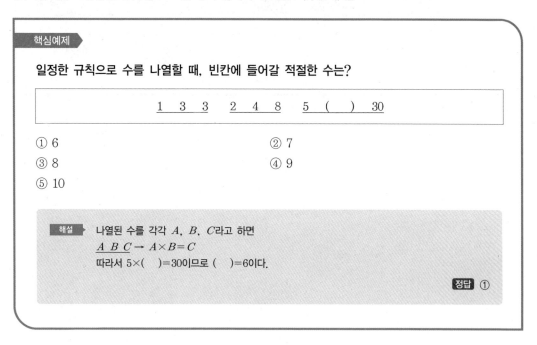

핵심예제

일정한 규칙으로 수를 나열할 때, 빈칸에 들어갈 적절한 수는?

| 1 | 3 | 3 | 2 | 4 | 8 | 5 | (|) | 30 |

① 6
② 7
③ 8
④ 9
⑤ 10

해설   나열된 수를 각각 A, B, C라고 하면
$\underline{A\ B\ C} \rightarrow A \times B = C$
따라서 $5 \times (\ \ ) = 30$이므로 ( )=6이다.

정답 ①

2. 문자추리

1	2	3	4	5	6	7	8	9	10	11	12	13	14	15	16	17	18	19	20	21	22	23	24	25	26
A	B	C	D	E	F	G	H	I	J	K	L	M	N	O	P	Q	R	S	T	U	V	W	X	Y	Z
ㄱ	ㄴ	ㄷ	ㄹ	ㅁ	ㅂ	ㅅ	ㅇ	ㅈ	ㅊ	ㅋ	ㅌ	ㅍ	ㅎ												
ㅏ	ㅑ	ㅓ	ㅕ	ㅗ	ㅛ	ㅜ	ㅠ	ㅡ	ㅣ																
一	二	三	四	五	六	七	八	九	十																
i	ii	iii	iv	v	vi	vii	viii	ix	x																

핵심예제

일정한 규칙으로 문자를 나열할 때, 빈칸에 들어갈 적절한 문자는?

$$ㄱ \quad ㄷ \quad ㅁ \quad (\quad) \quad ㅈ$$

① ㄴ   ② ㄹ

③ ㅂ   ④ ㅅ

⑤ ㅇ

해설   앞의 항에 2씩 더하는 수열이다.

ㄱ	ㄷ	ㅁ	(ㅅ)	ㅈ
1	3	5	7	9

정답 ④

정답 및 해설 p.046

대표유형 1 ··· **수추리**

※ 일정한 규칙으로 수를 나열할 때, 빈칸에 들어갈 수로 적절한 것을 고르시오. **[1~3]**

01

7　10　30　33　99　( )

① 39　　　　　　　　　　② 69

③ 102　　　　　　　　　④ 111

⑤ 130

> **해설** +3, ×3이 반복되는 수열이다.
> 따라서 ( )=99+3=102이다.
>
> **정답** ③

02

−2　−3　−5　−8　−13　( )

① −15　　　　　　　　　② −17

③ −19　　　　　　　　　④ −21

⑤ −23

> **해설** '(앞의 항)+(뒤의 항)=(다음 항)'인 수열이다.
> 따라서 ( )=(−8)+(−13)=−21이다.
>
> **정답** ④

PART 3 도형추리 지각속도 수·문자

03

| | 1 | 5 | ( ) | | 4 | 2 | 20 | | 7 | 3 | 58 | |

① 24　　　　　　　　　　　② 26
③ 28　　　　　　　　　　　④ 30
⑤ 31

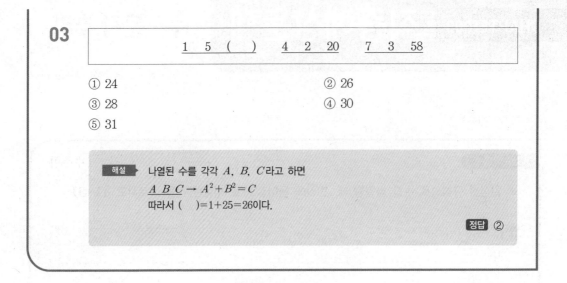

해설　나열된 수를 각각 A, B, C라고 하면
$\underline{A\ B\ C} \rightarrow A^2 + B^2 = C$
따라서 ( )=1+25=26이다.

정답 ②

※ 일정한 규칙으로 수를 나열할 때, 빈칸에 들어갈 알맞은 수를 고르시오. [1~22]

01

5　8　14　26　50　98　( )

① 204　　　　　　　　　　② 194
③ 182　　　　　　　　　　④ 172
⑤ 162

02

1　4　13　40　121　( )　1,093

① 351　　　　　　　　　　② 363
③ 364　　　　　　　　　　④ 370
⑤ 392

03

−73　−42　−31　−11　−20　9　( )

① −29　　　　　　　　　　② −14
③ 12　　　　　　　　　　　④ 20
⑤ −5

04

| 2   3   7   16   32   57   (   ) |

① 88   ② 90
③ 93   ④ 95
⑤ 114

05

| 11   45   182   731   2,928   (   ) |

① 11,737   ② 11,727
③ 11,717   ④ 11,707
⑤ 11,697

06

| 1   1   2   2   3   4   4   (   )   5   11 |

① 4   ② 5
③ 6   ④ 7
⑤ 8

07

$$\frac{5}{3} \quad \frac{7}{8} \quad \frac{9}{15} \quad (\quad) \quad \frac{13}{35}$$

① $\dfrac{11}{17}$ ② $\dfrac{11}{20}$

③ $\dfrac{12}{20}$ ④ $\dfrac{10}{24}$

⑤ $\dfrac{11}{24}$

08

$$\frac{2}{7} \qquad \frac{10}{6} \qquad \frac{50}{5} \qquad \frac{250}{4} \qquad (\quad)$$

① $\dfrac{1,250}{4}$ ② $\dfrac{1,000}{4}$

③ $\dfrac{1,250}{3}$ ④ $\dfrac{1,000}{3}$

⑤ $\dfrac{1,250}{2}$

09

$$\frac{1}{2} \quad \frac{2}{3} \quad \frac{3}{4} \quad \frac{1}{2} \quad 1 \quad \frac{1}{3} \quad \frac{5}{4} \quad \frac{1}{6} \quad (\quad)$$

① $\dfrac{9}{2}$ ② $\dfrac{7}{2}$

③ $\dfrac{5}{2}$ ④ $\dfrac{3}{2}$

⑤ $\dfrac{1}{2}$

10

$$\frac{3}{5} \quad \frac{2}{5} \quad -\frac{3}{5} \quad -\frac{2}{5} \quad -\frac{7}{5} \quad -\frac{14}{15} \quad (\quad)$$

① $-\dfrac{29}{15}$ ② $-\dfrac{18}{15}$

③ $-\dfrac{21}{15}$ ④ $\dfrac{21}{15}$

⑤ $-\dfrac{23}{15}$

11

| | 0.7 | 0.9 | 1.15 | 1.45 | 1.8 | ( ) | |

① 2.0　　　　　　　　　　　② 2.1
③ 2.2　　　　　　　　　　　④ 2.3
⑤ 2.4

12

| | 0.7 | 0.8 | 1.5 | 1.5 | 3.2 | 2.9 | 6.7 | ( ) | |

① 5.7　　　　　　　　　　　② 7.3
③ 12.9　　　　　　　　　　④ 13.4
⑤ 15.0

13

| | 4 | 7 | 3.5 | ( ) | 3.25 | 6.25 | 3.125 | |

① 3.375　　　　　　　　　　② 6.5
③ 10　　　　　　　　　　　④ 13
⑤ 15

14

| | −7 | −4.5 | −1 | ( ) | 9 | |

① 7　　　　　　　　　　　　② 6.5
③ 4　　　　　　　　　　　　④ 3.5
⑤ 1.5

15

| | 14 | 22 | $\frac{43}{2}$ | 43 | 51 | $\frac{101}{2}$ | 101 | ( ) | |

① 105　　　　　　　　　　② 109
③ 116　　　　　　　　　　④ 125
⑤ 168

16

	-2	-0.4	-2.8	0.4	-3.6	( )

① -2.1 ② -1.3

③ -0.9 ④ 1.2

⑤ 0.4

17

	84	21	38	9.5	15	3.75	( )

① 7.5 ② 6.5

③ 5.5 ④ 4.5

⑤ 3.5

18

$\underline{2 \quad 9 \quad 16} \quad \underline{5 \quad 8 \quad 11} \quad \underline{7 \quad 10 \quad (\quad)}$

① 8 ② 10

③ 13 ④ 15

⑤ 17

19

$\underline{\dfrac{9}{4} \quad 8 \quad 18} \quad \underline{\dfrac{1}{9} \quad \dfrac{15}{7} \quad \dfrac{5}{21}} \quad \underline{\dfrac{5}{14} \quad \dfrac{7}{3} \quad (\quad)}$

① $\dfrac{5}{6}$ ② $\dfrac{2}{3}$

③ $\dfrac{1}{3}$ ④ $\dfrac{1}{6}$

⑤ $\dfrac{1}{2}$

20

| 10 6 4 15 9 6 20 12 ( ) |

① 5   ② 8
③ 10   ④ 14
⑤ 18

21

| 5 0 1   5 3 ( )   6 2 36 |

① 15   ② 45
③ 75   ④ 95
⑤ 125

22

| 3 2 4 2   6 4 7 17   7 3 9 ( )   4 5 13 7 |

① 12   ② 10
③ 8   ④ 6
⑤ 4

23 다음 수열의 11번째 항은 얼마인가?

| 0, 3, 8, 15, 24, 35, ⋯ |

① 80   ② 99
③ 120   ④ 143
⑤ 168

24 다음 수열의 31번째 항은 얼마인가?

$$2, \ 6, \ 4, \ 6, \ 6, \ 6, \ 8, \ 6, \ 10, \ 6, \ \cdots$$

① 30   ② 32

③ 60   ④ 62

⑤ 72

25 다음 수열의 101번째 항은 얼마인가?

$$\frac{7}{11}, \ \frac{2}{22}, \ -\frac{3}{33}, \ -\frac{8}{44}, \ \cdots$$

① $-\dfrac{327}{1,111}$ ② $-\dfrac{327}{1,100}$

③ $-\dfrac{493}{1,111}$ ④ $-\dfrac{493}{1,100}$

⑤ $-\dfrac{511}{1,100}$

대표유형 2 ·· **문자추리**

일정한 규칙으로 문자를 나열할 때, 빈칸에 들어갈 문자로 적절한 것은?

$$B \quad C \quad F \quad K \quad R \quad (\ )$$

① M   ② A

③ G   ④ D

⑤ E

해설 ▶ 앞의 항에 1, 3, 5, 7, 9, …을 더하는 수열이다.

B	C	F	K	R	(A)
2	3	6	11	18	27(1)

정답 ②

206 • SK하이닉스 고졸 · 전문대졸 필기시험

※ 일정한 규칙으로 문자를 나열할 때, 빈칸에 들어갈 문자로 적절한 것을 고르시오. [26~40]

26

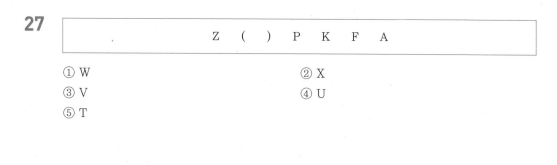

ㅍ ㅋ ㅈ ㅅ ㅁ ( )

① ㅍ ② ㅈ
③ ㅂ ④ ㄷ
⑤ ㄱ

27

Z ( ) P K F A

① W ② X
③ V ④ U
⑤ T

28

ㄹ ㄷ ㅁ ㄴ ㅂ ( )

① ㄱ ② ㄴ
③ ㄷ ④ ㄹ
⑤ ㅁ

29

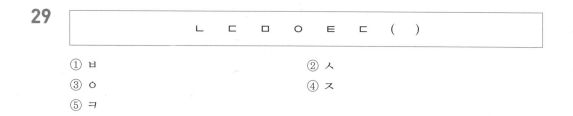

ㄴ ㄷ ㅁ ㅇ ㅌ ㄷ ( )

① ㅂ ② ㅅ
③ ㅇ ④ ㅈ
⑤ ㅋ

30

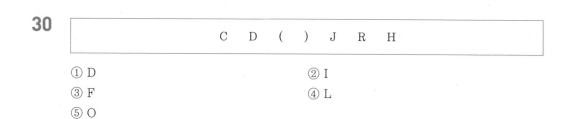

C D ( ) J R H

① D ② I
③ F ④ L
⑤ O

PART 3 도형추리 지각속도 수・문자

31

| ㅋ ㄹ ( ) ㅅ ㅁ ㅊ |

① ㄷ   ② ㅂ
③ ㅅ   ④ ㅇ
⑤ ㅊ

32

| D   C   E   F   F   L   ( )   X |

① C   ② G
③ J   ④ Q
⑤ W

33

| 가 나 다 가 라 마 가 바 사 가 아 ( ) |

① 자   ② 차
③ 카   ④ 타
⑤ 파

34

| A   D   I   P   ( ) |

① Q   ② S
③ V   ④ Y
⑤ Z

35

| ㅈ ㄷ ㅅ ㅁ ㅁ ( ) |

① ㄷ   ② ㅁ
③ ㅅ   ④ ㅊ
⑤ ㅎ

36

E	N	(	)	K	T	H

① D　　　　　　　　　　　② I

③ J　　　　　　　　　　　④ L

⑤ O

37

E	C	J	H	P	N	( )

① W　　　　　　　　　　　② Y

③ F　　　　　　　　　　　④ U

⑤ Z

38

B	B	C	B	D	F	D	L	( )

① M　　　　　　　　　　　② N

③ O　　　　　　　　　　　④ P

⑤ V

39

ㅎ	ㄷ	(	)	ㅂ	ㄴ	ㅌ

① B　　　　　　　　　　　② D

③ J　　　　　　　　　　　④ I

⑤ L

40

ㅂ	ㄷ	ㅌ	ㅅ	( )

① J　　　　　　　　　　　② K

③ L　　　　　　　　　　　④ M

⑤ N

상황판단

1. 상황판단

상황판단은 인성검사와 유사하지만, 주로 조직 내에서 발생할 수 있는 업무적 마찰이나 문제 상황이 제시되고, 여러 가지 대처 방법 가운데 가장 바람직한 것을 선택해야 하는 문제들이 출제된다는 차이가 있다. 일반적인 적성검사가 지원자의 지식적인 영역을 평가한다면, 상황판단은 실제 업무를 수행하기 위한 실용지능과 정서 · 사회지능을 종합적으로 평가한다고 볼 수 있다. 상황판단은 실제 업무를 수행하기 위한 실용지능과 정서 · 사회기능을 종합적으로 평가하는데, 실용지능이란 문제의 해결과 자신의 요구사항을 관철하기 위해 상대 혹은 조직을 설득하는 능력을 말한다.

2. 실용지능

실용지능이란 자신의 목적을 위해 상대와 조직과 마찰을 일으키지 않고 설득하는 지능을 말한다. 따라서 회사 안에서 업무를 수행하며 마주할 수 있는 업무적 마찰이나 문제 속에서 어떻게 해결방안을 찾을 것인지를 묻는 문제가 주로 출제된다.

3. 정서 · 사회지능

정서 · 사회지능이란 동료나 상사, 부하직원과의 관계에서 어떻게 행동할 것인지를 판단하는 지능을 말한다. 회사생활에서는 개인의 업무수행능력뿐만 아니라 주변 구성원들과 관계를 맺는 능력도 중요한데, 이를 통해 바람직한 사내문화 형성은 물론, 효과적인 팀워크를 창출할 수 있기 때문이다.

01 A대리는 매년 K국가로 해외출장 시 같은 호텔을 이용한다. 어느 날 묵고 있던 호텔에서 우수고객이라며 고가의 레저 이용권을 별다른 제안 없이 제공하려 한다. 당신이 A사원이라면 어떻게 행동하겠는가?

① 회사 경비로 묵는 숙소이므로 회사에 알리고 이용권을 넘겨준다.
② 개인적으로 받는 것이기 때문에 다른 절차 없이 본인이 사용한다.
③ 즉시 거절하고 앞으로도 제공하지 말 것을 통보한다.
④ 부서장 또는 담당부서와 통화한 후 지침을 따른다.
⑤ 고가의 레저 이용권이 아닌 회사에 도움될 수 있는 다른 혜택을 요구한다.

02 다음 〈조건〉을 보고 판단했을 때 바른 행동이라 여기는 것을 고르면?

조건
• N사에 다니는 B씨의 아내는 임신 중이다.
• B씨는 배려하는 성격이며 가족을 중시한다.
• N사는 남직원에게 육아휴직을 제공하지 않는다.
• 아이가 태어나면 아이 교육을 위해 N사에서 조금 먼 곳으로 이사를 갈 계획이다.

① N사의 경쟁사로 이직한다.
② 아이가 태어나면 아이 교육을 위해 이사 가는 계획을 취소한다.
③ N사에 남직원에게도 육아휴직을 부여해달라고 시위한다.
④ 회사를 그만둔다.
⑤ 모든 것을 N사에 맞추어 계속 다닌다.

03 인사팀에서 근무하고 있는 귀하는 자사의 인재상과 실제 업무환경을 고려하여 신입사원을 채용하고자 한다. 다음 중 귀하가 채용할 신입사원으로 가장 적절한 사람은?

인재상	업무환경
1. 책임감	1. 자유로운 분위기
2. 고객지향	2. 잦은 출장
3. 열정	3. 고객과 직접 대면하는 업무
4. 목표의식	4. 해외지사와 업무협조
5. 글로벌 인재	

① 고객을 최우선으로 생각하고 행동하는 A씨
② 자기 일을 사랑하고 책임질 수 있는 B씨
③ 어느 환경에서도 잘 적응할 수 있는 C씨
④ 자유로운 분위기에서 화합할 수 있는 열정적인 D씨
⑤ 세계화에 발맞춰 소통으로 회사의 미래를 만드는 E씨

※ 상황판단 영역은 정답이 따로 없으니, 참고하시기 바랍니다.

※ A사원은 최근 들어 평소보다 많은 양의 업무를 힘들게 수행하고 있다. 평소 절대로 요령을 부리거나
얕은 꾀를 쓰지 않는 A사원은 자주 야근을 하며 상급자 B과장에게 제출할 보고서를 작성했는데, B과
장은 A사원이 제출한 보고서가 형편없다며 혹평을 했다. 자신이 생각하기에 가장 적절한 것을 다음
보기에서 고르시오. [1~3]

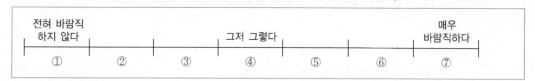

01 속상한 마음을 달래줄 동료와 만난다.

①　　　　②　　　　②　　　　④　　　　⑤　　　　⑥　　　　⑦

02 자신의 부족한 실력을 원망하며 술을 마시러 간다.

①　　　　②　　　　②　　　　④　　　　⑤　　　　⑥　　　　⑦

03 좋은 평가를 받고 있는 동료나 선배의 보고서와 자신의 보고서를 비교해보고 시정한다.

①　　　　②　　　　②　　　　④　　　　⑤　　　　⑥　　　　⑦

※ A주임은 서울에서 태어나 평생을 서울에서 살아온 서울 토박이다. 그러던 어느 날 A주임은 갑작스럽게 서울에서 멀리 떨어진 지방으로 발령이 났다. A주임이 새롭게 발령을 받은 곳은 아무런 연고도 없는 시골이다. 또한 지방으로 발령을 받은 이상 언제 서울로 돌아올 수 있을지 모르는 상황이다. 자신이 생각하기에 가장 적절한 것을 다음 보기에서 고르시오. [4~7]

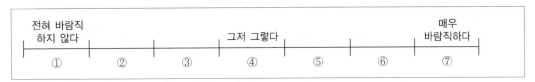

04 회사의 지시이니 묵묵히 따라야겠다고 생각한다.

① ② ② ④ ⑤ ⑥ ⑦

05 자신의 능력을 십분 발휘할 수 있는 기회라고 생각한다.

① ② ② ④ ⑤ ⑥ ⑦

06 서울에서 근무할 수 있는 다른 회사를 알아봐야겠다고 생각한다.

① ② ② ④ ⑤ ⑥ ⑦

07 부서장에게 자신의 사정을 이야기하고 지방 발령 취소를 요청한다.

① ② ② ④ ⑤ ⑥ ⑦

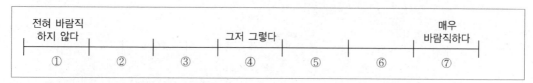

※ A대리와 입사 동기로서 다른 부서에 근무하던 B대리가 A대리가 근무하는 영업부로 이동했다. A대리의 하급자와 B대리가 함께 업무를 하는 중에 B대리가 업무를 덜 부담하려고 한다는 사실을 A대리가 알게 되었다. 자신이 생각하기에 A대리가 대처해야할 방식으로 가장 적절한 것을 다음 보기에서 고르시오. [8~11]

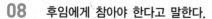

전혀 바람직 하지 않다			그저 그렇다			매우 바람직하다
①	②	③	④	⑤	⑥	⑦

08 후임에게 참아야 한다고 말한다.

① ② ② ④ ⑤ ⑥ ⑦

09 B대리와 후임을 모두 불러 이야기한다.

① ② ② ④ ⑤ ⑥ ⑦

10 영업부장에게 사실을 있는 그대로 보고한다.

① ② ② ④ ⑤ ⑥ ⑦

11 후임에게 B대리 모르게 업무를 가져오면 도와주겠다고 말한다.

① ② ② ④ ⑤ ⑥ ⑦

※ A사원은 부서에서 오랫동안 준비해왔던 프로젝트의 발표를 맡게 되었다. A사원은 누구보다 열심히 발표를 준비했으나 발표를 앞둔 바로 전날에 컴퓨터 고장으로 인해 준비한 프레젠테이션 파일이 삭제되었다. 다른 자료를 활용하여 발표를 할 수 있겠지만 준비했던 프레젠테이션 파일을 사용하는 것에 비해 많이 엉성할 것 같은 상황이다. 자신이 생각하기에 가장 적절한 것을 다음 보기에서 고르시오. [12~15]

전혀 바람직 하지 않다			그저 그렇다			매우 바람직하다
①	②	③	④	⑤	⑥	⑦

12 발표 전에 컴퓨터 탓을 하며 양해를 구한다.

① ② ② ④ ⑤ ⑥ ⑦

13 발표 날짜를 연기한 뒤에 다시 발표 준비를 시작한다.

① ② ② ④ ⑤ ⑥ ⑦

14 시간이 없으니 남아 있는 다른 자료로 발표를 진행한다.

① ② ② ④ ⑤ ⑥ ⑦

15 밤을 새워서라도 프레젠테이션 파일을 다시 만들어서 발표한다.

① ② ② ④ ⑤ ⑥ ⑦

16 P사원은 바쁘게 일을 하던 도중 소포를 하나 받았다. 소포의 주인은 지난 달 퇴사한 E사원의 것으로, P사원은 평소 E사원과 사이가 좋지 않았던 데다 현재 할당된 업무가 많아 잠시라도 자리를 비우기 어려운 상황이다. 당신이 P사원이라면 어떻게 하겠는가?

① E사원에게 연락해 소포가 왔음을 알린다.
② 자신의 상사에게 소포에 대하여 보고한 뒤 지시에 따른다.
③ 소포를 사무실 한 구석에 치워둔 채 업무에 몰두한다.
④ 먼저 업무를 처리하고 나서 소포를 E사원에게 전달할 수 있도록 한다.
⑤ 업무를 처리하고 소포는 반송한다.

17 평소 D사원은 일의 절차보단 능률을 중요시하는 성격으로, 실제로 그만큼의 성과를 내고 있는 상황이다. 하지만 새로이 D사원의 팀에 부임한 W팀장은 반대로 당장의 능률보다는 일의 절차를 중요시하는 성격이다. 당신이 D사원이라면 어떻게 하겠는가?

① W팀장의 성격에 맞춰 일의 절차를 중요시하도록 한다.
② W팀장에게 자신의 성격과 그로 인한 성과에 대해 설명하고 양해를 구한다.
③ W팀장에게 별다른 이야기가 나오지 않는 이상 기존 업무 방식을 고수한다.
④ W팀장의 앞에서는 절차를 중시하는 시늉을 하되 실제 업무는 기존 방식대로 처리한다.
⑤ W팀장이 중요시하는 업무는 절차를 위주로, 그렇지 않은 업무는 기존 방식대로 처리한다.

18 평소 A사원은 팀원들과의 사이도 좋고, 주어진 업무도 완벽하게 해내는 것으로 유명하다. 다만 한 가지 흠이 있다면 지각을 자주한다는 점인데, 출근시간을 중요하게 생각하는 E반장은 A사원의 이 단점이 늘 마음에 걸린다. 몇 번 훈계도 하고 시정명령도 내렸지만 A사원의 이 단점은 고쳐질 기미가 보이지 않는다. 당신이 E반장이라면 어떻게 하겠는가?

① 모든 반원이 보는 앞에서 A사원을 크게 혼낸다.
② A사원을 따로 불러 시정하지 않으면 인사평정에 큰 흠이 갈 것이라고 엄포를 놓는다.
③ 매번 아침마다 A사원에게 직접 모닝콜을 걸어 깨운다.
④ 천성이겠거니 하고 포기한다.
⑤ A사원과 집이 가까운 팀원을 시켜 같이 출근하도록 지시한다.

19 그동안 성실하게 업무에 임해 온 V조장은 다가오는 정기승진 기간에 자신이 승진할 것이라고 믿어 의심치 않았다. 하지만 정기승진 인사공고에서 V조장 대신 승진명단에 이름을 올린 것은 평소 불성실한 근무태도를 보였지만 주어진 업무에서 훌륭한 성과를 낸 B조장이었다. 이러한 결과에 조원들은 V조장의 눈치를 살피는 모양새다. 당신이 V조장이라면 이 상황에서 어떻게 할 것인가?

① 자신의 업무능력이 B조장보다 떨어진다는 것을 인정하고 사직서를 준비한다.
② 팀 분위기를 살리기 위해 아무렇지 않은 척 밝게 행동한다.
③ 자신의 상사를 만나 승진결과에 대해 묻는다.
④ 주변에 여론을 조성해 B조장을 정치적으로 고립시킨다.
⑤ 아쉬움을 떨치고 다음에는 승진을 할 수 있도록 열심히 일하겠다는 다짐을 한다.

20 T부서와의 합동 작업을 마무리 짓기 위해 야근을 이어가던 A부서의 K사원은 어느 날 업무가 동결될 만큼의 큰 문제점이 있음을 발견한다. 이 업무가 동결되면 그동안의 업무성과가 일순간에 날아가 버리지만 T부서에서 큰 위기를 넘기는 반면, 이 업무가 진행되면 K사원의 부서는 사전에 계약한 대로 업무성과를 인정받아 고액의 성과급을 지급받지만 T부서는 물론 회사가 큰 손해를 입게 된다. 당신이 K사원이라면 어떻게 할 것인가?

① 이번 성과급을 전세금에 보탤 예정이었으므로 문제점을 애써 무시한다.
② 회사에 손해를 끼칠 수는 없으므로 문제점을 T부서에 보고한다.
③ 문제점을 해결하기 위해 회사에는 비밀로 하고 T부서와 A부서의 인원들을 모아 긴급회의를 진행한다.
④ 자신이 판단할 일이 아니므로 직속상사에게 보고하고 업무를 계속한다.
⑤ A부서의 상사에게만 보고를 한 뒤, 판단을 맡긴다.

21 C사원은 평소 사무업무를 할 때 회사에서 지원해주는 사무용품보다는 비싸지만 품질이 좋은 용품들을 직접 구매해서 사용한다. 처음에는 직접 산 사무용품들을 팀원들에게 나눠주기도 하는 등, 기분 좋게 업무를 해나갔지만 최근에는 팀원들이 자신의 사무용품을 함부로 쓰고 버리기까지 하고 있다. 당신이 C사원이라면 어떻게 할 것인가?

① 직접 사무용품을 구매하는 것을 멈추고 회사에서 지원해주는 물품을 사용한다.
② 구매한 사무용품을 개인서랍에 넣어 보관하되 팀원들이 요청할 때 나눠준다.
③ 현 상황에서 싫은 소리를 말하기에는 불편하므로 일단은 참는다.
④ 술자리에서 우스갯소리를 섞어 팀원들에게 불만을 호소한다.
⑤ 더 이상 사무용품을 팀원들에게 나누어주지 않는다.

22 F사원은 평소 잔업이 많지만 연봉이나 복지가 만족스러운 회사에서 일을 하고 있다. 어느 휴일에 집에서 쉬고 있던 F사원은 D조장에게 연락을 받아 오늘 하루 근무를 하는 대신 평일 하루대체 휴무를 줄 것을 약속했고, F사원은 이 약속을 믿고 그날 하루 주말잔업을 했다. 그런데 F사원이 대체휴무를 사용하기 하루 전날 라인에 문제가 발생해 무기한 잔업을 해야 할 상황이 되었다. 당신이 F사원이라면 어떻게 할 것인가?

① 내일 쉬지 못하면 또 언제 휴무를 사용할 수 있을지 알 수 없으므로 내일 휴무를 만끽한다.
② 팀원들에게 민폐가 되므로 휴무를 포기하고 정상 출근한다.
③ D조장에게 휴무를 미뤄줄 것을 부탁하되, 그 부탁을 거절 받으면 내일 하루 쉬도록 한다.
④ 내일 휴무를 쓰되, 다음날 다과를 사와 팀원들과 나눠먹는다.
⑤ 휴무의 절반만 사용하고 출근하여 일을 도와준 뒤, D조장에게 부탁하여 나머지 절반은 다른 날에 사용한다.

23 A사원은 출퇴근하는 길에 항상 주변을 유심히 살펴보는 습관이 있다. 그러던 어느 날 아침, 출근하던 A사원은 신장개업을 한 식당을 발견했다. 당신이 A사원이라면 신장개업한 식당을 보고 어떤 생각을 할 것 같은가?

① 아무 생각도 들지 않는다.
② '또 망하는 가게가 하나 생기는구나.'라고 생각한다.
③ 성공하기를 바라는 마음을 가진다.
④ 친한 동료 B에게 말하여 함께 가본다.
⑤ 혼자 방문하여 음식 맛을 보고, 맛이 괜찮으면 동료에게 함께 가자고 권유한다.

24 A대리는 자신이 다니고 있는 B회사와 거래 관계에 있는 바이어로부터 성의의 표시로 조그마한 선물을 하나 받게 되었다. 나중에 알아보니, 선물의 시가는 3만 2천 원이다. 그러나 회사의 윤리 규정에서 허용하는 선물의 금액은 3만 원이다. 당신이 A대리라면 어떻게 하겠는가?

① 즉시 선물을 돌려주고 회사의 윤리 규정을 설명한다.
② 거절하면 바이어가 불쾌할 수 있으므로 그냥 받는다.
③ 일단은 선물을 받고 상사에게 보고한다.
④ 선물을 감사히 받고, 나중에 사비로 3만 2천 원 상당의 선물을 한다.
⑤ 선물은 받되, 회사 윤리 규정을 설명하고 2천원을 돌려준다.

25 W사원은 부지런한 편이라 항상 출근 시간보다 10분 전에 출근을 한다. W사원이 속한 부서의 상관인 R팀장은 종종 출근 시간보다 늦곤 한다. 이를 잘 아는 동료 V사원은 출근 시간이 가까워질 때마다 R팀장의 출근 여부를 물어보고 상사인 R팀장이 출근하기 전에 지각한다. R팀장은 이를 전혀 알아차리지 못하고 있다. 당신이 W사원이라면 어떻게 할 것인가?

① 그러지 말라고 V사원에게 주의를 시킨다.
② 나중에 술자리에서 R팀장에게 V사원에 대해 말을 한다.
③ 옆 직원에게 이러한 사항을 토로한다.
④ R팀장의 상사인 U부장에게 사실대로 이야기해서 시정하게 한다.
⑤ V사원에게 R팀장이 눈치를 챈 것 같다며 선의로 거짓말을 한다.

26 어느 날 A사원은 업무상의 실수를 저질렀다. 이를 발견한 B팀장이 다른 사원이 모두 지켜보는 가운데서 A사원을 큰 소리로 꾸짖기 시작했다. 그러나 B팀장은 업무상의 실수에 대해서만 꾸짖는 것이 아니라 이와 전혀 상관이 없는 A사원의 사생활에 해당하는 결점까지 들추어 가며 비난을 하는 상황이다. 당신이 A사원이라면 어떻게 하겠는가?

① 내가 잘못한 것이니 어쩔 수 없다고 생각한다.
② B팀장에게 반박할 말을 생각한다.
③ 회사 게시판에 익명으로 글을 올려 부당함을 호소한다.
④ 일단은 참고 다음에 서운했던 마음을 풀어야겠다고 생각한다.
⑤ 질책을 수용하는 모습을 먼저 보여주고, B팀장의 화가 가라앉으면 사생활에 대한 얘기를 꺼낸다.

27 B사원은 업무 도중 휴대폰을 사용하지 말라는 회사 방침에 따라 긴급히 연락해야 하는 상황이 있어도 휴대폰이 아닌 회사의 전화기를 사용하고 있다. 그러던 어느 날 B사원은 얼마 전에 입사한 A사원이 T조장이 자리를 비울 때마다 몰래 휴대폰을 사용하고 있는 것을 발견하였다. 이런 상황에서 당신이 B사원이라면 어떻게 할 것인가?

① T조장에게 A사원에 대해 이야기하고 주의 받도록 한다.
② A사원에게 가서 회사 방침을 들어 주의를 준다.
③ 상사로서 A사원이 휴대폰을 사용할 때 공개적으로 혼을 낸다.
④ A사원이 휴대폰을 사용하는 장면을 촬영하여 T조장에게 보여준다.
⑤ A사원에게 T조장이 휴대폰을 사용하는 것을 눈치 챈 것 같다면서 눈치를 준다.

28 A조장은 평소에 입사 후배인 B사원과 점심을 자주 먹곤 한다. B사원은 A조장을 잘 따르며 업무 성과도 높아서, A조장은 B사원에게 자주 점심을 사주었다. 그러나 이러한 상황이 반복되자 매번 점심을 먹을 때마다 B사원은 절대 돈을 낼 생각이 없어 보인다. A조장이 후배에게 밥을 사주는 것이 싫은 것은 아니지만 매일 B사원의 몫까지 점심 값을 내려니 곤란한 것이 사실이다. 당신이 A조장이라면 어떻게 하겠는가?

① B사원에게 솔직한 심정을 말하여 문제를 해결해보고자 한다.
② 선배가 후배에게 밥을 얻어먹기는 부끄러우므로 앞으로도 계속해서 밥을 산다.
③ 앞으로는 입사 선배이자 상사인 G에게 밥을 얻어먹기로 한다.
④ B사원을 개인적으로 불러 혼을 내고 다시는 밥을 같이 먹지 않는다.
⑤ B사원에게 부담된다는 말을 하기 힘드니, 점심 먹는 횟수만 줄인다.

29 A사원은 회사 회식 때 과음을 한 나머지 다음 날 늦잠을 자고 말았다. 회사의 출근 시간은 8시 30분이지만 눈을 떠보니 아침 10시였다. 깜짝 놀란 A사원은 겨우 일어나긴 했지만, 숙취 탓에 집중력을 필요로 하는 업무를 무리 없이 할 수 있는 상황은 아니다. 당신이 A사원이라면 어떻게 하겠는가?

① 몸 상태가 좋지 않더라도 당장 출근해서 자리를 지킨다.
② 상사에게 이야기하고 오후에 출근한다.
③ 상사에게 몸이 좋지 않다고 말하고 하루 쉰다.
④ 동료에게 대신 상사에게 보고해 달라고 부탁한다.
⑤ 회식 때문에 벌어진 일이므로 따로 회사에 연락하지 않는다.

30 K는 요즘 들어 회사 생활에 불만이 있다. 조장인 J를 비롯한 많은 사원이 담배를 즐겨 피우며, 담배를 피우고 오는 시간이 지나치게 길기 때문이다. 그러나 J는 오랜 시간 사원들과 잡담을 하며 담배를 피우는 것은 물론, 담배를 피우지 않는 K 등에게 인생의 참맛을 모른다느니 하며 훈계를 하기 일쑤다. 이런 상황에서 당신이 K라면 어떻게 할 것인가?

① 실적이 떨어지고 있는 자료를 들어 조장 J에게 담배 피우는 시간을 줄일 것을 건의한다.
② 조장 J를 따라 같이 담배를 피우도록 한다.
③ 회사 방침에 금연을 건의한다.
④ 상사에게 맞서기 어려우므로 잠자코 있는다.
⑤ 담배를 피우지 않는 직원끼리 카페에 다녀오는 시간을 늘린다.

31 A는 이번 신입사원 공개 채용에서 면접관으로 참여하게 되었다. 면접에 응시한 S지원자에 대해 채점을 하는 도중 A는 상사인 P가 특정 지원자와 잘 아는 사이라며 부당하게 점수를 매기는 것을 목격했다. 그 결과 능력도 뛰어나고 업무에도 적합해 보이는 X지원자 대신, S지원자가 근소한 차이로 최종 합격을 하게 되었다. 이런 상황에서 당신이 A라면 어떻게 할 것인가?

① 상사인 P를 찾아가 위 사실을 말하고 협박한다.
② P보다 상사인 T를 찾아가 P가 한 일들을 보고에 대해 말하고 적절한 조치를 취하도록 요구한다.
③ 상사인 P의 뜻이므로 모르는 척 넘어가도록 한다.
④ S지원자의 점수를 몰래 바꾸어 놓는다.
⑤ X지원자에게 이 사실을 알린 뒤, 채용비리에 대해 폭로하도록 시킨다.

32 A가 속한 조는 높은 업무 성과를 자랑한다. 그러나 문제가 있다면 팀에 속한 B와 C가 지나치게 자주 다툰다는 점이다. A가 생각하기에는 업무를 처리할 때마다 B와 C 사이에 다툼이 발생하니, 조의 분위기가 자주 냉각되어 업무 효율이 떨어지는 것 같다. 당신이 A라면 이런 상황에서 어떻게 하겠는가?

① B와 C 중 한 명을 다른 곳으로 이동 조치한다.
② B와 C를 불러 화해를 유도한다.
③ B와 C를 불러 반복적인 갈등은 징계를 받을 수 있다고 경고한다.
④ 조원들에게 이와 같은 상황을 그대로 알리고 전체에게 경고한다.
⑤ B와 C의 업무 및 자리를 재배치하고 겹치는 일을 최소화한다.

33 A가 속한 조는 다른 조에 비해 야근이 잦은 편이다. 그렇다고 해서 업무량이 많은 것은 아니며, 오히려 상사인 B가 운영에서 비효율적인 업무 처리 방식을 고수하고 있기 때문이다. A가 생각하기에는 B가 유지하고 있는 업무 처리 방식과 다른 업무 처리 방식을 도입한다면 효율성을 높이고 야근 횟수를 줄일 수 있을 것 같다. 당신이 A라면 이런 상황에서 어떻게 하겠는가?

① B의 방식을 존중하여 묵묵히 견딘다.
② B에게 현재의 방식이 비효율적임을 조목조목 밝힌다.
③ B에게 현재의 방식이 비효율적임을 공손하게 밝히고 대안을 제시한다.
④ B에 대해 불만을 가진 다른 동료들을 부추겨 말하게 한다.
⑤ 상사에게 따로 보고 하지 않고, 자신만의 방법으로 업무를 수행하여 성과를 낸다.

34 A는 운동보다는 영화관에 가서 영화를 보거나 새로 나온 책을 읽으며 쉬는 것을 선호하는 편이다. 그러나 A가 속한 부서의 B는 A와 반대로 운동을 취미로 삼고 있다. 문제는 사원들과 친밀한 관계를 유지하고 싶어 하는 B가 A에게도 계속해서 같은 운동을 취미로 삼을 것을 강요한다는 점이다. 당신이 A라면 이런 상황에서 어떻게 하겠는가?

① 관계를 유지 및 개선하기 위해 요구를 받아들여 운동을 취미로 삼는다.
② 주말 등 별도의 시간을 투자하여 해당 운동에서 두각을 드러낼 수 있도록 한다.
③ B에게 자신은 운동에 흥미가 없음을 밝히고 정중하게 거절한다.
④ B에게 개개인의 특성을 고려하지 않은 업무 외의 일방적인 요구는 옳지 않다고 딱 잘라 말한다.
⑤ 빈도를 조율하여 A와 B 모두의 취미를 번갈아가며 같이 한다.

35 A사원은 평소에 회사 내 노조에 대해 부정적으로 생각하는 것은 아니지만, 딱히 노조에 대해 필요성을 느끼는 것도 아니다. 그러나 A사원의 입사 선배이자 같은 부서에서 일하는 B가 A사원에게 노조에 가입할 것을 계속해서 권유하고 있다. A사원은 B의 반복적인 노조 가입 권유로 인해 정말 노조 가입을 해야 하는지 고민 중인 상황이다. 당신이 A사원이라면 어떻게 하겠는가?

① 노조에 가입할 생각이 없음을 밝히고, 정중히 권유를 거절한다.
② 선배의 권유에 따라 노조에 가입은 하고, 별도의 활동은 하지 않는다.
③ 노조에 대한 부정적인 여론을 만들어 노조 가입 권유를 다시는 할 수 없게 만든다.
④ 회사 측에 노조 가입을 권유하는 사실이 있음을 밝히고, 조정을 부탁한다.
⑤ 노조에 가입하여 적극적으로 활동한다.

36 A사원은 같은 회사의 동료인 B사원과 우연히 사적인 자리를 갖게 되었다. A사원과 B사원은 자연스럽게 회사 생활에 관해 이야기를 나누기 시작했다. 그러던 중 A사원이 갑자기 한 상사에 대해 좋지 않은 말들을 털어놓았다. 당신이 B사원이라면 이 상황에서 어떻게 하겠는가?

① A사원에게 좋지 않은 소문은 자제할 것을 요구한다.
② A사원의 속상한 마음에 공감해준다.
③ 이러한 상황을 해당 상사에게 알린다.
④ A사원의 이야기를 들어주되 공감의 표현은 일절 하지 않는다.
⑤ A사원의 말에 공감은 해주지만, 다른 사람이 들을 수 있으니 주의하는 것이 좋겠다고 조언한다.

37 A사원은 입맛이 까다로운 편이다. 얼마 전 A사원이 입사한 회사 V는 전반적으로 맘에 들지만, 문제가 있다면 자신과 입맛이 정반대인 B상사이다. B상사는 매일 점심마다 자신이 좋아하지 않는 음식을 점심 메뉴로 선택하기 때문이다. 이에 A사원은 매일 점심마다 고역을 치르고 있다. 당신이 A사원이라면 이런 상황에서 어떻게 하겠는가?

① 일상적인 일일지라도 상사의 제안이므로 이를 존중하여 아무 말 하지 않는다.

② 자신과 비슷한 생각을 하는 동료들을 모아 반대 여론을 조성한다.

③ 상사에게 자신의 심정을 있는 그대로 솔직하게 토로한다.

④ 점심 메뉴를 결정할 때 자신의 선호 메뉴를 적극적으로 주장한다.

⑤ 건강문제 등을 이유로 들어 B상사와의 점심을 피한다.

38 A사원은 평소 밝고 긍정적인 성격의 소유자로 자신이 속한 부서에서 다른 사원들과 두루두루 친하게 지내며 즐겁게 회사 생활을 하고 있다. 그러나 요즘 들어 부쩍 상사인 B가 A사원에게 장난을 거는 일이 잦아졌다. 특히 B상사는 A사원의 신체적 약점을 꼬집어 반복적으로 놀린다는 점에서 A사원은 스트레스를 받고 있는 상황이다. 당신이 A사원이라면 이런 상황에서 어떻게 하겠는가?

① B상사에게 자신의 신체적 약점을 놀리지 말 것을 요구한다.

② 힘들지만 B가 상사이므로 인내한다.

③ B상사의 이러한 행동에 대해 직장 동료들에게 이야기한다.

④ B상사의 상사에게 부탁해서 조치해 달라고 한다.

⑤ 가벼운 분위기에서 B상사에게 무안하지 않게 의견을 전달한다.

39 L사원은 전부터 보고 싶었던 뮤지컬 내한공연을 어렵게 예약하였다. 몇 주 전부터 공연 볼 생각에 들떠서 여러 사람들에게 이야기를 하고 다녔고, 팀원들도 공연 날짜를 다 알고 있을 정도였다. 공연 당일 제 시각에 퇴근하여 공연장으로 갈 생각으로 열심히 근무하고 있었는데, 갑자기 회사에 급한 일이 생겨서 팀 전체가 야근을 하게 되었다. 당신이 L사원이라면 어떻게 하겠는가?

① 팀원들이 모두 남아서 야근을 하는데 혼자 공연을 보러 간다고 퇴근할 수 없으므로, 어쩔 수 없이 공연을 포기하고 남아서 야근을 한다.

② 팀원들에게 양해를 구하고 공연을 보기 위해 퇴근한다.

③ 자신이 맡은 업무는 밤을 새워서라도 해 올 테니 먼저 퇴근하겠다고 하고 간다.

④ 바로 퇴근하지 않고 남아서 상황을 지켜본 다음, 퇴근해도 될 것 같을 때 빠르게 퇴근하여 공연장으로 간다.

⑤ 먼저 퇴근하여 공연을 관람하고, 공연이 끝나면 다시 회사로 복귀한다.

40 입사한지 몇 달 되지 않은 T사원은 같은 부서에 근무하는 W와 대화하는 것이 불편하다. 평소 휴식 시간에 대화를 할 때는 물론이고, 업무에 대해 이야기를 할 때에도 W가 자신의 신체부위를 보고 있다는 느낌을 받았기 때문이다. 자신의 착각일 거라는 생각도 해보았지만, 시선이 느껴질 때마다 눈이 마주치는 것을 보면 착각은 아닌 것 같다. 당신이 T사원이라면 어떻게 하겠는가?

① 같은 부서의 상사에게 이 이야기를 털어놓고 고민을 상담한다.
② 의도적으로 W를 피하거나, W가 보이지 않는 곳으로 자리를 옮겨 달라고 한다.
③ 상사에게 W가 자신의 신체부위를 보며, 그런 행동이 수치심을 유발한다고 고발한다.
④ W를 직접 찾아가 지켜보는 시선이 불편하니 삼가 달라고 말한다.
⑤ 동료 직원에게 이 사실을 말하여 도움을 요청한다.

41 O사원은 P사원과 같은 해에 입사하여 친하게 지내고 있다. O사원과 P사원은 부서가 달라 서로 다른 건물에 근무하고 있는데, 어느 날 P사원이 O사원을 불러 얼마 전에 있었던 연봉 협상 결과에 대해 꼬치꼬치 묻는 것이었다. O사원은 사적인 내용이니 밝히지 않겠다고 했는데, 그 다음부터 P사원이 다른 사람들에게 O사원의 속이 좁다는 등 험담을 하고 다닌다는 것을 알게 되었다. 당신이 O사원이라면 어떻게 하겠는가?

① P사원을 찾아가 왜 뒤에서 자신의 험담을 하고 다니느냐고 따진다.
② P사원과 마찬가지로 다른 사람들에게 P사원의 험담을 하고 다닌다.
③ P사원을 의도적으로 무시하고 연락을 끊는다.
④ 괜한 일을 만들기 싫으니 그냥 무시하고 넘어간다.
⑤ 상사에게 P사원이 연봉 협상 결과에 대해 사람들에게 물어보고 다닌다고 이야기한다.

42 L사원의 자리는 같은 팀의 Y 옆이다. 평소 Y는 남의 부탁을 잘 들어주고, 항상 밝은 표정으로 사람을 대하는데, 기분이 나쁘거나 다른 사람이 무리한 부탁을 받고 거절하지 못할 때에는 혼잣말을 하는 행동을 하여 L사원이 업무에 집중하는 데 방해가 될 때가 있다. 당신이 L사원이라면 어떻게 하겠는가?

① Y와 조용한 곳에 가서 그런 행동이 업무에 방해가 된다고 정중하게 말한다.
② Y에게 말을 하면 상처 받을 것 같으니 그냥 참고 넘어간다.
③ Y에게 말하기는 그러니, 상사를 찾아가 다른 이유를 대며 자리를 바꿔달라고 요청한다.
④ Y에게 스트레스를 해소할 다른 방법을 찾아보라고 말한다.
⑤ Y도 힘들어서 그런 거라고 생각하며 음료수를 건네며 위로한다.

43 B는 직원들의 근태를 관리하는 일을 한다. 어느 날 B와 친한 C사원이 지각을 하였다. B의 상사인 D는 항상 늦게 출근을 하여 아직 C사원이 지각을 한 사실을 모른다. 이때 C사원이 B를 찾아와 자신과 친하다는 점을 부각하며 지각한 사실을 덮어달라고 한다. 이 상황에서 당신이 B라면 어떻게 하겠는가?

① D상사도 매일 지각을 하니 C사원도 한번 봐준다.
② 건방진 C사원의 군기를 잡는다.
③ C사원의 말을 무시하고 지각한 사실을 상사인 D에게 보고한다.
④ 앞으로 이런 일이 계속될 것 같으니 근태 관리하는 것을 그만둔다.
⑤ 거짓말을 하는 것은 어렵다고 하며 거절한다.

44 A사원은 금요일에 예정된 팀 회식에 참석한다고 했다. 하지만 막상 회식날인 금요일이 되니 이번 주 내내한 야근으로 피로가 몰려와 회식을 다시 생각해보게 되었다. 주말인 내일도 부모님 가게 일을 도와드려야 한다는 사실이 생각나자 A사원은 상사인 F에게 이번 회식에 참석하지 못할 것 같다고 말하려 한다. 그런데 F는 이번 회식에 참여하지 않는 사원들 때문에 화가 많이 나 보인다. 이 상황에서 당신이 A사원이라면 어떻게 하겠는가?

① F가 화가 많이 나 보이니 피곤해도 회식에 참석한다.
② F에게 보고하지 않고 회식에 빠진다.
③ 아픈 척을 하며 회식에 못갈 것 같다고 말한다.
④ F에게 자신의 상황을 솔직하게 말한다.
⑤ 회식에는 참석하지만 몸 상태를 이야기하며 일찍 집에 들어간다.

45 C사원은 어느 시골에 위치한 A/S센터에서 근무 중이다. 그러던 어느 날 어떤 노인이 A/S센터에 찾아왔다. 노인은 무상 수리 기간이 지난 제품을 가지고 와서 막무가내로 무상으로 수리를 해달라 며 언성을 높이고 있는 상황이다. 당신이 C사원이라면 어떻게 할 것인가?

① 시골은 일하기 피곤하다고 생각하고, 전근을 신청한다.
② 무상 수리 기간이 지나서 절대로 무상으로 수리해 드릴 수 없다고 말한다.
③ 본인의 사비로 수리해 드리고 좋은 일 했다고 생각한다.
④ 억지를 부리는 노인이 안타깝지만, 방해가 되므로 경찰을 부른다.
⑤ 먼저 수리 접수만 받아놓고 상사에게 이 사실을 보고한다.

46 해외영업팀에서 근무 중인 귀하는 A국 지사를 담당 관리하고 있다. 오늘 아침 A국에서 한국인을 대상으로 한 범죄가 증가하고 있다는 아래의 기사를 읽은 귀하는 A국 지사에 파견되어 근무하고 있는 자사 직원들의 안전을 위한 대책을 마련하고자 한다.

> 최근 A국에서 한국인을 대상으로 삼는 범죄가 증가하고 있다. 외교부에서 발표한 통계 자료에 따르면 최근 5년 동안 국외에서 한국인 살인 사건이 가장 많이 일어난 나라가 A국인 것으로 드러났다.
>
> — ○○신문

① 최소한의 인원만 A국 지사에 남겨둔 채 파견된 직원들을 귀국시킨다.
② A국 지사에 파견된 한국인 직원들에게 이러한 사실을 알리고 주의시킨다.
③ 강력한 자국민 보호 정책을 추진하라고 A국 주재 한국대사관에 요청한다.
④ 자사 직원들이 너무 늦은 시간에는 거주지를 벗어나지 않도록 지시한다.
⑤ 치안이 A국보다 안전한 인근 국가로 지사를 옮기는 것을 회사에 건의한다.

47 인사혁신실의 A실장은 D사원의 부서 이동에 따라 인사혁신실의 업무를 다음과 같이 분담하였다. 그러나 D사원은 자신에게 부여된 업무량이 공평하지 않다고 생각하고 있다.

담당자	담당 업무
B대리	신규 채용
C주임	부서 / 직무별 교육계획 수립
D사원	부서 / 직무별 교육계획 실행, 인사고과 정리, 사무실·사무기기·차량 등 업무지원

① B대리, C주임과 함께 불공평한 업무 분담에 대해 토론한다.
② 담당 업무가 상대적으로 적은 B에게 자신의 업무를 도와줄 것을 요청한다.
③ 중요하지 않은 업무는 뒤로 미루고, 자신이 할 수 있는 만큼의 업무만 처리한다.
④ A실장에게 자신의 업무가 지나치게 많다는 것을 이야기하고, 다시 분담할 것을 요청한다.
⑤ 자신에게 맡겨진 업무는 자신이 모두 처리해야 하므로 어떻게든 주어진 업무를 수행한다.

48 C회사에 근무 중인 L부장은 얼마 전 다음과 같은 기사를 읽고 팀원들을 살펴보니 최근 들어 몇몇 직원들이 전보다 피로해하는 모습들이 보였다. 이에 직원 개개인 면담을 진행하였고, 그 결과 일부 직원들이 겸업을 하고 있는 것이 파악되었다. 하지만 C회사는 근로계약서상 겸업금지 조건이 명시되어 있는 상황이다.

> 본업 외에도 다른 여러 일을 부업으로 하는 'N잡러'를 원하는 회사원들이 많은 것으로 조사되었다. 국내의 한 헤드헌팅업체의 발표에 따르면 직장인 1,500명을 대상으로 '직장인 N잡러에 대한 인식'을 조사한 결과 전체 응답자 중 약 25%가 '부업을 하고 있다'고 답했고, 70%에 육박하는 이들이 '부업을 할 의향이 있다'고 말했다. 조사에 참여한 전체 직장인 중 95%에 가까운 이들이 'N잡러'를 꿈꾸고 있는 것이다.
>
> — ○○일보

① 다수의 의견을 고려하여 겸업금지 규정을 없앤다.
② 겸업을 하더라도 회사 업무에 지장이 없으면 묵인한다.
③ 겸업금지 규정으로 인한 처벌에 대한 내용을 더 강화하고 공지한다.
④ 겸업 중인 직원들은 근로계약서상 조건을 위반한 것이므로 회사에 징계를 건의한다.
⑤ 겸업 중인 직원들에게 빠른 시일 내에 겸업을 그만두고 회사일에 집중할 것을 지시한다.

49 회사대표인 귀하는 얼마 전 다음과 같은 기사를 읽었다. 이에 귀하는 직원회의를 통해 다양한 해결안을 모색했고, 여러 좋은 방안이 나온 끝에 최종 결정은 귀하가 하기로 하였다.

> 한 조사 기관에 따르면 한국의 회사원들은 OECD 평균보다 훨씬 많은 시간을 일하고 있고, 전체 회사원의 4분의 3이 '회사우울증'을 겪고 있는 것으로 드러났다. 이러한 불안·우울·불면·중독 (흡연·음주·도박), 자살과 같은 정신건강 문제를 유발하는 스트레스는 능률을 극심하게 떨어뜨리는 것은 물론 개인 문제를 넘어 기업의 생산성과 직결된다. 따라서 긴 근무시간, 과다한 업무 등으로 스트레스를 받는 직장인의 정신건강 증진, 그리고 직장인 정신건강을 체계적으로 관리할 수 있는 효율적인 해결책이 시급한 것으로 보인다.
>
> — ○○신문

① 사내에 심리상담치료사를 채용한다.
② 신규 직원 채용을 늘려 업무 분담을 하도록 한다.
③ 정시에 출퇴근을 할 수 있도록 시스템을 도입한다.
④ 인근 심리치료센터와 의료 업무협약을 체결하여 전 직원 심리검사·치료를 받을 수 있도록 지원한다.
⑤ 희망하는 직원에 한해 심리치료를 받을 수 있도록 인근 심리치료센터와 의료 업무협약을 체결한다.

50 다음 주까지 생산팀이 업체별 납품해야 하는 물량은 다음과 같다. 기존 생산팀의 생산물량은 근무 시간 기준 22,000개로 A회사를 비롯한 5개 업체에 모두 납품 가능했으나, 이번 주 생산 중 기계 고장으로 인해 생산이 지연되면서 1,000개의 부족분이 발생했다.

A회사	B회사	C회사	D회사	E회사	합계
5,000개	2,000개	4,000개	10,000개	1,000개	22,000개

① 기계업체에게 손해배상을 하도록 청구한다.
② A~E회사 등 모든 업체에게 연락하여 납품 일정을 연기한다.
③ 부족분에 따라 직원들이 야근 및 주말근무 하도록 양해를 구한다.
④ 가장 적은 납품업체인 E회사에게 양해를 구하고 납품 일정을 연기한다.
⑤ 가장 많은 납품업체인 D회사에게 양해를 구하고 납품 일정을 연기한다.

51 총무부에서 근무하고 있는 귀하는 다음과 같이 사내 게시판에 작성된 직원 휴게실에 관한 직원들의 불만 사항을 확인하였다. 이러한 상황에서 귀하는 자신이 취할 수 있는 적절한 대응책이 무엇인지 고민하고 있다.

> 제목 : 총무부는 직원 휴게실 관리 좀 해주세요.
>
> | 글쓴이 : ***(익명) | 날짜 : 2023.01.12 | 조회 : 108 |
> |---|---|---|
>
> 저희 회사 총무부는 도대체 무슨 일을 하고 있나요? 사내 복지라고는 직원 휴게실 하나밖에 없으면서, 이마저도 제대로 관리가 안 되면 어떡하나요? 정말 답답합니다.
> 비품은 확인도 안 하는지 커피 한 잔 마시려고 보면 항상 비워져 있어서 못 먹은 적이 한두 번이 아닙니다. 일 좀 합시다!
> ---
> → Re : ***(익명) 맞아요. 비품 신청한 지가 언젠데…. 저는 결국 제 돈으로 샀어요.
> → Re : ***(익명) 연초라 총무부도 일이 많은 것 같습니다. 같은 직원들끼리 서로 싸우지 맙시다.

① 부장에게 이와 같은 사안을 보고한 후에 해결 방안을 함께 모색한다.
② 글을 작성한 직원을 찾아 직접 만난 후 앞으로의 개선 방향에 대해 함께 논의한다.
③ 직원 휴게실을 이용하고 있는 직원들을 대상으로 현재 문제점에 대한 설문 조사를 한다.
④ 게시판에 글을 작성하여 예산 부족과 과도한 업무로 인해 어려움을 겪고 있는 현재 상황에 대해 설명한다.
⑤ 일단 글쓴이가 잘못된 단어 표기를 수정할 수 있도록 알려주고, 총무부에 대한 옹호의 댓글을 작성한다.

52 P사의 영업부 직원은 다음 순환근무 규정에 따라 영업1팀, 영업2팀, 영업3팀을 순환하여 근무하고 있다. A대리가 영업2팀에서 근무한 지 1년 6개월이 되어갈 시기에 영업2팀의 팀장과 영업3팀의 팀장 사이에 심각한 불화가 생겨 팀원들은 눈치를 보며 생활하고 있다. 영업2팀과 영업3팀이 함께 참석한 회의에서 각 팀의 팀장들은 서로 다른 대안을 제시하였고, A대리는 두 가지 대안 중 하나의 의견에 따라야 한다.

제7조(순환근무)
① 순환근무 주기는 2년을 원칙으로 한다.
② 순환근무 해당자 간 서로 합의가 있을 경우 순환근무 기간을 팀장이 조정할 수 있다.
③ 제1항의 규정에도 불구하고 팀장은 업무의 연속성 등을 고려하여 계속 근무하게 할 수 있다.

제8조(순환근무 주기 및 순서)
① 순환근무 주기는 발령을 받은 날로부터 2년으로 하고, 과장은 4월, 대리 이하는 9월을 기준으로 실시한다.
② 순환근무지 순서는 특별한 사유가 없을 경우를 제외하고 다음 각호에 따라 시행한다.
   1. 과장은 영업1팀, 영업2팀, 영업3팀 순으로 한다.
   2. 대리는 영업3팀, 영업1팀, 영업2팀 순으로 한다.
   3. 주임 이하 직원은 영업2팀, 영업3팀, 영업1팀 순으로 한다.
③ 신규 · 전입 또는 승진 임용자로 인하여 변경 사유가 발생할 경우 결원 팀에서 근무한다.

---

① 현재 영업2팀 소속이므로 영업2팀 팀장의 의견에 동조한다.
② 의견을 제시한 팀장과 관계없이 보다 나은 대안을 선택한다.
③ 4개월 뒤 영업3팀에서 근무하게 되므로 영업3팀 팀장의 의견에 동조한다.
④ 모두의 의견에 동조하지 않으며, 영업1팀 팀장에게 부서 이동을 신청한다.
⑤ 영업3팀 팀장의 의견에 따른 후 영업3팀 직원과 협의하여 근무 기간을 조정한다.

53 제조회사 영업팀에서 근무하고 있는 K팀장, Y대리, L사원의 이번 주와 다음 주의 일정은 다음과 같으며, A회사와 B회사의 제품 회의에는 영업팀 전원 참석하여야 한다. 이때, A회사는 내부 일정 문제로 다음 주에 있을 회의 일정을 이번 주로 변경을 요청하였고, 이번 주에는 B회사와의 회의를 포함한 팀원 개인 일정과 회사 창립기념일로 자사 휴일이 있어 변경이 힘든 상황이다. 하지만 A회사는 자사의 주요 납품처로 B회사로 납품하는 물량의 5배 이상에 이르는 등 자사의 매출에 막대한 영향을 끼치고 있는 업체이다. 이러한 상황에서 Y대리는 자신이 취할 수 있는 대응책을 찾고 있다.

16(월)	17(화)	18(수)	19(목)	20(금)
K팀장 휴가	거래처 B회사와 제품 회의	L사원 휴가	회사 창립기념일	Y대리 휴가
23(월)	24(화)	25(수)	26(목)	27(금)
			거래처 A회사와 제품 회의	

① 자신의 휴가를 다른 일자로 미룬다.
② 회사 창립기념일에 영업팀 전 직원 출근하기로 한다.
③ K팀장 또는 L사원에게 휴가를 다른 일자로 미룰 것을 부탁한다.
④ A회사에게 이번 주는 불가피하다고 가장 빠른 23일을 안내한다.
⑤ 거래처 B회사에 양해를 구하고 다른 날로 회의 일정을 변경한다.

54 물류회사의 영업팀 과장으로 근무하고 있는 귀하는 오늘 오후 지방의 영업점으로부터 급하게 해결해야 할 문제가 발생하였으니 내일 오전에 방문하여 물품을 확인해달라는 연락을 받았다. 귀하는 다음과 같은 출장신청서를 작성하였고, 직무 전결 규정상 전무이사가 전결인 결재 과정에 따라 금일 퇴근 전으로 결재를 받으려 한다. 귀하는 팀장과 부장의 결재를 받은 후 상무이사의 결재를 받기 위해 찾아갔으나, 상무이사는 해외 출장으로 인해 부재중이었다.

출장신청서		결재	팀장	부장	상무	전무
출장자	소속		직위		성명	
	영업팀		과장		김○○ (인)	
출장 기간	2023년 1월 6일 ~ 2023년 1월 6일 [1일간]					
출장지	○○시		출장 중 연락처		010-○○○○-××××	
출장 목적	○○시 영업점 방문 및 물품 확인					
출장경비						
출장 여비	금액		산출내역		비고	
교통비			...			

① 해외 출장 중인 상무이사에게 연락하여 구두 결재를 받는다.
② 지방의 영업점에 양해를 구한 후 추후 방문할 수 있도록 한다.
③ 상무이사의 직무대행자인 총무부 부장을 찾아가 대결 처리한다.
④ 상무이사의 결재란을 비워놓은 채 전무이사를 찾아가 결재를 받는다.
⑤ 상무이사의 결재 없이 출장을 다녀온 후 상무이사가 후결 처리할 수 있도록 한다.

55 마케팅팀, 영업팀, 홍보팀 등의 팀장과 실무자들이 참석한 가운데 회의가 열렸고, 다음 표는 회의 내용을 정리한 것이다. 회의를 마치고 나서 홍보팀의 A팀장은 B주임에 홍보 브로슈어를 제작하라고 지시했다. 그런데 A팀장은 업무 진행 방향도 제대로 설명해 주지 않은 채 계속 디자인 공모 기획안만 제출하라고 지시하고 있다.

회의 일시	2023.01.14	부서	마케팅팀, 영업팀, 홍보팀	작성자	마케팅팀 B대리
참석자	홍보팀 A팀장, B주임 / 마케팅팀 C팀장, D대리 / 영업팀 E팀장, F사원					
회의 안건	2022년 12월 15일 진행된 '국산 딸기 특판전' 행사 피드백 및 2월 데이 행사(밸런타인데이) 개선 방안					
회의 내용	[시식회 및 판매전 피드백 및 개정사항] 1. 소비 촉진을 위한 특판전이었지만 무료 시식회, 레시피 관련 행사의 참여가 높았음에도 정작 딸기 구매율은 높지 않았음. 시식의 연장을 통해 국산 딸기의 소비 확대로 연결할 필요가 있음 2. 레시피를 통해 제품을 직접 체험하는 방안은 좋았으나 레시피에만 국한된 점이 아쉬웠으며, 참여 연령대를 분석·파악하여 연령대별 다양한 체험 행사가 필요함 [행사 관련 홍보 피드백] 보도자료 이외의 추가 홍보 자료들 필요함 → 브로슈어 제작 방안 검토 필요					
결정 사항	[마케팅팀] 다양한 체험 행사 시장 조사 및 연령대별 체험 활동 선호도 조사 [홍보팀] ○○사의 시기별 '데이 행사'를 알릴 수 있는 브로슈어 제작 예정(관련 외주 업체 탐색과 동시에 외주 업체 대상 디자인 공모 예정) [영업팀] 2월 행사에 반영 가능한 제품 소비 촉진 방안 검토(체험 활동과 연계한 소비 촉진 방안 검토)					

① A팀장이 관련 업무를 지시할 때마다 불만을 제기한다.
② 회의에 참석한 마케팅팀이나 영업팀 팀장에게 상담을 요청한다.
③ A팀장에게 디자인 공모 진행 방향에 대해 설명해 줄 것을 요청한다.
④ 일단 A팀장에게 디자인 공모 기획안을 제출한 후 피드백을 요청한다.
⑤ 같은 팀의 팀원에게 A팀장의 업무 지시 방식에 대한 문제점을 제기한다.

PART 5

최종점검 모의고사

CONTENTS

🕐 응시시간 : 55분　📋 문항 수 : 80문항

※ 상황판단 영역은 정답이 따로 없으니, 참고하시기 바랍니다.

01 기초지식

※ 다음의 관계에서 빈칸에 들어갈 말로 가장 알맞은 것을 고르시오. **[1~3]**

01

| dirty : clean = (　　) : reject |

① accept　　　　　　　　　② address
③ success　　　　　　　　　④ sharp
⑤ arrest

02

| clothes : pants = instrument : (　　) |

① hammer　　　　　　　　　② helmet
③ pipe　　　　　　　　　　④ axe
⑤ sickle

03

| polite : rude = (　　) : penetrable |

① impermeable　　　　　　　② previous
③ pure　　　　　　　　　　④ impressive
⑤ degrade

04 다음 중 빈칸에 들어갈 알맞은 문장을 고르면?

> The land was very wet because it _____ all night.

① had been raining

② has been raining

③ should be raining

④ was raining

⑤ has been rained.

05 다음 밑줄 친 부분 중 문법상 적절하지 않은 것은?

> ① Even though computers operate ② without human prejudice, some people ③ fear that
> ④ its logical solutions ⑤ can be harmful.

06 다음 중 제시된 문장이 서로 동일한 관계가 되도록 빈칸에 들어갈 가장 적절한 단어는?

> She was on the point of reaching her goal.
> = She was _____ to reach her goal.

① apt

② about

③ pleased

④ able

⑤ aim

Yi Sun-sin became a military officer in 1576. The Korean military at the time, similar to many others, did not have a separate army and navy. Yi commanded a frontier post on the Yalu River and fought the northern nomads before (A) appointing / being appointed as an admiral by the king. He knew that the greatest threat to Korea was a sea-borne invasion from Japan. He immediately began modifying the Korean fleet. Without Yi Sun-sin, who (B) won / has won every one of his 22 naval battles, Japan would certainly have conquered Korea. Some experts believe Japan could also have overcome China. And if the Japanese had conquered Korea, nothing could have stopped (C) them / themselves from annexing the Philippines.

	(A)	(B)	(C)
①	appointing	won	them
②	being appointed	has won	themselves
③	appointing	has won	themselves
④	being appointed	won	them
⑤	appointing	won	themselves

08 다음 글에서 밑줄 친 (A), (B)가 가리키는 것으로 적절한 것은?

Because of the visual media, some people may become discontented with the reality of their own lives. To them, everyday life does not seem as exciting as the roles actors play in movies or TV dramas. (A) They realize they aren't having as much fun as (B) them. Also media watchers might get depressed when they can't handle situations in real life as well as TV stars seem to.

	(A)	(B)
①	the visual media	media watchers
②	the visual media	actors
③	actors	media watchers
④	some people	actors
⑤	some people	media watchers

09 이 글의 요지로 가장 적절한 것은?

Man goes through some basic phases from birth to death. The first one is childhood. During childhood, other people take care of us as we grow physically and mentally. The next phase is adolescence. In this period, we begin to make decisions for ourselves and take on new responsibilities. We are said to enter adulthood when we are able to take care of ourselves and others. In the later years of life, many people retire, enjoy their free time to rest, remember events from the past, and do things they never had time to do before. This phase is called old age.

① 성공적인 삶을 사는 방법
② 인생의 네 단계
③ 변하는 삶의 필요성
④ 행복한 인생의 조건
⑤ 인생의 단계마다 필요한 것

10 다음 중 필자의 심정으로 가장 알맞은 것은?

When I heard the sound of fire engines, I ran to the window and saw several fire engines in front of my apartment. Then the fire alarm ran off. I rushed out to the stairs but I couldn't go down because of the smoke.

① 동정하는   ② 절망적인
③ 안도하는   ④ 만족하는
⑤ 기뻐하는

11

$$214-9\times13$$

① 97   ② 98
③ 99   ④ 107
⑤ 110

12

$$14.9\times(3.56-0.24)$$

① 46.417   ② 47.427
③ 48.492   ④ 49.468
⑤ 50.365

※ 다음 식을 계산한 값과 같은 것을 고르시오. [13~14]

13

$$3\times9-11$$

① 3+9+11   ② 5+6+6
③ 33-19   ④ 3×3+7
⑤ 5×4-5

14

$$4.6\times22.4-12.9$$

① 31.2×3.1-13.4   ② 6.2×80.4÷6.2
③ 3.2×8.375+63.34   ④ 60.8×3.2÷1.6
⑤ 30.5×5.6-32

15 467의 6푼 5리는 얼마인가?

① 30.35

② 30.355

③ 27.25

④ 27.255

⑤ 2.755

PART 5

제1회

제2회

16 다음 중 계산 결과가 다른 것은?

① $2 \times 3 \times 9$

② $(12+6) \times 3$

③ $8 \times 8 - 8$

④ $100 \div 2 + 4$

⑤ $4 \times 9 + 18$

17 운송업체에서 택배 기사로 일하고 있는 A씨는 5곳에 배달을 할 때, 첫 배송지에서 마지막 배송지까지 총 1시간 20분이 걸린다. 평균적으로 위와 같은 속도로 배달을 할 때 12곳에 배달을 하는데, 첫 배송지에서 출발해서 마지막 배송지까지 택배를 마치는 데 걸리는 시간은?(단, 배송지에서 머무는 시간은 고려하지 않는다)

① 3시간 12분

② 3시간 25분

③ 3시간 36분

④ 3시간 40분

⑤ 3시간 45분

18 갑과 을의 현재 연령 비는 2 : 1이고, 8년 후에 연령 비는 6 : 4가 된다고 한다. 갑과 을의 현재 나이는 몇 살인가?

	갑	을
①	16세	8세
②	18세	9세
③	20세	10세
④	22세	11세
⑤	24세	12세

19 P매장에서 일하고 있는 K는 과일 판매대를 운영하고 있다. K는 사과 2개와 배 5개를 한 세트로 하여 온종일 특가로 판매하였다. 영업 시작 전 사과와 배의 개수가 3 : 7의 비율로 있었는데, 영업 마감 후에는 사과만 42개가 남았다. 영업 시작 전 사과와 배는 총 몇 개가 있었는가?

① 1,200개   ② 1,500개

③ 1,800개   ④ 2,100개

⑤ 2,400개

20 100L짜리 물통에 물을 받기 위해 큰 호스로 물을 부었더니 30분 만에 물통이 가득 찼다. 이 물통에 물을 좀 더 빨리 받기 위해서 큰 호스와 1시간에 50L의 물을 낼 수 있는 작은 호스로 동시에 물을 채우면 물통에 물이 가득 차는 데 시간이 얼마나 걸리겠는가?

① 16분   ② 20분

③ 24분   ④ 28분

⑤ 32분

02 언어이해

※ 다음 제시된 단어의 유의어를 고르시오. [1~2]

01

긴축

① 절약   ② 긴장
③ 수축   ④ 수렴
⑤ 이완

02

기대

① 소망   ② 부귀
③ 관망   ④ 기부
⑤ 갈망

PART 5

제1회

제2회

※ 다음 제시된 낱말의 대응 관계로 볼 때 빈칸에 들어가기에 적절한 것을 고르시오. [3~7]

03

부채 : 선풍기 = 인두 : (　　)

① 분무기   ② 다리미
③ 세탁소   ④ 세탁기
⑤ 바늘

04

가랑비 : 옷 = (　　) : 댓돌

① 정화수   ② 심층수
③ 낙숫물   ④ 도랑물
⑤ 정화수

05

자동차 : 바퀴 = 사람 : (　　)

① 머리　　　　　　　　② 허리
③ 다리　　　　　　　　④ 손목
⑤ 골반

06

승강기 : (　　) = (　　) : 삼투압

① 계단, 냉장고　　　　　② 도르래, 정수기
③ 지레, 농도　　　　　　④ 거중기, 미생물
⑤ 궤도, 투과

07

(　　) : 한옥 = 음식 : (　　)

① 건물, 김치　　　　　　② 한식, 외식
③ 콜라, 아파트　　　　　④ 식혜, 수정과
⑤ 전통, 외식

※ 다음 주어진 지문을 읽고 각 문제가 항상 참이면 ①, 거짓이면 ②, 알 수 없으면 ③을 고르시오.
   [8~10]

과학은 논리의 학문이다. 우리가 과학을 배우는 이유는 과학의 논리들이 성립하게 된 과정을 통해 논리적인 사고방식을 배우기 위함이라고 해야 옳을 것이다. 과학적 이론은 계시를 받아 하루아침에 만들어지는 것이 아니며 그 분야의 권위자들이 주장한다해서 받아들여지는 종류의 것도 아니다. 과학 분야에서는 관찰을 통해 얻은 1차 결과에서 이들을 관통하는 가설을 설정하고, 다시 이 가설을 뒷받침하기 위한 관찰과 실험을 거쳐 그 가설이 제대로 작동하는 것이 증명되어야 비로소 하나의 법칙이 된다. 그리고 논리적인 추론을 통해 이 법칙을 설명할 수 있어야 이론으로 인정받을 수 있다. 그러나 이렇게 검증된 과학적 이론도 불변하는 것은 아니다. 추가된 관찰과 실험을 통해 새로운 가설이 도출되고 이것이 증명되면 얼마든지 수정 또는 대치될 수 있다.

08 논리적인 추론을 통해 설명할 수 있어야 불변의 이론으로 인정받을 수 있다.

① 참   ② 거짓   ③ 알 수 없음

09 과학은 논리적인 사고방식이다.

① 참   ② 거짓   ③ 알 수 없음

10 검증된 과학이론은 처음부터 그랬던 것이며, 절대적인 진리로 받아들여야 한다.

① 참   ② 거짓   ③ 알 수 없음

※ [제시문 A]를 읽고, [제시문 B]가 참인지, 거짓인지 혹은 알 수 없는지 고르시오. [11~15]

11

[제시문 A]
• 꽃은 예쁘다.
• 예쁜 것은 사람을 기분 좋게 만든다.

[제시문 B]
꽃은 사람을 기분 좋게 만든다.

① 참   ② 거짓   ③ 알 수 없음

12

[제시문 A]
• 쌀밥을 좋아하는 사람은 보리밥을 좋아한다.
• 보리밥을 좋아하는 사람은 맥주를 좋아한다.

[제시문 B]
쌀밥을 좋아하는 사람은 맥주를 좋아한다.

① 참   ② 거짓   ③ 알 수 없음

13

[제시문 A]
• 민수는 변리사나 변호사가 되었다고 한다.
• 민수는 변호사가 되지 못했다.

[제시문 B]
민수는 검사가 되었다.

① 참   ② 거짓   ③ 알 수 없음

14

[제시문 A]
• 만일 내일 눈이 온다면 출장을 가지 않는다.
• 뉴스에서는 내일 눈이 온다고 하였다.

[제시문 B]
내일 출근을 할 것이다.

① 참　　　　　　　② 거짓　　　　　　　③ 알 수 없음

15

[제시문 A]
• 돼지고기는 소고기보다 500원 비싸다.
• 닭고기는 돼지고기보다 100원 비싸다.

[제시문 B]
돼지고기와 닭고기, 소고기 중에서 닭고기가 가장 비싸다.

① 참　　　　　　　② 거짓　　　　　　　③ 알 수 없음

※ 다음 A와 B가 참일 때, C가 참인지, 거짓인지, 알 수 없는지 고르시오. [16~20]

16

A. 러스크는 과자의 한 종류이다.
B. 과자는 빵요리이다.
C. 러스크는 빵요리이다.

① 참　　　　　　　② 거짓　　　　　　　③ 알 수 없음

17

A. 포유류에는 개와 고양이가 있다.
B. 고양이는 여러 마리의 새끼를 낳는다.
C. 포유류는 모두 여러 마리의 새끼를 낳는다.

① 참　　　　　　　② 거짓　　　　　　　③ 알 수 없음

18

A. 책을 읽는 것은 취미이다.
B. 모든 취미는 삶을 풍요롭게 한다.
C. 모든 풍요로운 삶은 책을 읽는 것에서 온다.

① 참   ② 거짓   ③ 알 수 없음

19

A. 화가 많은 사람은 스트레스가 심하다.
B. 스트레스가 심한 사람은 얼굴이 자주 빨개진다.
C. 얼굴이 자주 빨개지는 사람은 화가 많다.

① 참   ② 거짓   ③ 알 수 없음

20

A. 수호는 수학을 좋아한다.
B. 정훈이는 과학을 싫어한다.
C. 정훈이는 수학을 좋아한다.

① 참   ② 거짓   ③ 알 수 없음

※ 다음 중 좌우를 비교했을 때 다른 것은 몇 개인지 고르시오. [1~3]

01

> somethingmoredig − somethingnorebig

① 1개　　　　　　　　② 2개
③ 3개　　　　　　　　④ 4개
⑤ 5개

02

> 太犬大六太犬犬六太犬大 − 太犬太六太大犬六犬犬大

① 1개　　　　　　　　② 2개
③ 3개　　　　　　　　④ 4개
⑤ 5개

03

> ##&^%%$**%^ − #@&&%%$⟩*?^

① 1개　　　　　　　　② 2개
③ 3개　　　　　　　　④ 4개
⑤ 5개

04 다음 제시된 문자와 같은 것을 고르면?

> Eine Kleine Nachtmusik

① Eine Kleine Nachtmvsik　　　　② Eine Kleine Nachtmusik
③ Eine Kleine Nachtmusic　　　　④ Eine Klelne Nachtmusik
⑤ Eine Kleime Nachtmusik

05 다음 제시된 문자와 다른 것을 고르면?

Piano Sonata No.8 in C
---

① Piano Sonata No.8 in C   ② Piano Sonata No.8 in C
③ Piano Sonata No.8 in C   ④ Piamo Sonata No.8 in C
⑤ Piano Sonata No.8 in C

※ 다음 제시된 문자와 중복되는 것의 개수를 고르시오. [6~7]

06

問

問	門	間	門	問	聞	們	門	聞	聞	聞	間
門	間	聞	聞	們	間	聞	間	們	問	門	們
聞	門	們	間	聞	問	門	問	門	間	問	聞
們	聞	間	問	門	間	們	門	聞	門	聞	門

① 4개   ② 5개
③ 6개   ④ 7개
⑤ 8개

07

↔

#	○	◇	☆	&	★	△	☆	*	■	※	◆
▼	→	▲	@	←	=	□	●	◎	§	▽	↑
↔	○	↓	▼	#	&	→	▽	□	↑	#	←
◆	※	*	★	=	●	◇	□	△	▲	■	@

① 1개   ② 2개
③ 3개   ④ 4개
⑤ 5개

※ 다음 규칙에 따라 알맞게 변형한 것으로 적절하지 않은 것을 고르시오. [8~10]

08

ㅍ ㅌ ㅂ → ㅜ ㅔ ㅐ

① ㅍㅍㅂ → ㅜㅜㅐ   ② ㅂㅍㅌ → ㅐㅜㅔ

③ ㅌㅍㅌ → ㅐㅜㅔ   ④ ㅂㅌㅍ → ㅐㅔㅜ

⑤ ㅌㅂㅍ → ㅔㅐㅜ

09

ㅅ ㅁ ㄹ → ^ # %

① ㅅㄹㄹㅁ → ^%%#   ② ㅁㅅㅁㄹ → #^#^

③ ㅅㄹㅁㅁ → ^%##   ④ ㄹㄹㅁㅅ → %%#^

⑤ ㅅㅁㅅㄹ → ^#^%

10

ㄷ ㅌ ㅍ → @ ㄷ #

① ㄷㅍㅌㅍ → @#ㄷ#   ② ㅍㅍㄷㄷ → ##@@

③ ㄷㅍㅍㅌ → @##ㄷ   ④ ㅍㅌㅌㄷ → #ㄷ@@

⑤ ㅌㅌㄷㅍ → ㄷㄷ@#

※ 일정한 규칙으로 수를 나열할 때, 빈칸에 들어갈 적절한 수를 고르시오. [11~12]

11

−1	0	4	13	29	54	( )

① 84 ② 87
③ 90 ④ 93
⑤ 96

12

5	15	7	17	9	19	11	21	13	( )

① 24 ② 23
③ 22 ④ 21
⑤ 20

※ 일정한 규칙으로 문자를 나열할 때, 빈칸에 들어갈 알맞은 문자를 고르시오. [13~14]

13

D	C	E	F	F	L	( )	X

① C ② G
③ J ④ Q
⑤ W

14

E	ㄹ	( )	ㅇ	I	ㄴ

① A ② C
③ G ④ I
⑤ L

※ 다음 중 제시된 도형과 같은 것을 고르시오(단, 도형은 회전이 가능하다). [15~16]

15

①

②

③

④

⑤

16

① 　　　②

③ 　　　④

⑤

17

①

②

③

④

⑤

18

①

②

③

④

⑤

※ 제시된 전개도를 접었을 때, 나타나는 입체도형으로 적절한 것을 고르시오. [19~20]

19

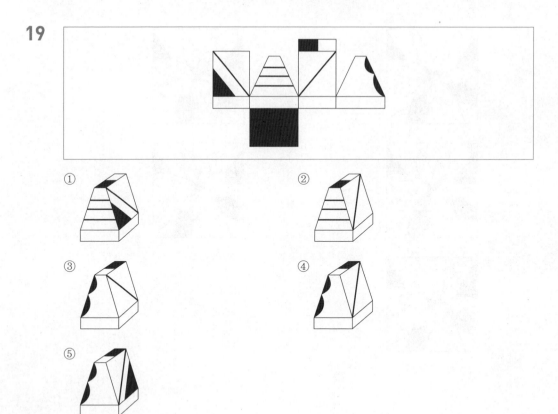

20

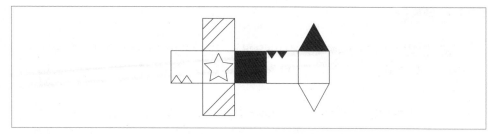

①

②

③

④

⑤

※ 다음은 경영환경 및 직장생활 현장에서 부딪힐 수 있는 다양한 상황들이 제시되어 있다. 이러한 상황에서 당신이 행동할 것과 가장 유사한 행동을 고르시오. [1~20]

01 연봉협상이 끝난 F사원은 기분이 좋지 않다. 예상했던 것보다 연봉을 올리는 것에는 성공했지만 그 과정에서 상사와 말다툼이 있었기 때문이다. 도중에는 업무능력이나 성과와는 별개의 인신공격을 당하기까지 했다. 당신이 F사원이라면 어떻게 하겠는가?

① 연봉 인상액에는 불만이 없으니 깔끔하게 잊고 업무에 매진한다.
② 상사와 면담을 요청하여 사과를 요구한다.
③ 다른 상사에게 해당 문제를 상담하여 나은 해결책을 모색한다.
④ 인신공격을 참기는 어려우므로 사직서를 준비한다.
⑤ 앞으로 인신공격을 당하지 않기 위해 주의를 기울인다.

02 영업부의 A사원은 외근업무가 잦은 편이다. 실적은 우수한 편이지만 평소 외근업무 중 사적인 일을 보는 경향이 있었으며 최근에는 이러한 경향이 두드러져 상사인 B팀장의 귀에도 좋지 않은 소문이 들려오는 상황이다. 당신이 B팀장이라면 어떻게 하겠는가?

① 어찌됐든 실적이 좋은 것은 사실이므로 두둔한다.
② A사원을 따로 불러 따끔하게 혼을 낸다.
③ 사내의 정해진 매뉴얼대로 대응한다.
④ 이번은 넘어가되 다음에는 그대로 넘어가지 않을 것이라 경고한다.
⑤ 외근 중 사적인 업무를 눈감아 주는 대신 지금보다 우수한 실적을 낼 것을 요구한다.

03 B의 상사인 G는 항상 결재 절차를 중시하는 사람이다. 따라서 B를 비롯한 다른 직원들은 중요업무를 처리할 때마다 세세한 절차를 따르느라 불필요한 시간을 허비하고 있다. B가 생각하기에는 신속하게 처리해야 하는 업무의 경우는 이를 간소화시켜 융통성 있게 대처하는 것이 바람직하다고 생각한다. 당신이 B라면 어떻게 할 것인가?

① G의 방식을 따르지 않고 융통성 있게 일을 처리해버린다.
② G가 자신의 말을 들을 리가 없으므로 기존 방식을 따른다.
③ G의 실수를 기다렸다가 G를 몰아내도록 한다.
④ 다른 직원들과 G를 찾아가 조심스레 건의해본다.
⑤ 회사 비밀게시판에 G의 행동을 비난하는 글을 올린다.

04 S는 최근 회사 생활에 어려움을 느끼고 있다. S가 속한 팀의 팀장인 R이 몇몇 직원들을 편애하기 때문이다. 처음에는 사소한 부분으로 느꼈지만 점차 편애가 심해져 이제는 팀의 분위기까지 망치고 있는 상황이다. 이런 상황에서 당신이 S라면 어떻게 할 것인가?

① R팀장의 부당함을 회사에 신고하도록 한다.
② 편애를 받는 팀원들을 몰아낼 수 있도록 여론을 형성한다.
③ 회의 자리에서 R팀장에게 태도를 시정할 것을 요구한다.
④ 개인적인 자리에서 R팀장에게 태도 시정을 요구한다.
⑤ R팀장과 편애 받는 직원들에게 부당함을 주장한다.

05 H사원은 최근 다른 팀으로 이동하게 되었다. 그러나 새로운 팀은 이전 부서와 달리 업무 분위기가 지나치게 무거워 간단한 대화조차 어려운 상황이다. 게다가 새로운 팀의 팀장인 F는 이러한 상황에 만족하고 있는 모양새다. 이런 상황에서 당신이 H사원이라면 어떻게 할 것인가?

① 기존에 일했던 부서로 다시 이동시켜 달라고 회사에 요청한다.
② F팀장과 친한 다른 팀의 팀장들과 만나 해당 상황을 알리고 도움을 요청한다.
③ F팀장을 찾아가 자신의 솔직한 심정을 털어놓는다.
④ 현 상황을 바꾸기 어려워 보이므로 묵묵히 업무에 집중하도록 한다.
⑤ 무거운 분위기를 풀기위해 적극적으로 나선다.

06 A사원의 팀장인 T는 매우 열정적인 사람으로 여러 업무를 동시에 진행하는 사람이다. 이에 맞춰 A사원을 포함한 팀원들은 이에 대응하기 위해 모두 일사불란하게 움직여 성과를 높이고 있다. 그러나 매일 자발적으로 야근을 이어가는 팀원들과 달리 정작 T팀장은 퇴근 시간이 되면 업무를 넘기고 바로 퇴근해버린다. 이런 상황에서 당신이 A사원이라면 어떻게 할 것인가?

① 상사의 퇴근 시간에 대해서는 함부로 언급하지 않도록 한다.
② 다른 팀원들과 T팀장에 대해 험담을 늘어놓고 만다.
③ T팀장을 만나 더 이상 새로운 업무를 벌이지 말라고 엄포를 놓는다.
④ T팀장을 따라 정시에 퇴근하도록 한다.
⑤ 퇴근 시간에 대해는 언급하지 않고, 처리할 수 있을 만큼의 업무만 처리한다.

07 D사원이 일하는 팀에 어느 날 새로운 팀장인 R이 발령되어 왔다. 새 팀장인 R은 이전 팀장의 업무 방식을 모조리 바꾸어 운영의 효율성을 높이고자 한다. 하지만 D사원이 보기에는 새로운 업무방식이 기존의 업무방식보다 효율 면에서 별다른 차이가 없어 보인다. 당신이 D사원이라면 어떻게 하겠는가?

① 업무효율에 별 차이가 없기 때문에 기존 업무방식을 고수해야겠다고 생각한다.
② 업무효율에 별 차이가 없다는 것을 R팀장의 상관에게 보고해야겠다고 생각한다.
③ 나만의 새로운 업무방식을 보여줘야겠다고 생각한다.
④ 새로운 팀장의 말에 얌전히 따라야겠다고 생각한다.
⑤ R팀장에게 기존 업무방식과 새 업무방식을 비교해서 보여준다.

08 B사원의 회사는 출근할 때 자유 복장이다. 하지만 같은 팀의 D사원이 눈살이 찌푸려질 정도로 과한 노출의 옷을 입고 출근하여 다른 부서에서 이야기가 나도는 상황이다. 이 상황에서 당신이 B사원이라면 어떻게 하겠는가?

① D사원을 개인적으로 불러 과한 노출의 옷은 자제해 달라고 부탁한다.
② 어떤 옷을 입든 개인의 자유이므로 신경 쓰지 않는다.
③ 상사에게 현재의 상황에 대하여 설명하고 조치를 요구한다.
④ D사원에게 노출이 심하지 않은 옷을 선물하여 본인이 직접 깨달을 수 있도록 한다.
⑤ 회사에 복장에 대한 사칙을 만들자고 건의한다.

09 V사원의 상사인 I는 휴가를 가기 전 팀원들에게 자신이 자리를 비우는 일주일 동안 해야 할 일을 전달했다. 하지만 막상 V사원은 주어진 시간에 비해 일의 양이 많아 맡은 할당량을 끝내지 못했다. 이 상황에서 당신이 V사원이라면 어떻게 하겠는가?

① I상사가 업무 진행 상황을 묻기 전까지는 모른 척하고 계속 일을 한다.
② 일단은 업무가 완전히 진행되지 않았더라도, 중간 상황까지 I상사에게 보고한다.
③ I상사에게 일주일 동안 왜 일을 다 하지 못했는지에 대한 변명을 한다.
④ I상사에게 상황을 설명한 후, 업무의 마감 일자를 미뤄줄 것을 요구한다.
⑤ 팀원들에게 상황을 알린 후, 도움을 요청한다.

10 최근 입사한 P사원은 회사생활에 대해 고민이 있다. 업무를 잘 수행하고 있는지를 포함하여 회사생활 전반에 대해 아무런 언급이 없는 L팀장의 행동에 마치 자신이 방치된 느낌을 받기 때문이다. 당신이 P사원이라면 어떻게 하겠는가?

① L팀장에게 직접 찾아가 상담 및 조언을 구한다.
② L팀장이 따로 상담을 요구할 때까지 기다린다.
③ 같은 시기에 입사한 B의 상황은 어떤지 살펴본다.
④ 별다른 문제가 없다고 생각하며 크게 신경을 쓰지 않는다.
⑤ L팀장의 행동에 대해 어떻게 느끼는지 팀원들에게 자문한다.

11 C사원은 출근하던 길에 교통사고 뺑소니 현장을 목격했다. C사원이 유일한 목격자이지만, 출근 시각까지 5분이 남아 자칫 지각을 할 위기다. 이 상황에서 당신이 C사원이라면 어떻게 하겠는가?

① 지각하지 않는 것이 더 중요하므로 모른 척 지나간다.
② 119에 급하게 신고만 하고 바로 출근한다.
③ 우선은 현장을 정리한 뒤, 회사에 가서 어떠한 상황이었는지 설명한다.
④ 상사에게 전화하여 상황을 설명한 뒤, 현장을 정리하고 출근한다.
⑤ 출근은 잠시 미뤄두고 상황이 정리될 때까지 기다린다.

12 G사원은 자신이 맡은 업무를 생각보다 일찍 끝냈다. 개인의 업무를 일찍 끝내고 나서 다른 팀원들을 위하여 팀 공동 업무까지 끝낸 상황이다. 모두가 바쁜 가운데 혼자 일이 없어 눈치가 보이는 상황에서 당신이 G사원이라면 어떻게 하겠는가?

① 자신의 상사에게 가서 상황을 설명하고 새 업무에 관해 물어본다.
② 상사가 자신에게 일을 줄 때까지 자리에서 조용히 기다린다.
③ 눈치껏 다른 업무를 본다.
④ 가장 일이 많아 보이는 선임의 일을 돕는다.
⑤ 이미 끝낸 업무도 다시 검토한다.

13 Q사원은 최근에 자신의 상사인 Y 때문에 스트레스가 이만저만이 아니다. Y상사가 업무 시간에 개인 심부름을 시키는 것은 물론 이를 가지고도 트집을 잡아 잔소리를 하기 때문이다. 이 상황에서 당신이 Q사원이라면 어떻게 하겠는가?

① 같은 팀의 D에게 이러한 상황을 토로한다.
② Y상사에게 업무 시간에 개인 심부름은 옳지 않다고 딱 잘라 말한다.
③ 스트레스는 받지만 상사의 명령이므로 그냥 참는다.
④ Y상사의 상관에게 현 상황에 대하여 설명하고 조언을 듣는다.
⑤ 부당한 행동에 대해서는 상사임에도 무반응으로 대처한다.

14 A는 최근 들어 회사 생활에 회의감을 느끼고 있다. 업무도 예전보다 재미가 없으며 동료들과의 관계도 서먹하다. 이러던 중 평소 가고 싶었던 회사의 경력직 공고가 났다. 마침 현 회사에 불만이 많은 A는 이직을 준비하려고 한다. 이 상황에서 당신이 A라면 어떻게 하겠는가?

① 다른 회사의 이직 준비가 끝남과 동시에 현재 회사에 사직서를 제출한다.
② 적어도 한 달 전에 퇴사 의사를 밝힌 후, 이직을 준비한다.
③ 이직이 확실하게 정해진 것이 아니므로, 상황이 정해질 때까지는 아무에게도 알리지 않는다.
④ 우선 사직서를 제출한 후, 시간을 가지고 여유롭게 이직 준비를 한다.
⑤ 이직에 필요한 요건부터 알아본다.

15 B는 나이가 어리지만 자신보다 직급이 높은 T와의 호칭 문제로 많은 스트레스를 받고 있다. T는 직급이 높다는 이유로 자신에게 하대를 하고 있으며 B는 이러한 상황이 못마땅하다. 당신이 B라면 어떻게 하겠는가?

① T에게 개인적으로 찾아가 최소한의 예의를 갖춰줄 것을 요구한다.
② 직급이 높다 하더라도 자신보다 나이가 어리기 때문에 똑같이 반말한다.
③ T의 상사에게 직접 찾아가 현재 상황을 설명하고 조언을 구한다.
④ T의 행동이 못마땅하지만, 똑같이 대응하는 대신 예의를 갖춘다.
⑤ 공식적인 자리에서는 직급대로 행동하고, 사적인 자리에서는 비교적 편한 관계를 요청한다.

16 F는 점심시간마다 자신과 점심을 먹으며 상사의 험담을 하는 S 때문에 많은 스트레스를 받고 있다. 입사 때부터 S와 함께 점심을 먹어왔기 때문에 점심식사를 거절하기도 어려운 상황이다. 이 상황에서 당신이 S라면 어떻게 하겠는가?

① S에게 앞으로도 험담을 계속하면 식사를 함께하지 않을 것이라고 딱 잘라 말한다.
② 스트레스를 받지만 괜한 불화를 만들기 싫으므로 참는다.
③ S가 험담을 하려고 할 때, 다른 이야기로 화제를 돌린다.
④ 회식 자리와 같은 공개된 자리에서 S에게 험담을 하지 않을 것을 부탁한다.
⑤ S에게 불편하다고 눈치를 준다.

17 D의 팀은 원활한 업무 수행을 위해 단체채팅방을 만들었다. 하지만 결국 단체채팅방은 업무 외의 사적인 대화 용도로 사용되고 있다. 당신이 D라면 어떻게 하겠는가?

① 단체채팅방을 폐쇄하고 팀원들에게 주의를 준다.
② 해당 대화내역을 전부 복사한 뒤 상사에게 보고한다.
③ 별다른 해결 방법이 보이지 않으므로 모른 척 한다.
④ 팀원 개개인을 찾아가 엄중하게 꾸짖는다.
⑤ 같이 사적인 대화를 나누는 용도로 사용한다.

18 D는 자신의 상사인 W가 매번 개인 물품을 회사로 보내 택배로 받는 일로 업무에 지장을 받고 있다. 이 상황에서 당신이 D라면 어떻게 하겠는가?

① W상사를 찾아가 상사로서 행동에 모범을 보일 것을 조목조목 따진다.
② W상사의 상관을 찾아가 W상사의 잘못된 행동을 말한다.
③ 불편하지만 상사와 관련된 일이므로 모른 척하고 참는다.
④ W상사에게 자신이 생각하는 문제점을 공손하게 이야기한다.
⑤ 회사에 개인 물품을 주문하는 것을 제한하자고 건의한다.

19 R사원은 최근 업무를 수행하는 데 있어 스트레스를 받고 있다. 상사인 E가 업무를 제대로 설명해주지 않은 채 업무를 지시하기 때문이다. 이 상황에서 당신이 R사원이라면 어떻게 하겠는가?

① E상사에게 자신이 어려움을 겪고 있는 부분을 솔직하게 이야기해 본다.
② 업무를 배분받을 때마다 불만을 드러낸다.
③ 같은 팀 사원에게 자신의 불만을 이야기하고 어려움을 상담한다.
④ 자신의 지식을 동원하여 일을 해보되, 막히는 부분이 생기면 도움을 요청한다.
⑤ 이해되지 않는 부분을 계속 되물어본다.

20 U사원은 정시에 퇴근하는 것을 선호한다. 하지만 팀 전원이 야근을 이어가는 분위기 때문에 U사원은 정시에 퇴근하는 것이 눈치가 보인다. 당신이 U사원이라면 어떻게 하겠는가?

① 상사에게 현재 상황의 비효율성을 이야기하며 불만을 호소한다.
② 회사 익명 게시판에 야근을 강요하는 분위기에 대한 불만의 글을 올린다.
③ 인사과에 찾아가서 상황을 설명한 후 부서 이동을 요구한다.
④ 사원인 자신이 할 수 있는 일이 없으니 비효율적이지만 참고 야근에 동참한다.
⑤ 눈치는 보이지만 정시에 퇴근한다.

🕐 응시시간 : 55분   📋 문항 수 : 80문항

※ 상황판단 영역은 정답이 따로 없으니, 참고하시기 바랍니다.

01 기초지식

※ 다음 중 제시된 단어와 유사한 의미를 지닌 단어를 고르시오. [1~2]

01

quick

① fast   ② poor
③ simple   ④ sudden
⑤ slow

02

embarrassing

① cultural   ② selfish
③ awkward   ④ hesitate
⑤ amazing

※ 다음 중 제시된 단어와 반대되는 의미를 지닌 것을 고르시오. [3~4]

03

similar

① different   ② inner
③ recent   ④ direct
⑤ cynical

04

full

① main   ② endless

③ allow   ④ empty

⑤ restrictively

05 다음 대화에서 빈칸에 들어갈 말로 가장 적절한 것은?

> A : What do you think about the old man?
> B : The old man _____ I believe to be honest deceived me.

① Whom   ② Who

③ Whose   ④ Whoever

⑤ whomever

06 다음 밑줄 친 부분의 문법이 적절하지 않은 것을 고르면?

> Minsu likes ① chatting on the computer very much. He often ② stays up late writing to his friends on the Internet. It is difficult ③ of him to get up in the morning. At school, he finds ④ it hard ⑤ to concentrate.

07 다음 빈칸에 들어갈 가장 적절한 구절은?

> Not only did the ancient Egyptians know about the North Pole, _____ precisely in which direction it lay.

① also but had they known   ② but they also knew

③ they had also known   ④ but also knowing

⑤ and also known

08 다음 글에서 밑줄 친 It이 의미하는 것은?

> It has become an indispensable instrument of communication, saving much time and travel by enabling people to talk to one another over a great distance.

① 전화　　　　　　　　　　② 비행기
③ 냉장고　　　　　　　　　④ 신문
⑤ 라디오

09 다음 글에 표현된 사람의 직업을 고르면?

> What I do is say, "hello" to the customers when they come up to my window. When they come up to me, I usually say to them, "Can I help you?" and then I transact their business which amounts to taking money from them and putting it in their account or giving them money out of their account.

① computer programmer　　② accountant
③ doorman　　　　　　　　④ teller
⑤ counselor

10 다음 글을 읽고 적절하지 않은 것을 고르면?

> Andy Warhol was born in Pittsburgh, Pennsylvania. He moved to New York in 1949, where he started his career as a commercial artist. In the early 1960s, he began to paint common things like cans of soup. His works inspired many contemporary* artists.
>
> * contemporary : 동시대의

① New York에서 태어났다.
② 1949년에 다른 지역으로 이주했다.
③ 상업 예술가로 활동했다.
④ 평범한 대상을 그림의 소재로 사용했다.
⑤ 그의 작품은 동시대의 예술가들에게 영향을 주었다.

11

$$(6^3-3^4)\times15+420$$

① 4,019　　　　　　　② 2,412
③ 2,420　　　　　　　④ 2,445
⑤ 4,153

12

$$0.35\times3.12-0.5\div4$$

① 0.891　　　　　　　② 0.927
③ 0.967　　　　　　　④ 0.823
⑤ 0.875

※ 다음 A와 B의 크기를 비교하시오. [13~14]

13

$$A=\frac{9}{13}+\frac{11}{26}$$
$$B=\frac{11}{19}+\frac{17}{38}$$

① $A>B$　　　　　　　② $A=B$
③ $A<B$　　　　　　　④ $A-B=1$
⑤ 알 수 없다.

14

$$A=\frac{7}{13}+\frac{1}{2}$$
$$B=\frac{9}{14}+\frac{11}{28}$$

① $A>B$　　　　　　　② $A=B$
③ $A<B$　　　　　　　④ $A+1=B$
⑤ 알 수 없다.

PART 5

제1회

제2회

15 다음 빈칸에 들어갈 수 있는 것은?

$$\frac{7}{3} < (\quad) < \frac{16}{3}$$

① 2.984
② 5.432
③ 1.956
④ 5.963
⑤ 2.331

16 세 톱니바퀴 A, B, C 톱니의 개수는 각각 24개, 36개, 60개이다. 이들이 처음 시작할 때부터 모두 똑같은 위치에 돌아올 때까지 움직인 회전수를 각각 a, b, c회라고 할 때, $a+b-c$의 값은?

① 19
② 20
③ 21
④ 22
⑤ 23

17 세 자연수의 비율이 $4:9:12$이고 최소공배수가 324라면, 세 자연수 중 가능한 가장 큰 값을 가지는 수는 얼마인가?

① 106
② 108
③ 110
④ 112
⑤ 114

18 라임이와 아버지의 나이 차는 28세이다. 아버지의 나이는 라임이의 나이의 3배라면 현재 아버지의 나이는 몇 세인가?

① 40세 ② 42세

③ 44세 ④ 46세

⑤ 48세

19 8%의 설탕물 500g이 들어있는 컵을 방에 두고 하루가 지나서 보니 물이 증발하여 농도가 10%가 되었다. 증발한 물의 양은 몇 g인가?(단, 물은 시간당 같은 양이 증발하였다)

① 100g ② 200g

③ 300g ④ 400g

⑤ 500g

20 A씨가 1,300원에 연필을 구매하고 나머지 금액의 절반으로 펜을 구매하였다. 펜을 구매하고 남은 금액에서 300원짜리 지우개를 사고 나니 300원이 남았다고 할 때 처음 가지고 있던 금액은?

① 1,500원 ② 2,000원

③ 2,500원 ④ 3,000원

⑤ 3,500원

※ 다음 제시된 단어의 유의어를 고르시오. **[1~2]**

01

무구하다

① 유장하다   ② 소박하다
③ 무한하다   ④ 다복하다
⑤ 화려하다

02

저속(低俗)

① 소박   ② 저급
③ 가난   ④ 통쾌
⑤ 품위

※ 다음 제시된 낱말의 대응 관계로 볼 때 빈칸에 들어가기에 적절한 것을 고르시오. **[3~7]**

03

개선 : 수정 = 긴요 : (   )

① 긴밀   ② 중요
③ 경중   ④ 사소
⑤ 간과

04

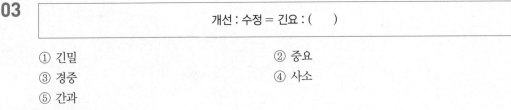

막상막하 : 난형난제 = 사필귀정 : (   )

① 과유불급   ② 고장난명
③ 다기망양   ④ 인과응보
⑤ 교각살우

05

영국 : 런던 = 이탈리아 : (   )

① 바티칸   ② 유럽
③ 뉴욕   ④ 로마
⑤ 시애틀

06

(   ) : 감추다 = (   ) : 지키다

① 비밀, 약속   ② 마음, 하늘
③ 눈물, 웃음   ④ 문, 집
⑤ 약점, 강점

07

(   ) : 눈 = (   ) : 장마

① 썰매, 서리   ② 눈사람, 홍수
③ 겨울, 여름   ④ 추위, 더위
⑤ 얼음, 물

현대인은 대인 관계에 있어서 가면을 쓰고 살아간다. 물론 그것이 현대 사회를 살아가기 위한 인간의 기본적인 조건인지도 모른다. 사회학자들은 사람이 다른 사람과 교제를 할 때, 상대방에 대한 자신의 인상을 관리하려는 속성이 있다는 점에 동의한다. 즉, 사람들은 대체로 남 앞에 나설 때에는 가면을 쓰고 연기를 하는 배우와 같이 행동한다는 것이다.

왜 그런 상황이 발생하는 것일까? 그것은 주로 대중문화의 속성에 기인한다. 사실 20세기의 대중문화는 과거와 다른 새로운 인간형을 탄생시키는 배경이 되었다고 말할 수 있다. 특히, 광고는 '내가 다른 사람의 눈에 어떻게 보일 것인가?'하는 점을 끊임없이 반복하고 강조함으로써 그 광고를 보는 사람들에게 조바심이나 공포감을 불러일으키기까지 한다.

그중에서도 외모와 관련된 제품의 광고는 개인의 삶의 의미가 '자신이 남에게 어떤 존재로 보이느냐?'라는 것을 지속적으로 주입시킨다. 역사학자들도 '연기하는 자아'의 개념이 대중문화의 부상과 함께 더욱 의미 있는 것이 되었다고 말한다. 그들은 적어도 20세기 초부터 '성공'은 무엇을 잘하고 열심히 하는 것이 아니라 '인상 관리'를 어떻게 하느냐에 달려 있다고 한다. 이렇게 자신의 일관성을 잃고 상황에 따라 적응하게 되는 현대인들은 대중매체가 퍼뜨리는 유행에 민감하게 반응하는 과정에서 자신의 취향을 형성해 가고 있다.

08 사람들의 인상은 타인에 의해서 관리된다.

① 참   ② 거짓   ③ 알 수 없음

09 20세기 대중문화는 새로운 인간형을 탄생시키는 배경이 되었다.

① 참   ② 거짓   ③ 알 수 없음

10 사람들은 대중문화의 부상과 함께 성공하고 있다.

① 참   ② 거짓   ③ 알 수 없음

※ [제시문 A]를 읽고, [제시문 B]가 참인지 거짓인지 혹은 알 수 없는지 고르시오. [11~15]

11

[제시문 A]
• 부모에게 칭찬을 많이 받은 사람은 인간관계가 원만하다.
• 원만한 모든 사람은 긍정적으로 사고한다.

[제시문 B]
부모에게 칭찬을 많이 받은 주영이는 사고방식이 긍정적이다.

① 참   ② 거짓   ③ 알 수 없음

12

[제시문 A]
• 게으른 사람은 항상 일을 미룬다.
• 일을 미루는 사람은 목표를 달성하지 못한다.

[제시문 B]
목표를 달성하지 못한 사람은 게으른 사람이다.

① 참   ② 거짓   ③ 알 수 없음

13

[제시문 A]
• 미세먼지 가운데 $2.5\mu m$ 이하의 입자는 초미세먼지이다.
• 초미세먼지는 호흡기에서 걸러낼 수 없다.

[제시문 B]
$2.4\mu m$입자의 미세먼지는 호흡기에서 걸러낼 수 없다.

① 참   ② 거짓   ③ 알 수 없음

14

[제시문 A]
- 일본으로 출장을 간다면 중국으로는 출장을 가지 않는다.
- 중국으로 출장을 간다면 홍콩으로도 출장을 가야 한다.

[제시문 B]
홍콩으로 출장을 간 김 대리는 일본으로 출장을 가지 않는다.

① 참   ② 거짓   ③ 알 수 없음

15

[제시문 A]
- 영화관에 가면 팝콘을 먹겠다.
- 놀이동산에 가면 팝콘을 먹지 않겠다.

[제시문 B]
영화관에 가면 놀이동산에 가지 않겠다.

① 참   ② 거짓   ③ 알 수 없음

※ 다음 명제를 토대로 판단한 것 중 옳은 것을 고르시오. [16~20]

16

- 주현이는 수지의 바로 오른쪽에 있다.
- 지은이와 지영이는 진리의 옆에 있지 않다.
- 지영이와 지은이는 주현이의 옆에 있지 않다.
- 지은이와 진리는 수지의 옆에 있지 않다.

- A : 수지기 몇 번째로 서 있는지는 정확히 알 수 없다.
- B : 지영이는 수지 옆에 있지 않다.

① A만 옳다.   ② B만 옳다.
③ A, B 모두 옳다.   ④ A, B 모두 틀리다.
⑤ 알 수 없다.

17

- 진구는 공을 2개 가지고 있다.
- 유천이는 공을 5개 가지고 있다.
- 상우는 공이 진구보다 많고 유천이보다 적다.
- 종현이는 진구보다 공이 많다.

- A : 상우는 3개 이상의 공을 가지고 있다.
- B : 종현이는 유천이보다 공이 적다.

① A만 옳다.   ② B만 옳다.
③ A, B 모두 옳다.   ④ A, B 모두 틀리다.
⑤ 알 수 없다.

18

- 세 개의 상자 안에 사탕이 총 20개 들어 있다.
- 상자 안에 들어 있는 사탕의 수는 서로 다르다.
- 사탕이 가장 많이 들어 있는 상자에는 가장 적게 들어 있는 상자의 4배가 들어 있다.

- A : 사탕이 두 번째로 많이 들어 있는 상자에는 사탕이 5개 들어 있다.
- B : 사탕이 가장 많이 들어 있는 상자와 가장 적게 들어 있는 사탕의 차이는 9개이다.

① A만 옳다.   ② B만 옳다.
③ A, B 모두 옳다.   ④ A, B 모두 틀리다.
⑤ 알 수 없다.

19

- 비가 오면 우산을 챙긴다.
- 눈이 오면 우산 없이 도서관에 간다.
- 강수 확률은 40%이다.
- 내일 기온이 영하일 확률은 80%이다.

- A : 내일 우산을 챙길 확률은 40%이다.
- B : 내일 도서관에 갈 확률은 80%이다.

① A만 옳다.   ② B만 옳다.
③ A, B 모두 옳다.   ④ A, B 모두 틀리다.
⑤ 알 수 없다.

- 헬스를 하는 사람은 키가 크지 않다.
- 키가 크지 않은 사람은 달리기를 잘한다.
- 달리기를 잘하는 사람은 축구를 잘한다.

- A : 축구를 잘하는 사람은 헬스를 하지 않는다.
- B : 헬스를 하는 사람은 축구를 잘한다.

① A만 옳다.　　　　　　　② B만 옳다.
③ A, B 모두 옳다.　　　　 ④ A, B 모두 틀리다.
⑤ 알 수 없다.

※ 다음 중 좌우를 비교했을 때 다른 것은 몇 개인지 고르시오. [1~3]

01

weatheringgingia − weatherinqgingla

① 1개   ② 2개
③ 3개   ④ 4개
⑤ 5개

02

iii iii vii viii ix viii ii vii viii ix − i iii vii v ix viii ii vii iv ix

① 1개   ② 2개
③ 3개   ④ 4개
⑤ 5개

03

섥밝지넒닳앏쥁긁슴랑 − 섥밝지넒닳앏쳉긁슴랆

① 1개   ② 2개
③ 3개   ④ 4개
⑤ 5개

04 다음 제시된 문자와 같은 것은?

Wolfgang Amadeus Mozart

① Wolfgang Amadeus Mozart
② Wolfcang Amadeus Mozart
③ Wolfgang Amadaus Mozart
④ Wolfgang Amadeus Mozalt
⑤ Wolfgong Amadeus Mozart

05 다음 제시된 문자와 다른 것은?

Il barbiere di Siviglia

① Il barbiere di Siviglia
② Il barbiere di Siviglia
③ Il barbiere di Siviglia
④ Il barblere di Siviglia
⑤ Il barbiere di Siviglia

※ 다음 제시된 문자와 중복되는 것의 개수를 고르시오. [6~7]

06

soul

sprit	sole	sin	shape	sou	sound	soup	sour	soul	south	soul	saul
sour	soup	sin	saul	soul	soup	son	sole	sprit	seoul	soup	son
seoul	sound	soul	houl	boul	bawl	soul	sole	son	soup	sour	sour
sun	sunny	star	start	styx	stur	spam	super	show	sour	salt	sand

① 5개 ② 4개
③ 3개 ④ 2개
⑤ 1개

07

⑱

⑲	⑧	⑰	⑯	⑲	⑧	⑧	⑧	⑰	⑱	⑱	⑯
⑰	⑱	(18)	⑩	(18)	⑲	⑰	⑰	⑱	⑲	⑱	⑱
⑯	⑩	⑲	⑰	⑯	⑱	⑩	⑲	⑯	⑧	⑯	⑲
⑱	⑰	⑧	(18)	⑩	⑩	⑯	⑩	⑧	⑰	⑱	(18)

① 3개 ② 4개
③ 5개 ④ 6개
⑤ 7개

※ 다음 규칙에 따라 알맞게 변형한 것으로 적절하지 않은 것을 고르시오. [8~10]

08

$$■\ Ω\ ○\ →\ Ⓒ\ ◉\ ■$$

① ■ ○ Ω → Ⓒ■◉
② ○ ■ ○ → ■Ⓒ■
③ Ω Ω ○ → ◉◉■
④ ■ ○ ○ → ◉■□
⑤ ○ ■ ■ → ■ⒸⒸ

09

$$Ω\ ℧\ e\ →\ ○\ ◉\ □$$

① ℧ e Ω ℧ → ◉□○◉
② Ω Ω ℧ e → ○○◉□
③ ℧ Ω e e → ◉○□□
④ e Ω ℧ Ω → ○□◉□
⑤ Ω e e Ω → ○□□○

10

$$■\ □\ ▨\ □\ →\ ▨\ ▦\ ▨\ ▥$$

① □■□□ → ▦▨▥
② □▨■□ → ▥▨▦
③ ▨■□■ → ▨▨▦
④ ■□□□ → ▥▨▦
⑤ □▨□□ → ▦▨▥

※ 일정한 규칙으로 수를 나열할 때, 빈칸에 들어갈 알맞은 수를 고르시오. [11~12]

11

| 23 21 25 19 27 ( ) 29 |

① 13 ② 17
③ 24 ④ 31
⑤ 33

12

| 1 5 14 30 55 91 140 ( ) |

① 202 ② 203
③ 204 ④ 205
⑤ 206

※ 일정한 규칙으로 문자를 나열할 때, 빈칸에 들어갈 알맞은 문자를 고르시오. [13~14]

13

| ㅜ ㄷ ( ) ㅅ ㅓ ㅋ |

① ㅠ ② ㅂ
③ ㅅ ④ ㅗ
⑤ ㅡ

14

| ㅍ ㅋ ㅈ ㅅ ㅁ ( ) |

① ㅍ ② ㅈ
③ ㅂ ④ ㄷ
⑤ ㅎ

※ 다음 중 제시된 도형과 같은 것을 고르시오(단, 도형은 회전이 가능하다). [15~16]

15

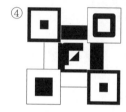

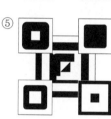

16

①

②

③

④

⑤

17

①

②

③

④

⑤

18 ① 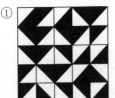   ②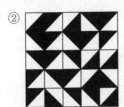

③ 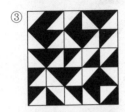   ④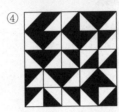

⑤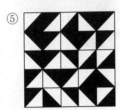

※ 제시된 전개도를 접었을 때, 만들어질 수 없는 것을 고르시오. [19~20]

19

 ①

 ②

 ③

 ④

 ⑤

20

 ①

 ②

 ③

 ④

 ⑤

04 상황판단

※ 다음은 경영환경 및 직장생활 현장에서 부딪힐 수 있는 다양한 상황들이 제시되어 있다. 이러한 상황에서 당신이 행동할 것과 가장 유사한 행동을 고르시오. [1~20]

01 S사는 최근 사내 복지의 일환으로 어린이 놀이방을 운영하고 있다. 그러나 최근 어린이 놀이방운영에 대해 일부 사원들이 불만을 표출하고 있는 상황이다. 이에 총무팀의 A팀장은 B사원에게 해당상황에 대해 조사하여 일주일 뒤에 보고하라는 지시를 내렸다. 효율적인 조사를 위해 A사원이 해야할 행동은?

① 불만을 표출하는 사원을 직접 만나 의견을 듣는다.
② 설문지를 제작하여 놀이방에 대한 의견을 듣는다.
③ 각 부서의 부서장에게 사안을 알리고 부탁한다.
④ 사내 게시판을 이용하여 놀이방에 대한 사원들의 의견을 듣는다.
⑤ 직접 놀이방에 방문해 문제점을 파악한다.

02 A사원은 친구와 이번 주 주말여행을 위해 숙소 및 교통편을 다 예약해놓았다. 그런데 새롭게 진행하고 있는 팀 프로젝트를 위해 B팀장이 토요일 출근을 지시했다. 숙소 및 교통편의 예약을 취소하면 친구가 실망하는 것은 물론 친구의 것까지 2배의 수수료를 물어야 하는 상황이다. 이 상황에서당신이 A사원이라면 어떻게 하겠는가?

① B팀장에게 자신의 상황을 솔직하게 말한다.
② 팀장의 지시이므로 수수료를 물더라도 여행 및 예약을 취소한다.
③ 아픈 척 거짓말을 해서 당일 근무를 뺀다.
④ 친구에게 혼자라도 여행을 갈 것을 권유한다.
⑤ 회사가 수수료를 지불해주는 것을 조건으로 출근한다.

03 C사원은 새벽부터 몸이 좋지 않았다. 그러나 C사원은 오늘 진행되는 중요한 프로젝트 회의의 발표담당이다. 자신이 빠지면 팀에 피해가 된다는 것을 알지만, 몸 상태가 너무 좋지 않다. 이 상황에서당신이 C사원이라면 어떻게 하겠는가?

① 그래도 내 건강이 우선이기 때문에 상사에게 상황을 설명하고 결근을 한다.
② 일단 오전의 프로젝트 회의는 참여해서 마친 후 오후에 휴가를 낸다.
③ 결근하면 다른 팀원에게 피해를 줄 수 있으므로 아프더라도 참고 일을 한다.
④ 같은 팀의 팀원에게 전화로 상황을 설명한 후 자신의 발표를 대신 부탁한다.
⑤ 팀장에게 전화로 자신의 상황을 설명한 후 회의를 다른 날로 바꿀 수 없는지 물어본다.

04 C사원은 새벽부터 몸이 좋지 않았다. 그러나 C사원은 오늘 진행되는 중요한 프로젝트 회의의 발표 담당이다. 자신이 빠지면 팀에 피해가 된다는 것을 알지만 몸 상태가 너무 좋지 않다. 이런 상황에서 C사원은 어떻게 해야 할지 생각하고 있다.

① 일단 오전의 프로젝트 회의는 참여해서 마친 후 오후에 휴가를 낸다.
② 결근하면 다른 팀원에게 피해를 줄 수 있으므로 아프더라도 참고 일을 한다.
③ 같은 팀의 팀원에게 전화로 상황을 설명한 후 자신의 발표를 대신 부탁한다.
④ 그래도 자신의 건강이 우선이기 때문에 상사에게 상황을 설명하고 결근을 한다.
⑤ 팀장에게 전화로 자신의 상황을 설명한 후, 회의를 다른 날로 바꿀 수 없는지 물어본다.

05 입사한지 얼마 되지 않은 J사원은 최근 회사 생활에 어려움을 겪고 있다. H팀장의 과도한 친절이 부담스럽기 때문이다. 처음에는 친해지기 위함이라 생각했는데 최근들어 친해지려는 것 이상으로 자신의 사생활에 너무 많은 관심을 가지는 것 같은 느낌이다. 이 상황에서 당신이 J사원이라면 어떻게 하겠는가?

① 같은 팀의 K사원에게 자신의 고민을 상담하고 함께 해결방안을 찾아본다.
② H팀장에게 자신의 감정과 상황에 대한 생각을 공손하게 이야기한다.
③ 괜히 이야기를 꺼냈다가 회사 생활이 어려울 수 있다는 걱정에 싫더라도 그냥 참는다.
④ H팀장보다 높은 상사를 찾아가 상황을 설명하고, 불편함을 호소한다.
⑤ H팀장에게 불편함을 표시하고, 눈치를 준다.

06 S사 관리팀에 근무하는 B팀장은 최근 부하직원 A씨 때문에 고민 중이다. B팀장이 보기에 A씨의 업무방법은 업무성과를 내기에 부적절해 보이지만, 자존감이 강하고 자기결정권을 중시하는 A씨는 자기 자신이 스스로 잘하고 있다고 생각하며 B팀장의 조언이나 충고에 반발심을 표출하고 있기 때문이다. 이와 같은 상황에서 당신이 B팀장이라면 부하직원인 A씨에게 어떻게 하겠는가?

① 징계를 통해 자신의 조언을 듣도록 유도한다.
② 대화를 통해 스스로 자신의 잘못을 인식하도록 유도한다.
③ A씨에 대한 칭찬을 통해 업무 성과를 극대화시킨다.
④ A씨를 더 강하게 질책하여 업무방법을 개선시키도록 한다.
⑤ 객관적인 업무 성과를 통해 피드백을 진행한다.

07 S사 총무부에 근무하는 K팀장은 최근 몇 년 동안 반복되는 업무로 지루함을 느끼는 팀원들 때문에 고민에 빠져 있다. 팀원들은 반복되는 업무로 인해 업무에 대한 의미를 잃어가고 있으며, 이는 업무의 효율성에 막대한 손해를 가져올 것으로 예상된다. 이러한 상황에서 당신이 K팀장이라면 어떻게 하겠는가?

① 팀원들을 책임감으로 철저히 무장시킨다.
② 팀원들의 업무에 대해 코칭한다.
③ 팀원들을 지속적으로 교육한다.
④ 팀원들에게 새로운 업무의 기회를 부여한다.
⑤ 권한 내에서 성과에 따른 인센티브를 제공한다.

08 A사원은 중요한 계약 때문에 미팅이 있는데 B팀장은 개인적 볼일이 있다며 미팅에 참석하지 않았다. B팀장에게 전화를 걸어 미팅 진행에 대해 말하니 알아서 하라고 한다. 당신이 A사원이라면 어떻게 하겠는가?

① B팀장이 나를 많이 신뢰하고 있다고 생각한다.
② 알아서 하라고 하니 그동안 내가 하고 싶었던 대로 해야겠다고 생각한다.
③ B팀장을 책임감이 없는 사람이라고 생각한다.
④ 다른 직원들에게 팀장의 행동을 말해야겠다고 생각한다.
⑤ B팀장을 따라 나도 미팅에 참석하지 않는다.

09 회계팀 S사원은 지출내역을 확인하던 중 상사인 Y과장이 최근 출장비 명목으로 300만 원에 달하는 금액을 횡령한 것을 알게 되었다. 평소 Y과장은 성실하다는 평을 듣고 인간관계도 좋은 편이기 때문에 회사 내에서 이미지가 상당히 좋다. 당신이 S사원이라면 어떻게 하겠는가?

① 사내게시판에 익명으로 글을 올려 Y과장의 부정행위를 폭로한다.
② Y과장에게 직접 이야기하고 본인이 징계위원회에 자수할 것을 권유한다.
③ 폭로해봤자 Y과장을 좋아하는 높은 사람들이 이 일을 덮을 것이 뻔하므로 가만히 있는다.
④ Y과장의 횡령을 눈감아주는 대신, 그에 따른 보상을 줄 것을 요구한다.
⑤ 이 일을 상부에 보고한다.

10 당신은 A부서에서 근무하는 대리인데, 타 부서에서 근무하던 동기인 B대리가 당신이 근무하는 A부서로 이동하게 되었다. 당신의 후임과 B대리가 함께 업무를 진행하는 중에 B대리가 업무를 덜 부담하려고 한다는 사실을 알았다. 당신이라면 어떻게 하겠는가?

① 이번에는 조용히 넘어가고 B대리에게 다음부터는 그렇게 하지 말라고 말한다.
② 후임에게 참아야 한다고 말한다.
③ B대리와 후임을 모두 불러 이야기한다.
④ 상사에게 그대로 보고한다.
⑤ B대리에게 업무분장에 대한 명확한 기준을 제시한다.

11 퇴근시간이 가까워져 오고 있지만, A사원이 오늘까지 처리해야 할 업무가 아직 많이 남아 있다. 주어진 업무를 모두 마치기 위해서 A사원은 오늘 밤 야근을 해야 한다. 그러나 A사원의 상사인 B가 퇴근을 앞두고 다 같이 회식을 가자고 제안했다. 이 상황에서 당신이 A사원이라면 어떻게 할 것인가?

① 상사의 제안이니 회식에 간다.
② 업무가 있다고 말하고 회식 자리에 참석하지 않는다.
③ 동료에게 업무를 처리해 달라고 부탁하고 회식에 참석한다.
④ 회식에 참석하되 회식 이후 밤을 새워 업무를 수행한다.
⑤ 상사의 제안으로 회식에 참여하는 것이므로 업무 마감일을 미뤄달라고 요청한다.

12 A대리는 업무를 처리하고 중요한 거래도 성사시킬 겸 지방으로 출장을 왔다. A대리의 출장기간은 오늘이 마지막이며, 바이어와의 중요한 거래만을 남겨두고 있다. 그러나 기존에 만나기로 약속했던 바이어가 갑작스러운 일이 생겨서 만나지 못할 것 같다며 약속을 다음으로 연기하려고 한다. 당신이 A대리라면 어떻게 하겠는가?

① 약속을 지키지 못하니 신뢰할 수 없는 사람이라고 생각한다.
② 일단 회사에 복귀 후 다른 방법으로 업무를 진행해야겠다고 생각한다.
③ 내 잘못이 아니니 상관에게 보고 후 회사에 복귀한다.
④ 어쩔 수 없으니 기다렸다가 바이어를 만나서 일을 처리해야겠다고 생각한다.
⑤ 화상회의로 거래를 진행할 수 있는 방법을 물색한다.

13 A사원은 최근에 맡은 업무를 성공적으로 수행하기 위해서 B부서의 협조가 필요하다. 그런데 부끄러움을 많이 타는 성격의 A사원은 B부서와 평소에 접촉도 없었으며 B부서 내에 개인적으로 친한 직원도 없다. 당신이 A사원이라면 어떻게 할 것인가?

① B부서로 직접 찾아가서 상황을 설명하고 정중히 업무 협조를 구한다.
② B부서 동료와 잘 통하는 사람을 찾아본다.
③ 업무 협조가 어려워 일을 못 하겠다고 상관에게 보고한다.
④ 그 업무를 일단 뒤로 미뤄버린다.
⑤ 메신저로 인사를 나눈 뒤, 상황을 설명한 후 업무 협조를 구한다.

14 A사원은 같은 부서에 속한 B대리에게 호감을 갖게 되었다. 우연히 A사원은 B대리와 사적인 자리를 갖게 되었고, 둘은 서로에게 호감이 있음을 확인할 수 있었다. 그러나 상사인 C과장은 사내 연애를 금지하지 않는 회사 수칙과 달리 자신이 속한 부서 내에서는 절대 연애하지 말라는 원칙을 고수하는 사람이다. 이런 상황에서 당신이 B대리라면 어떻게 하겠는가?

① A사원과 뒤도 안 돌아보고 헤어진다.
② 회사 수칙에 어긋난다는 점을 들어 C과장을 인사과에 고발한다.
③ A사원과 몰래 사귄다.
④ A사원과 함께 C과장을 찾아가 논리적으로 설득한다.
⑤ 둘 중 한 명이 타부서로 이동한다.

15 평소에 A대리는 남들의 부탁을 거절하지 못하는 편이다. 이 때문에 A대리는 종종 다른 사원들의 부탁에 따라 업무를 대신 처리해주거나 야근을 해주곤 했다. 그러나 이런 상황이 반복되자 A대리는 아내인 B씨와 말다툼을 하기에 이르렀다. 이런 상황에서 또 다른 동료 C대리가 A대리에게 자신 대신 업무를 처리해 달라고 부탁하고 있는 상황이다. 당신이 A대리라면 어떻게 할 것인가?

① 아내인 B에게 받은 스트레스를 C대리에게 푼다.
② C대리에게 더 이상은 대신 업무를 처리해 줄 수 없다고 딱 잘라 말한다.
③ C대리에게 오늘은 곤란하다고 양해를 구한다.
④ C대리에게 아내인 B와 전화통화를 하게 한다.
⑤ 아내에게는 미안하지만 C대리의 업무를 도와준다.

16 회사에 대한 자부심이 상당한 M대리는 회사에 만족하며 회사 생활에 별다른 어려움 없이 승승장구하고 있다. 그러던 어느 날 M대리는 상사인 N부장과 식사를 함께하게 되었다. N부장은 회사의 복지 혜택이나 보수에 대한 불만을 늘어놓기 시작했다. N부장은 얼마 후에 있을 인사이동에 대한 권한을 가지고 있는 상사이다. 이런 상황에서 당신이 M대리라면 어떻게 할 것인가?

① N부장이 인사이동 권한을 가지고 있기 때문에 무조건 동의한다.
② 회사를 모욕했으므로 N부장의 말을 정면으로 반박한다.
③ N부장의 기분이 상하지 않을 정도로만 말을 경청하되 지나치게 동의하진 않는다.
④ N부장보다 상사인 K이사를 몰래 찾아가 말한다.
⑤ 회사의 부정적인 측면을 확인하였으므로 이직을 준비한다.

17 H사원은 평소에 동료들로부터 결벽증이라는 핀잔을 들을 정도로 깔끔한 편이다. 그런 H사원이 회사에서 겪는 어려움이 있다면 상사인 G팀장이 말을 할 때마다 지나치게 침이 튀긴다는 점이다. 팀 회의를 할 때마다 G팀장에게서 멀리 떨어져서 앉으면 되지만, 다른 사원들 역시 G팀장 옆에 앉길 꺼리기 때문에 팀 내 가장 막내인 H사원이 G팀장의 옆자리에 앉을 수밖에 없는 상황이다. 당신이 H사원이라면 어떻게 할 것인가?

① T대리에게 G팀장의 옆자리에 앉아 달라고 부탁한다.
② G팀장을 개인적으로 찾아가 조금만 주의해 달라고 요청한다.
③ 다른 사원들과 이야기한 뒤에 계속 참기로 한다.
④ 침이 튀기면 기분이 나쁘므로 퇴사한다.
⑤ 몸이 좋지 않다는 핑계로 마스크를 착용한다.

18 A사원의 직속 상사는 B대리이다. A사원은 항상 B대리의 업무 지시에 따라 업무를 수행해 왔다. 그러던 어느 날 C이사가 직접 A사원에게 지시를 내렸다. 그러나 C이사가 내린 지시는 B대리가 내렸던 지시와 상반된 내용이다. 당신이 A사원이라면 이 상황에서 어떻게 할 것인가?

① C이사의 직급이 더 높으므로 C이사의 지시에 따른다.
② B대리에게 이 사실을 말하고 C이사의 지시를 무시한다.
③ C이사에게 B대리의 지시와 다름을 말하되 C이사가 고집할 경우 이에 따른다.
④ D부장에게 이 사실을 말하고 도움을 요청한다.
⑤ C이사와 B대리의 의견을 절충하여 업무를 수행한다.

19 당신이 부서장으로 있는 부서에 얼마 전 새로 K팀장이 부임하였다. 새로운 K팀장은 자신이 아직 업무를 완벽하게 파악하지 못했으니 자신의 역할을 이 팀에 오래 있었던 L주임과 일부 나누길 원한다. 이 일에 대해 당신은 두 사람이 알아서 의논한 후 결정하라고 이야기했고, 얼마 후 K팀장은 L주임이 합의된 임무 수행을 하지 않는다고 보고하였다. 이 상황에서 당신은 어떻게 할 것인가?

① L주임과 이야기한다.
② K팀장과 L주임 모두 불러 이야기한다.
③ K팀장에게 L주임과의 문제 사항을 보고하라고 지시한다.
④ 다른 팀원에게 K팀장과 L주임의 업무 태도를 관찰하라고 시킨다.
⑤ L주임에게 K팀장의 지시를 따르라고 지시한다.

20 I사원의 팀에 새로운 H팀장이 발령되어 왔다. H팀장은 업무 능력도 뛰어나고 성격도 좋아서 H팀장이 온 이후에 팀의 분위기가 훨씬 좋아졌다고 해도 과언이 아닐 정도이다. 그런데 H팀장은 회사 내 전체가 금연임에도 불구하고 일이 잘 안 풀릴 때마다 창문을 열고 담배를 피우곤 한다. 이런 상황에서 당신이 I사원이라면 어떻게 할 것인가?

① 담배를 피우는 상사의 모습을 몰래 촬영하여 인사고과에 반영하도록 한다.
② 상사에게 개인적으로 찾아가 전자담배를 선물한다.
③ 팀원들끼리 회사 방침을 재숙지하는 시간을 갖도록 제안한다.
④ H팀장에게 회사 방침을 얘기하고 정중하게 부탁한다.
⑤ H팀장에게 건물 밖으로 나가서 담배를 피우자고 제안한다.

인성검사

인성검사

01 인성검사 수검요령

인성검사는 특별한 수검요령이 없다. 다시 말하면 모범답안이 없고, 정답이 없다는 이야기이다. 국어문제처럼 말의 뜻을 풀이하는 것도 아니다. 굳이 수검요령을 말하자면, 진실하고 솔직한 내 생각이라고 할 수 있다. 인성검사에서 가장 중요한 것은 첫째, 솔직한 답변이다. 지금까지 경험을 통해서 축적된 내 생각과 행동을 거짓 없이 솔직하게 기재하는 것이다. 예를 들어, "나는 타인의 물건을 훔치고 싶은 충동을 느껴본 적이 있다."라는 질문에 피검사자들은 많은 생각을 하게 된다. 생각해 보라. 유년기에 또는 성인이 되어서도 타인의 물건을 훔치는 일을 저지른 적은 없더라도, 훔치고 싶은 충동은 누구나 조금이라도 다 느껴보았을 것이다. 그런데 이 질문에 고민을 하는 사람이 간혹 있다. 과연 이 질문에 "예"라고 대답하면 담당 검사관들이 나를 사회적으로 문제가 있는 사람으로 여기지는 않을까 하는 생각에 "아니요"라는 답을 기재하게 된다. 이런 솔직하지 않은 답변이 답변의 신뢰와 솔직함을 나타내는 타당성 척도에 좋지 않은 점수를 주게 된다.

둘째, 일관성 있는 답변이다. 인성검사의 수많은 질문 문항 중에는 비슷한 뜻의 질문이 여러 개 숨어 있는 경우가 많이 있다. 그 질문들은 피검사자의 '솔직한 답변'과 '심리적인 상태'를 알아보기 위해 내포되어 있는 문항들이다. 가령 "나는 유년시절 타인의 물건을 훔친 적이 있다."라는 질문에 "예"라고 대답했는데, "나는 유년시절 타인의 물건을 훔쳐보고 싶은 충동을 느껴본 적이 있다."라는 질문에는 "아니요"라는 답을 기재한다면 어떻겠는가. 일관성 없이 '대충 기재하자'라는 식의 심리적 무성의성 답변이 되거나, 정신적으로 문제가 있는 사람으로 보일 수 있다. 인성검사는 많은 문항을 풀어야 하기 때문에 피검사자들은 지루함과 따분함을 느낄 수 있고 반복된 뜻의 질문에 의한 인내상실 등이 나타날 수 있다. 인내를 가지고 솔직하게 내 생각을 대답하는 것이 무엇보다 중요한 요령이 될 것이다.

02 인성검사 시 유의사항

(1) 충분한 휴식으로 불안을 없애고 정서적인 안정을 취한다. 심신이 안정되어야 자신의 마음을 표현할 수 있다.

(2) 생각나는 대로 솔직하게 응답한다. 자신을 너무 과대포장하지도, 너무 비하시키지도 말라. 답변을 꾸며서 하면 앞뒤가 맞지 않게끔 구성돼 있어 불리한 평가를 받게 되므로 솔직하게 답하도록 한다.

(3) 검사문항에 대해 지나치게 골똘히 생각해서는 안 된다. 지나치게 몰두하면 엉뚱한 답변이 나올 수 있으므로 불필요한 생각은 삼간다.

※ 각 문제에 대해 자신이 동의하는 정도에 따라 '① 전혀 그렇지 않다, ② 그렇지 않다, ③ 그렇다, ④ 매우 그렇다'로 응답하시오. [1~50]

01

1. 잘하지 못하는 것이라도 자진해서 한다.
2. 외출할 때 날씨가 좋지 않아도 그다지 신경을 쓰지 않는다.

1. ①　　　　②　　　　③　　　　④
2. ①　　　　②　　　　③　　　　④

02

1. 모르는 사람과 이야기하는 것은 용기가 필요하다.
2. 하나의 취미를 오래 지속하는 편이다.

1. ①　　　　②　　　　③　　　　④
2. ①　　　　②　　　　③　　　　④

03

1. 남의 생일이나 명절 때 선물을 사러 다니는 일이 귀찮게 느껴진다.
2. 실패하든 성공하든 그 원인은 꼭 분석한다.

1. ①　　　　②　　　　③　　　　④
2. ①　　　　②　　　　③　　　　④

04

1. 꿈을 갖고 있지만 좀 더 현실적인 사람이 좋다.
2. 꿈을 드러내지 않는 사람이 좋다.

1. ①　　　　②　　　　③　　　　④
2. ①　　　　②　　　　③　　　　④

05

1. 어려움에 처한 사람을 보면 동정한다.
2. 어려움에 처한 사람을 보면 그 이유를 생각해 본다.

1. ①   ②   ③   ④
2. ①   ②   ③   ④

06

1. 어려움에 처한 사람을 보면 이겨내겠지 하고 생각한다.
2. 어려움에 처한 사람을 봐도 별로 신경 쓰이지 않는다.

1. ①   ②   ③   ④
2. ①   ②   ③   ④

07

1. 혼자 행동하는 것을 좋아한다.
2. 동료와 함께 행동하는 것을 좋아한다.

1. ①   ②   ③   ④
2. ①   ②   ③   ④

08

1. 혼자는 동료와 함께든 관계없다.
2. 동료와 함께 하면 불편하지만 내색하지 않는다.

1. ①   ②   ③   ④
2. ①   ②   ③   ④

09

1. 무슨 일이 생기면 자신 때문이라고 생각한다.
2. 정확하게 원인을 분석해 잘잘못을 따진다.

1. ①   ②   ③   ④
2. ①   ②   ③   ④

10

1. 함께 했지만 내게 잘못이 없으면 자책하지 않는다.
2. 가능하면 내 잘못이 아니라고 생각하고 잊어버린다.

1. ①   ②   ③   ④
2. ①   ②   ③   ④

11

1. 주위의 의견에 자주 휘둘리는 편이다.
2. 한번 결정한 의견은 반대가 있더라도 계속 고집하는 편이다.

1. ①   ②   ③   ④
2. ①   ②   ③   ④

12

1. 반대 의견이 내 의견보다 논리적이라면 바로 순응하는 편이다.
2. 내 결정과 반대 의견이 많으면 쉽게 결정을 내리지 못하는 편이다.

1. ①   ②   ③   ④
2. ①   ②   ③   ④

PART 6

13

1. 인간관계가 귀찮다고 생각하는 경우가 많다.
2. 인간관계가 자신의 모든 것을 나타낸다고 생각한다.

1. ①   ②   ③   ④
2. ①   ②   ③   ④

14

1. 다른 사람들과 관계를 쌓는 것을 좋아한다.
2. 다른 사람과의 관계는 신경쓰지 않는다.

1. ①   ②   ③   ④
2. ①   ②   ③   ④

15

1. 남들 앞에서 의견을 발표하는 데 자신이 있다.
2. 자신은 없지만 꼭 필요한 발표는 할 수 있다.

1. ①   ②   ③   ④
2. ①   ②   ③   ④

16

1. 부끄럼이 많아 최대한 발표 기회를 줄인다.
2. 사람들 앞에서 발표하는 것이 너무 무섭다.

1. ①   ②   ③   ④
2. ①   ②   ③   ④

17

> 1. 정확한 이론이 가장 중요하다.
> 2. 빠른 행동이 가장 중요하다.

1. ①　　　　　②　　　　　③　　　　　④
2. ①　　　　　②　　　　　③　　　　　④

18

> 1. 둘 다 중요하지만 행동보다는 이론이 중요하다.
> 2. 둘 다 중요하지만 이론보다는 행동이 중요하다.

1. ①　　　　　②　　　　　③　　　　　④
2. ①　　　　　②　　　　　③　　　　　④

19

> 1. 휴일에는 주로 약속을 잡아 외출하는 편이다.
> 2. 휴일은 주로 집에서 지내는 편이다.

1. ①　　　　　②　　　　　③　　　　　④
2. ①　　　　　②　　　　　③　　　　　④

20

> 1. 휴일에 나가는 것이 싫지는 않지만 다른 사람이 먼저 약속하지 않으면 외출하지 않는다.
> 2. 휴일에는 집에서 쉬고 싶지만 주위에서 계속 찾아 어쩔 수 없이 외출하는 편이다.

1. ①　　　　　②　　　　　③　　　　　④
2. ①　　　　　②　　　　　③　　　　　④

PART 6

21

1. 한번 시작한 일은 끝까지 해내고 만다.
2. 선택지는 항상 복수로 가지고 있다.

1. ①　　　　　②　　　　　③　　　　　④
2. ①　　　　　②　　　　　③　　　　　④

22

1. 굳은 마음으로 일을 시작해도 힘들 땐 많이 흔들리는 편이다.
2. 열심히 했지만 어쩔 수 없이 안 되는 일이 생기는 편이다.

1. ①　　　　　②　　　　　③　　　　　④
2. ①　　　　　②　　　　　③　　　　　④

23

1. 예측이 서지 않으면 아무것도 할 수 없고 불안하다.
2. 예측이 서지 않아도 전혀 신경 쓰이지 않는다.

1. ①　　　　　②　　　　　③　　　　　④
2. ①　　　　　②　　　　　③　　　　　④

24

1. 예측이 서지 않으면 조금 불안하다.
2. 예측이 서지 않아도 일부러 신경 쓰지 않는 편이다.

1. ①　　　　　②　　　　　③　　　　　④
2. ①　　　　　②　　　　　③　　　　　④

25

1. 도전적인 일을 하고 싶다.			
2. 견실한 일을 하고 싶다.			

1. ①　　　　　②　　　　　③　　　　　④
2. ①　　　　　②　　　　　③　　　　　④

26

1. 어떤 일이든 상관없이 열심히 한다.			
2. 남들이 부러워할 만한 일을 하고 싶다.			

1. ①　　　　　②　　　　　③　　　　　④
2. ①　　　　　②　　　　　③　　　　　④

27

1. 자처해서 행동하는 편이다.			
2. 누군가의 뒤를 따라 행동하는 편이다.			

1. ①　　　　　②　　　　　③　　　　　④
2. ①　　　　　②　　　　　③　　　　　④

28

1. 지금은 어쩔 수 없이 따라하지만 불만이 많은 편이다.			
2. 누군가의 지시를 받아 행동하는 것이 편하지만 주로 나 혼자 판단하는 편이다.			

1. ①　　　　　②　　　　　③　　　　　④
2. ①　　　　　②　　　　　③　　　　　④

29

1. 친한 친구하고만 어울리는 편이다.
2. 처음 만난 사람에게도 친하게 다가가는 편이다.

1. ①　　　　②　　　　③　　　　④
2. ①　　　　②　　　　③　　　　④

30

1. 처음 만난 사람과도 시간이 조금 필요하지만 친해질 수 있다.
2. 상대방의 성격에 따라 금방 친해지기도 하고 그렇지 않기도 하다.

1. ①　　　　②　　　　③　　　　④
2. ①　　　　②　　　　③　　　　④

31

1. 새로운 방법을 모색하는 편이다.
2. 경험을 중시하는 편이다.

1. ①　　　　②　　　　③　　　　④
2. ①　　　　②　　　　③　　　　④

32

1. 새로운 방법을 모색한 후 불가능할 때 경험을 찾는 편이다.
2. 경험을 먼저 활용한 후 불가능할 때 새로운 방법을 찾는 편이다.

1. ①　　　　②　　　　③　　　　④
2. ①　　　　②　　　　③　　　　④

33

1. 무언가를 결정할 때에는 자신의 감정에 따르는 편이다.
2. 무언가를 결정할 때에는 논리적으로 생각하는 편이다.

1. ①   ②   ③   ④
2. ①   ②   ③   ④

34

1. 무언가를 결정할 때에는 다른 사람의 의견을 들어보는 편이다.
2. 무언가를 결정할 때에는 주로 윗사람의 의견을 따르는 편이다.

1. ①   ②   ③   ④
2. ①   ②   ③   ④

35

1. 쇼핑은 생각났을 때 하는 편이다.
2. 쇼핑은 미리 예산을 세우고 하는 편이다.

1. ①   ②   ③   ④
2. ①   ②   ③   ④

36

1. 쇼핑은 꼭 필요할 때 외에는 하지 않는 편이다.
2. 항상 쇼핑할 때 생각보다 많은 지출을 하는 편이다.

1. ①   ②   ③   ④
2. ①   ②   ③   ④

37

> 1. 지나치게 걱정하는 경우가 많다.
> 2. 겉으로는 걱정 안 하는 척하면서 계속 걱정하는 경우가 많다.

1. ①   ②   ③   ④
2. ①   ②   ③   ④

38

> 1. 걱정하는 척하지만 실제로는 거의 걱정하지 않는 편이다.
> 2. 무슨 일이든 지나치게 걱정하지는 않는다.

1. ①   ②   ③   ④
2. ①   ②   ③   ④

39

> 1. 쉽게 뜨거워지고 쉽게 식는 편이다.
> 2. 쉽게 뜨거워지고 천천히 식는 편이다.

1. ①   ②   ③   ④
2. ①   ②   ③   ④

40

> 1. 전천히 뜨기워지고 쉽게 식는 편이다.
> 2. 천천히 뜨거워지고 천천히 식는 편이다.

1. ①   ②   ③   ④
2. ①   ②   ③   ④

41

> 1. 남은 남, 나는 나라고 생각한다.
> 2. 혼자서는 살 수 없기 때문에 어쩔 수 없이 함께 어울려 산다고 생각한다.

1. ①　　　　②　　　　③　　　　④
2. ①　　　　②　　　　③　　　　④

42

> 1. 나 혼자라고 생각한 적은 한 번도 없다.
> 2. 내가 노력하는 만큼 상대방도 내게 정성을 보일 것이라 생각한다.

1. ①　　　　②　　　　③　　　　④
2. ①　　　　②　　　　③　　　　④

43

> 1. 남에게 주의를 받으면 화가 난다.
> 2. 남에게 주의를 받아도 내가 아니라고 생각하면 전혀 개의치 않는다.

1. ①　　　　②　　　　③　　　　④
2. ①　　　　②　　　　③　　　　④

44

> 1. 남은 전혀 신경 쓰지 않는다.
> 2. 남에게 주의를 받으면 가능한 한 빨리 잘못된 부분을 바로잡는 편이다.

1. ①　　　　②　　　　③　　　　④
2. ①　　　　②　　　　③　　　　④

45

> 1. 계획을 세우고 행동하는 것을 좋아한다.
> 2. 생각한 것을 바로 행동으로 옮기는 것을 좋아한다.

1. ①   ②   ③   ④
2. ①   ②   ③   ④

46

> 1. 약간의 계획을 세운 후 가능한 한 빨리 행동해 오류를 수정하는 편이다.
> 2. 계획을 세우면서 오류가 발생하면 그 오류가 수정되기 전까지는 절대 행동으로 옮기지 않는다.

1. ①   ②   ③   ④
2. ①   ②   ③   ④

47

> 1. 몸을 움직이는 것을 좋아한다.
> 2. 가만히 있는 것을 좋아한다.

1. ①   ②   ③   ④
2. ①   ②   ③   ④

48

> 1. 가만히 있는 것이 좋지만 많이 움직이는 편이다.
> 2. 몸을 움직이는 것이 좋지만 가능한 한 가만히 있으려 하는 편이다.

1. ①   ②   ③   ④
2. ①   ②   ③   ④

49

1. 노력파라고 생각한다.
2. 임기응변에 강하다고 생각한다.

1. ①　　　　②　　　　③　　　　④
2. ①　　　　②　　　　③　　　　④

50

1. 노력보다는 항상 운이 좋다고 생각한다.
2. 예상치 않은 어려움을 접하면 어쩔 수 없이 포기하고 새로운 일을 찾는 편이다.

1. ①　　　　②　　　　③　　　　④
2. ①　　　　②　　　　③　　　　④

※ 각 문제에 대해 자신이 동의하는 정도에 따라 (가)에 가까울수록 ①에 가깝게, (나)에 가까울수록 ④에 가깝게 응답하시오. [1~50]

01

(가) 남의 말을 호의적으로 받아들인다.
(나) 칭찬을 들어도 비판적으로 생각한다.

①　　　　②　　　　③　　　　④

02

(가) 반대에 부딪혀도 자신의 의견을 바꾸는 일은 없다.
(나) 실행하기 전에 재확인할 때가 많다.

①　　　　②　　　　③　　　　④

03

| (가) 자신의 권리를 주장하는 편이다. |
| (나) 부당한 일을 당해도 참고 넘어가는 편이다. |

①   ②   ③   ④

04

| (가) 자기주장이 강하다. |
| (나) 자신의 의견을 상대방에게 잘 주장하지 못한다. |

①   ②   ③   ④

05

| (가) 좀처럼 결단을 내리지 못하는 경우가 있다. |
| (나) 하나의 취미를 오래 지속하는 편이다. |

①   ②   ③   ④

06

| (가) 타인에게 간섭받는 것은 싫다. |
| (나) 행동으로 옮기기까지 시간이 걸린다. |

①   ②   ③   ④

07

| (가) 다른 사람들이 하지 못하는 일을 하고 싶다. |
| (나) 해야 할 일은 신속하게 처리한다. |

①   ②   ③   ④

08

> (가) 모르는 사람과 이야기하는 것은 용기가 필요하다.
> (나) 끙끙거리며 생각할 때가 있다.

①   ②   ③   ④

09

> (가) 다른 사람에게 항상 움직이고 있다는 말을 듣는다.
> (나) 매사에 얽매인다.

①   ②   ③   ④

10

> (가) 잘하지 못하는 게임은 하지 않으려고 한다.
> (나) 어떠한 일이 있어도 출세하고 싶다.

①   ②   ③   ④

11

> (가) 막무가내라는 말을 들을 때가 많다.
> (나) 남과 친해지려면 용기가 필요하다.

①   ②   ③   ④

12

> (가) 통찰력이 있다고 생각한다.
> (나) 집에서 가만히 있으면 기분이 우울해진다.

①   ②   ③   ④

13

(가) 매사에 느긋하고 차분하게 매달린다.
(나) 좋은 생각이 떠올라도 실행하기 전에 여러 번 검토한다.

①   ②   ③   ④

14

(가) 누구나 권력자를 동경하고 있다고 생각한다.
(나) 몸으로 부딪쳐 도전하는 편이다.

①   ②   ③   ④

15

(가) 내성적이라고 생각한다.
(나) 대충 하는 것을 좋아한다.

①   ②   ③   ④

16

(가) 나는 털털한 편이다.
(나) 나는 끈기가 강하다.

①   ②   ③   ④

17

(가) 계획을 세우고 행동할 때가 많다.
(나) 일에는 결과가 중요하다고 생각한다.

①   ②   ③   ④

18

(가) 활력이 있다.
(나) 인간관계가 폐쇄적이라는 말을 듣는다.

①   ②   ③   ④

19

(가) 매사에 신중한 편이라고 생각한다.
(나) 눈을 뜨면 바로 일어난다.

①   ②   ③   ④

20

(가) 난관에 봉착해도 포기하지 않고 열심히 해본다.
(나) 실행하기 전에 재확인할 때가 많다.

①   ②   ③   ④

21

(가) 리더로서 인정을 받고 싶다.
(나) 어떤 일이 있어도 의욕을 가지고 열심히 하는 편이다.

①   ②   ③   ④

22

(가) 그룹 내에서 누군가의 주도하에 따라가는 경우가 많다.
(나) 차분하다는 말을 자주 듣는다.

①   ②   ③   ④

23

(가) 스포츠 선수가 되고 싶다고 생각한 적이 있다.
(나) 모두가 싫증을 내는 일에도 혼자서 열심히 한다.

①   ②   ③   ④

24

(가) 세부적인 계획을 세우고 휴일을 보낸다.
(나) 완성된 것보다도 미완성인 것에 흥미가 있다.

①   ②   ③   ④

25

(가) 잘하지 못하는 것이라도 자진해서 한다.
(나) 의견이 다른 사람과는 어울리지 않는다.

①   ②   ③   ④

26

(가) 무슨 일이든 생각해 보지 않으면 만족하지 못한다.
(나) 다소 무리를 하더라도 피로해지지 않는다.

①   ②   ③   ④

27

(가) 굳이 말하자면 장거리 주자에 어울린다고 생각한다.
(나) 여행을 가기 전에는 세세한 계획을 세운다.

①   ②   ③   ④

28

(가) 능력을 살릴 수 있는 일을 하고 싶다.
(나) 내 성격이 시원시원하다고 생각한다.

①   ②   ③   ④

29

(가) 다른 사람에게 자신이 소개되는 것을 좋아한다.
(나) 실행하기 전에 재고하는 경우가 많다.

①   ②   ③   ④

30

(가) 몸을 움직이는 것을 좋아한다.
(나) 나는 완고한 편이라고 생각한다.

①   ②   ③   ④

31

(가) 신중하게 생각하는 편이다.
(나) 커다란 일을 해보고 싶다.

①   ②   ③   ④

32

(가) 계획을 생각하기보다 빨리 실행하고 싶어 한다.
(나) 어색해지면 입을 다무는 경우가 많다.

①   ②   ③   ④

33

(가) 하루의 행동을 반성하는 경우가 많다.
(나) 격렬한 운동도 그다지 힘들어하지 않는다.

①   ②   ③   ④

34

(가) 새로운 일을 하는 것을 망설인다.
(나) 항상 앞으로의 일을 생각하지 않으면 진정이 되지 않는다.

①   ②   ③   ④

35

(가) 인생에서 중요한 것은 높은 목표를 갖는 것이다.
(나) 무슨 일이든 선수를 쳐야 이긴다고 생각한다.

①   ②   ③   ④

36

(가) 남들과의 교제에 소극적인 편이라고 생각한다.
(나) 복잡한 것을 생각하는 것을 좋아한다.

①   ②   ③   ④

37

(가) 운동하는 것을 좋아한다.
(나) 참을성이 강하다.

①   ②   ③   ④

38

> (가) 전망이 서지 않으면 행동으로 옮기지 않을 때가 많다.
> (나) 남들 위에 서서 일을 하고 싶다.

①   ②   ③   ④

39

> (가) 지금까지 가본 적이 없는 곳에 가는 것을 좋아한다.
> (나) 모르는 사람과 만나는 일은 마음이 무겁다.

①   ②   ③   ④

40

> (가) 실제로 행동하기보다 생각하는 것을 좋아한다.
> (나) 목소리가 큰 편이라고 생각한다.

①   ②   ③   ④

41

> (가) 계획을 중도에 변경하는 것은 싫다.
> (나) 호텔이나 여관에 묵으면 반드시 비상구를 확인한다.

①   ②   ③   ④

42

> (가) 목표는 높을수록 좋다.
> (나) 기왕 하는 것이라면 온 힘을 다한다.

①   ②   ③   ④

43

(가) 얌전한 사람이라는 말을 들을 때가 많다.
(나) 침착하게 행동하는 편이다.

①   ②   ③   ④

44

(가) 활동적이라는 이야기를 자주 듣는다.
(나) 한 가지 일에 열중하는 것을 좋아한다.

①   ②   ③   ④

45

(가) 쓸데없는 걱정을 할 때가 많다.
(나) 굳이 말하자면 야심가이다.

①   ②   ③   ④

46

(가) 수비보다 공격하는 것에 자신이 있다.
(나) 친한 사람하고만 어울리고 싶다.

①   ②   ③   ④

47

(가) 행동하기 전에 먼저 생각한다.
(나) 굳이 말하자면 활동적인 편이다.

① ② ③ ④

48

(가) 불가능해 보이는 일이라도 포기하지 않고 계속한다.
(나) 일을 할 때에는 꼼꼼하게 계획을 세우고 실행한다.

① ② ③ ④

49

(가) 현실에 만족하지 않고 더욱 개선하고 싶다.
(나) 결심하면 바로 착수한다.

① ② ③ ④

50

(가) 처음 만나는 사람과는 잘 이야기하지 못한다.
(나) 냉정하다.

① ② ③ ④

PART 6

※ 다음 질문을 읽고, ①~⑤ 중 자신에게 해당하는 것을 고르시오(① 전혀 그렇지 않다 ② 약간 그렇지 않다 ③ 보통이다 ④ 약간 그렇다 ⑤ 매우 그렇다). [1~160]

번호	질문	응답				
01	결점을 지적받아도 아무렇지 않다.	①	②	③	④	⑤
02	피곤할 때도 명랑하게 행동한다.	①	②	③	④	⑤
03	실패했던 경험을 생각하면서 고민하는 편이다.	①	②	③	④	⑤
04	언제나 생기가 있다.	①	②	③	④	⑤
05	선배의 지적을 순수하게 받아들일 수 있다.	①	②	③	④	⑤
06	매일 목표가 있는 생활을 하고 있다.	①	②	③	④	⑤
07	열등감으로 자주 고민한다.	①	②	③	④	⑤
08	남에게 무시당하면 화가 난다.	①	②	③	④	⑤
09	무엇이든지 하면 된다고 생각하는 편이다.	①	②	③	④	⑤
10	자신의 존재를 과시하고 싶다.	①	②	③	④	⑤
11	사람을 많이 만나는 것을 좋아한다.	①	②	③	④	⑤
12	사람들이 당신에게 말수가 적다고 하는 편이다.	①	②	③	④	⑤
13	특정한 사람과 교제를 하는 편이다.	①	②	③	④	⑤
14	친구에게 먼저 말을 하는 편이다.	①	②	③	④	⑤
15	친구만 있으면 된다고 생각한다.	①	②	③	④	⑤
16	많은 사람 앞에서 말하는 것이 서툴다.	①	②	③	④	⑤
17	반 편성과 교실 이동을 싫어한다.	①	②	③	④	⑤
18	다과회 등에서 자주 책임을 맡는다.	①	②	③	④	⑤
19	새 팀 분위기에 쉽게 적응하지 못하는 편이다.	①	②	③	④	⑤
20	누구하고나 친하게 교제한다.	①	②	③	④	⑤
21	충동구매는 절대 하지 않는다.	①	②	③	④	⑤
22	컨디션에 따라 기분이 잘 변한다.	①	②	③	④	⑤
23	옷 입는 취향이 오랫동안 바뀌지 않고 그대로이다.	①	②	③	④	⑤
24	남의 물건이 좋아 보인다.	①	②	③	④	⑤
25	광고를 보면 그 물건을 사고 싶다.	①	②	③	④	⑤
26	자신이 낙천주의라고 생각한다.	①	②	③	④	⑤
27	에스컬레이터에서 걷지 않는다.	①	②	③	④	⑤
28	꾸물대는 것을 싫어한다.	①	②	③	④	⑤
29	고민이 생겨도 심각하게 생각하지 않는다.	①	②	③	④	⑤
30	반성하는 일이 거의 없다.	①	②	③	④	⑤
31	남의 말을 호의적으로 받아들인다.	①	②	③	④	⑤
32	혼자 있을 때가 편안하다.	①	②	③	④	⑤
33	친구에게 불만이 있다.	①	②	③	④	⑤
34	남의 말을 좋은 쪽으로 해석한다.	①	②	③	④	⑤
35	남의 의견을 절대 참고하지 않는다.	①	②	③	④	⑤
36	기분 나쁜 일은 금세 잊는 편이다.	①	②	③	④	⑤
37	선배와 쉽게 친해진다.	①	②	③	④	⑤
38	슬럼프에 빠지면 좀처럼 헤어나지 못한다.	①	②	③	④	⑤
39	자신의 소문에 관심을 기울인다.	①	②	③	④	⑤
40	주위 사람에게 인사하는 것이 귀찮다.	①	②	③	④	⑤
41	기호에 맞지 않으면 거절하는 편이다.	①	②	③	④	⑤

번호	질문	응답				
42	여간해서 흥분하지 않는 편이다.	①	②	③	④	⑤
43	옳다고 생각하면 밀고 나간다.	①	②	③	④	⑤
44	항상 무슨 일이든지 해야만 한다.	①	②	③	④	⑤
45	휴식시간에도 일하고 싶다.	①	②	③	④	⑤
46	걱정거리가 생기면 머릿속에서 떠나지 않는 편이다.	①	②	③	④	⑤
47	매일 힘든 일이 너무 많다.	①	②	③	④	⑤
48	시험 전에도 노는 계획을 세운다.	①	②	③	④	⑤
49	슬픈 일만 머릿속에 남는다.	①	②	③	④	⑤
50	사는 것이 힘들다고 느낀 적은 없다.	①	②	③	④	⑤
51	처음 만난 사람과 이야기하는 것이 피곤하다.	①	②	③	④	⑤
52	비난을 받으면 신경이 쓰인다.	①	②	③	④	⑤
53	실패해도 또 다시 도전한다.	①	②	③	④	⑤
54	남에게 비판을 받으면 불쾌하다.	①	②	③	④	⑤
55	다른 사람의 지적을 순수하게 받아들일 수 있다.	①	②	③	④	⑤
56	자신의 프라이드가 높다고 생각한다.	①	②	③	④	⑤
57	자신의 입장을 잊어버릴 때가 있다.	①	②	③	④	⑤
58	남보다 쉽게 우위에 서는 편이다.	①	②	③	④	⑤
59	목적이 없으면 마음이 불안하다.	①	②	③	④	⑤
60	일을 할 때에 자신이 없다.	①	②	③	④	⑤
61	상대방이 말을 걸어오기를 기다리는 편이다.	①	②	③	④	⑤
62	친구 말을 듣는 편이다.	①	②	③	④	⑤
63	싸움으로 친구를 잃은 경우가 있다.	①	②	③	④	⑤
64	모르는 사람과 말하는 것은 귀찮다.	①	②	③	④	⑤
65	아는 사람이 많아지는 것이 즐겁다.	①	②	③	④	⑤
66	신호대기 중에도 조바심이 난다.	①	②	③	④	⑤
67	매사를 심각하게 생각하는 것을 싫어한다.	①	②	③	④	⑤
68	자신이 경솔하다고 자주 느낀다.	①	②	③	④	⑤
69	상대방이 통화 중이어도 자꾸 전화를 건다.	①	②	③	④	⑤
70	충동적인 행동을 하지 않는 편이다.	①	②	③	④	⑤
71	칭찬도 나쁘게 받아들이는 편이다.	①	②	③	④	⑤
72	자신이 손해를 보고 있다고 생각한다.	①	②	③	④	⑤
73	어떤 상황에서나 만족할 수 있다.	①	②	③	④	⑤
74	무슨 일이든지 자신의 생각대로 하지 못한다.	①	②	③	④	⑤
75	부모님에게 불만을 느낀다.	①	②	③	④	⑤
76	깜짝 놀라면 당황하는 편이다.	①	②	③	④	⑤
77	주위의 평판이 좋다고 생각한다.	①	②	③	④	⑤
78	자신이 소문에 휘말려도 좋다.	①	②	③	④	⑤
79	긴급사태에도 당황하지 않고 행동할 수 있다.	①	②	③	④	⑤
80	윗사람과 이야기하는 것이 불편하다.	①	②	③	④	⑤
81	정색하고 화내기 쉬운 화제를 올릴 때가 있다.	①	②	③	④	⑤
82	남들이 자신이 좋아하는 연예인을 욕해도 화가 나지 않는다.	①	②	③	④	⑤
83	남을 비판할 때가 있다.	①	②	③	④	⑤
84	주체할 수 없을 만큼 여유가 많은 것은 싫어한다.	①	②	③	④	⑤

번호	질문	응답				
85	의견이 어긋날 때는 한 발 양보한다.	①	②	③	④	⑤
86	싫은 사람과도 협력할 수 있다.	①	②	③	④	⑤
87	사람은 너무 고통거리가 많다고 생각한다.	①	②	③	④	⑤
88	걱정거리가 있으면 잠을 잘 수가 없다.	①	②	③	④	⑤
89	즐거운 일보다는 괴로운 일이 더 많다.	①	②	③	④	⑤
90	싫은 사람이라도 인사를 한다.	①	②	③	④	⑤
91	사소한 일에도 신경을 많이 쓰는 편이다.	①	②	③	④	⑤
92	누가 나에게 말을 걸기 전에 내가 먼저 말을 걸지는 않는다.	①	②	③	④	⑤
93	이따금 결심을 빨리 하지 못하기 때문에 손해 보는 경우가 많다.	①	②	③	④	⑤
94	사람들은 누구나 곤경을 벗어나기 위해 거짓말을 할 수 있다.	①	②	③	④	⑤
95	어떤 일을 실패하면 두고두고 생각한다.	①	②	③	④	⑤
96	비교적 말이 없는 편이다.	①	②	③	④	⑤
97	기왕 일을 한다면 꼼꼼하게 하는 편이다.	①	②	③	④	⑤
98	지나치게 깔끔한 척을 하는 편에 속한다.	①	②	③	④	⑤
99	나를 기분 나쁘게 한 사람을 쉽게 잊지 못하는 편이다.	①	②	③	④	⑤
100	수줍음을 많이 타서 많은 사람 앞에 나서길 싫어한다.	①	②	③	④	⑤
101	혼자 지내는 시간이 즐겁다.	①	②	③	④	⑤
102	내 주위 사람이 잘되는 것을 보면 상대적으로 내가 실패한 것 같다.	①	②	③	④	⑤
103	어떤 일을 시도하다가 잘 안되면 금방 포기한다.	①	②	③	④	⑤
104	이성 친구와 웃고 떠드는 것을 별로 좋아하지 않는다.	①	②	③	④	⑤
105	낯선 사람과 만나는 것을 꺼리는 편이다.	①	②	③	④	⑤
106	밤낮없이 같이 다닐만한 친구들이 거의 없다.	①	②	③	④	⑤
107	연예인이 되고 싶은 마음은 조금도 가지고 있지 않다.	①	②	③	④	⑤
108	여럿이 모여서 얘기하는 데 잘 끼어들지 못한다.	①	②	③	④	⑤
109	사람들은 이득이 된다면 옳지 않은 방법이라도 쓸 것이다.	①	②	③	④	⑤
110	사람들이 정직하게 행동하는 건 다른 사람의 비난이 두렵기 때문이다.	①	②	③	④	⑤
111	처음 보는 사람들과 쉽게 얘기하거나 친해지는 편이다.	①	②	③	④	⑤
112	모르는 사람들이 많이 모여 있는 곳에서도 활발하게 행동하는 편이다.	①	②	③	④	⑤
113	여기저기에 친구나 아는 사람들이 많이 있다.	①	②	③	④	⑤
114	모임에서 말을 많이 하고 적극적으로 행동한다.	①	②	③	④	⑤
115	슬프거나 기쁜 일이 생기면 부모나 친구에게 얘기하는 편이다.	①	②	③	④	⑤
116	활발하고 적극적이라는 말을 자주 듣는다.	①	②	③	④	⑤
117	시간이 걸리는 일이나 놀이에 싫증을 내고, 새로운 놀이나 활동을 원한다.	①	②	③	④	⑤
118	혼자 조용히 있거나 책을 읽는 것보다는 사람들과 어울리는 것을 좋아한다.	①	②	③	④	⑤
119	새로운 유행이 시작되면 다른 사람보다 먼저 시도해 보는 편이다.	①	②	③	④	⑤
120	기분을 잘 드러내기 때문에 남들이 본인의 기분을 금방 알게 된다.	①	②	③	④	⑤
121	비유적이고 상징적 표현보다는 구체적이고 정확한 표현을 더 잘 이해한다.	①	②	③	④	⑤
122	주변 사람들의 외모나 다른 특징들을 자세히 기억한다.	①	②	③	④	⑤
123	꾸준하고 참을성이 있다는 말을 자주 듣는다.	①	②	③	④	⑤
124	공부할 때 세부적인 내용을 암기할 수 있다.	①	②	③	④	⑤

번호	질문	응답				
125	손으로 직접 만지거나 조작하는 것을 좋아한다.	①	②	③	④	⑤
126	상상 속에서 이야기를 잘 만들어 내는 편이다.	①	②	③	④	⑤
127	종종 물건을 잃어버리거나 어디에 두었는지 기억을 못하는 때가 있다.	①	②	③	④	⑤
128	창의력과 상상력이 풍부하다는 이야기를 자주 듣는다.	①	②	③	④	⑤
129	다른 사람들이 생각하지도 않는 엉뚱한 행동이나 생각을 할 때가 종종 있다.	①	②	③	④	⑤
130	이것저것 새로운 것에 관심이 많고 새로운 것을 배우고 싶어 한다.	①	②	③	④	⑤
131	'왜'라는 질문을 자주 한다.	①	②	③	④	⑤
132	의지와 끈기가 강한 편이다.	①	②	③	④	⑤
133	궁금한 점이 있으면 꼬치꼬치 따져서 궁금증을 풀고 싶어 한다.	①	②	③	④	⑤
134	참을성이 있다는 말을 자주 듣는다.	①	②	③	④	⑤
135	남의 비난에도 잘 견딘다.	①	②	③	④	⑤
136	다른 사람의 감정에 민감하다.	①	②	③	④	⑤
137	자신의 잘못을 쉽게 인정하는 편이다.	①	②	③	④	⑤
138	싹싹하고 연하다는 소리를 잘 듣는다.	①	②	③	④	⑤
139	쉽게 양보를 하는 편이다.	①	②	③	④	⑤
140	음식을 선택할 때 쉽게 결정을 못 내릴 때가 많다.	①	②	③	④	⑤
141	계획표를 세밀하게 짜 놓고 그 계획표에 따라 생활하는 것을 좋아한다.	①	②	③	④	⑤
142	대체로 먼저 할 일을 해 놓고 나서 노는 편이다.	①	②	③	④	⑤
143	시험보기 전에 미리 여유 있게 공부 계획표를 짜 놓는다.	①	②	③	④	⑤
144	마지막 순간에 쫓기면서 일하는 것을 싫어한다.	①	②	③	④	⑤
145	계획에 따라 규칙적인 생활을 하는 편이다.	①	②	③	④	⑤
146	자기 것을 잘 나누어주는 편이다.	①	②	③	④	⑤
147	자신의 소지품을 덜 챙기는 편이다.	①	②	③	④	⑤
148	신발이나 옷이 떨어져도 무관심한 편이다.	①	②	③	④	⑤
149	자기 것을 덜 주장하고, 덜 고집하는 편이다.	①	②	③	④	⑤
150	활동이 많으면서도 무난하고 점잖다는 말을 듣는 편이다.	①	②	③	④	⑤
151	몇 번이고 생각하고 검토한다.	①	②	③	④	⑤
152	여러 번 생각한 끝에 결정을 내린다.	①	②	③	④	⑤
153	어떤 일이든 따지려 든다.	①	②	③	④	⑤
154	일단 결정하면 행동으로 옮긴다.	①	②	③	④	⑤
155	앞에 나서기를 꺼린다.	①	②	③	④	⑤
156	규칙을 잘 지킨다.	①	②	③	④	⑤
157	나의 주장대로 행동한다.	①	②	③	④	⑤
158	지시나 충고를 받는 것이 싫다.	①	②	③	④	⑤
159	급진적인 변화를 좋아한다.	①	②	③	④	⑤
160	규칙은 반드시 지킬 필요가 없다.	①	②	③	④	⑤

PART **7**

면접

CONTENTS

CHAPTER 01

면접 유형 및 실전 대책

01 면접 주요사항

면접의 사전적 정의는 면접관이 지원자를 직접 만나보고 인품(人品)이나 언행(言行) 따위를 시험하는 일로, 흔히 필기시험 후에 최종적으로 심사하는 방법이다.

최근 주요 기업의 인사담당자들을 대상으로 채용 시 면접이 차지하는 비중을 설문조사했을 때, 50 ~ 80% 이상이라고 답한 사람이 전체 응답자의 80%를 넘었다. 이와 대조적으로 지원자들을 대상으로 취업 시험에서 면접을 준비하는 기간을 물었을 때, 대부분의 응답자가 2 ~ 3일 정도라고 대답했다.

지원자가 일정 수준의 스펙을 갖추기 위해 자격증 시험과 토익을 치르고 이력서와 자기소개서까지 쓰다 보면 면접까지 챙길 여유가 없는 것이 사실이다. 그리고 서류전형과 인적성검사를 통과해야만 면접을 볼 수 있기 때문에 자연스럽게 면접은 취업시험 과정에서 그 비중이 작아질 수밖에 없다. 하지만 아이러니하게도 실제 채용 과정에서 면접이 차지하는 비중은 절대적이라고 해도 과언이 아니다.

기업들은 채용 과정에서 토론 면접, 인성 면접, 프레젠테이션 면접, 역량 면접 등의 다양한 면접을 실시한다. 1차 커트라인이라고 할 수 있는 서류전형을 통과한 지원자들의 스펙이나 능력은 서로 엇비슷하다고 판단되기 때문에 서류상 보이는 자격증이나 토익 성적보다는 지원자의 인성을 파악하기 위해 면접을 더욱 강화하는 것이다. 일부 기업은 의도적으로 압박 면접을 실시하기도 한다. 지원자가 당황할 수 있는 질문을 던져서 그것에 대한 지원자의 반응을 살펴보는 것이다.

면접은 다르게 생각한다면 '나는 누구인가'에 대한 물음에 해답을 줄 수 있는 가장 현실적이고 미래적인 경험이 될 수 있다. 취업난 속에서 자격증을 취득하고 토익 성적을 올리기 위해 앞만 보고 달려온 지원자들은 자신에 대해서 고민하고 탐구할 수 있는 시간을 평소 쉽게 가질 수 없었을 것이다. 자신을 잘 알고 있어야 자신에 대해서 자신감 있게 말할 수 있다. 대체로 사람들은 자신에게 관대한 편이기 때문에 자신에 대해서 어떤 기대와 환상을 가지고 있는 경우가 많다. 하지만 면접은 제삼자에 의해 개인의 능력을 객관적으로 평가받는 시험이다. 어떤 지원자들은 다른 사람에게 자신을 표현하는 것을 어려워한다. 평소에 잘 사용하지 않는 용어를 내뱉으면서 거창하게 자신을 포장하는 지원자도 많다. 면접에서 가장 기본은 자기 자신을 면접관에게 알기 쉽게 표현하는 것이다.

이러한 표현을 바탕으로 자신이 앞으로 하고자 하는 것과 그에 대한 이유를 설명해야 한다. 최근에는 자신감을 향상시키거나 말하는 능력을 높이는 학원도 많기 때문에 얼마든지 자신의 단점을 극복할 수 있다.

1. 자기소개의 기술

자기소개를 시키는 이유는 면접자가 지원자의 자기소개서를 압축해서 듣고, 지원자의 첫인상을 평가할 시간을 가질 수 있기 때문이다. 면접을 위한 워밍업이라고 할 수 있으며, 첫인상을 결정하는 과정이므로 매우 중요한 순간이다.

(1) 정해진 시간에 자기소개를 마쳐야 한다.

쉬워 보이지만 의외로 지원자들이 정해진 시간을 넘기거나 혹은 빨리 끝내서 면접관에게 지적을 받는 경우가 많다. 본인이 면접을 받는 마지막 지원자가 아닌 이상, 정해진 시간을 지키지 않는 것은 수많은 지원자를 상대하기에 바쁜 면접관과 대기 시간에 지친 다른 지원자들에게 불쾌감을 줄 수 있다.

또한 회사에서 시간관념은 절대적인 것이므로 반드시 자기소개 시간을 지켜야 한다. 말하기는 1분에 200자 원고지 2장 분량의 글을 읽는 만큼의 속도가 가장 적당하다. 이를 A4 용지에 10point 글자 크기로 작성하면 반 장 분량이 된다.

(2) 간단하지만 신선한 문구로 자기소개를 시작하자.

요즈음 많은 지원자가 이 방법을 사용하고 있기 때문에 웬만한 소재의 문구가 아니면 면접관의 관심을 받을 수 없다. 이러한 문구는 시대적으로 유행하는 광고 카피를 패러디하는 경우와 격언 등을 인용하는 경우, 그리고 지원한 회사의 IC나 경영이념, 인재상 등을 사용하는 경우 등이 있다. 지원자는 이러한 여러 문구 중에 자신의 첫인상을 북돋아 줄 수 있는 것을 선택해서 말해야 한다. 자신의 이름을 문구 속에 적절하게 넣어서 말한다면 좀 더 효과적인 자기소개가 될 것이다.

(3) 무엇을 먼저 말할 것인지 고민하자.

면접관이 많이 던지는 질문 중 하나가 지원동기이다. 그래서 성장기를 바로 건너뛰고, 지원한 회사에 들어오기 위해 대학에서 어떻게 준비했는지를 설명하는 자기소개가 대세이다.

(4) 면접관의 호기심을 자극해 관심을 불러일으킬 수 있게 말하라.

면접관에게 질문을 많이 받는 지원자의 합격률이 반드시 높은 것은 아니지만, 질문을 전혀 안 받는 것보다는 좋은 평가를 기대할 수 있다. 질문을 받기 위해 면접관의 호기심을 자극할 수 있는 가장 좋은 방법은 대학생활을 이야기하면서 자신의 장기를 잠깐 넣는 것이다. 물론 장기자랑에 자신감이 있어야 한다 (최근에는 장기자랑을 개인별로 시키는 곳이 많아졌다).

지원한 분야와 관련된 수상 경력이나 프로젝트 등을 말하는 것도 좋다. 이는 지원자의 업무 능력과 직접 연결되는 것이므로 효과적인 자기 홍보가 될 수 있다. 일부 지원자들은 자신만의 특별한 경험을 이야기하는데, 이때는 그 경험이 보편적으로 사람들의 공감대를 얻을 수 있는 것인지 다시 생각해봐야 한다.

(5) 마지막 고개를 넘기가 가장 힘들다.

첫 단추도 중요하지만, 마지막 단추도 중요하다. 하지만 왠지 격식을 따지는 인사말은 지나가는 인사말 같고, 다르게 하자니 예의에 어긋나는 것 같은 기분이 든다. 이때는 처음에 했던 자신만의 문구를 다시한 번 말하는 것도 좋은 방법이다. 자연스러운 끝맺음이 될 수 있도록 적절한 연습이 필요하다.

2. 1분 자기소개 시 주의사항

(1) 자기소개서와 자기소개가 똑같다면 감점일까?

아무리 자기소개서를 외워서 말한다 해도 자기소개가 자기소개서와 완전히 똑같을 수는 없다. 자기소개서의 분량이 더 많고 회사마다 요구하는 필수 항목들이 있기 때문에 굳이 고민할 필요는 없다. 오히려 자기소개서의 내용을 잘 정리한 자기소개가 더 좋은 결과를 만들 수 있다. 하지만 자기소개서와 상반된 내용을 말하는 것은 적절하지 않다. 지원자의 신뢰성이 떨어진다는 것은 곧 불합격을 의미하기 때문이다.

(2) 말하는 자세를 바르게 익혀라.

지원자가 자기소개를 하는 동안 면접관은 지원자의 동작 하나하나를 관찰한다. 그렇기 때문에 바른 자세가 중요하다는 것은 우리가 익히 알고 있다. 하지만 문제는 무의식적으로 나오는 습관 때문에 자세가 흐트러져 나쁜 인상을 줄 수 있다는 것이다. 이러한 습관을 고칠 수 있는 가장 좋은 방법은 캠코더 등으로 자신의 모습을 담는 것이다. 거울을 사용할 경우에는 시선이 자꾸 자기 눈과 마주치기 때문에 집중하기 힘들다. 하지만 촬영된 동영상은 제삼자의 입장에서 자신을 볼 수 있기 때문에 많은 도움이 된다.

(3) 정확한 발음과 억양으로 자신 있게 말하라.

지원자의 모양새가 아무리 뛰어나도, 목소리가 작고 발음이 부정확하면 큰 감점을 받는다. 이러한 모습은 지원자의 좋은 점에까지 악영향을 끼칠 수 있다. 직장을 흔히 사회생활의 시작이라고 말하는 시대적 정서에서 사람들과 의사소통을 하는 데 문제가 있다고 판단되는 지원자는 부적절한 인재로 평가될 수밖에 없다.

3. 대화법

전문가들이 말하는 대화법의 핵심은 '상대방을 배려하면서 이야기하라.'는 것이다. 대화는 나와 다른 사람의 소통이다. 내용에 대한 공감이나 이해가 없다면 대화는 더 진전되지 않는다.

『카네기 인간관계론』이라는 베스트셀러의 작가인 철학자 카네기가 말하는 최상의 대화법은 자신의 경험을 토대로 이야기하는 것이다. 즉, 살아오면서 직접 겪은 경험이 상대방의 관심을 끌 수 있는 가장 좋은 이야깃거리인 것이다. 특히, 어떤 일을 이루기 위해 노력하는 과정에서 겪은 실패나 희망에 대해 진솔하게 얘기한다면 상대방은 어느새 당신의 편에 서서 그 이야기에 동조할 것이다.

독일의 사업가이자, 동기부여 트레이너인 위르겐 힐러의 연설법 중 가장 유명한 것은 '시즐(Sizzle)'을 잡는 것이다. 시즐이란, 새우튀김이나 돈가스가 기름에서 지글지글 튀겨질 때 나는 소리이다. 즉, 자신의 말을 듣고 시즐처럼 반응하는 상대방의 감정에 적절하게 대응하라는 것이다.

말을 시작한 지 10 ~ 15초 안에 상대방의 '시즐'을 알아차려야 한다. 자신의 이야기에 대한 상대방의 첫 반응에 따라 말하기 전략도 달라져야 한다. 첫 이야기의 반응이 미지근하다면 가능한 한 그 이야기를 빨리 마무리하고 새로운 이야깃거리를 생각해내야 한다. 길지 않은 면접 시간 내에 몇 번 오지 않는 대답의 기회를 살리기 위해서 보다 전략적이고 냉철해야 하는 것이다.

4. 차림새

(1) 구두

면접에 어떤 옷을 입어야 할지를 며칠 동안 고민하면서 정작 구두는 면접 보는 날 현관을 나서면서 즉흥적으로 신고 가는 지원자들이 많다. 특히, 남자 지원자들이 이러한 실수를 많이 한다. 구두를 보면 그 사람의 됨됨이를 알 수 있다고 한다. 면접관 역시 이러한 것을 놓치지 않기 때문에 지원자는 자신의 구두에 더욱 신경을 써야 한다. 스타일의 마무리는 발끝에서 이루어지는 것이다. 아무리 멋진 옷을 입고 있어도 구두가 어울리지 않는다면 전체 스타일이 흐트러지기 때문이다.

정장용 구두는 디자인이 깔끔하고, 에나멜 가공처리를 하여 광택이 도는 페이턴트 가죽 소재 제품이 무난하다. 검정 계열 구두는 회색과 감색 정장에, 브라운 계열의 구두는 베이지나 갈색 정장에 어울린다. 참고로 구두는 오전에 사는 것보다 발이 충분히 부은 상태인 저녁에 사는 것이 좋다. 마지막으로 당연한 일이지만 반드시 면접을 보는 전날 구두 뒤축이 닳지는 않았는지 확인하고 구두에 광을 내 둔다.

(2) 양말

양말은 정장과 구두의 색상을 비교해서 골라야 한다. 특히 검정이나 감색의 진한 색상의 바지에 흰 양말을 신는 것은 시대에 뒤처지는 일이다. 일반적으로 양말의 색깔은 바지의 색깔과 같아야 한다. 또한 양말의 길이도 신경 써야 한다. 남성의 경우에 의자에 바르게 앉거나 다리를 꼬아서 앉을 때 다리털이 보여서는 안 된다. 반드시 긴 정장 양말을 신어야 한다.

(3) 정장

지원자는 평소에 정장을 입을 기회가 많지 않기 때문에 면접을 볼 때 본인 스스로도 옷을 어색하게 느끼는 경우가 많다. 옷을 불편하게 느끼기 때문에 자세마저 불안정한 지원자도 볼 수 있다. 그러므로 면접 전에 정장을 입고 생활해 보는 것도 나쁘지는 않다.

일반적으로 면접을 볼 때는 상대방에게 신뢰감을 줄 수 있는 남색 계열의 옷이나 어떤 계절이든 무난하고 깔끔해 보이는 회색 계열의 정장을 많이 입는다. 정장은 유행에 따라서 재킷의 디자인이나 버튼의 개수가 바뀌기 때문에 특히 남성 지원자의 경우, 너무 오래된 옷을 입어서 아버지 옷을 빌려 입고 나온 듯한 인상을 주어서는 안 된다.

(4) 헤어스타일과 메이크업

헤어스타일에 자신이 없다면 미용실에 다녀오는 것도 좋은 방법이다. 그리고 여성 지원자의 경우에는 자신에게 어울리는 메이크업을 하는 것도 괜찮다. 메이크업은 상대에 대한 예의를 갖추는 것이므로 지나치게 화려한 메이크업이 아니라면 보다 준비된 지원자처럼 보일 수 있다.

5. 첫인상

취업을 위해 성형수술을 받는 사람들에 대한 이야기는 더 이상 뉴스거리가 되지 않는다. 그만큼 많은 사람이 좁은 취업문을 뚫기 위해 이미지 향상에 신경을 쓰고 있다. 이는 면접관에게 좋은 첫인상을 주기 위한 것으로, 지원서에 올리는 증명사진을 이미지 프로그램을 통해 수정하는 이른바 '사이버 성형'이 유행하는 것과 같은 맥락이다. 실제로 외모가 채용 과정에서 영향을 끼치는가에 대한 설문조사에서도 60% 이상의 인사담당자들이 그렇다고 답변했다.

하지만 외모와 첫인상을 절대적인 관계로 이해하는 것은 잘못된 판단이다. 외모가 첫인상에서 많은 부분을 차지하지만, 외모 외에 다른 결점이 발견된다면 그로 인해 장점들이 가려질 수도 있다. 이러한 현상은 아래에서 다시 논하겠다.

첫인상은 말 그대로 한 번밖에 기회가 주어지지 않으며 몇 초 안에 결정된다. 첫인상을 결정짓는 요소 중 시각적인 요소가 80% 이상을 차지한다. 첫눈에 들어오는 생김새나 복장, 표정 등에 의해서 결정되는 것이다. 면접을 시작할 때 자기소개를 시키는 것도 지원자별로 첫인상을 평가하기 위해서이다. 첫인상이 중요한 이유는 만약 첫인상이 부정적으로 인지될 경우, 지원자의 다른 좋은 면까지 거부당하기 때문이다. 이러한 현상을 심리학에서는 초두효과(Primacy Effect)라고 한다.

한 번 형성된 첫인상은 여간해서 바꾸기 힘들다. 이는 첫인상이 나중에 들어오는 정보까지 영향을 주기 때문이다. 첫인상의 정보가 나중에 들어오는 정보 처리의 지침이 되는 것을 심리학에서는 맥락효과(Context Effect)라고 한다. 따라서 평소에 첫인상을 좋게 만들기 위한 노력을 꾸준히 해야만 하는 것이다.

좋은 첫인상이 반드시 외모에만 집중되는 것은 아니다. 오히려 깔끔한 옷차림과 부드러운 표정 그리고 말과 행동 등에 의해 전반적인 이미지가 만들어진다. 누구나 이러한 것 중에 한두 가지 단점을 가지고 있다. 요즈음은 이미지 컨설팅을 통해서 자신의 단점들을 보완하는 지원자도 있다. 특히, 표정이 밝지 않은 지원자는 평소 웃는 연습을 의식적으로 하여 면접을 받는 동안 계속해서 여유 있는 표정을 짓는 것이 중요하다. 성공한 사람들은 인상이 좋다는 것을 명심하자.

02 면접의 유형 및 실전 대책

1. 면접의 유형

과거 천편일률적인 일대일 면접과 달리 면접에는 다양한 유형이 도입되어 현재는 "면접은 이렇게 보는 것이다."라고 말할 수 있는 정해진 유형이 없어졌다. 그러나 삼성그룹 면접에서는 현재까지는 집단 면접과 다대일 면접이 진행되고 있으므로 어느 정도 유형을 파악하여 사전에 대비가 가능하다. 면접의 기본인 단독 면접부터, 다대일 면접, 집단 면접의 유형과 그 대책에 대해 알아보자.

(1) 단독 면접

단독 면접이란 응시자와 면접관이 일대일로 마주하는 형식을 말한다. 면접위원 한 사람과 응시자 한 사람이 마주 앉아 자유로운 화제를 가지고 질의응답을 되풀이하는 방식이다. 이 방식은 면접의 가장 기본적인 방법으로 소요시간은 10 ~ 20분 정도가 일반적이다.

① 장점

필기시험 등으로 판단할 수 없는 성품이나 능력을 알아내는 데 가장 적합하다고 평가받아 온 면접방식으로 응시자 한 사람 한 사람에 대해 여러 면에서 비교적 폭넓게 파악할 수 있다. 응시자의 입장에서는 한 사람의 면접관만을 대하는 것이므로 상대방에게 집중할 수 있으며, 긴장감도 다른 면접방식에 비해서는 적은 편이다.

② 단점

면접관의 주관이 강하게 작용해 객관성을 저해할 소지가 있으며, 면접 평가표를 활용한다 하더라도 일면적인 평가에 그칠 가능성을 배제할 수 없다. 또한 시간이 많이 소요되는 것도 단점이다.

> **단독 면접 준비 Point**
>
> 단독 면접에 대비하기 위해서는 평소 일대일로 논리 정연하게 대화를 나눌 수 있는 능력을 기르는 것이 중요하다. 그리고 면접장에서는 면접관을 선배나 선생님 혹은 아버지를 대하는 기분으로 면접에 임하는 것이 부담도 훨씬 적고 실력을 발휘할 수 있는 방법이 될 것이다.

(2) 다대일 면접

다대일 면접은 일반적으로 가장 많이 사용되는 면접방법으로 보통 2~5명의 면접관이 1명의 응시자에게 질문하는 형태의 면접방법이다. 면접관이 여러 명이므로 다각도에서 질문을 하여 응시자에 대한 정보를 많이 알아낼 수 있다는 점 때문에 선호하는 면접방법이다.

하지만 응시자의 입장에서는 질문도 면접관에 따라 각양각색이고 동료 응시자가 없으므로 숨 돌릴 틈도 없게 느껴진다. 또한 관찰하는 눈도 많아서 조그만 실수라도 지나치는 법이 없기 때문에 정신적 압박과 긴장감이 높은 면접방법이다. 따라서 응시자는 긴장을 풀고 한 시험관이 묻더라도 면접관 전원을 향해 대답한다는 기분으로 또박또박 대답하는 자세가 필요하다.

① 장점

면접관이 집중적인 질문과 다양한 관찰을 통해 응시자가 과연 조직에 필요한 인물인가를 완벽히 검증할 수 있다.

② 단점

면접시간이 보통 10~30분 정도로 좀 긴 편이고 응시자에게 지나친 긴장감을 조성하는 면접방법이다.

> **다대일 면접 준비 Point**
>
> 질문을 들을 때 시선은 면접위원을 향하고 다른 데로 돌리지 말아야 하며, 대답할 때에도 고개를 숙이거나 입속에서 우물거리는 소극적인 태도는 피하도록 한다. 면접위원과 대등하다는 마음가짐으로 편안한 태도를 유지하면 대답도 자연스러운 상태에서 좀 더 충실히 할 수 있고, 이에 따라 면접위원이 받는 인상도 달라진다.

PART 7

(3) 집단 면접

집단 면접은 다수의 면접관이 여러 명의 응시자를 한꺼번에 평가하는 방식으로 짧은 시간에 능률적으로 면접을 진행할 수 있다. 각 응시자에 대한 질문내용, 질문횟수, 시간배분이 똑같지는 않으며, 모두에게 같은 질문이 주어지기도 하고, 각각 다른 질문을 받기도 한다.

또한 어떤 응시자가 한 대답에 대한 의견을 묻는 등 그때그때의 분위기나 면접관의 의향에 따라 변수가 많다. 집단 면접은 응시자의 입장에서는 개별 면접에 비해 긴장감은 다소 덜한 반면에 다른 응시자들과의 비교가 확실하게 나타나므로 응시자는 몸가짐이나 표현력·논리성 등이 결여되지 않도록 자신의 생각이나 의견을 솔직하게 발표하여 집단 속에 묻히거나 밀려나지 않도록 주의해야 한다.

① 장점

집단 면접의 장점은 면접관이 응시자 한 사람에 대한 관찰시간이 상대적으로 길고, 비교 평가가 가능하기 때문에 결과적으로 평가의 객관성과 신뢰성을 높일 수 있다는 점이며, 응시자는 동료들과 함께 면접을 받기 때문에 긴장감이 다소 덜하다는 것을 들 수 있다. 또한 동료가 답변하는 것을 들으며, 자신의 답변 방식이나 자세를 조정할 수 있다는 것도 큰 이점이다.

② 단점

응답하는 순서에 따라 응시자마다 유리하고 불리한 점이 있고, 면접위원의 입장에서는 각각의 개인적인 문제를 깊게 다루기가 곤란하다는 것이 단점이다.

집단 면접 준비 Point

너무 자기 과시를 하지 않는 것이 좋다. 대답은 자신이 말하고 싶은 내용을 간단명료하게 말해야 한다. 내용이 없는 발언을 한다거나 대답을 질질 끄는 태도는 좋지 않다. 또 말하는 중에 내용이 주제에서 벗어나거나 자기중심적으로만 말하는 것도 피해야 한다. 집단 면접에 대비하기 위해서는 평소에 설득력을 지닌 자신의 논리력을 계발하는 데 힘써야 하며, 다른 사람 앞에서 자신의 의견을 조리 있게 개진할 수 있는 발표력을 갖추는 데에도 많은 노력을 기울여야 한다.

• 실력에는 큰 차이가 없다는 것을 기억하라.
• 동료 응시자들과 서로 협조하라.
• 답변하지 않을 때의 자세가 중요하다.
• 개성 표현은 좋지만 튀는 것은 위험하다.

---

(4) 집단 토론식 면접

집단 토론식 면접은 집단 면접과 형태는 유사하지만 질의응답이 아니라 응시자들끼리의 토론이 중심이 되는 면접방법으로 최근 들어 급증세를 보이고 있다. 이는 공통의 주제에 대해 다양한 견해들이 개진되고 결론을 도출하는 과정, 즉 토론을 통해 응시자의 다양한 면에 대한 평가가 가능하다는 집단 토론식 면접의 장점이 널리 확산된 데 따른 것으로 보인다. 사실 집단 토론식 면접을 활용하면 주제와 관련된 지식 정도와 이해력, 판단력, 설득력, 협동성은 물론 리더십, 조직 적응력, 적극성과 대인관계 능력 등을 쉽게 파악할 수 있다.

토론식 면접에서는 자신의 의견을 명확히 제시하면서도 상대방의 의견을 경청하는 토론의 기본자세가 필수적이며, 지나친 경쟁심이나 자기 과시욕은 접어두는 것이 좋다. 또한 집단 토론의 목적이 결론을 도출해 나가는 과정에 있다는 것을 감안하여 무리하게 자신의 주장을 관철시키기보다 오히려 토론의 질을 높이는 데 기여하는 것이 좋은 인상을 줄 수 있다는 점을 알아야 한다. 취업 희망자들은 토론식 면접이 급속도로 확산되는 추세임을 감안해 특히 철저한 준비를 해야 한다. 평소에 신문의 사설이나 매스컴 등의 토론 프로그램을 주의 깊게 보면서 논리 전개방식을 비롯한 토론 과정을 익히도록 하고, 친구들과 함께 간단한 주제를 놓고 토론을 진행해 볼 필요가 있다. 또한 사회·시사문제에 대해 자기 나름대로의 관점을 정립해두는 것도 꼭 필요하다.

집단토론식 면접 준비 Point

- 토론은 정답이 없다는 것을 명심한다.
- 내 주장을 강요하지 않는다.
- 남이 말할 때 끼어들지 않는다.
- 필기구를 준비하여 메모하면서 면접에 임한다.
- 주제에 자신이 없다면 첫 번째 발언자가 되지 않는다.
- 자신의 입장을 먼저 밝힌다.
- 상대측의 사소한 발언에 집착하지 않고 전체적인 의미에 초점을 놓치지 않아야 한다.
- 남의 의견을 경청한다.
- 예상 밖의 반론에 당황스럽다 하더라도 유연함을 잃지 않아야 한다.

---

(5) PT 면접

PT 면접, 즉 프레젠테이션 면접은 최근 들어 집단 토론 면접과 더불어 그 활용도가 점차 커지고 있다. PT 면접은 기업마다 특성이 다르고 인재상이 다른 만큼 인성 면접만으로는 알 수 없는 지원자의 문제해결 능력, 전문성, 창의성, 기본 실무능력, 논리성 등을 관찰하는 데 중점을 두는 면접으로, 지원자 간의 변별력이 높아 대부분의 기업에서 적용하고 있으며, 확산되는 추세이다.

면접 시간은 기업별로 차이가 있지만, 전문지식, 시사성 관련 주제를 제시한 다음, 보통 20~50분 정도 준비하여 5분가량 발표할 시간을 준다. 면접관과 지원자의 단순한 질의응답식이 아닌, 주제에 대해 일정 시간 동안 지원자의 발언과 발표하는 모습 등을 관찰하게 된다. 정확한 답이나 지식보다는 논리적 사고와 의사표현력이 더 중시되기 때문에 자신의 생각을 어떻게 설명하느냐가 매우 중요하다.

PT 면접에서 같은 주제라도 직무별로 평가요소가 달리 나타난다. 예를 들어, 영업직은 설득력과 의사소통 능력에 중점을 둘 수 있겠고, 관리직은 신뢰성과 창의성 등을 더 중요하게 평가한다.

PT 면접 준비 Point

- 면접관의 관심과 주의를 집중시키고, 발표 태도에 유의한다.
- 모의 면접이나 거울 면접을 통해 미리 점검한다.
- PT 내용은 세 가지 정도로 정리해서 말한다.
- PT 내용에는 자신의 생각이 담겨 있어야 한다.
- 중간에 자문자답 방식을 활용한다.
- 평소 지원하는 업계의 동향이나 직무에 대한 전문지식을 쌓아둔다.
- 부적절한 용어 사용이나 무리한 주장 등은 하지 않는다.

2. 면접의 실전 대책

(1) 면접 대비사항

① 지원 회사에 대한 사전지식을 충분히 준비한다.

필기시험에서 합격 또는 서류전형에서의 합격통지가 온 후 면접시험 날짜가 정해지는 것이 보통이다. 이때 수험자는 면접시험을 대비해 사전에 자기가 지원한 계열사 또는 부서에 대해 폭넓은 지식을 준비할 필요가 있다.

지원 회사에 대해 알아두어야 할 사항

- 회사의 연혁
- 회장 또는 사장의 이름, 출신학교, 관심사
- 회장 또는 사장이 요구하는 신입사원의 인재상
- 회사의 사훈, 사시, 경영이념, 창업정신
- 회사의 대표적 상품, 특색
- 업종별 계열회사의 수
- 해외지사의 수와 그 위치
- 신 개발품에 대한 기획 여부
- 자기가 생각하는 회사의 장단점
- 회사의 잠재적 능력개발에 대한 제언

② 충분한 수면을 취한다.

충분한 수면으로 안정감을 유지하고 첫 출발의 상쾌한 마음가짐을 갖는다.

③ 얼굴을 생기 있게 한다.

첫인상은 면접에 있어서 가장 결정적인 당락요인이다. 면접관에게 좋은 인상을 줄 수 있도록 화장하는 것도 필요하다. 면접관들이 가장 좋아하는 인상은 얼굴에 생기가 있고 눈동자가 살아 있는 사람, 즉 기가 살아 있는 사람이다.

④ 아침에 인터넷 뉴스를 읽고 간다.

그날의 뉴스가 질문 대상에 오를 수가 있다. 특히 경제면, 정치면, 문화면 등을 유의해서 볼 필요가 있다.

출발 전 확인할 사항

이력서, 자기소개서, 성적증명서, 졸업(예정)증명서, 지갑, 신분증(주민등록증), 손수건, 휴지, 볼펜, 메모지, 예비스타킹 등을 준비하자.

(2) 면접 시 옷차림

면접에서 옷차림은 간결하고 단정한 느낌을 주는 것이 가장 중요하다. 색상과 디자인 면에서 지나치게 화려한 색상이나, 노출이 심한 디자인은 자칫 면접관의 눈살을 찌푸리게 할 수 있다. 단정한 차림을 유지하면서 자신만의 독특한 멋을 연출하는 것, 지원하는 회사의 분위기를 파악했다는 센스를 보여주는 것 또한 코디네이션의 포인트이다.

> **복장 점검**
>
> - 구두는 잘 닦여 있는가?
> - 옷은 깨끗이 다려져 있으며 스커트 길이는 적당한가?
> - 손톱은 길지 않고 깨끗한가?
> - 머리는 흐트러짐 없이 단정한가?

(3) 면접요령

① 첫인상을 중요시한다.

상대에게 인상을 좋게 주지 않으면 어떠한 얘기를 해도 이쪽의 기분이 충분히 전달되지 않을 수 있다. 예를 들어, '저 친구는 표정이 없고 무엇을 생각하고 있는지 전혀 알 길이 없다.'처럼 생각되면 최악의 상태이다. 우선 청결한 복장, 바른 자세로 침착하게 들어가야 한다. 건강하고 신선한 이미지를 주어야 하기 때문이다.

② 좋은 표정을 짓는다.

얘기를 할 때의 표정은 중요한 사항의 하나다. 거울 앞에서 웃는 연습을 해본다. 웃는 얼굴은 상대를 편안하게 하고, 특히 면접 등 긴박한 분위기에서는 천금의 값이 있다 할 것이다. 그렇다고 하여 항상 웃고만 있어서는 안 된다. 자기의 할 얘기를 진정으로 전하고 싶을 때는 진지한 얼굴로 상대의 눈을 바라보며 얘기한다. 면접을 볼 때 눈을 감고 있으면 마이너스 이미지를 주게 된다.

③ 결론부터 이야기한다.

자기의 의사나 생각을 상대에게 정확하게 전달하기 위해서 먼저 무엇을 말하고자 하는가를 명확히 결정해 두어야 한다. 대답을 할 경우에는 결론을 먼저 이야기하고 나서 그에 따른 설명과 이유를 덧붙이면 논지(論旨)가 명확해지고 이야기가 깔끔하게 정리된다.

한 가지 사실을 이야기하거나 설명하는 데는 3분이면 충분하다. 복잡한 이야기라도 어느 정도의 길이로 요약해서 이야기하면 상대도 이해하기 쉽고 자기도 정리할 수 있다. 긴 이야기는 오히려 상대를 불쾌하게 할 수가 있다.

PART 7

④ 질문의 요지를 파악한다.

면접 때의 이야기는 간결성만으로는 부족하다. 상대의 질문이나 이야기에 대해 적절하고 필요한 대답을 하지 않으면 대화는 끊어지고 자기의 생각도 제대로 표현하지 못하여 면접자로 하여금 수험생의 인품이나 사고방식 등을 명확히 파악할 수 없게 한다. 무엇을 묻고 있는지, 무슨 이야기를 하고 있는지 그 요점을 정확히 알아내야 한다.

면접에서 고득점을 받을 수 있는 성공요령(10가지)

1. 자기 자신을 겸허하게 판단하라.
2. 지원한 회사에 대해 100% 이해하라.
3. 실전과 같은 연습으로 감각을 익히라.
4. 단답형 답변보다는 구체적으로 이야기를 풀어나가라.
5. 거짓말을 하지 말라.
6. 면접하는 동안 대화의 흐름을 유지하라.
7. 친밀감과 신뢰를 구축하라.
8. 상대방의 말을 성실하게 들으라.
9. 근로조건에 대한 이야기를 풀어나갈 준비를 하라.
10. 끝까지 긴장을 풀지 말라.

면접 전 마지막 체크 사항

- 기업이나 단체의 소재지(본사·지사·공장 등)를 정확히 알고 있다.
- 기업이나 단체의 정식 명칭(Full Name)을 알고 있다.
- 약속된 면접시간 10분 전에 도착하도록 스케줄을 짤 수 있다.
- 면접실에 들어가서 공손히 인사한 후 또렷한 목소리로 자기 수험번호와 성명을 말할 수 있다.
- 앉으라고 할 때까지는 의자에 앉지 않는다는 것을 알고 있다.
- 자신에 대해 3분간 이야기할 수 있는 준비가 되어 있다.
- 자신의 긍정적인 면을 상대방에게 바르게 전달할 수 있다.

SK하이닉스 실제 면접

SK하이닉스는 인적 역량이 중요한 사업의 특성을 반영, 개인의 누적적 연속적 성장을 지원한다는 인사원칙에 따라, 승진에 대한 조직과 개인의 스트레스를 없애고 성과몰입을 통한 경쟁력 있는 성과창출을 추구하며, 성과와 잠재력에 대한 종합적이고 공정한 평가를 근거로 인재를 채용하고 있다.

SK하이닉스 operator / maintenance의 면접전형은 지원자의 가치관, 성격, 보유역량의 수준 등을 종합적으로 검증하기 위하여 직무역량면접을 실시하고 있으며, 5 ~ 6명이 조를 이루어 多대多로 면접을 진행하게 된다.

1. SK하이닉스 operator / maintenance 기출 질문

- 1분간 자기소개를 해보시오.
- 협업에 있어서 가장 중요한 역량은 무엇이라고 생각하는가?
- 본인을 동물에 비유한다면 어떤 동물인가? 그 이유는 무엇인가?
- 반도체 8대 공정 중 가장 잘 아는 공정을 말하고 그 공정에 대해 설명해보시오.
- 엔트로피에 대하여 설명해보시오.
- 하이닉스의 약점이 무엇이라고 생각하는가?
- 하이닉스에 입사하면 가장 먼저 하고 싶은 것이 무엇인가?
- 입사 후 업무 적성이 맞지 않는다면 혹은 상사와 의견이 잘 맞지 않는다면 어떻게 할 것인가?
- 가장 최근에 한 공부는 무엇인가?
- 나이가 생각보다 많은데, 그 동안 직무와 관련하여 일한 경험이 있는가?
- 최근에 본인이 노력해서 성취한 것이 있다면?
- (재직자에게) 지금 다니는 회사에 대해 말해보시오.
- (재직자에게) 이직하려는 이유는 무엇인가?
- 하이닉스에 공장이 몇 개 있는지 아는가?
- 공장에서 어떤 제품을 만드는지 아는가?
- 도체와 부도체의 차이는 무엇인가?
- 하이닉스 내부에 들어오고 나서 느낀 점에 대해 설명해보시오.
- 본인의 생활신조는 무엇인가?

2. 빈출 질문

- 본인이 한 일 중 가장 성취도가 높았던 경험에 대해 말해보시오.
- 부당한 지시를 받았다면 어떻게 행동할 것인가?
- 동아리 활동 경험에 대해 말해보시오.
- 지금까지 가장 열정을 다했던 경험에 대해 말해보시오.
- 학창시절 가장 기억에 남는 것은 무엇인가?
- 체력은 좋은가?
- 평소 스트레스는 어떻게 해소하는가?
- SK하이닉스의 사업 분야에 대해 말해보시오.
- 직무에 대해 아는 것이 있는가? 있다면 말해보시오.
- 10년 뒤 자신의 모습을 예상해서 말해보시오.
- 살면서 가장 잘했다고 생각되는 일은 무엇인가?
- 상사가 불합리한 지시를 내린다면 어떻게 하겠는가?
- 학업성적이 좋지 않은데, 그 이유는 무엇인가?
- 본인이 떨어진다면, 그 이유는 무엇이라고 생각하는가?
- 회사에 대해 아는 대로 말해보시오.
- 자격증이 별로 없는데 그 이유는 무엇인가?
- 취득한 자격증을 업무에 어떻게 활용할 것인가?
- 책임감을 느껴본 경험이 있는가?
- 학생과 직장인의 차이는 무엇인가?
- 친구들에게 인기가 많은 편인가?
- 지금까지 가장 기뻤던 일은 무엇인가?
- 학창시절에 어떤 아르바이트를 해보았는가?
- 일과 사생활에 대하여 어떻게 생각하는가?
- 휴일에는 주로 무엇을 하며 시간을 보내는가?
- 입사 후 회사와 맞지 않는다는 생각이 들면 어떻게 하겠는가?
- 왜 대학에 가지 않았는가?
- 월급을 받는다면 어디에 쓰겠는가?
- 가족 소개를 해보시오.
- 학교에 대해 소개해보시오.
- 휴일근무를 계속 해야 한다면 어떻게 하겠는가?
- 창의적으로 문제를 해결해 본 경험이 있는가?
- 인간관계에서 가장 어려웠던 경험과 해결 방안은 무엇이었는가?
- 직무를 수행하는 데 있어 가장 중요한 것은 무엇이라고 생각하는가?
- 친구들과 있을 때 의견을 내는 편인가, 아니면 의견에 따르는 편인가?
- 입사를 한다고 가정하고 자신만의 각오를 말해보시오.
- 최근에 기장 화가 났던 일에 대해 말해보시오.

현재 나의 실력을 객관적으로 파악해 보자!
모바일 OMR
답안채점 / 성적분석 서비스

도서에 수록된 모의고사에 대한 객관적인 결과(정답률, 순위)를
종합적으로 분석하여 제공합니다.

OMR 입력

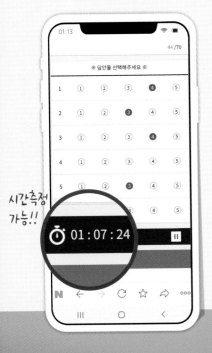

성적분석

채점결과

※OMR 답안채점 / 성적분석 서비스는 등록 후 30일간 사용가능합니다.

참여방법

 → → → → → →

도서 내 모의고사
우측 상단에 위치한
QR코드 찍기

로그인
하기

'시작하기'
클릭

'응시하기'
클릭

나의 답안을
모바일 OMR
카드에 입력

'성적분석&채점결과'
클릭

현재 내 실력
확인하기

더 이상의
고졸/전문대졸 필기시험 시리즈는
없다!

알차다
꼭 알아야 할 내용을
담고 있으니까

친절하다
핵심 내용을 쉽게
설명하고 있으니까

핵심을
뚫는다
시험 유형과 유사한
문제를 다루니까

명쾌하다
상세한 풀이로 완벽하게
익힐 수 있으니까

성공은
나를 응원하는 사람으로부터 시작됩니다.

SD에듀가 당신을 힘차게 응원합니다.

2024
최신판

SK
하이닉스

Operator/Maintenance

고졸 / 전문대졸 채용

필기시험

정답 및 해설

PART 1

기초지식

CONTENTS

 도서 관련 최신 정보 및 정오사항이 있는지
우측 QR을 통해 확인해 보세요!

01	02	03	04	05	06	07	08	09	10
②	①	④	②	③	②	①	③	④	③
11	12	13	14	15	16	17	18	19	20
②	①	③	②	③	③	③	④	②	④
21	22	23	24	25	26	27	28	29	30
④	②	④	①	③	③	①	③	③	①
31	32	33	34	35	36	37	38	39	40
③	③	②	①	④	③	③	①	③	③
41	42	43	44	45	46	47	48	49	50
①	①	②	③	①	②	④	③	①	②
51	52	53	54	55					
④	④	②	④	④					

01   정답   ②

'danger(위험)'과 'safety(안전)'는 반의 관계이다.
'down'은 '아래', '아래로'라는 뜻을 가지므로, '위', '위쪽'이라는 뜻의 'up'이 적절하다.

오답분석
① 가다
③ 뒤, 뒤로
④ 돌다, 돌리다
⑤ 안으로

02   정답   ①

'static(고정된)'과 'dynamic(역동적인)'은 반의 관계이다.
'produce'는 '생산하다', '만들어 내다'라는 뜻을 가지므로 '소모하다'는 뜻의 'consume'이 적절하다.

오답분석
② 생산물
③ 해내다, 경영하다
④ 만들다
⑤ 거절하다

03   정답   ④

'giraffe(기린)'는 'zoo(동물원)'에서 볼 수 있는 생물이며, 'aquarium(수족관)'에서 볼 수 있는 생물은 'shark(상어)'이다.

오답분석
① 뱀
② 닭
③ 인어
⑤ 고양이

04   정답   ②

• access : 접근
• approach : 다가가다

오답분석
① expense : 지출
③ support : 지원
④ budget : 예산
⑤ service : 서비스, 제공

05   정답   ③

• impair : 손상시키다
• damage : 손상, 피해

오답분석
① improve : 개선하다
② flourish : 번성하다
④ advance : 나아가게 하다
⑤ reinforce : 강화시키다

06   정답   ②

• progress : 진전, 진척
• advance : 전진, 진전, 발전

오답분석
① break : 깨어지다, 부서지다
③ patrol : 순찰을 돌다
④ drive : 몰다, 운전하다
⑤ retreat : 후퇴하다

07 정답 ①

- share : 공유하다
- monopolize : 독점하다

[오답분석]
② allow : 허락하다
③ imitate : 모방하다
④ apologize : 사과하다
⑤ develop : 발전시키다

08 정답 ③

- integrate : 결합하다
- separate : 분리하다

[오답분석]
① combine : 결합하다
② blend : 혼합하다
④ embed : 끼워 넣다
⑤ mix : 섞다

09 정답 ④

- vivid : 활기찬, 선명한, 뚜렷한
- vague : 희미한, 어렴풋한, 모호한

[오답분석]
① late : 늦은, 만년의
② enough : 충분한
③ wear : 입고 있다, 닳다, 낡다
⑤ sparkle : 생기 넘치다

10 정답 ③

빈칸은 선행사를 포함하는 관계대명사가 와야 하므로 what이 들어가야 한다.
「그것이 내가 말하고자 한 것이다.」

11 정답 ②

비인칭 독립분사구문으로 considering(~을 고려하면)을 써야 한다.
「그가 아직 젊다는 것을 고려하더라도, 그는 많은 양의 도서를 소장하고 있다.」

12 정답 ①

시간을 나타내는 부사절 안에서는 미래시제를 현재시제로 표현한다.
「나는 Sam이 있는 다음 주에 돌아와서, 그것에 대해 이야기할 것이다.」

13 정답 ③

In fact는 '실제로', '사실상'이라는 뜻으로 앞의 내용을 부연 강조하거나 설명할 때 쓰인다.
「나는 허리 문제로 많은 고통을 겪고 있다. 사실, 통증이 너무 심해서 진통제를 먹고 있다.」

14 정답 ②

가정법에 쓰여지는 동사가 be동사일 경우, 인칭에 관계없이 모두 were를 쓴다.
「만약 적절한 충고가 없었다면, 나는 내 삶을 잃었을 것이다.」

15 정답 ③

- convinced＋목적어＋that절 : ~에게 납득시키다
「John은 그가 옳았다고 설득했다.」

16 정답 ③

and로 연결된 부분은 같은 문법 구조여야 한다. 그러므로 'strength(명사), power(명사), and great cruelty(명사)'가 되어야 한다.
- reduce A＋to B : A를 B로 삭감하다, 감소시키다
「사자는 오랫동안 힘, 권력, 그리고 잔인함의 상징이 되어 왔다.」

17 정답 ③

- with the exception of ~ : ~을 제외하고
「허가를 받은 보안 요원을 제외하고는 누구도 이 지점 이후로는 넘어갈 수 없다.」

18 정답 ④

- effect on : ~에 대한 영향
- marginal : 미미한, 중요하지 않은
「이번 광고 전략이 매출에 기여한 효과는 지금까지는 미미했다.」

19 정답 ②

문맥상 '모든 좌석이 다 찼다.'라는 의미이므로 수동태로 표현되어야 한다. (every seat to take → every seat to be taken)

- aloft : 하늘 높이
- shudder : 몸을 떨다, 전율하다
- lurching : 갑작스럽게 흔들리는

「내가 St. Louis에서 집으로 가려고 예약하기 전 그 주간은 매우 심한 폭풍과 토네이도 등 나쁜 날씨였다. 나는 뉴욕으로 가기 위한 좋은 기회가 취소될 거라 생각했다. 하지만 그 날 아침 날씨는 비행하기 적절했으며 우리는 계획대로 이륙했다. 비행기는 만석이었다. 비행기가 진동하기 시작했을 때(좌석 벨트가 고정된 채로) 우리는 한동안 높게 떠있지 못했다. 이전에도 여행을 많이 한 터라 비행에 대한 두려움은 없었다. 나는 이전에 그 같은 경험은 없었지만 소위 기체요동이라 불릴 일을 경험하리라 생각했다.」

20 정답 ④

빈칸 앞에서는 알래스카 원주민 후손들이 여전히 알래스카에 살고 있다고 했는데, 빈칸 뒤에서는 도시에서 살고 있다고 하였으므로 빈칸에는 ②가 적절하다.

- descendant : 후손
- migrate : 이주하다
- ancestor : 조상, 선조
- ethnic : 인종의, 민족의
- splendor : 현저함, 뛰어남

「알래스카 원주민에는 고향이 알래스카인 사람들과 정착민들의 후손이 포함된다. Eskimos, Aleuts, 그리고 Indians들은 약 15,000년 전에 시베리아에서 알래스카로 이주해 왔다. 그들 중 일부는 여전히 자신의 조상들처럼 야생에서 수렵이나 어로생활을 한다. 그러나 나머지는 도시에서 살고 있다. 그들이 어디서 살며, 언제 그곳에 갔던지 또 어느 인종적 그룹에 속했던지 모든 알래스카인들은 하나의 공통점을 가지고 있다. 그것은 그들이 살고 있는 위대한 땅의 장엄함이라는 것이다.」

21 정답 ④

- advance to the semi-finals : 준결승에 진출하다

「A : 이번 시즌에 너희 팀 성적이 어떠니?
 B : 그들은 준결승에 진출했어.」

22 정답 ②

화살표 방향에 대한 친구의 지적에 자신의 잘못을 인정하는 내용이다.

- sign : 표지판
- exhibition : 전시(회)
- point to ~ : ~를 향하다
- arrow : 화살
- look better : 더 나아보이다

「A : Tom, 너 컴퓨터로 뭐하고 있니?
 B : 우리 사진 전시회의 대문에 걸 표지판을 만들고 있어.
 A : 입구 앞에다가? 그러면 화살표가 왼쪽이 아니라 오른쪽을 향해야 해.
 B : 오, 네 말이 맞아. 내가 실수했구나.
 A : 또, 화살표를 아래가 아니라 위에 둬야지.
 B : 음, 내 생각엔 아래에 두는 게 더 나아 보이는데 그냥 이대로 둘래.」

23 정답 ④

- cancer : 암
- disease : 병
- stop ~ing : ~하는 것을 멈추다

「오늘날 일부 십대들은 흡연에 의해 암으로 사망하거나 다른 질병에 걸린다. 그들 중 많은 사람들은 좀 더 나이를 먹어서는 흡연을 그만두려고 노력할 것이지만, 그때는 너무 늦을 것이다.」

24 정답 ①

John이 일터에 도착해서 가장 먼저 하는 일이 check the state of the wood(목재의 상태 점검)라는 점과, 목재의 상태가 나쁘면 건물을 짓지 않는다는 점에서 그의 직업이 carpenter(목수)임을 추측할 수 있다.

- carpenter : 목수
- butcher : 정육점 주인, 도살업자
- cook : 요리사
- blacksmith : 대장장이
- architect : 건축가

「John은 아침 일찍 일어나 일터로 향한다. 그가 일터에 도착해서 가장 먼저 하는 일은 오늘 쓸 목재의 상태를 확인하는 것이다. 만일 목재의 상태가 나쁘다면, John은 절대 건물을 짓지 않는다.」

25 정답 ③

flu(독감)나 prescription(처방)을 통해 화자가 의사임을 알 수 있다.

「좋아, 한번 보자. 내 생각엔 감기인 것 같구나. 처방전을 써줄게. 네 시간마다 한 티스푼씩 먹으렴. 그리고 다음 주에 연락해. 좋아지길 바랄게.」

26 정답 ③

소년은 40센트의 참외를 구입하지 못해서 4센트로 덜 익은 참외를 구입하여 한두 주 후에 참외를 가져가기 위해 참외 줄기를 자르지 말아달라고 이야기하고 있다. 이는 참외가 더 커졌을 때 가져가려고 하기 위해서이다.

• vine : 줄기, 덩굴

「한 소년이 어느 농부의 참외밭으로 걸어 들어갔다. 그 농부는 "뭘 도와줄까?"하고 물었다. 소년은 크고 좋은 참외의 가격이 얼마냐고 물었다. 40센트라고 농부가 말하자 소년은 4센트밖에 없다고 말했다. 농부는 아주 작고 덜 익은 참외를 가리키며 "이건 어때?"하고 미소 지으며 말했다. "좋아요, 이걸로 하겠어요." 그 유머러스한 소년은 말했다. "<u>하지만 덩굴을 자르지는 마세요. 한두 주 후에 가지러 오겠습니다.</u>"」

27 정답 ①

Michelle이 자신의 어머니가 다른 사람들 앞에서 자신의 결혼에 대한 이야기를 꺼내는 것에 대해 대화를 통해 해결해나가는 내용이다. 문제가 되는 행동은 다른 사람들 앞에서 결혼 이야기를 꺼내는 것이다.

• rock the boat : 평지풍파를 일으키다

• lapse : 실수

「Michelle은 그녀의 어머니가 항상 결혼하라고 압박을 주는 것을 좋아하지 않았다. 특히 다른 사람들 앞에서 그렇게 하는 것을 싫어했다. 그것은 정말로 Michelle에게 상처를 주었고, 그래서 그녀는 마침내 사적인 대화에서 어머니에게 정면으로 맞섰다. 그녀는 어머니가 바라는 만큼 자신도 정말로 결혼하고 싶다고 말했다. 그러나 Michelle은 어머니가 다른 사람들 앞에서 이 화제를 꺼낼 때 자신은 결혼에 대해 더욱 부정적인 생각을 갖도록 만든다고 경고했다. Michelle은 어머니에게 단 둘이 상의한다면 기쁠 것이라고 말했다. 어머니는 딸이 진지하게 배우자를 찾고 있다는 것을 알게 되어서 안심했고 풍파를 일으키고 싶지 않았다. <u>가끔 실수가 있었음에도 불구하고</u> 그 이야기 이후 모든 것이 나아졌다.」

28 정답 ③

엄마 개구리는 자신이 죽어도 아들 개구리가 말을 듣지 않을 것이라 생각해서 강에 묻어 달라고 했다. 이는 산에 묻어 달라는 의도로 한 말이다.

• bury : 묻다, 매장하다

• perverse : 비뚤어진, 심술궂은

• repent : 후회하다, 뉘우치다

• misdeed : 나쁜 짓, 범죄

• grave : 무덤

「옛날에 엄마의 말을 전혀 듣지 않는 청개구리가 살았다. 엄마 개구리는 늙어서 결국 병이 들었다. 엄마가 아들에게 말했다. "<u>내가 죽거든 산에 말고 강가에 묻어 다오.</u>" 이렇게 말한 것은 그녀가 아들 개구리의 심술궂은 행동 방식을 잘 알고 있었기 때문이었다.

엄마 개구리가 죽었을 때, 과거에 지은 모든 죄를 후회하면서 청개구리는 엄마를 강가에 묻었다. 청개구리는 비가 올 때마다 엄마의 무덤이 떠내려갈까 봐 걱정을 했다.」

29 정답 ③

• innate : 타고난, 선천적인

• expert : 전문가

• reflex : 반사 작용

• victim : 희생자

• nourishment : 음식물, 영양분

• cradle : 요람, 아기 침대

「새로운 연구에 의하면, 출생의 순간부터 아기는 부모에게, 그리고 부모는 아기에게 많은 것을 요구한다. 아기들은 특별한 타고난 능력을 갖기를 요구받는다. 하지만 몇십 년 전에 전문가들은 생물체로서 새로 태어나는 것은 반사에 의해 반응하고, 반사에 영향을 주는 능력이 없는 환경에서는 힘없는 희생자라고 말했다. 대부분의 사람은 모든 새롭게 태어나는 유아에게 필요한 것이 영양분, 깨끗한 기저귀, 그리고 따뜻한 요람일 뿐이라고 생각했다.」

30 정답 ①

「(C) 여보세요, 시내 관광에 대해 좀 알아보려고 전화했어요.
(A) 네, 두 개의 다른 투어가 있는데요.
(D) 첫 번째 투어는 11시에 있고, 두 번째는 오후 2시에 있습니다.
(B) 전 첫 번째 투어는 좀 힘들 것 같네요.
(E) 두 번째 투어 티켓을 사고 싶어요. 매진이아니라 면요.
(H) 아직 자리가 몇 개 남아 있습니다.
(F) 12달러입니다.
(G) 버스가 시청 앞에서 승객들을 태울 겁니다.」

31 정답 ③

주어진 문장은 극적인 일들은 일시적인 행복이나 슬픔의 폭발을 야기한다는 내용으로, ③의 뒤에 연결되는 내용은 그러한 것들은 결국 다시 동일한 감정의 상태로 돌아온다고 하였다. 따라서 주어진 문장은 ③에 들어가는 것이 가장 적절하다.

• win a lottery : 복권에 당첨되다

• injure : 상해를 입히다

• temporary : 일시적인

• tendency : 경향

• bubbly : 생기발랄한

• personality : 개성

• external : 외부의

「과학자들은 이제 사람들이 특정한 정도의 행복에 대한 일반적인 성향을 가지고 태어난다는 것과 매일 매일 삶에서 그 감정을 유지하는 경향이 있다는 것을 알게 되었다. 예를 들어, 당신은 아마 조용하고 진지한 아이들뿐만 아니라 명랑하고 생기 넘치는 아이들도 알 것이다. 한 사람의 행복지수의 약 반 정도가 그 사람이 지니고 태어난 개성에서 기인한다. 복권당첨이나 사고로 인한 상해와 같은 극적인 일들은 일시적인 행복이나 슬픔의 폭발을 야기할 수 있다. 그러나 결국 사람들은 그들이 보통 느끼는 것과 거의 동일한 감정의 상태로 회귀한다. 그렇다면 행복 지수의 나머지 반은 무엇일까? 그것의 약 10퍼센트는 돈을 얼마나 버는가, 얼마나 건강한가와 같은 외부 상황에 달려있고, 나머지 40퍼센트는 완전히 행복에 달려있다.」

32 　정답　③

①・②・④는 모두 컴퓨터의 이점에 대해서 언급하고 있으나, ③은 달리 표현하고 있다.
• journalist : 신문・잡지 기고가
• original draft : 원고 초안
• edit : 편집하다
• routine : 과정
• chore : 잡일, 허드렛일
• punctuation : 구두법
• manuscript : 원고

「PC의 발달은 저자들, 저널리스트들, 작가들의 생활을 더 쉽게 했다. ① 컴퓨터 공학기술은 현재 원고 초안을 다시 타이핑하지 않고 작가들이 스스로 작업을 편집할 수 있게 하고 있다. ② 컴퓨터 워드 프로세싱 프로그램은 철자, 그리고 종종 구두법과 문법상의 오류를 발견하는 것과 같은 잡다한 일을 수행할 수 있다. (③ 현대 컴퓨터들은 오직 워드 프로세싱 기능에만 맞추어져 있다.) ④ 게다가 원고는 컴퓨터의 메모리 속에 파일로 저장될 수도 있다. 그래도 작가는 신중해야 한다. ⑤ 왜냐하면 컴퓨터 파일은 버튼을 누름으로써 지워질 수 있기 때문이다.」

33 　정답　②

꿈을 실제로 이루기 위해서는 견고한 기초를 쌓아야 한다는 내용이다.
• essential : 정수의
• solid : 견고한
• castle : 성
• strive to : ~하기 위해 분투하다
• proverb : 속담, 격언
• last : 지속하다
• foundation : 기초
• surgeon : 외과 의사

「중요한 것은 존재하든 안하든 자신만의 공중누각에 쌓고 그것들을 실재하도록 만들기 위해 분투하는 것이다. 한 스페인 속담은 말한다. "만약 당신이 공중누각을 쌓지 않는다면, 어떤 곳에도 성들을 쌓을 수 없다." 그렇다. 공중누각은 훌륭하다. 그러나 만약 당신이 그것들을 지속시키기 원한다면 반드

시 그 아래 기초를 쌓아야한다. 그렇지 않으면 그것들은 사라져버릴 것이다. 만약 당신이 견고한 기초를 두고 그 위에 건설한다면, 당신이 유명한 외과 의사나 예술가가 되는 것, 또는 당신만의 사업을 시작하는 것을 꿈꾸든 그렇지 않든 당신은 꿈을 이룰 것이다.」

34 　정답　①

글을 분명하고 명료하게 쓰는 요령에 대해 충고하고 있다.
• clarity : 명확, 명료
• principal : 주요한, 중등교장
• obscurity : 불명료, 불명확, 모호함
• literary : 문학의, 문필의
• yearning : 그리움, 사모
• overcast : 흐린, 어두운, 음침한
• ubstitute : 대용, 대체물
• ntentionally : 계획적으로, 고의적으로

「명확함은 글쓰기의 목표가 아니고 또한 훌륭한 문체의 핵심적 특징도 아니다. 문학의 목적은 아니지만, 모호함이 문학의 열정에 도움이 되는 경우도 있고, 작품의 분위기가 명료하기보다는 모호한 작가가 있다. 그러나 글은 의사전달이기 때문에 명료함이 미덕이 되어야 한다. 비록 글쓰기에서 그 장점을 대신할 것이 없지만, 명료함이 장점에 가장 근접한 것이다. 의도적으로 모호하고 거친 말을 하는 작가에게조차도 우리들은 "확실하게 모호해져라."라고 말할 수 있다.」

35 　정답　④

인간은 각자가 다른 과거의 경험을 갖고 있고, 그것이 어떤 동일한 경험에 대해 서로 다른 의미를 부여하도록 영향을 끼친다는 내용이므로, 글의 요지로 ④ '과거의 경험에 따라 동일한 상황을 다르게 인식한다.'가 가장 적절하다.
• affect : 영향을 미치다
• aspect : 국면, 양상, 관점
• perception : 지각, 인식
• pointless : 무의미한, 적절하지 못한
• meaningful : 의미심장한
• sensation : 마음, 기분, 감각
• attribute A to B : A의 원인을 B에 귀착시키다

「인간의 의사소통에서 가장 중요한 측면들 가운데 한 가지는 과거의 경험들이 여러분의 행동에 영향을 끼치기 마련이라는 것이다. 여러분이 친구와 어떤 일에 대해 의논하기 시작할 때조차, 여러분은 인식의 차이가 존재 한다는 것을 곧 발견할 것이다. 여러분이 지루하다고 생각하는 것을 여러분의 친구들은 재미있다고 생각할지 모른다. 여러분이 무의미하다고 생각하는 것을 그들은 의미 있게 생각할 수도 있다. 여러분이 받아들이는 메시지는 여러분 각각에게 같을지도 모른다. 그러나 각자 고유의 인성과 배경을 갖고 있기 때문에 다양한 감정과 기분을 느끼게 된다. 여러분은 각각 그 일에 서로 다른 배경을 가져와, 결과적으로 공유한 경험에 각자 다른 의미를 부여한다.」

36 정답 ③

차 사고가 났으나 필자의 차가 너무 낡아있어 어느 부위에 부딪힌 건지 알 수 없다는 점에서 ③이 가장 적절하다.

- mechanic : 수리공, 정비사
- wreck : 난파, 조난
- dent : 움푹 들어간 곳
- peel : ~의 껍질을 벗기다
- rust : 녹
- sob : 흐느껴 울다, 흐느끼다

「내가 대학을 졸업했을 때, 난 차를 살 여유가 없었다. 그래서 정비사인 나의 형이 엔진은 좋지만 낡은 차 한대를 빌려주었다. 몸체는 움푹 들어가 얼룩이 졌으며, 페인트는 벗겨졌고, 범퍼는 녹이 슬었지만, 나는 그 차를 타고 출퇴근을 할 수 있었다. 어느 날 아침 내가 아파트를 떠나려 할 때, 난 내 차 옆에 주차된 차 근처에서 흐느끼는 한 여자를 목격했다. "무슨 일이죠?"하고 내가 묻자, 그녀는 "내가 당신 차를 받은 것 같은데 어디를 받은 건지 알 수가 없군요."하고 대답했다.」

37 정답 ③

첫 문장에서 청년 취업 촉진과 그에 관한 법안이 언급되고 이어서 법안의 내용과 그것을 둘러싼 문제점, 의미를 설명하므로 제시문의 성격은 Editorial(사설)이다.

- bill : 법안
- backlash : 반발
- oblige : 의무적으로 ~하게 하다
- quota : 할당량, 한도
- virtually : 사실상
- acknowledgement : (책 서두의) 감사의 글
- declaration : 선언문
- editorial : 사설
- inaugural address : 취임연설
- the National Assembly : 국회

「청년취업을 촉진하기 위해 국회를 통과한 한 법안이 30대의 구직자들로부터 강한 반발을 모으고 있다. 그 새로운 법안은 내년부터 할당제를 실시하여 공공분야가 15 ~ 29세의 구직자 에게 3% 이상을 할당할 것을 의무화하고 있다. 공공기업들의 신규 채용은 일반적으로 전체 고용에서 3%를 초과하지 않으므로 이것은 내년부터 공공 부분에서 30대의 구직자들이 사실상 직장을 구할 수가 없을 것임을 의미한다.」

38 정답 ①

아이들을 가르치는 것에 대한 미국과 한국의 다른 견해에 관해 설명하는 글이다.

- independent : 독립적인
- be good at : ~에 익숙하다
- do one's best : 최선을 다하다
- view : 견해

「미국에서는 소년 소녀들이 독립적으로 자라는 것이 중요하다. 부모는 자녀에게 다른 사람들의 도움 없이 일을 하도록 하라고 말한다. 한국에서는 사람들이 다른 사람들과 함께 일하는 데 익숙해 있으며, 부모는 자녀에게 단체나 가족 속에서 최선을 다하라고 말한다.」

오답분석

② 부모를 위해 최선을 다하는 것
③ 좋은 부모가 되는 방법
④ 부모의 어제와 오늘
⑤ 한국식 교육법의 장점

39 정답 ③

제시문의 내용에 따르면 크롬은 상자성을 보여주는 물질이므로 강자성을 가진 물질로 적절하지 않다.

- magnet : 자석, 자철
- magnetize : ~에 자력을 띠게 하다
- ferromagnetic : 강자성의
- magnetism : 자기, 자기 작용
- magnetic field : 자기장
- retain : 보유하다
- permanently : 영구적으로
- exhibit : 전시하다, 보여주다
- paramagnetism : 상자성

「자석을 만들기 위하여 우선 당신은 자력을 띠게 하는 물체가 필요하다. 예를 들면 나무나 유리는 자력을 띠게 할 수 없다. 자력을 띠게 할 수 있는 물질은 어떤 것이나 다 강자성이라고 불린다. 약한 강자성을 가진 물질들은 자기장을 벗어나면 자기력을 잃게 된다. 반면에 철과 같이 강한 강자성을 가진 물질들은 자기력을 그대로 유지한다. 영구적으로 자력을 띨 수 있는 유일한 3가지 성분들은 철, 니켈 그리고 코발트이다. 크롬과 같은 몇몇 성분들은 상자성을 보여주는데, 이것은 그것들을 매우 약한 자석으로 만들 수 있다는 것을 뜻한다.」

40 정답 ③

제시된 전화내용을 통해 E-mail에 문제가 생겨 당황하고 있음을 알 수 있다.

「여보세요? 제 E-mail에 문제가 생겼어요. 저는 어떤 것도 보내거나 받을 수 없고, 제가 이해할 수 없는 에러메시지 창이 떠요. "서버를 찾을 수 없습니다."라고 쓰여 있습니다. 이것이 무슨 의미입니까?」

41 정답 ①

인간이 공장, 집을 짓고 차, 옷 등을 만들어 자신들의 세계를 건설했지만, 그 세계의 주인이 아니라 오히려 그 세계를 위한 도구로 전락하고 말았다는 내용이므로 글의 주제로는 '자신이 만든 생산물에 종속된 인간'이 가장 적절하다.

「인간은 자신의 세계를 건설했다. 즉, 공장과 집을 지었고, 차와 옷을 생산하며, 곡식과 과일, 기타 등등을 재배한다. 그러나 인간은 더 이상 자신들이 만든 세계의 진짜 주인이 아니다. 반대로, 이러한 인간이 만들어 낸 세계가 인간의 주인이 되었고, 그 앞에 인간은 머리를 조아리고, 최선을 다해서 그 세계를 만족시키려고 한다. 그의 손으로 만든 작품이 그의 주인이 된 것이다. 그는 이기심에 눈이 먼 듯 보이지만, 실제로는 자신의 손으로 만든 바로 그 기계를 위한 도구가 되었다.」

42 정답 ①

정부의 농산물에 대한 가격조정이 없었을 때 농작물 가격의 변동이 심했다는 내용이므로 '(물가·열 등이) 오르내리다, 변동하다'는 뜻을 가진 ①이 적절하다.

• agriculture : 농사
• decade : 10년간
• absence : 결석, 부재
• undertake : 떠맡다, ~의 책임을 지다
• discern : 식별하다, 분별하다

「과거 수십 년 동안 정부는 농산물 분야에서 농부들의 거대한 압박에 대응하기 위해 가격과 생산의 조절에 착수했다. 그러한 조절이 없을 때 농작물 가격은 다른 어떤 것의 가격보다 요동치는 경향이 있었다. 그리고 농부들의 수입은 더 유동적이었는데 농업은 불안정한 수입뿐만 아니라 다른 어떤 경제 분야보다도 낮은 수입이었다.」

43 정답 ②

대부분의 사람들이 아침에 잠에서 깨기 위해 알람을 사용하는데 알람음보다 즐거운 음악을 사용하는 것이 더 좋으므로 이를 권장하는 글이다.

• awake : (~를 잠에서) 깨우다, 눈뜨게 하다
• harsh : 거친, 껄껄한
• urgency : 긴급, 절박
• waft : (공중에서 부드럽게) 퍼지다
• consciousness : 의식

「어떤 이들은 매일 각각 특정한 시간에 깨는 능력을 가지고 있다. 그러나 나머지 사람들은 약간의 도움이 필요하다. 많은 사람들이 버저 소리나 비프음처럼 거친 소리의 알람을 사용한다. 그들은 이러한 값싸고 기능적인 알람을 사용하므로 결코 대안적인 다른 것을 고려하지 않는다. 그들은 알람을 매일 사용한다. 그들 중 한 사람이 되지 마라. 알람소리는 긴급하고 위험하다. 하루의 시작을 그런 소리들로 시작할 필요가

없다. 대신 즐거운 음악과 함께 시작하는 편이 더욱 낫다. 만일 하루의 시작을 좋게 하려면 즐거운 음악과 함께하라.」

44 정답 ③

• donation : 증여, 기부, 기증
• charity : 자애, 자비
• resident : 거주하는, 체류하는
• hypothesis : 가설, 가정

「기부를 요청받았을 때 어떤 방식으로든 기부하려고 했던 사람들조차 거절하게 된다. 왜냐하면 그들은 그들이 할 수 있는 작은 부분이 도움이 되지 못한다고 생각하기 때문이다.
(B) 이러한 이유 때문에 조사자들은 아무리 작은 기부라도 도움이 될 수 있다고 사람들에게 재촉하는 것을 생각했다. 이러한 가설을 시험하기 위해 조사자들은 집집마다 방문하여 미국암협회에 기부할 것을 요구했다.
(A) 자신들을 소개한 후 주민들에게 요청했다. "기부를 하지 않으시겠습니까?" 조사대상자들 중 반에게는 이런 말만 하고 나머지 반에게는 "작은 기부라도 도움이 됩니다."라는 말을 덧붙였다.
(C) 조사자들이 결과를 분석해 보니 "작은 기부라도 도움이 됩니다."라는 말을 덧붙인 경우가 실제로 2배나 많은 실질적인 기부를 이끌어냈다.」

45 정답 ①

제시문의 맨 마지막 문장을 보면 어떤 동물은 부모로 부터 어디로 이동해야 하는지 배운다는 내용이 언급되고 있다.

• migration : 이주, 이동
• breed : 번식하다
• automatically : 자동으로

「이주는 특히 겨울, 어떤 지역에 먹을 식량이 충분하지 않을 때 발생하는 것이다. 이것은 먹을 것이 있는 지역으로 이동한다. 가끔 생물들이 새끼를 낳고 번식할 또 다른 장소로 옮기고자 할 때도 이주가 발생한다. 새는 이주하는 동안 가장 긴 거리를 이동하는 동물 중 하나이다. 그들은 새로운 살 곳에 도달하기 전까지 수천 킬로미터를 날아갈지도 모른다. 어떤 동물들은 그들의 부모로부터 어디로 이주할지를 배웠고 어떤 동물들은 본능적으로 갈 곳을 알게 된 것 같다.」

46 정답 ②

마지막에 'Could you be more flexible with your service?'라고 요청하는 바를 직접적으로 언급하고 있다. 여기서 'service'가 의미하는 것은 육아 서비스이다.

「저는 지난 7년 동안 직장 여성으로 일해 왔습니다. 첫째 딸을 출산한 후 2년 동안, 제가 일하면서 동시에 그 아이를 돌보는 것이 참으로 힘들었습니다. 그래서 저는 귀하께서 제공하는 육아 서비스가 얼마나 필요한지 알고 있습니다. 그리고 저는 그 서비스에 정말 고마움을 느끼기도 합니다. 하지만 저는 귀하께서 고려해 주셨으면 하는 것이 한 가지 있습니다. 현재 베이비시터가 제 둘째 딸을 오전 9시에서 오후 5시까지 8시간 동안 돌보고 있습니다. 제게는 그 서비스의 이용 시간이 오전 8시에서 오후 4시까지 된다면 한층 더 유용할 것입니다. (육아) 서비스를 더 탄력적으로 운영해주실 수 있겠습니까? 그러면 참으로 감사하겠습니다.」

47 정답 ④

적절한 음식의 선택과 관련한 본문의 내용과 식성이 까다로운 사람이 건강하다는 ④의 문장은 전체적인 흐름상 어울리지 않는다.

「적절한 음식을 선택하면 여러분은 건강하게 보일 수 있고, 건강하다고 느낄 수도 있다. ① 여러분은 건강과 보기 좋은 외모를 더욱 오래 유지할 수 있다. ② 그러나 어떤 음식이 여러분에게 적절한지 결정하는 것이 쉽지만은 않다. ③ 사람들의 식사 기준은 각각 매우 다르다. (④ 식성이 까다로운 사람은 매우 건강하다.) 어떤 사람들은 과일과 야채를 많이 먹어야 한다고 하고, 어떤 사람들은 지방을 너무 많이 섭취하는 것은 피해야만 한다고 강조한다. 심지어 의학 전문가조차도 항상 동의하지는 않지만 요즘 사람들이 모두 동의하는 느낌인 것이 하나 있는데, 생선을 많이 먹는 것이 좋다는 것이다.」

48 정답 ③

두 번째 문장 'A good way to quit smoking is to exercise, chew gum, drink more water and food with vitamin.'에서 ①·②·④·⑤는 제시되어 있지만 ③ '휴식 취하기'는 언급되지 않았다.

• quit : 중단하다
• exercise : 운동하다

「당신이 담배를 끊고 싶다면, 할 수 있다. 담배를 끊는데 할 수 있는 좋은 방법으로 운동하기, 껌 씹기, 물 많이 마시기, 비타민이 함유된 음식 섭취하기가 있다. 기억하라, 담배 끊기를 지체하면 할수록 더 힘들어질 것이다.」

49 정답 ①

마지막 문장에서 'No children allowed(어린이는 이용이 허락되지 않는다).'라고 제시되어 있다.

• available : 가능한
• at once : 한번에, 한 때
• allowed : 허락되는, 허용되는

「공중목욕탕
열탕과 냉탕, 사우나, 운동실, 독서실 있음. 무료 수건 있음. 한 번에 450명 이용 가능함. 여탕은 오후 10시까지만 이용 가능함. 어린이 이용 불가.」

50 정답 ②

'I learned to look on the bright side of things(나는 좋은 점을 보는 것을 배웠다).', 'He also taught me that I should be honest(그는 또한 나에게 정직해야 한다고 가르쳐 주셨다).', 'My mother taught me to work hard(나의 어머니는 열심히 일하라고 가르쳐 주셨다).', 'She tried to teach me that happiness comes from doing my best(그녀는 나에게 최선을 다하는 것으로부터 행복이 온다는 것을 가르쳐 주려고 노력했다).'에서 알 수 있듯이 소질을 개발하라는 내용은 제시되어 있지 않다.

• influence : 영향
• doing my best : 최선을 다하다
• honest : 정직한

「나의 부모님은 나에게 좋은 영향을 주셨다. 나의 어머니는 열심히 일하라고 가르치셨다. 그녀는 나에게 최선을 다하는 것에서부터 행복이 온다는 것을 가르쳐 주려고 노력했다. 나의 아버지로부터 나는 좋은 점을 보는 것을 배웠다. 그는 또한 나에게 정직해야 한다고 가르쳐 주셨다.」

51 정답 ④

제인 구달은 가난 때문에 대학에 입학하는 대신 비서로 일했다고 언급되었으나 대학도서관 사서로 일했다는 내용은 확인할 수 없다.

• grew up : 자라다
• secretary : 비서

「어렸을 때, 제인 구달은 모든 종류의 동물을 사랑했다. 그녀는 자라면서, 과학자가 되어 야생동물들을 연구하기 위해 아프리카로 가기 원했다. 그녀의 부모님이 가난해서 그녀는 대학에 들어갈 수 없었다. 그래서 그녀는 대신 비서가 되었다.」

52 정답 ④

글의 전반부에서 상표가 소비자 사회에 미치는 부정적 영향에 대해 서술하고 있다. 이어서 상표가 아무런 해가없는 재미있는 것이라고 주장하는 일각의 의견을 언급하고는 있지만, 상표에 대한 논쟁이 광고와 같이 헛된일인 것처럼 보이며 경쟁적인 자본주의가 존재하는 한 상표가 건재할 것이라는 도입부와 일맥상통하는 부정적 견해로 글을 마무리하고 있다. 따라서 필자의 심정은 'Critical(비판적인)'이라고 보는 것이 적절하다.

• substance : 물질
• deploy : 배치하다
• triumph : 승리, 업적
• consumerism : 소비, 소비 지상주의
• seek : 찾다, 추구하다
• exploit : 공훈, 업적
• obsession : 집착, 강박 관념
• phenomenon : 현상
• cachet : 특징

「사람들이 물질 대신에 이미지에 돈을 지불한다면 문제가 되는가? 상표에 대한 많은 논란은 광고에 대하여 오래 전개되었던 논쟁들과 비슷하다. 즉, 그것들은 사람들이 필요하지 않은 물건들을 사도록 하고, 가치보다 더 많은 돈을 지불하도록 유혹하고, 지불할 능력이 없는 사람들에게 불행을 초래하며, 인간적 가치에 대한 소비 중심주의의 승리를 나타내는 것이다. 상표라는 것이 점차적으로 감성 브랜딩을 통해 추구하는 욕망과 위험성에 쏠리는 경향이 있는 젊은 사람을 표적으로 삼는다는 점은 특히 고려할 만한 점이다. 오늘날 많은 부모는 상표에 대한 자녀의 망상, 즉 그들의 젊은 시절에는 알지도 못한 현상에 실망을 하고 있다.

한편에서는 상표란 아무런 해가 없는 단지 재미있는 것이라고 주장한다. 소비자들은 어리석지 않다. 그들은 상표가 있는 상품에 돈을 더 지불했을 때 자신들이 무엇을 하고 있는지를 알고 있으며, 그 상품이 가지고 있는 우수성 때문에 기꺼이 그렇게 하는 것이다. 만약 Tesco가 구운 콩 통조림 값으로 Prada 가방을 그들에게 판다면 가방을 가진 기쁨은 훨씬 감소될 것이다. 어떤 의미에서는, 상표에 대한 논쟁은 광고와 같이 소비자 사회의 중요한 몫이기 때문에 헛된 일인 것처럼 보이기도 한다. 경쟁적인 자본주의가 존재하는 한 상표는 건재할 것이다.」

53 정답 ②

제시문의 첫 문단인 'Many of the arguments against brands are similar to those long deployed against advertising that they lure people into buying things they do not need or paying more for things than they are worth;(상표에 대한 많은 논란은 광고에 대하여 오래 전개되었던 논쟁들과 비슷하다. 즉, 그것들은 사람들이 필요하지 않은 물건들을 사도록 하고, 그것의 가치보다 더 많은 돈을 지불하도록 유혹한다.)'를 통해, 상표와 광고의 공통점이

'They drive consumption(소비를 촉진시킨다)'임을 추측할 수 있다.

54 정답 ④

빈칸에는 '옳지 않은 정보'라는 의미의 단어가 들어가야 하므로 'faulty information'이 적절하다.

• parent-teachers' organization : 사친회
• quizzically : 의아한 표정으로
• sheepishly : 수줍게, 쑥스럽게
• be open to : ~에 대하여 열려 있다, ~이 가능하다
• extent : 범위, 정도

「몇 년 전 나는 딸아이 학교의 사친회 모임에서 Phil이라는 이름의 남성을 만났다. 그를 만나자마자 아내가 Phil에 관하여 나에게 한 말이 생각났다. "그 사람은 모임에서 정말 골치 아픈 사람이에요." 나는 아내가 무슨 뜻으로 말했는지 금방 알게 되었다. 교장 선생님이 새로운 독서 프로그램을 설명하고 있을 때 Phil이 끼어들어 자기 아들이 어떻게 그것으로부터 이득을 얻을 수 있는지 물었다. 그 모임의 후반에 Phil은 다른 학부모의 관점을 고려하지 않고 논쟁을 벌였다. 집에 돌아와서 나는 아내에게 말했다. "Phil에 관해서 당신이 옳았어. 그는 무례하고 오만한 사람이야." 아내는 의아한 표정으로 나를 바라보았다. "Phil은 내가 당신에게 말한 사람이 아니에요."하고 아내는 말했다. "그 사람은 Bill이었어요. Phil은 실제로 아주 좋은 사람이에요." 무안해져 그 모임을 되짚어 생각해 보니, Phil이 다른 이들보다 더 많이 사람들의 말에 끼어들거나, 논쟁을 벌인 것은 아니었을지도 모른다는 점을 깨달았다. 더욱이, Phil이 교장 선생님의 말씀에 끼어들었다는 것도 그다지 분명하지는 않다는 것을 깨달았다. 내가 한 해석은 바로 그런 것, 그러니까 여러 가지 해석이 가능한 행동에 대한 무의식적인 해석이었던 것이다. 그릇된 정보에 기초하고 있을 때조차도 첫인상의 힘은 강하다는 것은 잘 알려진 사실이다. 그다지 분명하지 않은 것은, 적응 무의식이 그 해석 행위를 하는 정도이다. Phil이 교장 선생님의 말씀에 끼어드는 것을 보았을 때, 나는 객관적으로 무례한 행동을 보고 있는 것처럼 느꼈다. 나의 적응 무의식이 Phil의 행동을 해석하여 나에게 현실로서 제시하고 있다는 것을 몰랐다. 그러므로 나는 내 자신의 예상을 인지하고 있었지만, 이 예상이 그의 행동에 대한 나의 해석에 얼마나 많은 영향을 끼치는지는 알지 못했다.」

55 정답 ④

필자의 아내가 부정적으로 얘기한 사람은 Phil이 아니라 Bill이므로 '필자의 아내는 Phil에 대해 부정적으로 이야기했다.'는 언급은 글의 내용으로 직접히지 않다.

CHAPTER 02

적중예상문제

정답 및 해설

01 기초계산

01	02	03	04	05	06	07	08	09	10
③	②	④	④	③	①	①	④	②	③
11	12	13	14	15	16	17	18	19	20
②	①	①	③	③	①	①	③	②	②
21	22	23	24	25	26	27	28	29	30
①	②	②	①	①	②	④	③	③	①

01 정답 ③

$15 \times 108 - 303 \div 3 + 7 = 1{,}620 - 101 + 7 = 1{,}526$

02 정답 ②

$(59{,}378 - 36{,}824) \div 42 = 22{,}554 \div 42 = 537$

03 정답 ④

$(0.9371 - 0.3823) \times 25 = 0.5548 \times 25 = 13.87$

04 정답 ④

$(79 + 79 + 79 + 79) \times 25 = 79 \times 4 \times 25 = 79 \times 100 = 7{,}900$

05 정답 ③

$\dfrac{10}{37} \div 5 + 2 = \dfrac{10}{37} \times \dfrac{1}{5} + 2 = \dfrac{2}{37} + 2 = \dfrac{76}{37}$

06 정답 ①

- $3 \times 8 \div 2 = 24 \div 2 = 12$
- $3 \times 9 - 18 + 3 = 27 - 18 + 3 = 12$

오답분석
- ② $77 \div 7 = 11$
- ③ $7 + 6 = 13$

④ $1 + 2 + 3 + 4 = 10$
⑤ $7 \times 3 \div 3 + 2 = 21 \div 3 + 2 = 7 + 2 = 9$

07 정답 ①

- $41 + 42 + 43 = 126$
- $3 \times 2 \times 21 = 126$

오답분석
- ② $7 \times 2 \times 3 = 7 \times 6 = 42$
- ③ $5 \times 4 \times 9 = 20 \times 9 = 180$
- ④ $6 \times 6 \times 6 = 216$
- ⑤ $6 \times 7 \times 8 = 336$

08 정답 ④

$$\dfrac{5}{6} \times \dfrac{3}{4} - \dfrac{7}{16} = \left(\dfrac{1}{4} - \dfrac{2}{9}\right) \times \dfrac{9}{4} + \dfrac{1}{8} = \dfrac{3}{16}$$

오답분석
- ① $\dfrac{8}{3} - \dfrac{4}{7} \times \dfrac{2}{5} = \dfrac{256}{105}$
- ② $\dfrac{4}{5} \times \dfrac{2}{3} - \left(\dfrac{3}{7} - \dfrac{1}{6}\right) = \dfrac{19}{70}$
- ③ $\dfrac{5}{6} \div \dfrac{5}{12} - \dfrac{3}{5} = \dfrac{7}{5}$
- ⑤ $\dfrac{1}{2} \div \dfrac{4}{3} + \dfrac{1}{3} = \dfrac{17}{24}$

09 정답 ②

1에서 200까지의 숫자 중 소수인 수는 약수가 2개이다.
따라서 소수의 제곱은 약수가 3개이므로 2, 3, 5, 7, 11, 13의 제곱인 4, 9, 25, 49, 121, 169 총 6개이다.

10 정답 ③

$55 \times 0.16 = 8.8$

11 정답 ②

$69 \times 0.023 = 1.587$

12 정답 ①

$38 \times 0.413 = 15.694$

13 정답 ①

$438 \times 0.601 = 263.238$

14 정답 ③

$\dfrac{13}{125} = \dfrac{104}{1,000} = 0.104$

15 정답 ③

$12 \div 80 = 0.15$

16 정답 ①

$\dfrac{8}{9} \times \dfrac{11}{8} = \dfrac{11}{9}$

오답분석

② $\dfrac{7}{11} \times \dfrac{6}{5} = \dfrac{42}{55}$

③ $\dfrac{6}{9} \times \dfrac{8}{7} = \dfrac{48}{63}$

④ $\dfrac{5}{9} \times \dfrac{9}{11} = \dfrac{5}{11}$

⑤ $\dfrac{5}{8} \times \dfrac{3}{2} = \dfrac{15}{16}$

17 정답 ①

주어진 식에서 ×는 +로, −는 ÷로 썼였다.

$\therefore (12 \times 8) - 4 = 20 \div 4 = 5$

18 정답 ③

$(a+b)(a-b) = a^2 - b^2$을 이용하면

$(3-1)(3+1)(3^2+1)(3^4+1)(3^8+1)$
$= (3^2-1)(3^2+1)(3^4+1)(3^8+1)$
$= (3^4-1)(3^4+1)(3+1)$
$= (3^8-1)(3^8+1) = 3^{16}-1$

$\therefore x = 16$

19 정답 ②

$(x+y)^2 = x^2 + 2xy + y^2$을 이용하면

$24 = 14 + 2xy \rightarrow 2xy = 10$

$\therefore xy = 5$

20 정답 ②

연속하는 세 자연수를 각각 $x-1$, x, $x+1$이라고 하면,

$(x-1) + x + (x+1) = 114 \rightarrow 3x = 114$

$\therefore x = 38$

따라서 가장 작은 자연수는 37이다.

21 정답 ①

A, B 지수의 분수가 다르기 때문에 6제곱을 하여 비교하면,

$(13^{\frac{1}{2}})^6 = 13^3 = 2,197$, $(12^{\frac{1}{3}})^6 = 12^2 = 144$이므로 $A > B$

이다.

22 정답 ②

$A = \dfrac{7}{18} + \dfrac{1}{9} = \dfrac{9}{18} = \dfrac{1}{2}$

$B = \dfrac{5}{13} + \dfrac{3}{26} = \dfrac{13}{26} = \dfrac{1}{2}$

$\therefore A = B$

23 정답 ②

2와 8은 2의 거듭제곱 형태이므로 밑수를 2로 통일시켜 식을 정리한다.

$A = \sqrt[3]{2} = 2^{\frac{1}{3}}$

$B = \sqrt[5]{8} = 8^{\frac{1}{5}} = (2^3)^{\frac{1}{5}} = 2^{\frac{3}{5}}$

$\rightarrow \dfrac{1}{3} < \dfrac{3}{5}$이므로 $2^{\frac{1}{3}} < 2^{\frac{3}{5}}$

$\therefore A < B$

24 정답 ①

3과 9는 3의 거듭제곱 형태이므로 지수를 3으로 통일시켜 식을 정리한다.

$A = 11^3$

$B = 2^9 = (2^3)^3 = 8^3$

$\therefore A > B$

25 정답 ①

$a^2-b^2=(a+b)(a-b)$와 분수의 대소비교는 분모가 같을 때 분자가 큰 것이 더 큰 수임을 이용한다.

$A=(23^2-11^2)\div34=(23+11)(23-11)\div34$

$\quad=34\times12\div34=12=\dfrac{12\times14}{14}=\dfrac{168}{14}$

$B=\dfrac{43}{14}+\dfrac{15}{2}=\dfrac{43}{14}+\dfrac{105}{14}=\dfrac{148}{14}$

$\therefore A>B$

26 정답 ②

$3.1(\ \ )8.455=3.43-(3.514\div0.4)=3.43-8.785$
$\qquad\qquad\qquad\qquad\qquad\qquad=-5.355$

$\rightarrow 3.1(\ \ )8.455=-5.355$

$\therefore (\ \ )=-$

27 정답 ④

$(609+24)(\ \ )3+11=222 \rightarrow 633(\ \ )3=211$

$\therefore (\ \ )=\div$

28 정답 ③

$\dfrac{17}{4}(\ \ )\dfrac{12}{21}=\dfrac{232}{77}-\left(\dfrac{15}{7}\times\dfrac{3}{11}\right)=\dfrac{232}{77}-\dfrac{45}{77}$

$\qquad\qquad\quad =\dfrac{187}{77}=\dfrac{17}{7}$

$\rightarrow \dfrac{17}{4}(\ \ )\dfrac{12}{21}=\dfrac{17}{7}$

$\therefore (\ \ )=\times$

29 정답 ③

$209-27(\ \ )2=155 \rightarrow -27(\ \ )2=-54$

$\therefore (\ \ )=\times$

30 정답 ①

$41-12(\ \ )5\times2=39 \rightarrow -12(\ \ )5\times2=39-41$

$\rightarrow -12(\ \ )5\times2=-2$

$\therefore (\ \ )=+$

---

02 응용계산

01	02	03	04	05	06	07	08	09	10
①	②	③	①	②	③	②	④	③	①
11	12	13	14	15	16	17	18	19	20
①	①	③	①	②	④	②	②	②	①
21	22	23	24	25	26	27	28	29	30
①	②	④	③	③	①	②	②	③	④
31	32	33	34	35	36	37	38	39	40
②	①	④	③	②	④	①	②	③	①

01 정답 ①

기찬이가 집에 있는 시계를 실제 시간보다 x분 빠르게 맞추어 놓았다면, 서점에 갈 때 걸린 시간은 $(20+x)$분이고, 집에 올 때 걸린 시간은 $(30-x)$분이다. 서점에 갈 때와 집에 올 때 같은 속도로 걸었으므로, 식을 세우면 다음과 같다.

$20+x=30-x$

$\therefore x=5$

02 정답 ②

A씨는 월요일부터 시작하여 2일 간격으로 산책하고, B씨는 그 다음날인 화요일부터 3일마다 산책을 하므로 요일로 정리하면 다음 표와 같다.

월	화	수	목	금	토	일
A		A		A		A
	B			B		

따라서 A와 B가 처음으로 만나는 날은 같은 주 금요일이다.

03 정답 ③

일주일은 7일이므로, $30\div7=4 \cdots 2$

즉, 수요일에서 2일 후인 금요일이 된다.

04 정답 ①

25와 30의 최소공배수는 150이다. $150\div7=21\cdots3$이므로 다음 두 장터가 같이 열리는 날은 목요일에서 3일 후인 일요일이다.

05 정답 ②

4시 x분에 시침과 분침이 일치한다고 하면,
- 시침이 움직인 각도 : $4 \times 30 + 0.5x$
- 분침이 움직인 각도 : $6x$

시침과 분침이 일치한다고 하였으므로, 움직인 각도는 서로 같다.

$\rightarrow 4 \times 30 + 0.5x = 6x$

$\therefore x = \dfrac{240}{11}$ 분

따라서 4시 $\dfrac{240}{11}$분에 시침과 분침이 일치한다.

06 정답 ③

(모기가 이동한 거리)=(모기가 이동한 시간)×(모기가 이동한 속력)이다.

모기가 이동한 시간은 두 구슬이 만날 때까지 걸리는 시간과 같기 때문에 다음과 같다.

$\dfrac{1.8 \text{km}}{150 \text{km}} \text{h} = \dfrac{12}{1,000}$ 시간 (150km/h=60km/h+90km/h)

따라서 모기가 이동한 거리는 $\dfrac{12}{1,000} \times 70 = \dfrac{84}{100}$ km이다.

07 정답 ②

기차의 길이와 속력을 각각 xm, ym/min라고 하면

$1 \times y = (700 + x) \cdots$ (i)

$2 \times y = (1,500 + x) \cdots$ (ii)

(ii)−(i)을 하여 식을 정리하면

$\therefore x = 100$

08 정답 ④

A사원이 걸어간 시간을 x분, 뛴 시간을 y분이라고 하자.

$x + y = 24 \cdots$ ㉠

$\dfrac{x}{60} \times 4 + \dfrac{y}{60} \times 10 = 2.5 \cdots$ ㉡

㉠과 ㉡을 연립하면

$x = 15, \ y = 9$

따라서 A사원이 뛴 거리는 $\dfrac{9}{60} \times 10 = 1.5$km이다.

09 정답 ③

동녘이의 총 소요 시간은 9시간이다. 우선, 집에서 산까지 걸어가는 데 소요되는 시간은 $10 \div 5 = 2$시간이며, 산을 오르는 데 걸린 시간은 $12 \div 4 = 3$시간이다.

따라서 산을 내려오는 데 소요된 시간은 $9 - (2 + 3 + 2) = 2$시간이며, 산을 내려올 때의 속력은 $12 \div 2 = 6$km/h이다.

10 정답 ①

준호의 속력을 xm/s라 하면 A에서 B로 갈 때 속력은 $(x+1)$m/s, B에서 A로 갈 때 속력은 $(x-1)$m/s이다. 1시간 6분 40초는 $1 \times 60 \times 60 + 6 \times 60 + 40 = 4,000$초이므로

$\dfrac{3,000}{x+1} + \dfrac{3,000}{x-1} = 4,000 \rightarrow 6,000x = 4,000(x+1)(x-1)$

$\rightarrow 3x = 2(x^2 - 1)$

$\rightarrow 2x^2 - 3x - 2 = 0 \rightarrow (2x+1)(x-2) = 0$

$\therefore x = 2$

11 정답 ①

벤치의 수를 x개라고 하자.

벤치 1개에 5명씩 앉으면 12명이 남으므로 사람 수는 $(5x + 12)$명이다.

6명씩 앉으면 7개의 벤치가 남는다고 하였으므로 사람이 앉아 있는 마지막 벤치에는 최소 1명에서 최대 6명이 앉을 수 있다.

즉, $6(x-8) + 1 \leq 5x + 12 \leq 6(x-8) + 6$

- $6(x-8) + 1 \leq 5x + 12 \rightarrow 6x - 47 \leq 5x + 12$
  $\rightarrow x \leq 59$
- $5x + 12 \leq 6(x-8) + 6 \rightarrow 5x + 12 \leq 6x - 42$
  $\rightarrow x \geq 54$

$\therefore 54 \leq x \leq 59$

따라서 벤치의 개수가 될 수 없는 것은 ①이다.

12 정답 ①

판매된 A, B, C도시락의 수를 각각 a, b, c개라고 하자.

오전 중 판매된 세 도시락의 수는 총 28개이므로

$a + b + c = 28 \cdots$ ㉠

B도시락은 A도시락보다 한 개 더 많이 팔렸으므로

$b = a + 1 \cdots$ ㉡

C도시락은 B도시락보다 두 개 더 많이 팔렸으므로

$c = b + 2 \rightarrow c = a + 3 \cdots$ ㉢

㉠에 ㉡과 ㉢을 대입하면

$a + a + 1 + a + 3 = 28$

$\rightarrow 3a = 24$

$\therefore a = 8$

13 정답 ③

안경을 쓴 학생과 안경을 쓰지 않은 학생은 각각 250명이다. 따라서 안경을 쓴 남학생은 $(250 - a)$명이고, 또 남학생과 여학생은 각각 $500 \times \dfrac{1}{1+3} = 125$명, $500 \times \dfrac{3}{1+3} = 375$명이므로 안경을 쓰지 않은 남학생은 $125 - (250 - a) = (a - 125)$명이다.

14 정답 ③

4, 5, 7의 최소공배수는 140이며, 140의 배수 중 처음으로 1,000을 넘을 때는 $1,000 \div 140 = 7.14 \rightarrow 8$ 이상을 곱했을 때이다.

따라서 $140 \times 8 + 1 = 1,120 + 1 = 1,121$이므로 조건을 만족하는 가장 작은 네 자리 자연수는 1,121이다.

15 정답 ②

현재 학생 수가 n명이므로, 1년 후에는 $\frac{95}{100}n$명, 2년 후에는 $\frac{95}{100}n \times \frac{95}{100} = 0.9025n$명이다.

따라서 3년 후에는 $0.9n$명 이하가 되므로 2년을 버틸 수 있다.

16 정답 ②

$0 < x \leq 9$, $0 < y \leq 9$인 자연수 x, y에 대하여 세 번 본 수는 차례로 $100x+y$, $10y+x$, $10x+y$이다.

자동차는 일정한 속력으로 달렸으므로

$3\{(10y+x)-(10x+y)\} = (100x+y)-(10y+x)$

$\rightarrow 27y - 27x = 99x - 9y$

$\therefore 2y = 7x$

자연수 x, y의 범위는 $0 < x$, $y \leq 9$이므로 $x=2$, $y=7$이다.

따라서 이정표 3개에 적힌 수는 207, 72, 27이고 $207+72+27 = 306$이다.

17 정답 ④

1월과 6월의 전기요금을 각각 $5k$, $2k$원이라고 하자(단, $k>0$).

1월 전기 요금에서 6만 원을 뺄 경우 비율이 $3:2$이므로

$(5k - 60,000) : 2k = 3 : 2$

$\rightarrow 10k - 120,000 = 6k$

$\rightarrow 4k = 120,000$

$\therefore k = 30,000$

따라서 1월의 전기요금은 $5k = 5 \times 30,000 = 150,000$원이다.

18 정답 ③

옷의 정가를 x원이라 하자.

$x(1-0.2)(1-0.3) = 280,000 \rightarrow 0.56x = 280,000$

$\therefore x = 500,000$

따라서 할인받은 금액은 $500,000 - 280,000 = 220,000$원이다.

19 정답 ②

1회에 효민이가 낸 금액을 x, 준우가 낸 금액을 y라 하면 2, 3회에 효민이가 낸 금액은 $(1-0.25)x = 0.75x$원, 준우가 낸 금액은 $y + 2,000$원이다. 효민이와 준우가 각각 부담한 총액이 같다고 했으므로

$x + 0.75x \times 2 = y + (y+2,000) \times 2$

$\rightarrow 2.5x - 3y = 4,000 \cdots \bigcirc$

2회에 준우가 지불한 금액이 효민이보다 5,000원 더 많다고 했으므로

$0.75x = (y+2,000) - 5,000$

$\rightarrow 0.75x - y = -3,000 \cdots \bigcirc$

$\bigcirc - 3 \times \bigcirc$을 하면

$0.25x = 13,000$

$\therefore x = 52,000$

따라서 제습기 가격은 $(x + 0.75x \times 2) \times 2 = 260,000$원이다.

20 정답 ①

원가를 A라고 할 때, 원가에 50% 이익을 붙일 경우는 $1.5A$, 잘 팔리지 않아서 다시 20% 할인할 경우는 $1.5A \times 0.8 = 1.2A$이다.

물건 1개당 1,000원의 이익을 얻었으므로 원가는 다음과 같다.

$1.2A - A = 1,000$

$\rightarrow 0.2A = 1,000$

$\therefore A = 5,000$

21 정답 ①

할인되지 않은 KTX 표의 가격을 x원이라 하자.

표를 40% 할인된 가격으로 구매하였으므로 구매 가격은 $(1-0.4)x = 0.6x$원이다.

환불 규정에 따르면 하루 전에 표를 취소하는 경우 70%의 금액을 돌려받을 수 있으므로

$0.6x - 0.7 = 16,800$

$\rightarrow 0.42x = 16,800$

$\therefore x = 40,000$

22 정답 ②

• A씨(1시간 30분)의 주차요금 계산식

  $5,000$원$= 2,000 + 3x$

  $\therefore x = 1,000$

• 거래처 직원(2시간 30분)의 주차요금 계산식

  $11,000$원$= 2,000$원$+ 6 \times 1,000$원$+ 2y = 8,000$원$+ 2y$

  $\therefore y = 1,500$

따라서 $x + y = 2,500$이다.

23 정답 ④

- 총 직원 수에서 봉사활동이 가능한 직원 : $100-15=85$명
- 목요일만 가능한 직원 : $85-47=38$명
- ∴ 목요일이 가능한 직원 : $12+38=50$명

24 정답 ③

A, B의 판매량 차와 B, C의 판매량 차가 같은데 C의 판매량은 70만 개이므로, A와 B(B와 C)의 판매량 차를 x만 개라 하면 A, B, C의 판매량은 각각 $70-2x$, $70-x$, 70만 개이거나, $70+2x$, $70+x$, 70만 개이다. 그런데 A, B, C의 판매량의 총합이 300만 개라고 하였고 A, B, C의 판매량이 각각 $70-2x$, $70-x$, 70만 개일 때에는 총합이 $210-3x$이고 $210-3x<210<300$이므로 A, B, C의 판매량은 $70+2x$, $70+x$, 70만 개이다.
$(70+2x)+(70+x)+70=300 \rightarrow 3x=90$
∴ $x=30$
따라서 A의 판매량은 $70+2\times30=130$만 개다.

25 정답 ③

식당별 근로일과 휴무일을 더하면 다음과 같다.
- A : $11+3=14$일
- B : $5+1=6$일
- C : $6+2=8$일

A의 근무 주기가 14일이므로 휴무일은 11일, 12일, 13일, 25일, 26일, 27일, … 이다.
B의 근무 주기가 6일이므로 휴무일은 6일, 12일, 18일, … 이다.
C의 근무 주기가 8일이므로 휴무일은 7일, 8일, 15일, 16일, … 이다.
B의 휴무일이 짝수이므로 A와 C의 홀수 휴무일은 겹치지 않고 짝수 휴무일이 B의 휴무일과 겹친다. A의 짝수 휴무일은 12일, 26일, 40일, … 이고, C의 짝수 휴무일은 8일, 16일, 24일, … 이다.
따라서 96일 후 A, B, C가 처음으로 휴무일이 같아진다.

26 정답 ①

완성품 1개를 만드는 데 필요한 일의 양을 1이라 하고, A와 B기계가 x일 만에 완성품을 1개 만들었다고 하면 기계가 하루에 하는 일의 양은 다음과 같다.
- A기계가 하루에 하는 일의 양 : $\dfrac{1}{20}$
- B기계가 하루에 하는 일의 양 : $\dfrac{1}{30}$

$\left(\dfrac{1}{20}+\dfrac{1}{30}\right)\times x=1 \rightarrow \dfrac{1}{12}\times x=1$
∴ $x=12$

27 정답 ②

수영장에 물이 가득 찼을 때의 물의 양을 1이라 하면, 수도관은 1분에 $\dfrac{1}{60}$ 만큼 물을 채우며, 배수로는 1분에 $\dfrac{1}{100}$ 만큼 물을 빼낸다.
따라서 $\dfrac{1}{\dfrac{1}{60}-\dfrac{1}{100}}=\dfrac{1}{\dfrac{1}{150}}=150$분으로 2시간 30분이다.

28 정답 ②

15% 소금물 500g에는 $500\times\dfrac{15}{100}=75$g의 소금이 들어 있다.
xg의 물을 더 넣는다고 하였으므로
$\dfrac{75}{500+x}\times100=10 \rightarrow 750=500+x$
∴ $x=250$

29 정답 ③

- 10%의 소금물 1,000g에 들어있는 소금의 양
  : $1,000\times\dfrac{10}{100}=100$g
- 10%의 소금물 1,000g에 들어있는 순수한 물의 양
  : $1,000-100=900$g
- 1시간 30분 동안 증발한 물의 양 : $90\times4=360$g
- 1시간 30분 후 순수한 물의 양 : $900-360=540$g

30 정답 ④

세제 1스푼의 양을 x라 하면
$\dfrac{5}{1,000}\times2,000+4x=\dfrac{9}{1,000}\times(2,000+4x)$
∴ $x=\dfrac{2,000}{991}$g
물 3kg에 들어갈 세제의 양을 y라 하면
$y=\dfrac{9}{1,000}\times(3,000+y)$
$1,000y=27,000+9y$
∴ $y=\dfrac{27,000}{991}$g
따라서 $\dfrac{27,000}{991}\div\dfrac{2,000}{991}=13.5$스푼을 넣으면 세제용액의 농도가 0.9%가 된다.

31 정답 ②

구분	뮤지컬 좋아함	뮤지컬 안 좋아함	합계
남학생	24	26	50
여학생	16	14	30
합계	40	40	80

따라서 뮤지컬을 안 좋아하는 사람을 골랐을 때, 그 사람이 여학생일 확률은 $\dfrac{14}{40}=\dfrac{7}{20}$이다.

32 정답 ①

맨 앞의 할아버지와 맨 뒤의 할머니를 제외한 5명이 일렬로 서는 경우의 수를 구하면 된다.
∴ $5!=120$가지

33 정답 ④

A가 선물 1개를 가질 경우, B, C가 선물 13개를 나누어 갖는 방법은 (1, 12), (2, 11), (3, 10), (4, 9), (5, 8), (6, 7), (7, 6), (8, 5), (9, 4), (10, 3), (11, 2), (12, 1)로 총 12가지이다. 같은 방법으로 A가 선물 2개를 가질 경우 B, C가 선물 12개를 나누어 갖는 방법은 11가지, A가 선물 3개를 가질 경우 B, C가 선물 11개를 나누어 갖는 방법은 10가지, (…) A가 선물 12개를 가질 경우 B, C가 선물 2개를 나누어 갖는 방법은 1가지, 이를 모두 구하여 더하면 된다.
∴ $12+11+10+\cdots+3+2+1=78$가지

34 정답 ③

$_9C_3 \times _6C_3 \times _3C_3 = 84 \times 20 \times 1 = 1,680$
따라서 한 조에 3명씩 3개의 조로 나누는 경우의 수는 1,680가지이다.

35 정답 ②

한 주에 2명의 사원이 당직 근무를 하므로 3주 동안 총 6명의 사원이 당직 근무를 하게 된다.
• 첫 번째 주 토요일에 당직을 서는 사원의 경우의 수
   : $_8C_2=28$가지
• 두 번째 주 토요일에 당직을 서는 사원의 경우의 수
   : $_6C_2=15$가지
• 세 번째 주 토요일에 당직을 서는 사원의 경우의 수
   : $_4C_2=6$가지
따라서 가능한 모든 경우의 수는 $_8C_2 \times _6C_2 \times _4C_2 = 2,520$가지이다.

36 정답 ④

적어도 한 번은 버스를 탈 확률은, 1에서 지하철만 이용할 경우를 뺀 것과 같다. 한 사람이 지하철만 탈 확률은 $\dfrac{2}{3} \times \dfrac{2}{3} = \dfrac{4}{9}$ 이므로, 세 사람 모두 지하철만 탈 확률은 $\left(\dfrac{4}{9}\right)^3 = \dfrac{64}{729}$ 가 된다.
따라서 적어도 한 번은 버스를 이용할 확률은 $1-\dfrac{64}{729} = \dfrac{665}{729}$ 이다.

37 정답 ①

합격률이 x%라고 한다면 불합격률은 $(1-x)$%이다.
평균점수에 관한 방정식을 세우면 $90x+40(1-x)=45 \to 50x=5 \to x=0.1$이다.
따라서 합격률은 10%이다.

38 정답 ②

연도별 자금규모 항목을 더한 비율은 100%이어야 한다.
따라서 (가)에 들어갈 수치는 $100-(29.2+13.2+21.2+17.2+5)=14.2$이다.

39 정답 ③

$(17,520-10,950)\times 3=19,710$
따라서 절감액의 차는 19,710백만 원이다.

40 정답 ①

(ㄱ)은 2019년 대비 2020년 의료 폐기물의 증감률로 $\dfrac{48,934-49,159}{49,159}\times 100 ≒ -0.5$%이고, (ㄴ)은 2017년 대비 2018년 사업장 배출시설계 폐기물의 증감률로 $\dfrac{123,604-130,777}{130,777}\times 100 ≒ -5.5$%이다.

PART **2**

언어이해

CONTENTS

01	02	03	04	05	06	07	08	09	10
①	①	③	③	②	①	②	①	③	③
11	12	13	14	15	16	17	18	19	20
③	①	①	②	①	①	①	③	①	①
21	22	23	24	25	26	27	28	29	30
②	③	①	②	①	②	①	③	②	④
31	32	33	34	35	36	37	38	39	40
①	①	③	①	①	①	③	③	①	①
41	42	43	44	45	46	47	48	49	50
⑤	②	①	④	④	④	④	④	⑤	②
51	52	53	54	55	56	57	58	59	60
④	①	②	②	④	①	④	②	⑤	④
61	62	63	64	65	66	67	68	69	70
⑤	①	①	④	②	⑤	⑤	②	①	⑤

01 정답 ①

첫 번째 명제와 세 번째 명제, 그리고 두 번째 명제의 대우 '과제를 하지 않으면 도서관에 가지 않을 것이다.'를 연결하면 '독서실에 가면 도서관에 가지 않을 것이다.'가 성립한다.

02 정답 ①

안구 내 안압이 상승하면 시신경 손상이 발생하고, 시신경이 손상되면 주변 시야가 좁아지기 때문에 안구 내 안압이 상승하면 주변 시야가 좁아진다.

03 정답 ③

'인슐린이 제대로 생기지 않는 사람은 당뇨병에 걸리게된다.'는 '인슐린은 당뇨병에 걸리지 않게 하는 호르몬이다.'의 역으로 역은 참일 수도 있고 거짓일 수도 있다. 따라서 인슐린이 제대로 생기지 않는 사람이 당뇨병에 걸리게 되는지는 알 수 없다.

04 정답 ①

가격이 높은 순서대로 나열하면 '파프리카 – 참외 – 토마토 – 오이'이므로 참외는 두 번째로 비싸다.

05 정답 ②

ⅰ) 김대리의 말이 참일 때, 김대리는 호프집, 박주임은 호프집, 이과장은 극장에 갔으므로 커피숍에 간 사람이 없어 모순이다.

ⅱ) 박주임의 말이 참일 때, 김대리는 커피숍 또는 극장, 박주임은 커피숍 또는 극장, 이과장은 극장에 갔으므로 호프집에 간 사람이 없어 모순이다.

ⅲ) 이과장의 말이 참일 때, 김대리는 커피숍 또는 극장, 박주임은 호프집, 이과장은 커피숍 또는 호프집에 간다. 따라서 커피숍, 호프집, 극장에 간 사람은 차례로 이과장, 박주임, 김대리이다.

06 정답 ①

첫 번째 명제와 세 번째 명제, 그리고 두 번째 명제의 대우 '쑥을 캐지 않으면 산에 가지 않겠다.'를 연결하면 '바다에 가면 산에 가지 않겠다.'가 성립한다.

07 정답 ②

철수와 영희는 남매이고 영희는 맏딸이며. 철수는 막내가 아니므로 영희의 동생은 최소 두 명이다.

08 정답 ①

아메리카노를 좋아하면 카페라테를 좋아하고, 카페라테를 좋아하면 에스프레소를 좋아하기 때문에, 결국 아메리카노를 좋아하는 진실이는 에스프레소도 좋아한다.

09 정답 ③

• 속도 : 자동차＞마차, 비행기＞자동차
• 무게 : 자동차＞마차

이를 정리해 보면, 속도에서 '비행기＞자동차＞마차' 순서이며, 무게에서 '자동차＞마차' 순서이다. 하지만 비행기에 대한 무게는 나와 있지 않아서 비행기가 가장 무거운지는 알 수 없다.

10 정답 ③

영어를 좋아하는 사람 → 수학을 좋아하지 않는 사람 → 과학을 좋아하는 사람이므로 영어를 좋아하는 사람은 과학을 좋아하지만, 영어를 좋아하지 않는 사람이 과학을 좋아하는지 아닌지는 알 수 없다.

11 정답 ③

두 과정에서 모두 지문의 특징을 이용하여 유사도를 측정한다. 그러나 지문의 특징이 지문선이 끊어지거나 갈라지는 것인지는 알 수 없다.

12 정답 ①

제시문은 '지문 인식이란 이용자가 지문 인식 센서를 이용해 지문을 입력하면, 그것을 시스템에 등록되어 있는 지문 영상과 비교하여 본인 여부를 확인하는 기술이다.'라고 설명한다.

13 정답 ①

'정합 판정' 과정은 시스템에 등록되어 있는 영상과 새로운 영상을 비교하는 것이다. 따라서 시스템에 영상을 등록하는 지문 등록 과정이 선행되어야 한다.

14 정답 ②

자신의 상황에 불만족하여 불안정한 정신 상태를 갖게 되는 사람에게서 리플리 증후군이 잘 나타나는 것은 사실이나, '만족'이라는 상대적인 개념을 개인이 어떻게 받아들이고 느끼느냐에 따라 달라질 수 있다. 따라서 자신의 상황에 불만족하는 사람 모두가 리플리 증후군을 겪게 되는 것은 아니다.

15 정답 ①

열등감과 피해의식에 시달리다가 상습적이고 반복적인 거짓말을 하고, 또한 그 거짓말을 스스로 믿어버리게 되는 것이 리플리 증후군이다.

16 정답 ①

리플리 증후군 환자는 거짓말을 반복하다가 본인이 한 거짓말을 스스로 믿어버리게 된다.

17 정답 ①

언어가 없었다면 인류 사회는 앞선 시대와 단절되어 더 이상의 발전을 기대할 수 없었을 것이다. 따라서 문명의 발달이 언어를 매개로 이루어져 왔음을 알 수 있다.

18 정답 ③

언어의 종류를 구분하거나 그에 따른 가치에 대해 언급하지 않았다.

19 정답 ①

인류가 지금과 같은 고도의 문명사회를 이룩할 수 있었던 것도 언어를 통해 선인들과 끊임없이 대화하며 그들에게서 지혜를 얻고 그들의 훌륭한 정신을 이어받았기 때문이다.

20 정답 ①

키드, 피어슨 등은 인종이나 민족, 국가 등의 집단 단위로 '생존경쟁'과 '적자생존'을 적용하여 우월한 집단이 열등한 집단을 지배하는 것을 주장하였는데, 이는 사회 진화론의 개념을 집단 단위에 적용시킨 것이다.

21 정답 ②

사회 진화론은 생물 진화론을 개인과 집단에 적용시킨 사회 이론이다.

22 정답 ③

사회 진화론의 중심 개념이 19세기에 등장한 것일 뿐, 그 자체가 19세기에 등장한 것인지는 알 수 없다.

23 정답 ①

아인슈타인이 주장한 광량자설은 빛이 파동이면서 동시에 입자인 이중적인 본질을 가지고 있다는 것을 의미한다.

24 　정답　②

뉴턴의 가설은 그의 권위에 의해 오랫동안 정설로 여겨졌지만, 토머스 영의 겹실틈 실험에 의해 빛의 파동설이 증명되었다.

25 　정답　②

일자 형태의 띠가 두 개 나타나면 빛은 입자임이 맞으나, 겹실틈 실험 결과 보강 간섭이 일어난 곳은 밝아지고 상쇄 간섭이 일어난 곳은 어두워지는 간섭무늬가 연속적으로 나타났다.

26 　정답　①

사진 기술의 발달은 직접적·간접적으로 사실적인 회화 기법의 입지를 약화시키는 역할을 하였다.

27 　정답　②

예술가는 과학 기술의 발전으로 인해 자신의 표현 영역을 넓히며, 새로운 예술 양식의 출현을 가져오기도 한다. 따라서 과학 기술이 결과적으로 예술에 악영향을 끼친다는 서술은 적절하지 않다.

28 　정답　③

과학 기술의 영향으로 예술 발전의 중심이 예술가의 이성이 되었는지의 여부는 제시문의 내용만으로 알 수 없다.

29 　정답　②

주어진 조건에 따라 월~금의 평균 낮 기온을 정리하면 다음과 같다.

월	화	수	목	금	평균
25도	26도	23도		25도	25도

이번 주 월~금의 평균 낮 기온은 25도이므로 목요일의 낮 기온은 $\frac{25+26+23+x+25}{5}=25 \rightarrow x=25\times5-99=26$ 이다.

따라서 목요일의 낮 기온은 평균 26도로 예상할 수 있다.

30 　정답　④

제시문에서 'A신문을 구독하는 사람은 B신문을 구독하지 않는다.'고 했으므로 'B신문을 구독하는 사람은 A신문을 구독하지 않는다.'를 추론할 수 있다.

31 　정답　①

민정이가 아르바이트를 하는 날은 화요일, 목요일, 토요일이다.

32 　정답　①

세영>희정, 세영>은솔·희진으로 세영이가 가장 높은 층에 사는 것을 알 수 있으나, 제시된 사실만으로는 가장 낮은 층에 사는 사람을 알 수 없다.

33 　정답　③

제시문에 따르면 부피가 큰 상자 순서는 초록 상자>노란 상자=빨간 상자>파란 상자이다.

34 　정답　①

평균은 전체 과목의 점수를 더한 값에서 과목 수로 나눈 값이다. 영희, 상욱, 수현 모두 영어, 수학, 국어 과목의 시험을 치렀으므로 전체 평균 1등을 한 영희의 총점이 가장 높다.

오답분석

②·③·④ 등수는 알 수 있지만 각 점수는 알 수 없기 때문에 점수 간 비교는 불가능하다.

⑤ 국어 점수는 1등인 상욱의 점수가 가장 높다.

35 　정답　①

네 번째, 다섯 번째 조건을 이용하면 태희-현진-영주 순서로 높은 층에 산다. 따라서 영주는 4층 이하에 입주해야 한다. 또한 두 번째 조건에 의해, 영주는 1층 또는 2층, 유미는 5층 또는 6층에 입주해야 한다. 그러나 윤수가 5층에 산다고 했으므로, 유미는 6층, 영주는 2층에 입주해야 한다. 현진, 태희는 영주보다 높은 층에 입주해야 하므로, 1층에 입주할 수 있는 사람은 선우밖에 없다. 그러면 네 번째 조건에 의해, 현진은 3층, 태희는 4층에 입주해야 한다.

36 　정답　①

• A : 일본어를 잘하면 스페인어를 잘하고, 스페인어를 잘 하면 중국어를 잘하며, 중국어를 잘하면 불어를 못한다고 했으므로 옳다.

• B : 스페인어를 잘하면 중국어를 잘하고, 중국어를 잘하면 불어를 못한다고 했으므로 틀리다.

37 정답 ③

왼쪽부터 순서대로 나열하면 '소설 – 잡지 – 외국 서적 – 어린이 도서'이다.

38 정답 ③

왼쪽부터 차례대로 나열해 보면, '일식 – 분식 – 양식 – 스낵코너' 순서임을 알 수 있다.

39 정답 ①

- A : 뇌세포가 일정 비율 이상 활동하지 않으면 잠이 잘 오고, 잠이 잘 오면 얕게 자지 않아 다음날 쾌적하게 된다(대우는 성립한다).
- B : 세 번째 명제의 대우인 '뇌세포가 일정 비율 이상 활동하지 않으면 잠이 잘 온다.'를 첫 번째 명제와 두 번째 명제를 결합시키는 용도로 사용해도, '뇌세포가 일정 비율 이상 활동하지 않으면 잠이 잘 와서 얕게 자지 않아 다음 날 쾌적하게 된다.'만이 도출되고, 그 사이에 '집중력이 떨어진다.'라는 명제는 들어갈 여지가 없다.

40 정답 ①

- A : 공부를 열심히 하면 시험을 잘 보고, 시험을 잘 보면 성적을 잘 받은 것이다(대우는 성립한다).
- B : 공부를 열심히 하면 성적을 잘 받는다는 것에서 그 역은 항상 성립한다고 할 수 없다.

41 정답 ⑤

두 번째 명제의 대우 명제는 '제비가 낮게 날면 비가 온다.'이므로 ⑤와 동치인 명제이다.

42 정답 ②

'스테이크를 먹는다.'를 A, '지갑이 없다.'를 B, '쿠폰을 받는다.'를 C라 하면, 첫 번째 명제와 마지막 명제는 각각 A → B, ~B → C이다. 이때, 첫 번째 명제의 대우는 ~B → ~A이므로 마지막 명제가 참이 되려면 ~A → C가 필요하다. 따라서 빈칸에 들어갈 명제는 '스테이크를 먹지 않는 사람은 쿠폰을 받는다.'가 적절하다.

43 정답 ①

다이아몬드는 광물이고, 광물은 매우 규칙적인 원자 배열을 가지고 있다. 따라서 다이아몬드는 매우 규칙적인 원자 배열을 가지고 있다.

44 정답 ④

'낡은 것을 버린다.'를 p, '새로운 것을 채우다.'를 q, '더 많은 세계를 경험하다.'를 r이라고 하면, 첫 번째 명제는 $p \rightarrow q$이며, 마지막 명제는 $\sim q \rightarrow \sim r$이다. 이때 첫 번째 명제의 대우는 $\sim q \rightarrow \sim p$이므로 마지막 명제가 참이 되기 위해서는 $\sim p \rightarrow \sim r$이 필요하다. 따라서 빈칸에 들어갈 명제는 $\sim p \rightarrow \sim r$의 ④이다.

45 정답 ④

'음악을 좋아하다.'를 p, '상상력이 풍부하다'를 q, '노란색을 좋아하다.'를 r이라고 하면, 첫 번째 명제는 $p \rightarrow q$, 두 번째 명제는 $\sim p \rightarrow \sim r$이다. 이때, 두 번째 명제의 대우 $r \rightarrow p$에 따라 $r \rightarrow p \rightarrow q$가 성립한다. 따라서 $r \rightarrow q$이므로 노란색을 좋아하는 사람은 상상력이 풍부하다.

46 정답 ④

'공부를 잘하는 사람은 모두 꼼꼼하다.'라는 전제를 통해 '꼼꼼한 사람 중 일부는 시간관리를 잘한다.'는 결론이 나오기 위해서는 '공부를 잘한다.'와 '시간 관리를 잘한다.' 사이에 어떤 관계가 성립되어야 한다. 그런데 결론에서 그 범위를 '모두'가 아닌 '일부'로 한정하였으므로 '공부를 잘하는 사람 중 일부가 시간 관리를 잘한다.'는 전제가 필요하다.

47 정답 ④

'채소를 좋아한다.'를 A, '해산물을 싫어한다.'를 B, '디저트를 싫어한다.'를 C라고 하면 전제는 A → B로 표현할 수 있다. 다음으로 결론은 ~C → ~A로 표현할 수 있고 이의 대우 명제는 A → C이다. 따라서 중간에는 B → C가 나와야 하므로 이의 대우 명제인 ④가 적절하다.

48 정답 ④

'회사원'을 A, '야근을 한다.'를 B, '늦잠을 잔다.'를 C라 하면, 첫 번째 명제와 마지막 명제는 각각 A → B, ~C → ~A이다. 이때, 첫 번째 명제의 대우는 ~B → ~A이므로 마지막 명제가 참이 되려면 ~C → ~B 또는 B → C가 필요하다. 따라서 빈칸에 들어갈 명제는 '야근을 하는 사람은 늦잠을 잔다.'가 적절하다.

49 정답 ⑤

'홍보실'을 A, '워크숍에 간다.'를 B, '출장을 간다.'를 C라 하면, 첫 번째 명제와 마지막 명제는 각각 A → B, ~C → B이다. 따라서 마지막 명제가 참이 되려면 ~C → A 또는 ~A

→ C가 필요하므로 빈칸에 들어갈 명제는 '홍보실이 아니면 출장을 간다.'가 적절하다.

50 정답 ②

고양이는 포유류이고, 포유류는 새끼를 낳아 키운다. 따라서 고양이는 새끼를 낳아 키운다.

51 정답 ④

거짓 딜레마는 어떠한 문제 상황에서 제3의 선택지가 존재함에도 불구하고 이를 묵살하여 단 두 가지의 선택지가 있는 것처럼 상대에게 양자택일을 강요하는 것이다. 단 참 또는 거짓과 같은 명제의 진릿값이 존재하거나 양자택일이 명확한 논제라면 거짓 딜레마라고 볼 수 없다.

오답분석
① 성급한 일반화의 오류 : 몇 개의 사례나 경험으로 전체 또는 전체의 속성을 단정 짓고 판단하는 데서 발생하는 오류
② 피장파장의 오류 : 인신공격 오류의 일종으로 주장을 제시한 자의 비일관성이나 도덕성의 문제를 이유로 제시된 주장을 잘못이라고 판단하는 오류
③ 순환 논증의 오류 : 추론자가 논증할 명제를 논증의 근거로 하는 오류
⑤ 미끄러운 비탈길의 오류 : 논의 중인 주제에서 관심을 돌려 다른 문제를 고려하게 만드는 오류

52 정답 ①

제시문에서 B는 A가 지적한 내용에 대하여 말하는 것이 아닌 A의 직업을 트집 잡아 비판하는 인신공격의 오류를 범하고 있다.

오답분석
② 논점 일탈의 오류 : 실제로는 연관성이 없는 전제를 근거로 하여 어떤 결론을 도출하는 오류
③ 의도 확대의 오류 : 의도하지 않은 결과에 대해 원래부터 어떤 의도가 있었다고 확대 해석하는 오류
④ 성급한 일반화의 오류 : 제한된 정보, 부적합한 증거, 대표성을 결여한 사례를 근거로 일반화하는 오류
⑤ 대중에 호소하는 오류 : 많은 사람이 그렇게 행동하거나 생각한다는 것을 내세워 군중심리를 자극하는 오류

53 정답 ②

제시문에서는 직접적인 관련이 없는 권위자의 견해를 근거로 들거나 논리적인 타당성과는 무관하게 권위자의 견해라는 것을 내세워 자기주장의 타당함을 입증하는 부적합한 권위에 호소하는 오류를 범하고 있다.

오답분석
① 흑백 논리의 오류 : 어떤 집합의 원소가 단 두 개밖에 없다고 여기고, 이것이 아니면 저것일 수밖에 없다고 단정 짓는 데서 오는 오류
③ 논점 일탈의 오류 : 원래의 논점과는 다른 방향으로 논지를 이끌어감으로써 무관한 결론에 이르게 되는 오류
④ 잘못된 유추의 오류 : 유사성이 없는 측면까지 유사성이 있는 것처럼 비유를 부당하게 적용하는 오류
⑤ 무지에 호소하는 오류 : 어떤 주장에 대해 증명할 수 없거나 결코 알 수 없음을 들어 거짓이라고 반박하는 오류

54 정답 ②

제시문에서 을은 아이들의 운동 부족 문제를 성인의 문제로 돌리는 '피장파장의 오류'를 범하고 있다.

오답분석
① 성급한 일반화의 오류 : 제한된 증거를 기반으로 성급하게 어떤 결론을 도출하는 오류
③ 군중에 호소하는 오류 : 군중 심리를 자극하여 논지를 받아들이게 하는 오류
④ 인신공격의 오류 : 주장하는 사람의 인품·직업·과거 정황을 트집 잡아 비판하는 오류
⑤ 흑백사고의 오류 : 세상의 모든 일을 흑 또는 백이라는 이분법적 사고로 바라보는 오류

55 정답 ④

㉠ 홍길순 씨가 뇌물사건에 연루된 인물인 것은 사실이지만, 고소득자의 세금 부담을 경감하자는 법안의 취지와 뇌물사건은 아무런 연관이 없다. 이는 홍길순 씨가 처한 상황(뇌물 사건에 연루된 인물)이라는 정황적 논거를 통해 추론하고 있는 정황에 호소하는 오류에 해당한다.
㉣ 박길수 씨가 음주운전 사고로 물의를 일으킨 것은 사실이지만, 음주운전 사고와 도난 사건의 용의자를 지목하는 것은 아무런 연관이 없다. 이는 정황적 논거를 통해 추론하고 있는 정황에 호소하는 오류에 해당한다.

오답분석
㉡ 김갑수 씨의 무능함을 부정적으로 언급하여 추론하는 인신공격의 오류에 해당한다.
㉢ 새 시장의 선출은 버스 전복 사고, 교량 붕괴, 대형 건물 화재 발생의 원인이 아니다. 이는 사고의 원인을 새 시장의 선발로 혼동한 거짓원인의 오류에 해당한다.

✎ Plus
거짓원인의 오류
어떤 사건이나 사물의 원인이 아닌 것을 그것의 원인으로 여기는 오류

56 정답 ①

1) C가 참이면 D도 참이므로 C, D는 모두 참을 말하거나 모두 거짓을 말한다. 그런데 A와 E의 진술이 서로 상치되고 있으므로 둘 중에 한 명이 참이고 다른 한 명은 거짓인데, 만약 C, D가 모두 참이면 참을 말한 사람이 적어도 3명이 되므로 2명만 참을 말한다는 조건에 맞지 않는다. 따라서 C, D는 모두 거짓을 말한다.
2) 1)에서 C와 D가 모두 거짓을 말하고, A와 E 중 1명은 참, 다른 한 명은 거짓을 말한다. 따라서 B는 참을 말한다.
3) 2)에 따라 A와 B가 참이거나 B와 E가 참이다. 그런데 A는 '나와 E만 범행 현장에 있었다.'라고 했으므로 B의 진술(참)인 '목격자는 2명이다'와 모순된다(목격자가 2명이면 범인을 포함해서 3명이 범행 현장에 있어야 하므로). 또한 A가 참일 경우, A의 진술 중 '나와 E만 범행 현장에 있었다.'는 참이면서 E의 '나는 범행 현장에 있었고'는 거짓이 되므로 모순이 된다.
따라서 B와 E가 참이므로, E의 진술에 따라 A가 범인이다.

57 정답 ④

만약 A가 진실이라면 동일하게 A가 사원이라고 말한 C도 진실이 되어 진실을 말한 사람이 2명이 되므로, A와 C는 모두 거짓이다.
또한, E가 진실이라면 B가 사원이므로 A의 'D는 사원보다 직급이 높아.'도 진실이 되어 역시 진실을 말한 사람이 2명이 되기 때문에 E도 거짓이다. 따라서 B와 D 중 한 명이 진실이다.
만약 B가 진실이라면 E는 차장이고, B는 차장보다 낮은 3개 직급 중 하나인데, C가 거짓이므로 A가 과장이고, E가 거짓이기 때문에 B는 사원이 아니므로 B는 대리가 되고, A가 거짓이므로 D는 사원이다. 그러면 남은 부장 자리가 C여야 하는데, E가 거짓이므로 C는 부장이 될 수 없어 모순이 된다. 따라서 B는 거짓이고, D가 진실이 된다.
D가 진실인 경우 E는 부장이고, A는 과장이며, A는 거짓이므로 D는 사원이다. B가 거짓이므로 B는 차장보다 낮은 직급이 아니므로 차장, C는 대리가 된다. 따라서 진실을 말한 사람은 D이다.

58 정답 ②

'D가 훔쳤다.'는 진술이 참일 경우, D의 진술 중 '나는 훔치지 않았다.'와 'A가 내가 훔쳤다고 말한 것은 거짓말이다.'는 거짓이 되고, 이는 모순이다. 따라서 D는 지갑을 훔치지 않았다. 그러면 A의 진술에 따라 A, C는 지갑을 훔치지 않았다. B의 '나는 훔치지 않았다.'는 진술이 참일 경우, 'E가 진짜 범인을 알고 있다.'는 B의 진술과 'B가 훔쳤다.'는 E의 진술이 모순된다. 따라서 B가 지갑을 훔쳤다.

59 정답 ⑤

B와 D는 동시에 참말 혹은 거짓말을 한다. A와 C의 장소에 대한 진술이 모순되기 때문에 B와 D는 참말을 하고 있음이 틀림없다. 따라서 B, D와 진술 내용이 다른 E는 무조건 거짓말을 하고 있는 것이고, 거짓말을 하고 있는 사람은 두 명이므로 A와 C 중 한 명은 거짓말을 하고 있다. A가 거짓말을 하는 경우 A, B, C 모두 부산에 있었고, D는 참말을 하였으므로 범인은 E가 된다. C가 거짓말을 하는 경우 A, B, C는 모두 학교에 있었고, D는 참말을 하였으므로 범인은 역시 E가 된다.

60 정답 ④

네 명의 진술을 표로 나타내면 다음과 같다.

구분	A의 진술	B의 진술	C의 진술	D의 진술
A가 범인일 때	거짓	참	거짓	참
B가 범인일 때	거짓	거짓	거짓	참
C가 범인일 때	참	참	거짓	참
D가 범인일 때	거짓	참	참	거짓

따라서 B, C가 범인이다.

61 정답 ⑤

도요타 자동차는 소비자의 관점이 아닌 생산자의 관점에서 문제를 해결하려다 소비자들의 신뢰를 잃게 됐다. 따라서 기업은 생산자가 아닌 소비자의 관점에서 문제를 해결하기 위해 노력해야 한다.

62 정답 ①

글의 내용에 따르면 똑같은 일을 똑같은 노력으로 했을 때, 돈을 많이 받으면 과도한 보상을 받아 부담을 느낀다. 또한 적게 받으면 충분히 받지 못했다고 느끼므로 만족하지 못한다. 따라서 공평한 대우를 받을 때 더 행복함을 느낀다는 것을 추론할 수 있다.

63 정답 ①

식사에 관한 상세한 설명이 주어지거나, 요리가 담긴 접시 색이 밝을 때 비만인 사람들의 식사량이 증가했다는 내용을 통해 비만인 사람들이 외부로부터의 자극에 의해 식습관에 영향을 받기 쉽다는 것을 추론할 수 있다.

64 정답 ④

제시문에서 신화는 역사·학문·종교·예술과 모두 관련된다고 하였다. 그러므로 예술과 상호 관련을 맺는다는 ④가 맞는 추론이다.

65 정답 ②

예술 사조는 역사적 현실과 이데올로기를 표현하기 위해 등장했으며, 예술가가 특정 사조에 영향을 받을 때 그 시대적 배경을 고려해야 한다고 하였다. 따라서 예술 사조는 역사적 현실과 떨어질 수 없으며, 이를 토대로 역사적 현실과 불가분의 관계임을 추론할 수 있다.

66 정답 ⑤

형식주의 영화인 「달세계 여행」에서 기발한 이야기와 트릭 촬영이 중요한 요소가 된 것이지, 사실주의에서는 중요한 요소라고 볼 수 없다.

67 정답 ⑤

제시문은 소비를 계속함으로써 다양한 산업의 공급을 독려할 수 있다는 내용으로, 공급이 사라지지 않도록 소비를 권유한다.

68 정답 ②

제시문에 따르면 진리는 각각의 계기들의 전개 과정을 통해 자기완성을 이루는 전체에 있다.

69 정답 ①

합리주의적인 언어 습득의 이론에서 어린이가 언어를 습득하는 것은 거의 전적으로 타고난 특수한 언어 학습 능력과 일반 언어 구조에 대한 추상적인 선험적 지식에 의해서 이루어지는 것이다. 반면 경험주의 이론은 경험적인 훈련(후천적)이 핵심이다.

70 정답 ⑤

경험론자들은 인식의 근원을 오직 경험에서만 찾을 수 있다고 주장한다. 따라서 파르메니데스의 주장과 대조된다.

오답분석

① 파르메니데스의 존재론의 의의는 존재라는 개념을 시간적, 물리적인 감각적 대상으로 보는 것이 아니라, 예리한 인식으로 파악하는 로고스와 같은 것이라고 주장했으므로 적절하다.
② 파르메니데스에 대한 플라톤의 평가에서 파르메니데스를 높게 평가한 것을 알 수 있다.
③ '감각적으로 지각할 수 있는 세계 전체를 기만적인 것으로 치부하고 유일하게 실재하는 것은 존재라고 생각했다.'라는 구절에서 파르메니데스는 지각 및 감성보다 이성 및 지성을 우위에 두었을 것이라 추측할 수 있다.
④ 파르메니데스는 '예리한 인식에는 감각적 지각이 필요 없다고 주장'하면서 '존재는 로고스에 의해 인식되며, 로고스와 같은 것'이란 주장에서 추론할 수 있다.

01	02	03	04	05	06	07	08	09	10
③	①	①	③	①	④	③	③	③	②
11	12	13	14	15	16	17	18	19	20
④	②	②	④	①	②	①	②	④	②
21	22	23	24	25	26	27	28	29	30
③	②	③	③	①	④	③	②	④	④
31	32	33	34	35	36	37	38	39	40
①	②	②	④	②	①	⑤	②	⑤	③
41	42	43	44	45	46	47	48	49	50
③	⑤	③	②	⑤	③	①	①	④	①
51	52	53	54	55	56	57	58	59	60
④	②	①	③	②	③	③	③	④	②

• 관포지교(管鮑之交) : 변하지 않는 친구 사이의 우정
• 막역지우(莫逆之友) : 허물없이 친한 친구

오답분석
② 전전반측(輾轉反側) : 근심과 걱정으로 잠을 이루지 못함
③ 낙화유수(落花流水) : 힘과 세력이 약해져 쇠퇴해감
④ 망운지정(望雲之情) : 멀리 떨어져 있는 부모님을 그리워 함
⑤ 불구대천(不俱戴天) : 하늘 아래 같이 살 수 없는 원수

04 정답 ③

제시문은 유의 관계이다.
'황공하다'의 유의어는 '황름하다'이고, '아퀴짓다'의 유의어는 '마무리하다'이다.
• 황름하다 : 위엄이나 지위 따위에 눌리어 두렵다.
• 아퀴짓다 : 일을 끝마무리하다.

05 정답 ①

제시문은 유의 관계이다.
'가끔'과 '이따금'은 유의어이며, '죽다'는 '숨지다'와 유의어이다.

06 정답 ④

제시문은 유의 관계이다.
'패배'와 '굴복'은 유의어이며, '경쾌하다'는 '가뿐하다'와 유의어이다.

07 정답 ③

'우애'는 '돈독하다'를 수식할 수 있고, '대립'은 '첨예하다'를 수식할 수 있다.

08 정답 ③

제시문은 반의 관계이다.
'상승'은 '하강'의 반의어 이고, '질서'의 반의어는 '혼돈'이다.

01 정답 ③

제시문은 반의 관계이다.
'발산'의 반의어는 '수렴'이고, '일괄'의 반의어는 '분할'이다.
• 발산(發散) : 사방으로 퍼져 나감
• 수렴(收斂) : 하나로 모아 정리함

02 정답 ①

제시문은 유의 관계이다.
'배제'의 유의어는 '배척'이고, '정세'의 유의어는 '상황'이다.
• 배척(排斥) : 따돌리거나 거부하여 밀어 내침
• 정세(情勢) : 일이 되어 가는 형편
• 상황(狀況) : 일이 되어 가는 과정이나 형편

03 정답 ①

제시문은 유의 관계이다.
'괄목상대(刮目相對)'의 유의어는 '일취월장(日就月將)'이고, '관포지교(管鮑之交)'의 유의어는 '막역지우(莫逆之友)'이다.
• 괄목상대(刮目相對) : 상대방의 학식이나 재주가 갑자기 놀랄 만큼 나아졌음
• 일취월장(日就月將) : 나날이 발전해 나감

09 정답 ③

제시문은 유의 관계이다.
'운명하다'는 '사망하다'의 유의어이며, '한가하다'의 유의어는 '여유롭다'이다.

10 정답 ②

'가정맹어호'는 '공자'의 고사에서 유래된 말이고, '호접지몽'은 '장자'의 고사에서 유래된 말이다.
- 가정맹어호(苛政猛於虎) : 가혹한 정치는 호랑이보다 무섭다는 말
- 호접지몽(胡蝶之夢) : 나비가 된 꿈이라는 뜻으로, 물아일체(物我一體)의 경지, 또는 인생의 무상함을 비유하여 이르는 말

11 정답 ④

『서유기』의 주인공인 손오공은 근두운(筋斗雲)을 타고 다녔으며, 『삼국지』의 인물 여포는 적토마를 타고 다녔다. 오늘날 적토마는 매우 빠른 말을 상징적으로 나타낸다.

[오답분석]
① 항우(項羽) : 진(秦) 말기에 유방(劉邦)과 진을 멸망시키고 중국을 차지하기 위해 다툰 장군이다.
② 우선(羽扇) : 제갈량이 들고 다니는 깃털 부채로, 제갈량의 아내가 행동을 삼가고 분노 등의 감정을 쉽게 드러내지 말라는 의미로 주었다.
③ 초선(貂蟬) : 경국지색(傾國之色)의 미모를 갖춘 인물로, 동탁과 여포의 후처(後妻)이다.
⑤ 관우(關羽) : 유비 휘하에 있던 장군으로, 중국에서 충의와 무용의 상징으로 여겨진다.

12 정답 ②

제시문은 유의 관계이다.
'믿음'은 '신용'과 유의어이며, '선의'는 '호의'와 유의어이다.

13 정답 ②

제시문은 반의 관계이다.
'긴장'의 반의어는 '이완'이고, '거대'의 반의어는 '왜소'이다.

14 정답 ④

제시문은 유의 관계이다.
'아포리즘'은 깊은 진리를 간결하게 표현한 말로 '경구'와 유의어이며, '수전노'는 돈을 모을 줄만 알아 한번 손에 들어간 것은 도무지 쓰지 않는 사람을 낮잡아 이르는 말로 '구두쇠'와 유의어이다.

15 정답 ①

제시문은 유의 관계이다.
'간섭'의 유의어는 '개입'이고, '폭염'의 유의어는 '폭서'이다.

16 정답 ②

제시문은 부분 관계이다.
'모래'는 '사막'을 구성하고, '나무'는 '숲'을 구성한다.

17 정답 ①

'공항'에서 '비행기'를 타고, '항구'에서 '선박'을 탄다.

18 정답 ②

'누에'는 실을 뽑고, 그 실로 '비단'을 만든다. '닭'은 계란을 낳고, 그 계란으로 '오믈렛'을 만든다.

19 정답 ④

제시문은 재료와 결과물의 관계이다.
'포도'로 '발사믹 식초'를 만들고, '고무'로 '지우개'를 만든다.
- 발사믹 식초 : 단맛이 강한 포도즙을 나무통에 넣고 목질이 다른 통에 여러 번 옮겨 담아 숙성시킨 포도주 식초

20 정답 ②

제시문은 재료와 음식의 관계이다.
'쌀'로 '송편'을 만들고, '도토리'로 '묵'을 만든다.

21 정답 ③

제시문은 직업과 하는 일의 관계이다.
'농부'는 농사일을 통해 작물을 '수확'하고, '광부'는 광산에서 광물을 '채굴'한다.

22 정답 ②

제시문은 대상과 대상을 측정하는 기구의 관계이다.
'무게'는 '저울'로, '시간'은 '시계'로 측정한다.

23 정답 ③

제시문은 주어와 서술어의 관계이다.
밤에는 '별'이 '빛나'고, 낮에는 '해'가 '뜬다'.

24 정답 ③

제시문은 상하 관계이다.
'소설'은 '문학' 양식의 하나이며, '바로크'는 '건축' 양식의 하나이다.

25 정답 ①

제시문은 유의 관계이다.
넌지시 알림을 뜻하는 '암시'의 유의어는 어떤 것을 미리 간접적으로 표현함을 뜻하는 '시사'이고, '갈등'의 유의어는 서로 의견이 달라 충돌함을 뜻하는 '알력'이다.

26 정답 ④

제시문은 반의 관계이다.
'우두망찰'의 반의어는 '초롱초롱'이고, '오명'의 반의어는 '명성'이다.
• 우두망찰 : 정신이 얼떨떨하여 어찌할 바를 모르는 모양
• 초롱초롱 : 정신이 맑고 또렷한 모양
• 오명 : 더러워진 이름이나 명예
• 명성 : 세상에 널리 퍼져 평판 높은 이름

27 정답 ③

제시문은 목적어와 서술어의 관계이다.
'승부'는 '가리다'는 표현을 쓸 수 있고, '기초'는 '다지다'는 표현을 쓸 수 있다.

28 정답 ②

제시문은 주어와 서술어의 관계이다.
'산세'는 '험준하다'는 표현을 쓸 수 있고, '마감'은 '임박하다'는 표현을 쓸 수 있다.

29 정답 ④

제시문은 포함 관계이다.
'새'는 '매'의 상위어이고, '꽃'은 '개나리'의 상위어이다.

30 정답 ④

제시문은 반의 관계이다.
아주 정교하고 치밀함을 뜻하는 '정밀'의 반의어는 솜씨 등이 거칠고 잡스러움을 뜻하는 '조잡'이며, 일정한 상태를 유지함을 뜻하는 '안정'의 반의어는 분위기나 마음이 뒤숭숭함을 뜻하는 '불안'이다.

31 정답 ①

제시문은 유의 관계이다.
'희망'의 유의어는 '염원'이고, '이바지'의 유의어는 '공헌'이다.

32 정답 ②

제시문은 유의 관계이다.
'너울너울'과 '넘실넘실'은 유의어이며, '우물쭈물'과 '쭈뼛쭈뼛'도 유의어이다.
• 너울너울 : 물결이나 늘어진 천, 나뭇잎 등이 부드럽고 느릿하게 굽이져 자꾸 움직이는 모양
• 넘실넘실 : 물결 따위가 부드럽게 자꾸 굽이쳐 움직이는 모양
• 우물쭈물 : 행동 따위를 분명하게 하지 못하고 자꾸 망설이며 몹시 흐리멍덩하게 하는 모양
• 쭈뼛쭈뼛 : 어줍거나 부끄러워서 자꾸 주저하거나 머뭇거리는 모양

33 정답 ②

제시문은 반의 관계이다.
'자립'의 반의어는 '의존'이고, '심야'의 반의어는 '백주'이다.

34 정답 ④

제시문은 주어와 서술어의 관계이다.
'경찰'은 '수사'를 하고, '목사'는 '설교'를 한다.

35 정답 ②

제시문은 주어와 서술어의 관계이다.
'미술'은 '감상'하는 것이며, '드라마'는 '시청'하는 것이다.

36 정답 ①

은행, 여름, 파산을 통해 '부채'를 연상할 수 있다.
• 은행 : 은행부채는 은행이 한국은행이나 다른 금융기관 등에 차입한 자금을 의미한다.
• 여름 : 더위를 식히기 위해 부채를 사용한다.
• 파산 : 부채의 원리금을 갚지 못할 때 파산할 수 있다.

37 정답 ⑤

수정, 양면, 비디오를 통해 '테이프'를 연상할 수 있다.
- 수정 : 수정테이프는 펜 등으로 적혀져 있어 지우개로 지워지지 않는 글을 덮어씌워 그 위에 글을 다시 쓸 수 있게 하는 도구이다.
- 양면 : 양면테이프는 테이프의 안팎에 접착제가 칠해져 있어 앞뒷면을 붙일 수 있는 도구이다.
- 비디오 : 비디오테이프는 영상 신호를 기록하는 데 쓰이는 자기 테이프로 음향 신호가 동시에 기록될 수 있다.

38 정답 ②

터키, 라이트, 그림을 통해 '형제'를 연상할 수 있다.
- 터키 : 터키는 형제의 나라로 알려져 있다.
- 라이트 : 라이트형제는 미국의 비행기 제작자이자 항공계의 개척자 형제이다.
- 그림 : 그림형제는 독일의 형제 작가이다.

39 정답 ⑤

폼(Form), 양식, 이력서를 통해 '서식'을 연상할 수 있다.
- 폼 : 폼(Form)이란 증서, 원서, 신고서 따위와 같은 서류를 꾸미는 일정한 서식을 의미한다.
- 양식 : 양식이란 일정한 모양이나 형식을 갖춘 서식을 의미한다.
- 이력서 : 이력서란 이력을 일정한 서식에 맞추어 적은 문서를 의미한다.

40 정답 ③

색, 조류, 다람쥐를 통해 '하늘'을 연상할 수 있다.
- 색 : 하늘색은 맑은 하늘의 빛깔과 같은 연한 파랑을 의미한다.
- 조류 : 조류 중 새는 몸에 깃털이 있고 다리가 둘이며, 하늘을 자유로이 날 수 있는 짐승을 통틀어 이르는 말이다.
- 다람쥐 : 하늘다람쥐는 다람쥣과의 하나로 야행성이며, 나무에서 나무로 날아다닌다.

41 정답 ③

해녀, 성산일출봉, 우도를 통해 '제주도'를 연상할 수 있다.

42 정답 ⑤

상여, 근조, 타계를 통해 '죽음'을 연상할 수 있다.
- 상여 : 초상을 치를 때 시체를 운반하는 기구
- 근조 : 사람의 죽음에 대해 슬픈 마음을 표현함
- 타계 : 인간계를 떠나 다른 세계로 간다는 뜻으로, 사람의 죽음을 이르는 말

43 정답 ③

천고마비, 처서, 단풍을 통해 '가을'을 연상할 수 있다.
- 천고마비(天高馬肥) : 가을 하늘은 높고 말은 살찐다는 뜻으로, 가을 날씨가 매우 좋음을 의미
- 처서(處暑) : 24절기 중 14번 째 절기로, 더위가 그친다는 뜻에서 붙여진 이름으로 가을의 시작을 알린다.

44 정답 ②

삼국, 남북, 독일을 통해 '통일'을 연상할 수 있다.

45 정답 ⑤

호랑이, 천지, 동북공정을 통해 '백두산'을 연상할 수 있다.

46 정답 ③

성경, 헌금, 목사를 통해 '교회'를 연상할 수 있다.

47 정답 ①

지도, 별자리, GPS는 현재 위치를 확인할 때 사용되는 것이므로 이를 통해 '위치'를 연상할 수 있다.

48 정답 ①

단무지, 꽃빵, 춘장을 통해 '중국집'을 연상할 수 있다.

49 정답 ④

탄소, 보석, 반지를 통해 다이아몬드를 연상할 수 있다.

50 정답 ①

내밀다, 케이스, 주고받다를 통해 '명함'을 연상할 수 있다.

51 정답 ④

에디슨은 '축음기'와 '영사기'를 발명하였고, "천재는 '99'%의 땀과 1%의 영감으로 이루어진다."라고 말하였다.

52 정답 ②

수출과 수입을 통해 나라 간에 물품을 매매하는 일이 '무역'이며, 일을 하고 벌어들이는 수입은 '돈'이며, '벤츠'는 수입 자동차이다. 따라서 '수입'을 연상할 수 있다.

53 정답 ①

'옷'이 잘 어울릴 때 "옷이 날개다"라는 말을 사용하고, '비행기'에는 날개가 '달려'있다. 따라서 '날개'를 연상할 수 있다.

54 정답 ③

'콘트라베이스'는 줄을 '활'로 '켜' 소리를 내는 현악기 가운데 가장 크기가 '크다'.

55 정답 ②

'애니메이션'은 움직이지 않는 물체를 움직이는 '캐릭터'로 만들어 사람 목소리를 '더빙'한 '영화'이다.

56 정답 ③

'짐짝', '짚신'도 짝이 있다는 말과, '젓가락' 한 짝을 통해 '짝'을 연상할 수 있다.

57 정답 ③

'서유럽'의 그리스도교들은 '예루살렘'을 '탈환'하기 위해 십자군 전쟁을 감행하였다. 따라서 '십자군'을 연상할 수 있다.

58 정답 ③

꿩 대신 '닭', 꿩의 새끼 '꺼병이', 암컷 꿩인 '까투리'를 통해 '꿩'을 연상할 수 있다.

59 정답 ④

'제우스'의 아들인 헤라클레스는 그리스 신화에서 가장 '힘'이 센 인물로, '사자'를 물리친 후 사자 가죽을 몸에 걸친 모습으로 주로 표현된다. 따라서 '헤라클레스'를 연상할 수 있다.

60 정답 ②

경기장에서의 '레드카드'는 퇴장을 의미하며, 퇴장은 '연극' 무대에서 배우가 무대 밖으로 나가거나, 어떤 '장소'에서 물러난다는 의미를 지니므로 '퇴장'을 연상할 수 있다.

PART 3

패턴이해

CONTENTS

01	02	03	04	05	06	07	08	09	10	11	12	13	14	15	16	17	18	19	20
③	①	①	④	④	⑤	④	①	④	②	①	②	④	①	⑤	⑤	①	⑤	④	④
21	22	23	24	25	26	27	28	29	30	31	32	33	34	35	36	37	38	39	40
③	②	⑤	③	④	⑤	②	①	③	④	①	③	③	①	④	②	③	③	②	③

01   ③

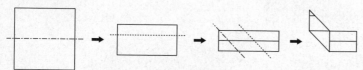

02 정답 ①

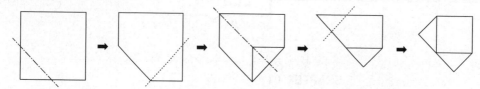

03 정답 ①

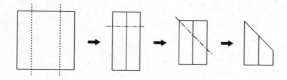

04 정답 ④

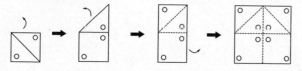

05 정답 ④

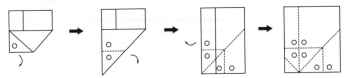

06 정답 ⑤

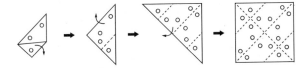

07 정답 ④

규칙은 가로 방향으로 적용된다.
첫 번째 도형을 시계 방향으로 90° 회전시킨 도형이 두 번째 도형이고, 두 번째 도형을 상하대칭 시킨 도형이 세 번째 도형이다.

08 정답 ①

규칙은 세로로 적용된다.
첫 번째 도형과 두 번째 도형의 겹치는 부분을 제외하면 세 번째 도형이다.

09 정답 ④

규칙은 세로로 적용된다.
첫 번째 도형을 색 반전시킨 도형이 두 번째 도형이고, 두 번째 도형을 x축 대칭 시킨 도형이 세 번째 도형이다.

10 정답 ②

규칙은 가로로 적용된다.
첫 번째 도형을 데칼코마니처럼 좌우로 펼친 도형이 두 번째 도형이고, 두 번째 도형을 수평으로 반을 잘랐을 때의 아래쪽 도형이 세 번째 도형이다.

11 정답 ①

제시된 도형을 시계 반대 방향으로 90° 회전한 것이다.

12 정답 ②

제시된 도형을 시계 방향으로 90° 회전한 것이다.

13 정답 ④

제시된 도형을 180° 회전한 것이다.

CHAPTER 01 도형추리 • **35**

14 정답 ①

제시된 도형을 시계 반대 방향으로 90° 회전한 것이다.

15 정답 ⑤

제시된 도형을 180° 회전한 것이다.

16 정답 ⑤

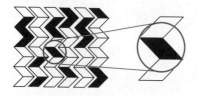

17 정답 ①

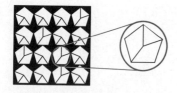

18 정답 ⑤

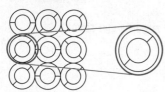

19 정답 ④

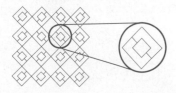

20 정답 ④

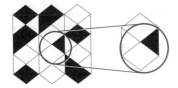

21 정답 ③

도형을 시계 반대 방향으로 90° 회전하면 ⊙, 이를 상하 반전하면 ⊙ 이 된다.

22 정답 ②

도형을 좌우 반전하면 ◨, 이를 180° 회전하면 ◨ 이 된다.

23 정답 ⑤

도형을 시계 방향으로 90° 회전하면 ◨, 이를 거울에 비추면 ◨ 이 된다.

24 정답 ③

도형을 좌우 반전하면 ↑↑, 이를 시계 방향으로 90° 회전하면 →→ 이 된다.

25 정답 ④

도형을 상하 반전하면 ✳, 이를 시계 반대 방향으로 90° 회전하면 ✳, 이를 좌우 반전하면 ✳ 이 된다.

26 정답 ⑤

도형을 180° 회전하면 ◹, 이를 상하 반전하면 ◸ 이 된다.

27 정답 ②

도형을 시계 방향으로 270° 회전하면 , 이를 상하 반전하면 이 된다.

28 정답 ①

도형을 시계 반대 방향으로 270° 회전하면 , 이를 좌우 반전하면 이 된다.

29 정답 ③

도형을 시계 방향으로 90° 회전하면 , 이를 거울에 비추면 이 된다.

30 정답 ④

도형을 상하 반전하면 , 이를 시계 반대 방향으로 90° 회전하면 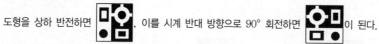이 된다.

31 정답 ①

32 정답 ③

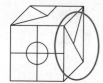

33 정답 ③

34 정답 ①

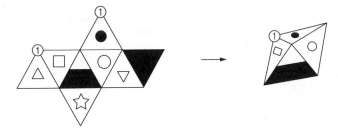

35 정답 ④

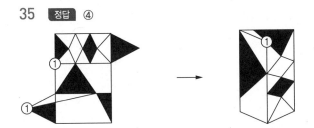

36 정답 ②

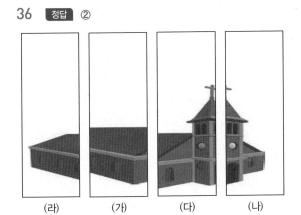

(라)   (가)   (다)   (나)

37 정답 ③

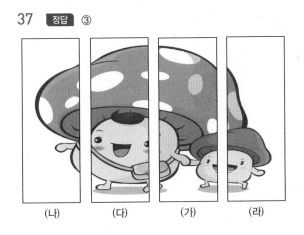

(나)   (다)   (가)   (라)

38 정답 ③

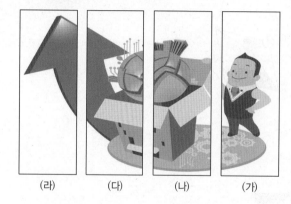

(라)   (다)   (나)   (가)

39 정답 ②

(다)   (나)   (가)   (라)

40 정답 ③

(마)   (라)   (나)   (가)   (다)

01	02	03	04	05	06	07	08	09	10	11	12	13	14	15	16	17	18	19	20
①	①	④	④	②	①	②	①	②	②	②	②	①	③	②	①	②	②	①	③

21	22	23	24	25	26	27	28	29	30	31	32	33	34	35	36	37	38	39	40
④	①	②	⑤	③	④	②	④	②	③	④	③	②	①	②	③	②	④	①	③

01 정답 ①

멕소	엑소	엑초	액초	액초	액조	액초	엑초	액조	멕소	엑초	엑소
엑조	액소	액소	엠소	엑조	액조	멕소	엑소	액소	액초	엑조	엑조
엑소	엑초	엑조	멕소	엑소	액소	엠소	엑조	액초	엠소	엑소	엠소
엑조	엠소	엑소	엑초	엠소	액초	엑소	액소	멕소	액조	엑초	액소

02 정답 ①

03 정답 ④

kEt	koT	ket	keT	keI	KeI	KET	KeT	keT	keI	keT	Ket
kOT	keT	kel	ket	KET	Kei	keT	koT	KeT	kET	ksT	koT
KeT	kEt	keT	KeI	keI	ket	EeT	kET	keT	kOT	Ket	koI
ket	keI	kET	keT	Ket	kET	kel	ket	KET	kei	keP	KET

04 정답 ④

贊	燦	餐	瓚	璨	饌	琛	纂	粲	纘	撰	讚
債	採	蔡	讚	彩	釵	綵	砦	宷	寨	侵	針
沈	讚	寢	枕	鍼	砧	纂	菜	燦	債	饌	讚
璨	餐	蔡	纘	彩	竄	枕	贊	撰	瓚	粲	纂

05 정답 ②

film	face	film	fast	farm	fall	fail	face	fast	fall	face	farm
fast	fail	fall	face	film	fast	farm	fella	film	film	fall	fail
face	film	farm	fella	fail	face	fast	farm	fella	fail	fast	film
fail	fall	fella	farm	face	film	fall	fella	face	fella	farm	farm

06 정답 ①

제시된 문자열 같음

07 정답 ②

성갱걕코내기점다짐 − 성갱걕코내기점다짐

08 정답 ①

제시된 문자열 같음

09 정답 ②

◉▶♠♡◁♣☞☜ − ◉▶♠♡◁♠☞☜

10 정답 ②

♫♪♩♩♫♭♩ − ♫♪♩♩♪♫♭♩

11 정답 ②

죄테나챠배더처 − 죄톄나차배다쳐

12 정답 ②

◇■◎◗♥○▷ − ☆■◐◐●♥●◁

13 정답 ①

65794322 − 65974322

14 정답 ③

ⅧⅥⅨⅩⅡⅢ Ⅰ Ⅺ − ⅧⅣⅨⅩⅢⅢ Ⅰ Ⅺ

15 정답 ②

uncle	upon	urge	upset	until	unique	ukase	uphold	upper	ultra
usage	user	unless	untie	unkind	unless	upon	unique	untie	upper
upper	uncle	unkind	upset	until	uphold	user	ultra	ukase	unless
urge	ultra	upon	uphold	untie	usage	upon	unkind	until	upon

16 정답 ①

구리	이리	금리	고리	의리	도리	궁리	부리	박리	장리	다리	젤리
주리	예리	지리	자리	교리	보리	파리	절리	피리	생리	경리	수리
지리	교리	박리	경리	고리	자리	피리	도리	파리	이리	수리	생리
금리	주리	예리	궁리	젤리	의리	구리	보리	장리	절리	부리	다리

17 정답 ②

상추	상장	상부	상도	상주	상체	상가	상무	상패	상체	상류	상하
상큼	상태	상류	상병	상어	상투	상념	상영	상아	상시	상수	상온
상조	상투	상영	상단	상아	상장	상온	상수	상도	상어	상가	상큼
상태	상주	상병	상무	상추	상시	상념	상부	상조	상하	상단	상패

18 정답 ②

防北神放放頌防珍防快神新快快神快珍珍新快神愼珍珍防北放放快防神放

19 정답 ①

サナマブワワソキゾノホヘヌナピサグソレリリルスソゼテトソソノペハア

20 정답 ③

→ | ＼ ↘ ← ← ∧ ↑ ↑ ↑ ↓ ＼ ∨ ＼ ↙ ← | ＼ ↖ ← → | ∨ → ↗ ← ／ ↓ ← → |

21 정답 ④

＊은 네 번째에 제시된 문자이므로 정답은 ④이다.

22 정답 ①

☛은 여섯 번째에 제시된 문자이므로 정답은 ①이다.

23 정답 ②

◎은 두 번째에 제시된 문자이므로 정답은 ②이다.

24   정답   ⑤

✳은 열 번째에 제시된 문자이므로 정답은 ⑤이다.

25   정답   ③

✂은 여덟 번째에 제시된 문자이므로 정답은 ③이다.

26   정답   ④

✿은 네 번째에 제시된 문자이므로 정답은 ④이다.

27   정답   ②

≪은 두 번째에 제시된 문자이므로 정답은 ②이다.

28   정답   ④

늑은 아홉 번째에 제시된 문자이므로 정답은 ④이다.

29   정답   ②

←은 일곱 번째에 제시된 문자이므로 정답은 ②이다.

30   정답   ③

✋은 세 번째에 제시된 문자이므로 정답은 ③이다.

31   정답   ④

오답분석
① a%b& – 겨갸규교
② ba&% – 규겨교갸
③ &%ba – 교갸규겨
⑤ &ab% – 교겨규갸

32   정답   ③

오답분석
① µzyrq – djhfe
② ypzqr – hdjef
④ rzqpy – fjedh
⑤ rqpzy – fedjh

33　정답　②

오답분석

① ∩⊏∪⊐ − ★☆○●
③ ⊏∪⊐∩ − ☆○●★
④ ⊐∩∪⊏ − ●★○☆
⑤ ∩∪⊐⊏ − ★○●☆

34　정답　①

오답분석

② ※q규⊃★ − 2≡6◎§
③ q규⊃★※ − ≡6◎§2
④ ★⊃※규q − §◎26≡
⑤ 규q※⊃★ − 6≡2◎§

35　정답　②

오답분석

① □◎※▽△ − ☎☆ヨ≒※
③ ◎※▽△□ − ☆ヨ≒※☎
④ ▽□△※◎ − ≒☎※ヨ☆
⑤ □△▽※◎ − ☎※≒ヨ☆

36　정답　③

3412 − bcad

37　정답　②

odarbe − ENKROA

38　정답　④

PTOKI − OICTE

39　정답　①

♥♧♡♠♤ − ↔←→↑↓

40　정답　③

☆□▽◎○ − ⅲ ⅱ ⅵ ⅴ ⅳ

01	02	03	04	05	06	07	08	09	10
②	③	①	③	③	④	⑤	③	④	①
11	12	13	14	15	16	17	18	19	20
③	①	②	④	②	④	⑤	③	①	②
21	22	23	24	25	26	27	28	29	30
⑤	①	③	②	③	④	④	①	④	③
31	32	33	34	35	36	37	38	39	40
④	②	①	④	③	⑤	①	③	③	②

01 정답 ②

앞의 항에 2를 곱하고 2를 빼는 수열이다.
따라서 ( )=98×2−2=194이다.

02 정답 ③

앞의 항에 ×3+1을 적용하는 수열이다.
따라서 ( )=121×3+1=364이다.

03 정답 ①

n을 자연수라고 하면 n항에서 $(n+1)$항을 뺀 값이 $(n+2)$항인 수열이다.
따라서 ( )=−20−9=−29이다.

04 정답 ③

$+1^2$, $+2^2$, $+3^2$, $+4^2$, $+5^2$, ⋯인 수열이다.
따라서 ( )=57+6^2=93이다.

05 정답 ③

앞의 항에 4를 곱하고 1, 2, 3, 4, ⋯을 더하는 수열이다.
따라서 ( )= 2,928×4+5=11,717이다.

06 정답 ④

홀수 항은 1, 짝수 항은 1, 2, 3, 4, ⋯씩 더해지는 수열이다.
따라서 ( )=4+3=7이다.

07 정답 ⑤

분자는 2씩 더하고, 분모는 5, 7, 9, ⋯을 더하는 수열이다.
따라서 ( )=$\dfrac{9+2}{15+9}$=$\dfrac{11}{24}$이다.

08 정답 ③

분자는 5씩 곱하고, 분모는 1씩 빼는 수열이다.
따라서 ( )=$\dfrac{250\times5}{4-1}$=$\dfrac{1,250}{3}$이다.

09 정답 ④

홀수 항은 $+\dfrac{1}{4}$, 짝수 항은 $-\dfrac{1}{6}$인 수열이다.
따라서 ( )=$\dfrac{5}{4}$+$\dfrac{1}{4}$=$\dfrac{6}{4}$=$\dfrac{3}{2}$이다.

10 정답 ①

$\times\dfrac{2}{3}$, -1이 반복되는 수열이다.
따라서 ( )=$-\dfrac{14}{15}$−1=$-\dfrac{29}{15}$이다.

11 정답 ③

$+0.2$, $+0.25$, $+0.3$, $+0.35$, ⋯씩 더하는 수열이다.
따라서 ( )=1.8+0.4=2.2이다.

12 정답 ①

홀수 항은 $\times2+0.1$, $\times2+0.2$, $\times2+0.3$, ⋯인 수열이고,
짝수 항은 $\times2-0.1$인 수열이다.
따라서 ( )=2.9×2−0.1=5.7이다.

13 정답 ②

+3, ÷2가 반복되는 수열이다.
따라서 ( )=3.5+3=6.50이다.

14 정답 ④

2.5, 3.5, 4.5, 5.5, …을 더하는 수열이다.
따라서 ( )=-1+4.5=3.50이다.

15 정답 ②

+8, $-\frac{1}{2}$, ×2가 반복되는 수열이다.
따라서 ( )=101+8=109이다.

16 정답 ④

+1.6, -2.4, +3.2, -4, +4.8, …씩 더해지고 있다.
따라서 ( )=-3.6+4.8=1.20이다.

17 정답 ⑤

앞의 항에 $\times\frac{1}{4}$와 ×2-4를 번갈아 가며 적용하는 수열이다.
따라서 ( )=3.75×2-4=3.50이다.

18 정답 ③

각 항을 3개씩 묶고 각각 A, B, C라고 하면
$\underline{A\ B\ C} \rightarrow \frac{A+C}{2}=B$
따라서 $\frac{7+(\ \ )}{2}=10$이므로 ( )=130이다.

19 정답 ①

각 항을 3개씩 묶고 각각 A, B, C라고 하면
$\underline{A\ B\ C} \rightarrow A\times B=C$
따라서 ( )=$\frac{5}{14}\times\frac{7}{3}=\frac{5}{6}$이다.

20 정답 ②

각 항을 3개씩 묶고 각각 A, B, C라고 하면
$\underline{A\ B\ C} \rightarrow A-B=C$
따라서 ( )=20-12=80이다.

21 정답 ⑤

각각 A, B, C라고 하면
$\underline{A\ B\ C} \rightarrow A^{B}=C$
따라서 ( )=5^3=125이다.

22 정답 ①

각각 A, B, C, D라고 하면
$\underline{A\ B\ C\ D} \rightarrow A\times B=C+D$
따라서 7×3=9+( )이므로 ( )=120이다.

23 정답 ③

ⅰ) 3, 5, 7, 9, …을 더하는 수열이다.
따라서 11번째 항은 0+3+5+7+…+21=1200이다.
ⅱ) n번째 항에서 n^2-1인 수열이다.
따라서 11번째 항은 11^2-1=1200이다.

24 정답 ②

홀수 항은 2의 배수, 짝수 항은 6인 규칙을 갖는 수열이다.
따라서 31번째 항은 16번째 홀수 항이므로 2×16=320이다.

25 정답 ③

분모는 11의 배수, 분자는 -5의 규칙을 갖는 수열이다.
따라서 101번째 항은 $\frac{7+(-5)\times100}{11\times101}=-\frac{493}{1,111}$이다.

26 정답 ④

앞의 항에서 2씩 빼는 수열이다.

ㅍ	ㅋ	ㅈ	ㅅ	ㅁ	(ㄷ)
13	11	9	7	5	3

27 정답 ④

앞의 항에서 5씩 빼는 수열이다.

Z	(U)	P	K	F	A
26	21	16	11	6	1

28 정답 ①

-1, $+2$, -3, $+4$, -5, …을 하는 수열이다.

ㄹ	ㄷ	ㅁ	ㄴ	ㅂ	(ㄱ)
4	3	5	2	6	1

29 정답 ④

$+1$, $+2$, $+3$, …를 하는 수열이다.

ㄴ	ㄷ	ㅁ	ㅇ	ㅌ	ㄷ	(ㅈ)
2	3	5	8	12	17 (=14+3)	23 (=14+9)

30 정답 ③

앞의 항에 1, 2, 4, 8, 16, …을 더하는 수열이다.

C	D	(F)	J	R	H
3	4	6	10	18	34 (=26+8)

31 정답 ④

홀수 항은 3씩 빼고, 짝수 항은 3씩 더하는 수열이다.

ㅋ	ㄹ	(ㅇ)	ㅅ	ㅁ	ㅊ
11	4	8	7	5	10

32 정답 ②

홀수 항은 1씩 더하고, 짝수 항은 2씩 곱하는 수열이다.

D	C	E	F	F	L	(G)	X
4	3	5	6	6	12	7	24

33 정답 ①

1, 4, 7, 10번째 항은 1로 고정되고 나머지 항은 2부터 1씩 커지는 수열이다.

가	나	다	가	라	마	가	바	사	가	아	(자)
1	2	3	1	4	5	1	6	7	1	8	9

34 정답 ④

1^2, 2^2, 3^2, 4^2, 5^2, …으로 나열하는 수열이다.

A	D	I	P	(Y)
1	2^2	3^2	4^2	5^2

35 정답 ③

홀수 항은 2씩 빼고, 짝수 항은 2씩 더하는 수열이다.

ㅈ	ㄷ	ㅅ	ㅁ	ㅁ	(ㅅ)
9	3	7	5	5	7

36 정답 ③

홀수 항은 2씩 곱하고, 짝수 항은 3씩 빼는 수열이다.

E	N	(J)	K	T	H
5	14	(10)	11	20	8

37 정답 ①

홀수 항과 짝수 항에 각각 $+5$, $+6$, $+7$, …인 수열이다.

E	C	J	H	P	N	(W)
5	3	10	8	16	14	23

38 정답 ③

$\times 1$, $+1$, -1, $\times 2$, $+2$, -2, $\times 3$, $+3$, …을 하는 수열이다.

B	B	C	B	D	F	D	L	(O)
2	2	3	2	4	6	4	12	15

39 정답 ③

홀수 항은 2씩 더하고, 짝수 항은 2씩 곱하는 수열이다.

H	ㄷ	(J)	ㅂ	L	ㅌ
8	3	10	6	12	12

40 정답 ②

2, 3, 5, 7, 11, …을 나열하는 수열이다(소수).

B	ㄷ	E	ㅅ	(K)
2	3	5	7	11

PART 5

최종점검 모의고사

CONTENTS

01 기초지식

01	02	03	04	05	06	07	08	09	10
①	③	①	①	④	②	④	④	②	②
11	12	13	14	15	16	17	18	19	20
①	④	④	③	②	③	④	①	④	③

01 정답 ①

'dirty(더러운)'와 'clean(깨끗한)'은 반의 관계이다.
'reject(거절하다)'의 반의어는 'accept(수락하다)'이다.

오답분석

② address : 주소
③ success : 성공, 성과
④ sharp : 날카로운
⑤ arrest : 체포

02 정답 ③

'pants(바지)'는 'clothes(옷)'의 일종이고, 'pipe(피리)'는
'instrument(악기)'의 일종이다.

오답분석

① hammer : 망치
② helmet : 헬멧
④ axe : 도끼
⑤ sickle : 낫

03 정답 ①

'polite(공손한)'와 'rude(무례한)'는 반의 관계이다. 'penetrable
(침입할 수 있는)'의 반의어는 'impermeable(통과시키지 않
는)'이다.

오답분석

② previous : 이전의
③ pure : 순수한, 결백한
④ impressive : 인상적인, 인상 깊은
⑤ degrade : 타락하다

04 정답 ①

비가 온 시간이 땅이 질퍽거리게 된 시간보다 앞서므로
because가 이끄는 부사절의 시제는 과거완료가 되어야 한다.
「밤새 비가 왔기 때문에 땅은 몹시 질퍽거렸다.」

05 정답 ④

대명사 its는 앞의 computers(복수)를 받으므로, 복수형이
되어야 한다. (its → their)
• prejudice : 편견
• solution : 해결
「비록 컴퓨터가 인간의 편견 없이 작동된다 해도, 일부 사람
들은 컴퓨터의 논리적 문제해결 방식이 해로울 수 있다는 것
을 두려워한다.」

06 정답 ②

• be on the point of ~ing : ~을 하려고 한다(=be about
to)
「그녀는 목표에 도달하려고 했다.」

07 정답 ④

(A) 왕에 의해서 임명되는 것이므로, 수동태인 'being
appointed'가 와야 적절하다.
(B) 22번의 해전을 모두 이겼다는 단순 과거 사실을 이야기
하는 것이므로 과거 시제인 'won'이 적절하다.
(C) 대명사 'them'은 일본을 뜻한다. 재귀대명사를 쓰려면
주어와 일치해야 한다.
• frontier : 국경
• post : 구역
• nomad : 유목민
• admiral : 해군 장성
• sea-borne invasion : 해상 침입
• fleet : 함대
• annex : (국가・지역 등을 특히 무력으로) 합병하다
「이순신은 1576년에 군 지휘관이 되었다. 그 당시 한국 군대
는, 다른 군대와 유사하게 육군과 해군이 분리되지 않았다.
이순신은 왕에 의해 해군 사령관으로 임명되기 전에 압록강
국경 지역 수비대를 지휘했고 북쪽 유목민과 싸웠다. 그는
한국에 가장 큰 위협은 일본의 해상 침입이라는 것을 알았

다. 그는 즉시 함대를 정비하기 시작했다. 22번의 해전마다 승리한 이순신이 없었다면, 일본은 확실히 한국을 정복했을 것이다. 어떤 분석가들은 일본이 중국 또한 정복할 수 있었을 것이라고 믿고 있다. 그리고 만약 일본이 한국을 정복했다면, 어떤 것도 일본이 필리핀을 합병하는 것을 막을 수 없었을 것이다.」

08 정답 ④

(A)는 일부 사람들을, (B)는 배우들을 가리킨다.
• discontented (with) : 불만족한, 불만족스러운
• depressed : 우울한

「영상미디어 때문에 어떤 사람들은 삶의 현실에 불만을 가질지도 모른다. 그들에게 일상생활은 영화나 TV 드라마에서 연기하는 배우만큼 흥미로운 것처럼 보이지 않는다. 그들은 배우들처럼 즐겁지 않다는 것을 깨닫는다. 또한 시청자들은 현실 속에서 TV 스타들과 같은 상황에 있을 수 없을 때 우울해할지도 모른다.」

09 정답 ②

제시문에서는 인간은 태어나서 죽을 때까지 유년기, 청소년기, 성인기, 노년기라는 기본적인 네 단계를 겪는다고 서술하고 있다.

「인간은 태어나서 죽을 때까지 몇 가지 기본적인 단계들을 겪는다. 첫 단계는 유년기이다. 유년기 때, 우리가 육체적으로, 정신적으로 자라는 동안 다른 사람들이 우리를 돌봐준다. 다음 단계는 청소년기이다. 이 시기에 우리는 스스로 결정하고 새로운 책임을 지기 시작한다. 우리는 자신과 다른 사람들을 돌볼 수 있을 때를 성인기라고 말한다. 인생의 후반부에 많은 사람들은 은퇴를 하고, 쉴 수 있는 여유로운 시간을 즐기며, 과거의 일을 회상하고 이전에는 할 시간이 없었던 것들을 한다. 이 단계는 노년기라고 불린다.」

10 정답 ②

fire engine(소방차), fire alarm(화재 경보) 등의 표현에서 알 수 있듯이, 현재 글쓴이는 화재 현장에 있고, 마지막 문장에서 'I couldn't go down because of the smoke.(연기 때문에 내려갈 수가 없었다)'고 했으므로 절망적인 심경임을 알 수 있다.
• rush out to : 밖으로 나가 돌진하다

「소방차 소리를 듣자, 나는 창으로 뛰어갔다. 그리고 몇몇의 소방차를 나의 아파트 앞에서 보았다. 그 때 화재 경보가 울렸다. 나는 계단으로 뛰쳐나가 돌진하였으나, 연기로 인해 내려갈 수 없었다.」

11 정답 ①

$214 - 9 \times 13 = 214 - 117 = 97$

12 정답 ④

$14.9 \times (3.56 - 0.24) = 14.9 \times 3.32 = 49.468$

13 정답 ④

$3 \times 9 - 11 = 3 \times 3 + 7 = 16$

오답분석
① $3 + 9 + 11 = 23$
② $5 + 6 + 6 = 17$
③ $33 - 19 = 14$
⑤ $5 \times 4 - 5 = 15$

14 정답 ③

$4.6 \times 22.4 - 12.9 = 3.2 \times 8.375 + 63.34 = 90.14$

오답분석
① $31.2 \times 3.1 - 13.4 = 83.32$
② $6.2 \times 80.4 \div 6.2 = 80.4$
④ $60.8 \times 3.2 \div 1.6 = 121.6$
⑤ $30.5 \times 5.6 - 32 = 138.8$

15 정답 ②

$467 \times 0.065 = 30.355$

16 정답 ③

$8 \times 8 - 8 = 56$

오답분석
① $2 \times 3 \times 9 = 54$
② $(12 + 6) \times 3 = 54$
④ $100 \div 2 + 4 = 54$
⑤ $4 \times 9 + 18 = 54$

17 정답 ④

5곳의 배송지에 배달할 때, 첫 배송지와 마지막 배송지 사이에는 4번의 이동이 있다. 총 80분(=1시간 20분)이 걸렸으므로 1번 이동 시에 평균적으로 20분이 걸린다.
따라서 12곳에 배달을 하려면 11번의 이동을 해야 하므로 20×11=220분=3시간 40분 정도 걸릴 것이다.

18 정답 ①

현재 을의 나이를 x세라고 하면 갑의 나이는 $2x$세이다.
8년 후 갑과 을의 나이는 각각 $(2x+8)$, $(x+8)$이 되므로
$(2x+8):(x+8)=6:4$
$6(x+8)=4(2x+8)$
$\therefore x=8$
따라서 현재 갑의 나이는 $2\times8=16$세, 을의 나이는 8세이다.

19 정답 ④

영업 시작 전 사과와 배의 개수를 각각 $3x$, $7x$라 하고, 온종일 판매된 세트 개수를 y라 하면
$3x-2y=42$ … ㉠
$7x-5y=0$ … ㉡
$5\times㉠-2\times㉡$을 하면 $x=210$이고, 이를 ㉠에 대입하면 $y=$ 294이다.
따라서 영업 시작 전 사과와 배는 총 $3\times210+7\times210=$ 2,100개가 있었다.

20 정답 ③

1시간 동안 큰 호스로 낼 수 있는 물의 양 : $100\div0.5=200\text{L}$
물이 가득 차는 데 걸리는 시간을 x라고 하면
$(200+50)\times x=100 \rightarrow x=\dfrac{2}{5}$
즉, $\dfrac{2}{5}=\dfrac{24}{60}$이므로 24분이 걸린다.

02 언어이해

01	02	03	04	05	06	07	08	09	10
①	①	②	③	③	②	①	②	①	②
11	12	13	14	15	16	17	18	19	20
①	①	②	③	①	①	①	③	③	③

01 정답 ①

• 긴축 : 재정의 기초를 다지기 위하여 지출을 줄임
• 절약 : 함부로 쓰지 아니하고 꼭 필요한 데에만 써서 아낌

오답분석
② 긴장 : 마음을 조이고 정신을 바짝 차림
③ 수축 : 근육 따위가 오그라듦
④ 수렴 : 의견이나 사상 따위가 여럿으로 나뉘어 있는 것을 하나로 모아 정리함
⑤ 이완 : 바짝 조였던 정신이 풀려 늦추어짐

02 정답 ①

• 기대 : 어떤 일이 원하는 대로 이루어지기를 바라면서 기다림
• 소망 : 어떤 일을 바람 또는 그 바라는 것

오답분석
② 부귀 : 재산이 많고 지위가 높음
③ 관망 : 한발 물러나서 어떤 일이 되어 가는 형편을 바라봄
④ 기부 : 자선 사업이나 공공사업을 돕기 위하여 돈이나 물건 따위를 대가 없이 내놓음
⑤ 갈망 : 어떤 일을 감당하여 수습하고 처리함

03 정답 ②

'부채'와 '선풍기'는 같은 기능을 가지고, '인두'와 '다리미'도 같은 기능을 가진다.

04 정답 ③

'가랑비'에 '옷' 젖는 줄 모른다는 속담에 '낙숫물'이 '댓돌' 뚫는다는 속담이 대응한다.

05 정답 ③

'바퀴'는 '자동차'가 이동하는 데 쓰이고, '다리'는 '사람'이 이동하기 위한 신체의 일부분이다.

06 정답 ②

'승강기'는 '도르래'의 원리를 이용하고, '정수기'는 '삼투압'의 원리를 이용한다.

07 정답 ①

제시문은 상하 관계이다.
'한옥'은 '건물'의 하위어이고, '김치'는 '음식'의 하위어이다.

08 정답 ②

검증된 과학적 이론도 불변하는 것은 아니다.

09 정답 ①

'우리가 과학을 배우는 이유는 과학의 논리들이 성립하게 된 과정을 통해 논리적인 사고방식을 배우기 위함이라고 해야 옳을 것이다.'라는 문장을 통해 확인할 수 있다.

10 정답 ②

검증된 과학 이론이라 하더라도 새로운 가설이 증명되면 수정 가능하다.

11 정답 ①

꽃은 예쁘고 예쁜 것은 사람을 기분 좋게 만든다.

12 정답 ①

쌀밥을 좋아하는 사람은 보리밥을 좋아하고, 보리밥을 좋아하는 사람은 맥주를 좋아하므로, 자연스레 쌀밥을 좋아하는 사람은 맥주를 좋아한다.

13 정답 ②

민수는 변호사가 되지 못하고 변리사가 되었다.

14 정답 ③

뉴스에서 내일 눈이 온다고 했기에 출장은 가지 않지만, 주어진 명제를 통해서 출근을 하는지는 알 수 없다.

15 정답 ①

• 돼지고기=소고기+500원
• 닭고기=돼지고기+100원=소고기+500원+100원=소고기+600원
∴ 닭고기>돼지고기>소고기

16 정답 ①

러스크는 과자의 한 종류이다. 즉, 러스크는 빵요리의 집합인 과자의 한 원소가 되므로 빵요리이다.

17 정답 ③

제시문을 통해 고양이가 여러 마리의 새끼를 낳는 것은 확인할 수 있으나, 개를 포함한 모든 포유류가 여러 마리의 새끼를 낳는지는 확인할 수 없다.

18 정답 ③

독서로 인해서 삶이 풍요로워지는 것은 사실이지만, 모든 풍요로운 삶이 독서를 통해 오는 것인지는 알 수 없다.

19 정답 ③

A와 B의 관계에서 '화가 많은 사람은 얼굴이 자주 빨개진다.'는 것을 알 수 있다. 다만 이 명제와 C의 명제는 역의 관계인데, 역은 성립할 수도 있고 아닐 수도 있다.

20 정답 ③

정훈이가 과학을 좋아하지 않는다고 해서 수학을 좋아한다고 할 수는 없다.

01	02	03	04	05	06	07	08	09	10	11	12	13	14	15	16	17	18	19	20
②	③	④	②	④	④	①	③	②	④	③	②	②	③	④	④	③	①	②	④

01 정답 ②

somethingmoredig – somethingnorebig

02 정답 ③

太犬大六太犬犬六太犬大 – 太犬大六太大犬六犬大

03 정답 ④

##&^%%$**%^ – #@&&%%$〉*?^

04 정답 ②

오답분석

① Eine Kleine Nachtmvsik
③ Eine Kleine Nachtmusic
④ Eine Klelne Nachtmusik
⑤ Eine Kleime Nachtmusik

05 정답 ④

Piamo Sonata No.8 in C

06 정답 ④

問	門	間	門	問	聞	們	門	聞	聞	聞	間
門	間	聞	聞	們	間	聞	間	們	問	門	們
聞	門	們	間	聞	問	門	問	門	間	問	聞
們	聞	間	問	門	間	們	門	聞	門	聞	門

07 정답 ①

#	○	◇	☆	&	★	△	☆	*	■	※	◆
▼	→	▲	@	←	=	□	●	◎	§	▽	↑
↔	○	↓	▼	#	&	→	▽	□	↑	#	←
◆	※	*	★	=	●	◇	□	△	▲	■	@

08 정답 ③

ㅍ은 ㅜ, ㅌ은 ㅔ, ㅂ은 ㅐ로 변환하는 규칙이므로 ③ 'ㅌㅍㅌ → ㅔㅜㅔ'이다.

09 정답 ②

ㅅ은 ^, ㅁ은 #, ㄹ은 %로 변환하는 규칙이므로 ② 'ㅁㅅㅁㄹ → #^#%'이다.

10 정답 ④

ㄷ은 @, ㅌ은 ㄷ, ㅍ은 #으로 변환하는 규칙이므로 ④ 'ㅍㅌㅌㄷ → #ㄷㄷ@'이다.

11 정답 ③

앞의 항에 1^2, 2^2, 3^2, 4^2, 5^2, …씩 더하는 수열이다.
따라서 (   )=$54+6^2$=90이다.

12 정답 ②

앞의 항에 $+10$, -8이 번갈아 가며 적용하는 수열이다.
따라서 (   )=$13+10$=23이다.

13 정답 ②

홀수 항은 $+1$, 짝수 항은 $\times 2$의 규칙을 갖는 수열이다.

D	C	E	F	F	L	(G)	X
4	3	5	6	6	12	7	24

14 정답 ③

홀수 항은 2씩 더하고, 짝수 항은 2씩 곱하는 수열이다.

E	ㄹ	(G)	ㅇ	I	ㄴ
5	4	7	8	9	16(2)

15 정답 ④

제시된 도형을 180° 회전한 것이다.

16 정답 ④

별도의 회전 없이 제시된 도형과 같음을 확인할 수 있다.

17 정답 ③

18 정답 ①

19 정답 ②

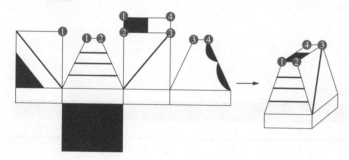

20 정답 ④

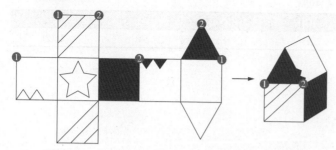

01 기초지식

01	02	03	04	05	06	07	08	09	10
①	③	①	④	①	③	②	①	④	①
11	12	13	14	15	16	17	18	19	20
④	③	①	①	①	①	②	②	①	③

01　정답　①

• quick : 신속한, 재빠른
• fast : 빠른

오답분석
② poor : 가난한
③ simple : 간단한
④ sudden : 갑작스러운
⑤ slow : 느린

02　정답　③

• embarrassing : 난처한
• awkward : 곤란한

오답분석
① cultural : 문화의
② selfish : 이기적인
④ hesitate : 망설이다
⑤ amazing : 놀라운

03　정답　①

• similar : 비슷한
• different : 다른

오답분석
② inner : 내부의
③ recent : 최근의
④ direct : 직접적인
⑤ cynical : 냉소적인

04　정답　④

• full : 가득한
• empty : 비어 있는

오답분석
① main : 주된
② endless : 무한한
③ allow : 허락하다
⑤ restrictively : 제한적인

05　정답　①

빈칸이 있는 문장은 believe의 목적어가 생략되었기 때문에 목적격 관계대명사가 들어가야 된다.
「A : 그 노인에 대해 어떻게 생각하니?
　B : 내가 정직하다고 믿은 그 노인이 나를 기만했어.」

06　정답　③

It이 사용된 가주어 구문에서 의미상 주어는 for를 사용해야 한다.
• concentrate : 집중하다
「민수는 컴퓨터 채팅하는 것을 매우 좋아한다. 그는 자주 늦게까지 인터넷에서 그의 친구들에게 글을 쓰곤 한다. 그것은 그가 아침 일찍 일어나는 것을 어렵게 한다. 학교에서 집중하는 것도 힘들다.」

07　정답　②

not only ~ but also 구문으로, not only 뒤가 문장이므로 but also 뒤에도 같은 형태인 문장이 되어야 하고, also는 부사이므로 동사 앞에서 수식할 수 있다.
• precisely : 정확히, 정확하게
• direction : 방향, 지도, 위치, 지역
「고대 이집트인들은 북극에 대해 알고 있었을 뿐만 아니라, 그들은 정확하게 북극이 어떤 방향에 있는지도 알고 있었다.」

PART 5

제1회

제2회

08 정답 ①

- indispensable : 필수적인
- instrument : 기계, 도구

「그것은 의사소통에 절대적으로 필요한 도구이며, 굉장히 멀리 떨어져 있는 다른 사람과의 대화도 가능하게 함으로써 많은 시간과 거리를 절약하게 한다.」

09 정답 ④

transact(거래하다)와 account(계좌)를 통해 은행의 텔러임을 유추할 수 있다.

「고객이 창구에 오면 "안녕하세요."라고 말하는 것이 내가 할 일이다. 그들이 나에게 올 때 나는 대개 "무엇을 도와드릴까요?"라고 묻고, 그들의 계좌에 입금하거나 출금하는 일을 한다.」

10 정답 ①

그는 New York에서 태어난 것이 아니라, New York으로 이주했다고 나와 있다.

- move to ~ : ~ 로 이사(이주)하다
- commercial : 상업의
- paint : (물감 등으로) 그리다
- inspire : 영감을 주다

「Andy Warhol은 Pittsburgh, Pennsylvania에서 태어났다. 그는 1949년 New York으로 이주했으며, 이곳은 그가 상업 예술가로서 경력을 쌓기 시작한 곳이었다. 1960년대 초반, 그는 캔 수프와 같은 평범한 대상들을 그리기 시작했다. 그의 작품들은 수많은 동시대 예술가들에게 영감을 주었다.」

11 정답 ④

$(6^3 - 3^4) \times 15 + 420$
$= (216 - 81) \times 15 + 420$
$= 135 \times 15 + 420$
$= 2,025 + 420 = 2,445$

12 정답 ③

$0.35 \times 3.12 - 0.5 \div 4 = 1.092 - 0.125 = 0.967$

13 정답 ①

분자가 크고 분모가 작을수록 분수의 값은 커진다.

- $A = \dfrac{9}{13} + \dfrac{11}{26} = 1 + \dfrac{3}{26}$
- $B = \dfrac{11}{19} + \dfrac{17}{38} = 1 + \dfrac{1}{38}$

$\dfrac{29}{26} > \dfrac{39}{38}$

$\therefore A > B$

14 정답 ①

분자가 1로 같으므로 분모만 비교하면 된다. 분모가 큰 수 더 작다.

- $A = \dfrac{7}{13} + \dfrac{1}{2} = \dfrac{27}{26} = 1 + \dfrac{1}{26}$
- $B = \dfrac{9}{14} + \dfrac{11}{28} = \dfrac{29}{28} = 1 + \dfrac{1}{28}$

$\dfrac{27}{26} > \dfrac{29}{28}$

$\therefore A > B$

15 정답 ①

$\dfrac{7}{3} ≒ 2.333, \quad \dfrac{16}{3} ≒ 5.333$

따라서 빈칸에 들어갈 수 있는 것은 ①이다.

16 정답 ①

24, 36, 60의 최소공배수는 360이므로 세 톱니바퀴 A, B, C가 다시 제자리로 돌아오기까지 회전수는 각각 15회, 10회, 6회이다.

따라서 $a + b - c = 15 + 10 - 6 = 19$이다.

17 정답 ②

12의 경우 4와 9와 서로소가 아니기 때문에 세 개 이상의 자연수에서 최소공배수의 경우, 두 자연수만이라도 공통된 숫자를 가지고 있다면 소인수분해를 더 할 수 있디. 비율 값 4, 9, 12의 최소공배수를 구하면 36이며, 세 자연수의 최소공배수가 324라고 했으므로 세 자연수 비율에 9배를 하면 세 자연수는 36, 81, 108이 나온다.

따라서 가장 큰 값은 108임을 알 수 있다.

18 정답 ②

라임이의 나이를 x세라 하면, 아버지의 나이는 $(x+28)$세이다.

$x+28=3x \rightarrow x=14$

따라서 아버지의 나이는 $3 \times 14 = 42$세이다.

19 정답 ①

증발된 물의 양을 xg이라 하자.

$\dfrac{8}{100} \times 500 = \dfrac{10}{100} \times (500-x) \rightarrow 4,000 = 5,000 - 10x$

$\therefore x=100$

따라서 증발한 물의 양은 100g이다.

20 정답 ③

처음 가지고 있던 금액을 x원이라 하자.

$\dfrac{x-1,300}{2} - 300 = 300$이다.

$\therefore x=2,500$

따라서 처음 가지고 있던 금액은 2,500원이다.

02 언어이해

01	02	03	04	05	06	07	08	09	10
②	②	②	④	④	①	③	③	①	③
11	12	13	14	15	16	17	18	19	20
①	③	①	③	①	④	①	③	④	②

01 정답 ②

• 무구하다 : 꾸미지 않은 자연 그대로의 순박함
• 소박하다 : 꾸밈이나 거짓 없이 수수하다.

오답분석
① 유장하다 : 1. 길고, 오래되다. 2. 급하지 않고 느긋하다.
③ 무한하다 : 수(數)나 양(量), 공간, 시간 등과 관련하여 제한 또는 한계가 없다.
④ 다복하다 : 1. 풀이나 나무가 소복하다. 2. 복이 많다.
⑤ 화려하다 : 환하게 빛나며 곱고 아름답다.

02 정답 ②

• 저속(低俗) : 품위가 낮고 속됨
• 저급(低級) : 내용, 성질, 품질 따위의 정도가 낮음

오답분석
① 소박(素朴) : 꾸밈이나 거짓이 없고 수수하다.
③ 가난 : 살림살이가 넉넉하지 못함. 또는 그런 상
④ 통쾌(痛快) : 아주 즐겁고 시원하여 유쾌함
⑤ 품위 : 직품(職品)과 직위를 아울러 이르는 말

03 정답 ②

제시문은 유의 관계이다.
'개선'의 유의어는 '수정'이고, '긴요'의 유의어는 '중요'이다.
• 개선(改善) : 잘못된 것이나 부족한 것을 고쳐 더 좋게 만듦
• 수정(修正) : 바로잡아 고침
• 긴요(緊要) : 꼭 필요하고 중요함
• 중요(重要) : 귀중하고 요긴함

오답분석
① 긴밀(緊密) : 서로 관계가 매우 가까워 빈틈이 없음
③ 경중(輕重) : 가벼움과 무거움. 중요함과 중요하지 않음
④ 사소(些少) : 보잘것없이 작거나 적음
⑤ 간과(看過) : 큰 관심 없이 대강 보아 넘김

04 정답 ④

제시문은 유의 관계이다.
'막상막하(莫上莫下)'의 유의어는 '난형난제(難兄難弟)'이고, '사필귀정(事必歸正)'의 유의어는 '인과응보(因果應報)'이다.

오답분석
① 과유불급(過猶不及) : 정도를 지나침은 미치지 못함과 같다는 뜻으로, 중용(中庸)이 중요함을 이르는 말
② 고장난명(孤掌難鳴) : 외손뼉만으로는 소리가 울리지 아니한다는 뜻으로, 혼자의 힘만으로 어떤 일을 이루기 어려움을 이르는 말
③ 다기망양(多岐亡羊) : 두루 섭렵하기만 하고 전공하는 바가 없어 끝내 성취하지 못함을 이르는 말
⑤ 교각살우(矯角殺牛) : 소의 뿔을 바로잡으려다가 소를 죽인다는 뜻으로, 잘못된 점을 고치려다가 그 방법이나 정도가 지나쳐 오히려 일을 그르침을 이르는 말

05 정답 ④

제시문은 국가와 수도의 관계이다.
'영국'의 수도는 '런던'이고, '이탈리아'의 수도는 '로마'이다.

06 정답 ①

제시문은 목적어와 서술어의 관계이다.
'비밀'을 '감추고', '약속'을 '지킨다'.

07 정답 ③

제시문은 계절과 날씨의 관계이다.
'눈'은 '겨울'에 내리고, '장마'는 '여름'에 온다.

08 정답 ③

사람이 다른 사람과 교제를 할 때, 상대방에 대한 자신의 인상을 관리하려는 속성이 있다고는 언급했으나 타인에 의해 자신의 인상이 관리된다는 내용은 본문에 나와 있지 않다.

09 정답 ①

광고 혹은 내가 다른 사람의 눈에 어떻게 보일 것인가 하는 점에서 20세기 대중문화는 새로운 인간형을 탄생시켰다.

10 정답 ③

해당 내용은 지문에 나와 있지 않으므로 알 수 없다.

11 정답 ①

부모에게 칭찬을 많이 받으면 인간관계가 원만하고, 인간관계가 원만하면 긍정적으로 사고하기 때문에 부모에게 칭찬을 많이 받은 주영이는 사고방식이 긍정적이다.

12 정답 ③

게으른 사람은 항상 일을 미루고 목표를 달성하지 못한다. 그러나 목표를 달성하지 못한 사람 중 게으른 사람은 전부 또는 일부일 수도 있으므로 알 수 없다.

13 정답 ①

미세먼지 가운데 $2.5\mu m$ 이하의 입자는 초미세먼지이고, 초미세먼지는 호흡기에서 걸러낼 수 없기 때문에 $2.4\mu m$ 입자의 초미세먼지는 호흡기에서 걸러낼 수 없다.

14 정답 ③

중국으로 출장을 간 사람은 일본으로 출장을 가지 않지만, 홍콩으로 출장을 간 사람이 일본으로 출장을 가는지 가지 않는지는 알 수 없다.

15 정답 ①

'놀이동산에 가면 팝콘을 먹지 않겠다.'의 대우는 '팝콘을 먹으면 놀이동산에 가지 않겠다.'이므로 이를 연결하면 '영화관에 가면 놀이동산에 가지 않겠다.'가 성립한다.

16 정답 ④

명제에 따라 배열하면 '지은, 지영, 수지, 주현, 진리'의 순서이다. 따라서 수지가 3번째임을 알 수 있고, 지영이는 수지 옆에 있으므로 A와 B 둘 다 틀리다.

17　정답 ①

- A : 상우의 공은 3개 혹은 4개이므로 3개 이상이라고 할 수 있다.
- B : 종현이는 유천이보다 공이 더 많을 수도 있고 적을 수도 있다.

18　정답 ③

주어진 명제를 만족하는 경우의 수는 '12개, 5개, 3개'의 한 가지뿐이다.

19　정답 ④

- A : 내일 강수 확률은 40%이다. 우산을 챙기려면 기온이 영상이어야 하므로 우산을 챙길 확률은 $0.4 \times 0.2 = 0.08$, 즉 8%이다.
- B : 내일 눈이 올 확률은 $0.4 \times 0.8 = 0.32$, 즉 도서관에 갈 확률은 32%이다.

20　정답 ②

제시된 명제를 종합하면 헬스를 하는 사람은 키가 크지 않고, 키가 크지 않은 사람은 달리기를 잘하며, 달리기를 잘하는 사람은 축구를 잘한다. 따라서 헬스를 하는 사람은 축구를 잘한다(B)는 것은 옳은 문장으로, 그 대우인 축구를 못하면 헬스를 하지 않는다는 참이 되나, 축구를 잘하는 사람은 헬스를 하지 않는다(A)는 것은 알 수 없다.

제1회

제2회

제2회 최종점검 모의고사 · 61

03 패턴이해

01	02	03	04	05	06	07	08	09	10	11	12	13	14	15	16	17	18	19	20
②	③	②	①	④	①	③	④	④	③	②	③	④	④	②	①	③	③	②	④

01 정답 ②

weatheringgingia − weatherinqgingla

02 정답 ③

iii iii viiviiiix viii ii viiviiiix − i iii vii v ixviii ii viiiv ix

03 정답 ②

섥밝지넒닭앎쥥킭숢랑 − 섥밝지넒닭앎쥥킭숢랊

04 정답 ①

오답분석

② Wolfcang Amadeus Mozart
③ Wolfgang Amadaus Mozart
④ Wolfgang Amadeus Mozalt
⑤ Wolfgong Amadeus Mozart

05 정답 ④

Il barblere di Siviglia

06 정답 ①

sprit	sole	sin	shape	sou	sound	soup	sour	soul	south	soul	saul
sour	soup	sin	saul	soul	soup	son	sole	sprit	seoul	soup	son
seoul	sound	soul	houl	boul	bawl	soul	sole	son	soup	sour	sour
sun	sunny	star	start	styx	stur	spam	super	show	sour	salt	sand

07 정답 ③

⑲	⑧	⑰	⑯	⑲	⑧	⑧	⑧	⑰	⑱	⑱	⑯
⑰	⑱	⑱	⑩	⑱	⑲	⑰	⑰	⑱	⑲	⑱	⑱
⑯	⑩	⑲	⑰	⑯	⑱	⑩	⑲	⑯	⑧	⑯	⑲
⑱	⑰	⑧	⑱	⑩	⑩	⑯	⑩	⑧	⑰	⑱	⑱

08 　정답 ④

■는 ©, Ω는 ◉, ○는 ▣로 변환하는 규칙이므로 ④ '■○○ → ©▣▣'이다.

09 　정답 ④

Ω는 ○, ℧는 ◉, e 는 □로 변환하는 규칙이므로 ④ 'e Ω℧Ω → □○◉○'이다.

10 　정답 ③

▣는 ▨, □는 ▥, ▩는 ▧, ◻는 ▦로 변환하는 규칙이므로 ③ '▩▣□▣ → ▧▨▥▨'이다.

11 　정답 ②

홀수 항은 +2, 짝수 항은 −2를 더하는 수열이다.
따라서 (　)=19−2=17이다.

12 　정답 ③

앞의 항에 2^2, 3^2, 4^2, 5^2, …을 더하는 수열이다.
따라서 (　)=140+8^2=204이다.

13 　정답 ④

홀수 항은 2씩 빼고, 짝수 항은 4씩 더하는 수열이다.

ㅜ	ㄷ	(ㅗ)	ㅅ	ㅓ	ㅋ
7	3	5	7	3	11

14 　정답 ④

앞의 항에서 2씩 빼는 수열이다.

ㅍ	ㅋ	ㅈ	ㅅ	ㅁ	(ㄷ)
13	11	9	7	5	3

15 　정답 ②

제시된 도형을 시계 방향으로 90° 회전한 것이다.

16 　정답 ①

제시된 도형을 시계 방향으로 90° 회전한 것이다.

PART 5

제1회

제2회

17 정답 ③

18 정답 ③

19 정답 ②

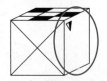

20 정답 ④

SK하이닉스 고졸/전문대졸 필기시험 답안지

기초지식

문번	1	2	3	4	5
1	①	②	③	④	⑤
2	①	②	③	④	⑤
3	①	②	③	④	⑤
4	①	②	③	④	⑤
5	①	②	③	④	⑤
6	①	②	③	④	⑤
7	①	②	③	④	⑤
8	①	②	③	④	⑤
9	①	②	③	④	⑤
10	①	②	③	④	⑤
11	①	②	③	④	⑤
12	①	②	③	④	⑤
13	①	②	③	④	⑤
14	①	②	③	④	⑤
15	①	②	③	④	⑤
16	①	②	③	④	⑤
17	①	②	③	④	⑤
18	①	②	③	④	⑤
19	①	②	③	④	⑤
20	①	②	③	④	⑤

언어이해

문번	1	2	3	4	5
1	①	②	③	④	⑤
2	①	②	③	④	⑤
3	①	②	③	④	⑤
4	①	②	③	④	⑤
5	①	②	③	④	⑤
6	①	②	③	④	⑤
7	①	②	③	④	⑤
8	①	②	③	④	⑤
9	①	②	③	④	⑤
10	①	②	③	④	⑤
11	①	②	③	④	⑤
12	①	②	③	④	⑤
13	①	②	③	④	⑤
14	①	②	③	④	⑤
15	①	②	③	④	⑤
16	①	②	③	④	⑤
17	①	②	③	④	⑤
18	①	②	③	④	⑤
19	①	②	③	④	⑤
20	①	②	③	④	⑤

패턴이해

문번	1	2	3	4	5
1	①	②	③	④	⑤
2	①	②	③	④	⑤
3	①	②	③	④	⑤
4	①	②	③	④	⑤
5	①	②	③	④	⑤
6	①	②	③	④	⑤
7	①	②	③	④	⑤
8	①	②	③	④	⑤
9	①	②	③	④	⑤
10	①	②	③	④	⑤
11	①	②	③	④	⑤
12	①	②	③	④	⑤
13	①	②	③	④	⑤
14	①	②	③	④	⑤
15	①	②	③	④	⑤
16	①	②	③	④	⑤
17	①	②	③	④	⑤
18	①	②	③	④	⑤
19	①	②	③	④	⑤
20	①	②	③	④	⑤

교사장

성명

수험번호

⓪	①	②	③	④	⑤	⑥	⑦	⑧	⑨
⓪	①	②	③	④	⑤	⑥	⑦	⑧	⑨
⓪	①	②	③	④	⑤	⑥	⑦	⑧	⑨
⓪	①	②	③	④	⑤	⑥	⑦	⑧	⑨
⓪	①	②	③	④	⑤	⑥	⑦	⑧	⑨
⓪	①	②	③	④	⑤	⑥	⑦	⑧	⑨
⓪	①	②	③	④	⑤	⑥	⑦	⑧	⑨

감독위원 확인

인

SK하이닉스 고졸/전문대졸 필기시험 답안지

교시장

성 명

감독위원 확인

㉶

수험번호

⓪	⓪	⓪	⓪	⓪	⓪	⓪
①	①	①	①	①	①	①
②	②	②	②	②	②	②
③	③	③	③	③	③	③
④	④	④	④	④	④	④
⑤	⑤	⑤	⑤	⑤	⑤	⑤
⑥	⑥	⑥	⑥	⑥	⑥	⑥
⑦	⑦	⑦	⑦	⑦	⑦	⑦
⑧	⑧	⑧	⑧	⑧	⑧	⑧
⑨	⑨	⑨	⑨	⑨	⑨	⑨

기초지식

문번	1	2	3	4	5
1	①	②	③	④	⑤
2	①	②	③	④	⑤
3	①	②	③	④	⑤
4	①	②	③	④	⑤
5	①	②	③	④	⑤
6	①	②	③	④	⑤
7	①	②	③	④	⑤
8	①	②	③	④	⑤
9	①	②	③	④	⑤
10	①	②	③	④	⑤
11	①	②	③	④	⑤
12	①	②	③	④	⑤
13	①	②	③	④	⑤
14	①	②	③	④	⑤
15	①	②	③	④	⑤
16	①	②	③	④	⑤
17	①	②	③	④	⑤
18	①	②	③	④	⑤
19	①	②	③	④	⑤
20	①	②	③	④	⑤

언어이해

문번	1	2	3	4	5
1	①	②	③	④	⑤
2	①	②	③	④	⑤
3	①	②	③	④	⑤
4	①	②	③	④	⑤
5	①	②	③	④	⑤
6	①	②	③	④	⑤
7	①	②	③	④	⑤
8	①	②	③	④	⑤
9	①	②	③	④	⑤
10	①	②	③	④	⑤
11	①	②	③	④	⑤
12	①	②	③	④	⑤
13	①	②	③	④	⑤
14	①	②	③	④	⑤
15	①	②	③	④	⑤
16	①	②	③	④	⑤
17	①	②	③	④	⑤
18	①	②	③	④	⑤
19	①	②	③	④	⑤
20	①	②	③	④	⑤

패턴이해

문번	1	2	3	4	5
1	①	②	③	④	⑤
2	①	②	③	④	⑤
3	①	②	③	④	⑤
4	①	②	③	④	⑤
5	①	②	③	④	⑤
6	①	②	③	④	⑤
7	①	②	③	④	⑤
8	①	②	③	④	⑤
9	①	②	③	④	⑤
10	①	②	③	④	⑤
11	①	②	③	④	⑤
12	①	②	③	④	⑤
13	①	②	③	④	⑤
14	①	②	③	④	⑤
15	①	②	③	④	⑤
16	①	②	③	④	⑤
17	①	②	③	④	⑤
18	①	②	③	④	⑤
19	①	②	③	④	⑤
20	①	②	③	④	⑤

SK하이닉스 고졸/전문대졸 필기시험 답안지

기초지식

문번	1	2	3	4	5
1	①	②	③	④	⑤
2	①	②	③	④	⑤
3	①	②	③	④	⑤
4	①	②	③	④	⑤
5	①	②	③	④	⑤
6	①	②	③	④	⑤
7	①	②	③	④	⑤
8	①	②	③	④	⑤
9	①	②	③	④	⑤
10	①	②	③	④	⑤
11	①	②	③	④	⑤
12	①	②	③	④	⑤
13	①	②	③	④	⑤
14	①	②	③	④	⑤
15	①	②	③	④	⑤
16	①	②	③	④	⑤
17	①	②	③	④	⑤
18	①	②	③	④	⑤
19	①	②	③	④	⑤
20	①	②	③	④	⑤

언어이해

문번	1	2	3	4	5
1	①	②	③	④	⑤
2	①	②	③	④	⑤
3	①	②	③	④	⑤
4	①	②	③	④	⑤
5	①	②	③	④	⑤
6	①	②	③	④	⑤
7	①	②	③	④	⑤
8	①	②	③	④	⑤
9	①	②	③	④	⑤
10	①	②	③	④	⑤
11	①	②	③	④	⑤
12	①	②	③	④	⑤
13	①	②	③	④	⑤
14	①	②	③	④	⑤
15	①	②	③	④	⑤
16	①	②	③	④	⑤
17	①	②	③	④	⑤
18	①	②	③	④	⑤
19	①	②	③	④	⑤
20	①	②	③	④	⑤

패턴이해

문번	1	2	3	4	5
1	①	②	③	④	⑤
2	①	②	③	④	⑤
3	①	②	③	④	⑤
4	①	②	③	④	⑤
5	①	②	③	④	⑤
6	①	②	③	④	⑤
7	①	②	③	④	⑤
8	①	②	③	④	⑤
9	①	②	③	④	⑤
10	①	②	③	④	⑤
11	①	②	③	④	⑤
12	①	②	③	④	⑤
13	①	②	③	④	⑤
14	①	②	③	④	⑤
15	①	②	③	④	⑤
16	①	②	③	④	⑤
17	①	②	③	④	⑤
18	①	②	③	④	⑤
19	①	②	③	④	⑤
20	①	②	③	④	⑤

고사장

성 명

수 험 번 호

⓪	①	②	③	④	⑤	⑥	⑦	⑧	⑨
⓪	①	②	③	④	⑤	⑥	⑦	⑧	⑨
⓪	①	②	③	④	⑤	⑥	⑦	⑧	⑨
⓪	①	②	③	④	⑤	⑥	⑦	⑧	⑨
⓪	①	②	③	④	⑤	⑥	⑦	⑧	⑨
⓪	①	②	③	④	⑤	⑥	⑦	⑧	⑨
⓪	①	②	③	④	⑤	⑥	⑦	⑧	⑨

감독위원 확인

인

※ 절취선을 따라 분리하여 실제 시험과 같이 사용하면 더욱 효과적입니다.

※ 절취선을 따라 분리하여 실제 시험과 같이 사용하면 더욱 효과적입니다.

SK하이닉스 고졸/전문대졸 필기시험 답안지

교시장

성 명

수 험 번 호

<table>
<tr><td>⓪</td><td>⓪</td><td>⓪</td><td>⓪</td><td>⓪</td><td>⓪</td><td>⓪</td></tr>
<tr><td>①</td><td>①</td><td>①</td><td>①</td><td>①</td><td>①</td><td>①</td></tr>
<tr><td>②</td><td>②</td><td>②</td><td>②</td><td>②</td><td>②</td><td>②</td></tr>
<tr><td>③</td><td>③</td><td>③</td><td>③</td><td>③</td><td>③</td><td>③</td></tr>
<tr><td>④</td><td>④</td><td>④</td><td>④</td><td>④</td><td>④</td><td>④</td></tr>
<tr><td>⑤</td><td>⑤</td><td>⑤</td><td>⑤</td><td>⑤</td><td>⑤</td><td>⑤</td></tr>
<tr><td>⑥</td><td>⑥</td><td>⑥</td><td>⑥</td><td>⑥</td><td>⑥</td><td>⑥</td></tr>
<tr><td>⑦</td><td>⑦</td><td>⑦</td><td>⑦</td><td>⑦</td><td>⑦</td><td>⑦</td></tr>
<tr><td>⑧</td><td>⑧</td><td>⑧</td><td>⑧</td><td>⑧</td><td>⑧</td><td>⑧</td></tr>
<tr><td>⑨</td><td>⑨</td><td>⑨</td><td>⑨</td><td>⑨</td><td>⑨</td><td>⑨</td></tr>
</table>

감독위원 확인

(인)

기초지식

문번	1	2	3	4	5
1	①	②	③	④	⑤
2	①	②	③	④	⑤
3	①	②	③	④	⑤
4	①	②	③	④	⑤
5	①	②	③	④	⑤
6	①	②	③	④	⑤
7	①	②	③	④	⑤
8	①	②	③	④	⑤
9	①	②	③	④	⑤
10	①	②	③	④	⑤
11	①	②	③	④	⑤
12	①	②	③	④	⑤
13	①	②	③	④	⑤
14	①	②	③	④	⑤
15	①	②	③	④	⑤
16	①	②	③	④	⑤
17	①	②	③	④	⑤
18	①	②	③	④	⑤
19	①	②	③	④	⑤
20	①	②	③	④	⑤

언어이해

문번	1	2	3	4	5
1	①	②	③	④	⑤
2	①	②	③	④	⑤
3	①	②	③	④	⑤
4	①	②	③	④	⑤
5	①	②	③	④	⑤
6	①	②	③	④	⑤
7	①	②	③	④	⑤
8	①	②	③	④	⑤
9	①	②	③	④	⑤
10	①	②	③	④	⑤
11	①	②	③	④	⑤
12	①	②	③	④	⑤
13	①	②	③	④	⑤
14	①	②	③	④	⑤
15	①	②	③	④	⑤
16	①	②	③	④	⑤
17	①	②	③	④	⑤
18	①	②	③	④	⑤
19	①	②	③	④	⑤
20	①	②	③	④	⑤

패턴이해

문번	1	2	3	4	5
1	①	②	③	④	⑤
2	①	②	③	④	⑤
3	①	②	③	④	⑤
4	①	②	③	④	⑤
5	①	②	③	④	⑤
6	①	②	③	④	⑤
7	①	②	③	④	⑤
8	①	②	③	④	⑤
9	①	②	③	④	⑤
10	①	②	③	④	⑤
11	①	②	③	④	⑤
12	①	②	③	④	⑤
13	①	②	③	④	⑤
14	①	②	③	④	⑤
15	①	②	③	④	⑤
16	①	②	③	④	⑤
17	①	②	③	④	⑤
18	①	②	③	④	⑤
19	①	②	③	④	⑤
20	①	②	③	④	⑤

SK하이닉스 고졸/전문대졸 필기시험 답안지

기초지식

문번	1	2	3	4	5
1	①	②	③	④	⑤
2	①	②	③	④	⑤
3	①	②	③	④	⑤
4	①	②	③	④	⑤
5	①	②	③	④	⑤
6	①	②	③	④	⑤
7	①	②	③	④	⑤
8	①	②	③	④	⑤
9	①	②	③	④	⑤
10	①	②	③	④	⑤
11	①	②	③	④	⑤
12	①	②	③	④	⑤
13	①	②	③	④	⑤
14	①	②	③	④	⑤
15	①	②	③	④	⑤
16	①	②	③	④	⑤
17	①	②	③	④	⑤
18	①	②	③	④	⑤
19	①	②	③	④	⑤
20	①	②	③	④	⑤

언어이해

문번	1	2	3	4	5
1	①	②	③	④	⑤
2	①	②	③	④	⑤
3	①	②	③	④	⑤
4	①	②	③	④	⑤
5	①	②	③	④	⑤
6	①	②	③	④	⑤
7	①	②	③	④	⑤
8	①	②	③	④	⑤
9	①	②	③	④	⑤
10	①	②	③	④	⑤
11	①	②	③	④	⑤
12	①	②	③	④	⑤
13	①	②	③	④	⑤
14	①	②	③	④	⑤
15	①	②	③	④	⑤
16	①	②	③	④	⑤
17	①	②	③	④	⑤
18	①	②	③	④	⑤
19	①	②	③	④	⑤
20	①	②	③	④	⑤

패턴이해

문번	1	2	3	4	5
1	①	②	③	④	⑤
2	①	②	③	④	⑤
3	①	②	③	④	⑤
4	①	②	③	④	⑤
5	①	②	③	④	⑤
6	①	②	③	④	⑤
7	①	②	③	④	⑤
8	①	②	③	④	⑤
9	①	②	③	④	⑤
10	①	②	③	④	⑤
11	①	②	③	④	⑤
12	①	②	③	④	⑤
13	①	②	③	④	⑤
14	①	②	③	④	⑤
15	①	②	③	④	⑤
16	①	②	③	④	⑤
17	①	②	③	④	⑤
18	①	②	③	④	⑤
19	①	②	③	④	⑤
20	①	②	③	④	⑤

고사장

성명

수험번호

⓪	①	②	③	④	⑤	⑥	⑦	⑧	⑨
⓪	①	②	③	④	⑤	⑥	⑦	⑧	⑨
⓪	①	②	③	④	⑤	⑥	⑦	⑧	⑨
⓪	①	②	③	④	⑤	⑥	⑦	⑧	⑨
⓪	①	②	③	④	⑤	⑥	⑦	⑧	⑨
⓪	①	②	③	④	⑤	⑥	⑦	⑧	⑨
⓪	①	②	③	④	⑤	⑥	⑦	⑧	⑨

감독위원 확인

(인)

※ 절취선을 따라 분리하여 실제 시험과 같이 사용하면 더욱 효과적입니다.

SK하이닉스 고졸/전문대졸 필기시험 답안지

교시장

성 명

수 험 번 호

⓪	①	②	③	④	⑤	⑥	⑦	⑧	⑨
⓪	①	②	③	④	⑤	⑥	⑦	⑧	⑨
⓪	①	②	③	④	⑤	⑥	⑦	⑧	⑨
⓪	①	②	③	④	⑤	⑥	⑦	⑧	⑨
⓪	①	②	③	④	⑤	⑥	⑦	⑧	⑨
⓪	①	②	③	④	⑤	⑥	⑦	⑧	⑨
⓪	①	②	③	④	⑤	⑥	⑦	⑧	⑨

감독위원 확인 (인)

기초지식

문번	1	2	3	4	5
1	①	②	③	④	⑤
2	①	②	③	④	⑤
3	①	②	③	④	⑤
4	①	②	③	④	⑤
5	①	②	③	④	⑤
6	①	②	③	④	⑤
7	①	②	③	④	⑤
8	①	②	③	④	⑤
9	①	②	③	④	⑤
10	①	②	③	④	⑤
11	①	②	③	④	⑤
12	①	②	③	④	⑤
13	①	②	③	④	⑤
14	①	②	③	④	⑤
15	①	②	③	④	⑤
16	①	②	③	④	⑤
17	①	②	③	④	⑤
18	①	②	③	④	⑤
19	①	②	③	④	⑤
20	①	②	③	④	⑤

언어이해

문번	1	2	3	4	5
1	①	②	③	④	⑤
2	①	②	③	④	⑤
3	①	②	③	④	⑤
4	①	②	③	④	⑤
5	①	②	③	④	⑤
6	①	②	③	④	⑤
7	①	②	③	④	⑤
8	①	②	③	④	⑤
9	①	②	③	④	⑤
10	①	②	③	④	⑤
11	①	②	③	④	⑤
12	①	②	③	④	⑤
13	①	②	③	④	⑤
14	①	②	③	④	⑤
15	①	②	③	④	⑤
16	①	②	③	④	⑤
17	①	②	③	④	⑤
18	①	②	③	④	⑤
19	①	②	③	④	⑤
20	①	②	③	④	⑤

패턴이해

문번	1	2	3	4	5
1	①	②	③	④	⑤
2	①	②	③	④	⑤
3	①	②	③	④	⑤
4	①	②	③	④	⑤
5	①	②	③	④	⑤
6	①	②	③	④	⑤
7	①	②	③	④	⑤
8	①	②	③	④	⑤
9	①	②	③	④	⑤
10	①	②	③	④	⑤
11	①	②	③	④	⑤
12	①	②	③	④	⑤
13	①	②	③	④	⑤
14	①	②	③	④	⑤
15	①	②	③	④	⑤
16	①	②	③	④	⑤
17	①	②	③	④	⑤
18	①	②	③	④	⑤
19	①	②	③	④	⑤
20	①	②	③	④	⑤

2024 최신판 SD에듀 SK하이닉스 고졸/전문대졸 필기시험 4개년 기출 + 모의고사 4회 + 무료하이닉스특강

개정12판1쇄 발행	2024년 01월 10일 (인쇄 2023년 11월 08일)
초 판 발 행	2018년 06월 20일 (인쇄 2018년 05월 28일)
발 행 인	박영일
책 임 편 집	이해욱
편 저	SDC(Sidae Data Center)
편 집 진 행	이근희 · 한성윤
표지디자인	김지수
편집디자인	최미란 · 남수영
발 행 처	(주)시대고시기획
출 판 등 록	제10-1521호
주 소	서울시 마포구 큰우물로 75 [도화동 538 성지 B/D] 9F
전 화	1600-3600
팩 스	02-701-8823
홈 페 이 지	www.sdedu.co.kr

I S B N	979-11-383-4660-3 (13320)
정 가	23,000원

SK
하이닉스

Operator/Maintenance

고졸 / 전문대졸 채용

정답 및 해설